应用型本科院校"十二五"规划教材/经济管理类

Management Accounting

管理会计

（第2版）

主　编　周　航　宋海涛
副主编　黎　明　张　宇　冯　研

哈尔滨工业大学出版社
HARBIN INSTITUTE OF TECHNOLOGY PRESS

内容提要

本教材侧重于管理会计方法的应用，以及运用管理会计解决企业经营管理实际问题的能力培养。为此本教材在体例的设计上每章以"导入案例"开始，以"案例分析"及"阅读资料"结束。为提高学习效率和巩固所学的知识，各章还设计了"学习要点与目标"、"本章小结"及"自测题"项目。本书尽量回避繁琐的公式推导和冗长的理论阐述，力求以简练的语言、直观的图表、典型的案例以及说明性较强的示例，对管理会计的先进思想、主要内容、实用技术进行系统介绍。本书力图使读者能够用最少的时间与精力，最容易、最便捷的方式，掌握管理会计的知识精华与方法要旨，并能迅速用于企业的生产经营管理实际。

图书在版编目(CIP)数据

管理会计/周航,宋海涛主编.—2 版.—哈尔滨：哈尔滨工业大学出版社,2012.2(2016.7 重印)
应用型本科院校"十二五"规划教材
ISBN 978-7-5603-3063-1

Ⅰ.①管… Ⅱ.①周… ②宋… Ⅲ.①管理会计-高等学校-教材 Ⅳ.①F234.3

中国版本图书馆 CIP 数据核字(2012)第 010540 号

策划编辑	赵文斌　杜　燕
责任编辑	范业婷
出版发行	哈尔滨工业大学出版社
社　　址	哈尔滨市南岗区复华四道街 10 号　邮编 150006
传　　真	0451-86414749
网　　址	http://hitpress.hit.edu.cn
印　　刷	肇东市一兴印刷有限公司
开　　本	787mm×960mm　1/16　印张 23.5　字数 509 千字
版　　次	2010 年 8 月第 1 版　2012 年 3 月第 2 版 2016 年 7 月第 4 次印刷
书　　号	ISBN 978-7-5603-3063-1
定　　价	39.80 元

(如因印装质量问题影响阅读,我社负责调换)

《应用型本科院校"十二五"规划教材》编委会

主　任　修朋月　竺培国

副主任　王玉文　吕其诚　线恒录　李敬来

委　员　（按姓氏笔画排序）

丁福庆　于长福　马志民　王庄严　王建华

王德章　刘金祺　刘宝华　刘通学　刘福荣

关晓冬　李云波　杨玉顺　吴知丰　张幸刚

陈江波　林　艳　林文华　周方圆　姜思政

庹　莉　韩毓洁　臧玉英

序

哈尔滨工业大学出版社策划的《应用型本科院校"十二五"规划教材》即将付梓，诚可贺也。

该系列教材卷帙浩繁，凡百余种，涉及众多学科门类，定位准确，内容新颖，体系完整，实用性强，突出实践能力培养。不仅便于教师教学和学生学习，而且满足就业市场对应用型人才的迫切需求。

应用型本科院校的人才培养目标是面对现代社会生产、建设、管理、服务等一线岗位，培养能直接从事实际工作、解决具体问题、维持工作有效运行的高等应用型人才。应用型本科与研究型本科和高职高专院校在人才培养上有着明显的区别，其培养的人才特征是：①就业导向与社会需求高度吻合；②扎实的理论基础和过硬的实践能力紧密结合；③具备良好的人文素质和科学技术素质；④富于面对职业应用的创新精神。因此，应用型本科院校只有着力培养"进入角色快、业务水平高、动手能力强、综合素质好"的人才，才能在激烈的就业市场竞争中站稳脚跟。

目前国内应用型本科院校所采用的教材往往只是对理论性较强的本科院校教材的简单删减，针对性、应用性不够突出，因材施教的目的难以达到。因此亟须既有一定的理论深度又注重实践能力培养的系列教材，以满足应用型本科院校教学目标、培养方向和办学特色的需要。

哈尔滨工业大学出版社出版的《应用型本科院校"十二五"规划教材》，在选题设计思路上认真贯彻教育部关于培养适应地方、区域经济和社会发展需要的"本科应用型高级专门人才"精神，根据黑龙江省委书记吉炳轩同志提出的关于加强应用型本科院校建设的意见，在应用型本科试点院校成功经验总结的基础上，特邀请黑龙江省9所知名的应用型本科院校的专家、学者联合编写。

本系列教材突出与办学定位、教学目标的一致性和适应性，既严格遵照学科体系的知识构成和教材编写的一般规律，又针对应用型本科人才培养目标及与之相适应的教学特点，精心设计写作体例，科学安排知识内容，围绕应用讲授理论，做到"基础知识够用、实践技能实用、专业理论管用"。同时注意适当融入新理论、新技术、新工艺、新成果，并且制作了与本书配套的PPT多媒体教学课件，形成立体化教材，供教师参考使用。

《应用型本科院校"十二五"规划教材》的编辑出版，是适应"科教兴国"战略对复合型、应用型人才的需求，是推动相对滞后的应用型本科院校教材建设的一种有益尝试，在应用型创新人才培养方面是一件具有开创意义的工作，为应用型人才的培养提供了及时、可靠、坚实的保证。

希望本系列教材在使用过程中，通过编者、作者和读者的共同努力，厚积薄发、推陈出新、细上加细、精益求精，不断丰富、不断完善、不断创新，力争成为同类教材中的精品。

黑龙江省教育厅厅长

第2版前言

管理会计是以适应社会经济发展与企业经营管理需要而产生的,并随着科学技术的进步、管理思想的演进以及市场环境的变化而不断的变革、成长,其方法不断丰富,职能不断扩展,目标不断提升。管理会计从以成本控制为主要功能、以提高企业生产效率为主要目标的执行性管理会计,发展到注重预测、决策与责任考评,以提高企业经济效益为目标的决策性管理会计,目前正进入以适应环境变化、支持企业战略管理为特征,以提升企业核心竞争力为目标的战略管理会计的发展新阶段。

管理会计从诞生之日起就在企业经营管理中发挥着重要的作用,进入发展新阶段的管理会计不仅强化了原有的成本控制、预测决策、考核评价职能,而且形成了作业成本法、平衡计分卡等新技术,为企业在激烈的竞争中胜出提供了重要的会计管理思想与技术。在我国经济飞速发展、企业信息化程度日益提高,后经济危机时期全球竞争愈演愈烈的今天,管理会计在中国企业中的应用格外具有意义。管理会计的思想与技术已经成为企业的会计人员及经营管理者必备的知识,有效运用管理会计于企业的生产经营及战略管理实际是他们的重要素质和核心能力,因此学习和运用管理会计是企业发展的需要,也是企业的会计工作者和经营管理者个人事业发展的需要。

本教材侧重于管理会计方法的应用,以及运用管理会计解决企业经营管理实际问题的能力培养。为此本教材在体例的设计上每章以"导入案例"开始,以"案例分析"及"阅读资料"结束。为提高学习效率和巩固所学的知识,各章还设计了"学习要点与目标"、"本章小结"及"自测题"项目。本书尽量回避繁琐的公式推导和冗长的理论阐述,力求以简练的语言、直观的图表、典型的案例以及说明性较强的示例,对管理会计的先进思想、主要内容、实用技术进行系统介绍。本书力图使读者能够用最少的时间与精力,最容易、最便捷的方式,掌握管理会计的知识精华与方法要旨,并能迅速用于企业的生产经营管理实际。

本书由哈尔滨德强商务学院、黑龙江东方学院、东北石油大学华瑞学院、黑龙江外国语学院的教师共同编写,其中周航编写了第一章、第九章,宋海涛编写了第二章、第五章,黎明编写了第八章,张宇编写了第四章,冯研编写了第七章,张敏思编写了第三章,刘沓编写了第六章,陈锐编写了第十章。本书由周航、宋海涛规划、修改及统稿。

由于管理会计正处于变革与发展时期,理论的探讨和方法的充实都在进行中,加之编著者水平所限,因此本教材在管理会计的理论认识、技术掌握、方法运用方面都可能不够恰当、准确,敬请专家与读者鉴定、批评与指正。

编　者
2011 年 12 月

目　　录

第一章　管理会计概论 ……………………………………………………… 1
第一节　管理会计及其阶段性发展 …………………………………… 2
第二节　战略管理会计 ………………………………………………… 9
第三节　管理会计的基本理论简述 …………………………………… 15
第四节　管理会计的主要方法 ………………………………………… 25
本章小结 …………………………………………………………………… 28
自测题 ……………………………………………………………………… 28

第二章　成本性态分析及变动成本法 ……………………………………… 32
第一节　成本性态分析及其分类 ……………………………………… 34
第二节　成本性态分解方法 …………………………………………… 44
第三节　完全成本法与变动成本法 …………………………………… 52
本章小结 …………………………………………………………………… 66
自测题 ……………………………………………………………………… 66

第三章　本量利分析 ………………………………………………………… 71
第一节　本量利分析概述 ……………………………………………… 72
第二节　本量利分析内容与方法 ……………………………………… 77
第三节　本量利相关因素变动分析 …………………………………… 89
第四节　本量利分析的应用 …………………………………………… 98
本章小结 …………………………………………………………………… 101
自测题 ……………………………………………………………………… 102

第四章　短期经营决策 ……………………………………………………… 108
第一节　经营决策概述 ………………………………………………… 109
第二节　生产决策 ……………………………………………………… 114
第三节　定价决策 ……………………………………………………… 129
第四节　存货决策 ……………………………………………………… 135

本章小结 ··· 143
自测题 ··· 144

第五章 长期投资决策 ·· 149
第一节 长期投资决策概述 ·· 150
第二节 长期投资决策主要影响因素的测算 ·································· 153
第三节 长期投资决策的指标分析方法 ······································ 169
第四节 长期投资决策方案的经济性分析 ···································· 176
第五节 长期投资决策方案的敏感性分析 ···································· 179
本章小结 ··· 182
自测题 ··· 183

第六章 预算控制 ·· 189
第一节 预算与全面预算体系 ·· 190
第二节 全面预算的编制及其示例 ·· 192
第三节 其他预算编制方法及应用 ·· 201
第四节 责任预算控制及应用案例 ·· 210
本章小结 ··· 217
自测题 ··· 217

第七章 成本控制 ·· 221
第一节 标准成本系统 ·· 222
第二节 标准成本的差异分析与账务处理 ···································· 229
第三节 质量成本控制 ·· 239
本章小结 ··· 251
自测题 ··· 252

第八章 责任会计 ·· 258
第一节 责任会计概述 ·· 259
第二节 责任中心及其业绩考评 ·· 266
第三节 内部转移价格 ·· 276
本章小结 ··· 280

自测题 ·· 281
第九章　作业成本法与战略成本控制 ················· 286
　　第一节　作业成本法及其产生的背景 ················· 287
　　第二节　作业成本法的要素与程序 ···················· 293
　　第三节　战略成本控制 ······································ 301
本章小结 ·· 308
自测题 ·· 308
第十章　平衡计分卡与战略绩效管理 ··················· 319
　　第一节　支持战略绩效评价的平衡计分卡 ········ 321
　　第二节　平衡记分卡的编制 ······························ 328
本章小结 ·· 340
自测题 ·· 340
附表 ·· 347
参考文献 ·· 363

第一章
Chapter 1

管理会计概论

【学习要点及目标】

通过本章的学习,了解管理会计的形成与发展历程,以及管理会计形成与发展的经济形态和竞争环境,了解企业经营管理实践与科学管理对管理会计形成、发展的影响;掌握管理会计不同发展阶段的基本特征、主要内容以及相关理论,并在此基础之上理解管理会计的方法论特征,掌握管理会计的方法体系,以及结合经营环境与管理需求选择不同发展阶段的管理会计方法的思想;掌握战略管理会计的内涵及其长期性、外向性、信息非财务性等重要特征;理解价值链、作业成本、作业管理等概念的含义;了解战略管理会计的内容及推行战略管理会计的现实意义。

【导入案例】

LK公司是一家纸制品生产公司,主要生产各种复印纸、包装纸等。每一类纸张又有许多规格,如复印纸又分为A4、B5等,包装纸又可分为普通包装纸和专用包装纸等。以前由于竞争不激烈,公司的成本会计系统只按大类计算成本,业绩报告分别反映复印纸和包装纸的业绩。自从去年开始,当地又开设了一家新的包装纸生产公司,生产LK公司所生产的包装纸中的普通纸系列产品。由于其报价低于LK公司,所以LK公司的一些普通包装纸业务开始流失。面对这种情况,LK公司的领导层要求会计人员立刻提供详细的业绩分析报告。会计人员经过一番努力,调整了包装纸的成本计算体系,终于拿出了反映各种规格包装纸利润率的业绩报告。原来的业绩报告表明,包装纸的平均利润率达到了40%,重新分析后却发现,其中普通包装纸的利润率为50%,而专用包装纸几乎不赚钱。于是LK公司决定,将包装纸生产部门划分为两个责任中心:普通包装纸责任中心和专用包装纸责任中心。对于普通包装纸,采取了降价措施,同时要求管理会计人员密切关注竞争对手的业绩信息,每周提供一次报告,以便及时根据该公司的财务业绩、定价策略和市场渗透情况作出反馈;而对于专业包装纸,则要求管理会计人员提供相应的建议,以便帮助监督和控制其成本,以提高该部分生产的利润率。会计人员明显感到,在新的竞争环境下自身的责任重了,迫切需要掌握新的管理会计技能来适应管理者的新需求。

第一节 管理会计及其阶段性发展

一、管理会计的定义与特征

(一)管理会计的定义

由于管理会计是新兴学科,也是应用性学科,使得其理论研究相对薄弱,故目前还没有被广泛认可的、完全统一的定义,也就是说关于什么是管理会计目前还未有一个一致的说法。这里通过一些有代表性的管理会计定义的描述,力图使人们对管理会计有一个相对清晰的立体认识。

1958年,美国会计学会(AAA,American Association of Accounting)管理会计委员会首次给出了管理会计的定义:管理会计是运用适当的技术和概念,处理企业历史和计划的经济信息,以帮助管理人员制定合理的、能够实现经营目标的计划并达到各项目标所进行的决策。管理会计包含为进行有效计划的制订、替代方案的选择、对业绩的评价以及控制而进行的各种必要的方法和概念。

其后美国会计学会在1966年又给出了管理会计的定义:管理会计是运用适当的技术和概念,对经济主体的实际经济数据和预计经济数据进行处理,以帮助管理人员制定合理的、能够实现的经营目标,并为实现目标而进行合理决策。

1988年,国际会计师联合会(IFAC,International Federation of Accounts Committee)所属的财务和管理会计委员会将管理会计定义为:管理会计是指在企业内部将管理当局用于规划、评价、控制的经济信息进行确认、计量、积累、编报、解释和传输的过程,以确保其资源的利用并对它们承担经济管理责任。

1997年,美国管理会计协会关于管理会计的新定义是:管理会计是提供价值增值,规划、设计、计量和管理财务与非财务信息的持续改进过程,通过此过程指导管理行动、激励行为,支持和创造达到组织战略、战术和经营目标。

虽然这些定义不尽相同,但是可以从中追踪到管理会计概念的进化过程。我国学者也给出了一些管理会计概念,其中有一些很具有代表性。

汪家佑教授认为,管理会计是西方企业为了加强内部经营管理,实现最大利润的目的,灵活运用多种多样的方式方法,收集加工和阐明管理当局合理的计划和有效的控制经济过程所需要的信息,围绕成本、利润和资本三个中心,分析过去、控制现在、规划未来的一个会计分支。

李天民教授认为,管理会计主要是通过一系列专门方法,利用财务会计提供的资料进行整理、计算、对比、分析,使企业各级管理人员能据以为日常发生的一切经济活动进行规划和控制,并帮助企业领导做出各种决策的一整套信息处理系统。

谷祺教授将管理会计划分为广义的管理会计和狭义的管理会计,认为广义的管理会计是"现代管理会计体系中有别于传统会计,直接体现预测、决策、规划、控制和责任考评等会计管理职能的那部分内容的一个范畴";狭义的管理会计是"以强化企业的内部经营管理实现最佳经济效益为最终目的,以现代企业经营活动为对象,通过对企业财务信息的深加工和再利用,实现对经济过程的预测、决策、规划、控制和责任考评等职能的会计分支"。

余绪缨教授提出了由微观管理会计、宏观管理会计、国际管理会计三部分组成的广义管理会计的新观点。其中微观管理会计又包括微观投资决策会计和微观经营会计两部分,主要从微观上研究如何为提高企业资源的配置效率提供有用的信息,宏观管理会计从宏观上研究如何在整个国民经济范围内为提高经济资源的配置效率和使用效率提供有用的信息。国际管理会计研究如何在跨国经济活动中为最大限度地提高经济资源的配置效率和使用效率提供有用的信息。

本书认为管理会计是企业管理的一个子系统,既是会计信息系统又是决策支持系统。从信息论的角度看,管理会计是收集、整理财务会计信息及其他相关信息,主要采用数理方法对这些信息进行定量分析,实现对企业经济活动的预测、决策、控制与评价的信息处理系统。从传统管理思维出发,可以认为管理会计是以强化企业内部经营管理,实现最佳经济效益为最终目的,以现代企业经济活动及其价值表现为对象,通过对财务等信息的深加工和再利用,实现对企业经济活动过程的预测、决策、规划、控制、责任考评等职能的一种管理活动,是现代企业会计的一个分支。从战略管理的角度出发,则可以认为管理会计是适应企业战略管理的需要,运用灵活多样的方法收集、加工、整理与战略管理相关的企业内外部信息,并据此协助企业管理层确立战略目标、进行战略规划、控制战略实施、评价战略业绩的战略管理子系统。归根到底,管理会计是一种侧重于在企业内部经营管理中发挥作用的会计,是企业管理活动的重要方面,是企业信息系统、决策支持系统的主要构成部分。

(二) 管理会计的特征

1. 审视环境、注重战略、侧重服务于企业内部经营管理

管理会计的主要目的是为企业内部各级管理人员提供协助其有效经营和最优决策的信息,为加强企业经营管理和提高经营效益服务。管理会计的这种服务对象或基本目标方面的特点是管理会计最本质的特点。为企业内部经营管理服务的管理会计其眼光并不局限于企业的边界之内,它面向市场、面向未来、关注环境与竞争对手,以战略的思维和技术为企业的长久生存与发展提供服务。

2. 规划未来、控制现在

为了有效地服务于企业的内部经营管理,一方面管理会计运用其特有的理论和方法,对生产经营方面将要采取的各种方案进行科学预测分析,并以此为基础进行决策分析和编制预算,即规划未来的经济活动;另一方面为确保规划目标能得以实现,还必须切实控制现在的经济活动。管理会计的这一特点是其基本职能的客观反映,也是由管理会计的目标所决定的。

3. 具有较高的灵活性并提供特定性、相对精确性信息

管理会计的高度灵活性的特点体现在其不受公认会计原则的制约,工作程序不固定,报告编制的形式及信息提供的时间不固定,方式方法灵活多样等方面。又由于管理会计所提供的信息总是针对某一特定的问题或部门的,因此提供特定性信息。还由于管理会计的重点是规划未来,而影响未来的因素比较多,特别是一些不确定的因素很难精确预测,这就决定了管理会计所提供的信息具有相对精确性。

4. 吸收其他学科的研究成果,形成交叉学科

管理会计针对各种因素的影响及其不确定性,在进行预测决策时,为了获得定量分析结果,要大量应用微积分、线性规划、概率论等数学方法及计算机技术。管理会计通过与系统论、运筹学、决策学、行为科学、管理科学等学科密切结合,汲取这些学科的营养,发展了自身的理论与技术方法,形成了综合交叉的学科特点。

5. 要求从业人员具有相对较高的素质

由于管理会计方法灵活多样,广泛应用数学方法以及与其他学科相互交叉、渗透得越来越多,且管理会计工作需要考虑的因素多,涉及内容复杂,因此要求从事这项工作的人员必须具备较宽的知识面和较深的专业造诣,具有较强的分析、解决问题的能力及应变能力。

二、管理会计形成与发展的三个阶段

(一) 执行性管理会计的形成与发展阶段

1. 执行性管理会计产生的背景

管理会计萌芽于20世纪初,在此之前社会经济发展水平还不太高,市场不够发达,企业的规模也不大,其组织形式多为独资或合伙方式,所以企业的内外部关系较为简单。20世纪以来,社会经济和科学技术有了很大的发展,生产工艺日益复杂,企业的规模不断扩大,公司制的企业组织形式日益普遍,企业的所有者与经营者都认识到企业的生存与发展不仅取决于产品产量的多少,更取决于产品成本的高低。传统的经验管理难以对企业的生产经营活动进行有效控制,难以对产品成本的降低发挥有效的作用,这导致泰勒(F. W. Taylor)科学管理的产生,而泰勒科学管理对会计管理信息及成本控制方法的需求,又进一步导致执行性管理会计的产生。可以看出企业经营环境与管理需求以及经济管理理论的发展与实践需要,是执行性管理会计产生的根源。

2. 执行性管理会计的主要目标及基本特征

泰勒的科学管理学说强调对动作和时间的研究,对生产过程的各个方面进行严格的标准化管理,其核心是强调提高生产效率和工作效率,其目标是把生产经营中一切可以避免的损失和浪费尽可能缩减到最低的限度。为了实现这个目标,其在管理上要求实行"最完善的计算和监督制度"。执行性管理会计是一个以泰勒的科学管理学说为基础形成的、满足企业内部管理需要的会计信息系统。管理所要求实行的"最完善的计算和监督制度",在执行性管理会计上通过科学地制定标准成本,严格地进行预算控制来体现,这为会计直接服务于企业管理开了先河。管理会计的标准成本制度及预算控制的实施,促进了材料利用率的提高、劳动效率的提高以及设备利用率的提高,而这又意味着直接材料、直接人工和制造费用的降低、意味着生产效率的提高。

执行性管理会计是在企业的经营方针与决策已经确定的前提下,协助企业有效率地贯彻企业的经营方针、执行企业的经营决策。因此,执行性管理会计以重视控制成本为基本特征,以提高生产效率为主要目标。

3. 执行性管理会计的主要方法及应用

随着泰勒科学管理的推行,为了配合科学管理的实施与企业生产效率的提高,在会计领域产生了标准成本、预算控制和差异分析等方法,这是管理会计早期的内容,是执行性管理会计的主要方法。由于这些内容、方法所支持的企业管理职能与传统的会计系统的功能截然不同,才使管理会计从原有的、单一的会计系统中分离出来,成为与财务会计并列的、相对独立的一个会计分支。

通过制定标准成本、编制预算和分析差异等,可以促使企业用较少的材料生产出较多的产品,用较少的工时和一定的生产设备生产出较多的产品。因此,管理会计的应用促进了材料利用率、劳动生产率以及设备利用率的提高,其综合表现就是生产成本的降低,而成本的降低,就意味着生产经济效益的提高。由此可见,执行性管理会计的应用对促进企业生产效率和生产经济效益的提高是大有裨益的。

在我国 20 世纪 80 年代开始的经济体制改革之前,为提高企业生产效率,采用编制生产技术财务计划,推行以班组核算为基础的厂内经济核算,开展企业的经济活动分析等,这些都可以看做是执行性管理会计的应用实践。

4. 执行性管理会计的缺陷

从 20 世纪初至 20 世纪 50 年代期间形成的管理会计,由于这一时期经历了第一次和第二次两次世界大战,社会物资缺乏,企业的产品生产出来后不愁没有销路,卖方市场居主导地位,企业之间的竞争并不激烈,企业对客观外界经济环境的分析、研究并不十分重视,因而企业与外界关系的有关问题在执行性管理会计体系中并没有得到应有的反应。企业管理只有提高生产效率问题,而无选择经营策略与方向问题。因此执行性管理会计只考虑,也只需考虑如何高效执行既定的经营方针,并不考虑,也无需考虑如何制定正确的经营策略问题。

(二)现代管理会计的形成与发展阶段

1. 现代管理会计产生的背景

随着经济的不断发展以及科技的不断进步,泰勒科学管理学说的诸多缺陷逐渐显露出来。

泰勒的科学管理把重点放在通过对生产过程的个别环节、个别方面的高度标准化方面,但对企业管理的全局、企业与外部的关系则很少考虑。另外,泰勒的科学管理学说不把人当做具有主动性、创造性的人,而是把人当做机器的附属品,使广大工人处于消极被动和极度紧张的状态,因而不可能取得应有的效果。正是由于泰勒的科学管理学说存在着这两方面的根本性缺陷,所以不能适应战后市场经济发展的新形势和新要求,最终被现代管理科学所取代。

第二次世界大战以后,科学技术的日新月异带动社会生产力的迅猛发展,市场经济出现了许多新的特点:一是现代科学技术大规模应用于生产,使生产得到迅速的发展;二是跨国公司大量出现,企业的规模越来越大;三是生产经营日趋复杂,新产品不断出现,市场竞争日益激烈,企业资金利润率下降。这一时期,由于新条件的出现和环境的变化,使企业管理者逐步认识到,企业要发展就必须以市场为导向,充分调动员工的积极性,开发新产品,提高产品质量,不断降低成本消耗。管理的重心在经营,经营的重心在决策。现代管理将决策提到极为重要的地位。从总体上看,现代管理会计是第二次世界大战以后社会经济条件变化、科学技术与现代管理科学发展相结合的产物。市场经济形势的转变和竞争的需要使得泰勒的科学管理学说被现代管理科学所取代,适应泰勒科学管理的需要而产生的执行性管理会计,也因无法满足现代管理科学的实践需要而必须充实与发展,与管理的发展相配合,由执行性管理会计向决策性管理会计发展。传统管理会计只包括执行性管理会计的内容,而现代管理会计在执行性管理会计的基础上,进一步增加了决策性管理会计的内容。于是现代管理会计经过执行性管理会计与决策性管理会计两个发展阶段,从传统管理会计演变为现代管理会计。

2. 现代管理会计的基本特征与主要目标

在决策性管理会计形成的时代,企业的经营管理方式发生了重大的变化。现代管理科学吸收了行为科学的研究成果,在企业管理中努力调动企业员工的主观能动性,激励员工提高产品质量、降低产品成本、扩大企业盈利的积极性。现代管理科学在企业管理中广泛推行职能管理,强化企业内部控制,利用计算机技术为定量化管理提供保障。决策性管理会计引入运筹学、行为科学和决策理论,这在很大程度上克服了泰勒的科学管理学说的重要缺陷,使决策性管理会计能较好地适应二次大战后市场经济发展的新形势,在企业管理中得到广泛而有效地运用。

决策性管理会计的产生是现代管理会计形成的关键标志,它由决策会计、执行会计(包括责任会计)共同构成,其围绕提高企业经济效益的主题,帮助企业管理者做出各种专门决策并协助实施与考评。

现代管理会计在强化执行性管理会计的控制功能的同时,以预测、决策为特征的决策性管理会计开始形成,在各种预测、决策理论与方法引入以后,管理会计逐步形成了适应现代管理要求的、具有决策支持功能的会计信息系统。此时的管理会计不仅以标准成本制度为主要内容的管理控制功能得到强化和发展,而且其内容得到进一步的丰富,形成了预测、决策、预算、控制、考核、评价的管理会计职能与方法,从而使管理会计的体系更加完善。另外,以行为科学为基础形成的责任会计的形成,使得管理会计在加强对企业经营全面控制的同时,将企业内部责任单位的责、权、利有机结合,将控制与考核评价相联系,焕发了责任中心经营者的主动性与积极性。

综上,现代管理会计以重视决策为基本特征,以提高企业的经济效益为主要目标。

3. 现代管理会计的主要方法及应用

为适应现代管理科学的实践需要,现代管理会计在以提高企业生产效率为主要目标的执行性管理会计的基础上,进入了决策性管理会计的发展阶段,在原有的执行性管理会计方法与内容的基础上,进一步形成了决策性管理会计的方法内容,二者共同构成现代管理会计。执行性管理会计的预算方法发展为现代管理会计的全面预算管理方法,执行性管理会计的控制职能也进一步延伸,同时增加了关于销售、成本、利润及资金需求预测的内容,增加了短期经营决策与长期投资决策的内容,增加了责任会计的内容。由此执行性管理会计和决策性管理会计共同组成了现代管理会计,并且形成了系统的预测与决策方法以及责任会计方法,形成了现代管理会计的基本内容体系。

随着我国社会主义市场经济体制的建立和市场经济的深入发展,现代管理会计在我国的应用取得了长足的进展。当企业成为自主经营、自负盈亏的经济主体时,当市场竞争日益加剧时,与我国现实的经济环境和条件相适应,原来单纯的执行性管理会计的应用自然转变为对包括决策性管理会计的现代管理会计应用。在计划经济体制下应用的责任会计逐步发展为企业集团的责任控制制度,执行性管理会计的预算延展为企业的全面预算管理。本量利分析及短期经营决策、长期投资决策的方法,作为企业决策的主要手段和工具被广泛应用,为提高企业经济效益起到了重要作用。

4. 现代管理会计的缺陷

现代管理会计只注重本企业内部的决策、计划及控制执行,只对本企业的成本管理、决策及责任会计负责。在市场竞争不是很激烈的情况下,企业只需在其内部加强成本管理,提高劳动生产率,便可生存。但是在科技迅猛发展的时代,仅从本企业考虑,忽视外部环境所带来的影响,已不能满足企业在竞争环境下的信息需求,它所提供的信息与企业的战略决策缺乏相关性。

现代管理会计只注重企业短期利益的最大化,关注的是单个企业在有限期间内的发展,其提供的信息主要是对企业内部经营决策及经营管理发挥作用。现代管理会计只注重营运资本的控制,其对投资方案的评价仅限于财务效益的视角,企业经营业绩也只表现在当期的利润上。而实际上,当企业间的竞争上升为全局性的战略竞争时,追求长远目标、抢占市场份额已成为企业刻不容缓的目标。

现代管理会计研究的信息单一、方法有限。研究的往往是财务信息,而忽视了非财务信息对企业的影响。市场竞争、经营战略、信息加工技术变化等,会引发企业信息需求的变化,而这又必然导致管理会计研究对象及内容的相应变化,这种变化表现在财务信息种类的变化,以及非财务信息的需求的大幅上升,而现代管理会计的方法有限,仅限于对财务指标的计算。现代管理会计目的是满足企业经营管理的需要,其内向型的管理及信息来源、种类的单一性又决定了现代管理会计应用方法的单一。

(三)战略管理会计的形成与发展阶段

20世纪80年代中期,社会经济环境发生了巨大的变化。首先是消费者的需求更加多样化,消费行为更具选择性。面对顾客需求的个性发展,企业的反映是以"顾客化生产"替代传统的批量化大规模生产;其次是经济的发展与高新技术革命的推动,使得企业间的竞争更加激烈,更有国际化的特征。同时,竞争的加剧也使得企业经营因素更具不确定性;顾客需求的变化、产品生命周期的缩短、技术更新的加速,使得企业经营环境更具有挑战性。为应对这种经营环境的变化,管理的新观念、新技术相继形成,例如"适时生产系统"、"全面质量管理"等,都对管理会计的原有思维与方法产生震动与影响。面对变化的经营环境和新的管理观念与技术的冲击,管理会计经过短暂的反思后,依托战略管理开始向战略管理会计方向行进。战略管理会计的实质是帮助企业寻求长久的竞争优势,可为企业进行战略管理、创造与保持竞争力提供重要的信息支持和技术支持,因此在企业中推行战略管理会计具有很强的现实意义。

战略管理会计是基于企业战略管理的发展而衍化出的新兴管理会计分支,在战略管理时代,适应企业管理的需要而产生,随着企业管理的发展而发展的管理会计,必然会服务于企业的战略管理,突破原有思维与技术的局限性而进入战略管理会计的发展时期。为满足企业提升竞争力以及战略管理实施的需要,促使管理会计采用竞争对手分析、价值链分析、目标成本规划、作业成本法计算、平衡计分卡以及预警分析等方法,从而促进了战略管理会计创新方法的形成与应用。

在实践中,战略管理会计为满足企业战略管理的需求,以战略的眼光,面向未来、面向企业外部的顾客与竞争对手等,运用战略分析、战略控制、战略绩效评价工具为企业提供战略管理信息与方案,帮助企业科学地进行战略定位,有效地进行战略控制与业绩评价,形成了卓有成效的战略管理会计实践。在我国,一些企业将战略管理与全面预算管理有机结合,一些企业采用了以作业成本法为基础的作业管理,还有相当一部分企业建立了平衡计分卡业绩评价系统。这些企业中不仅有制造业企业,还有服务业企业。许多大公司设立了企业战略研究机构,从研发、生产与销售的全过程进行战略成本管理,力求"以同样的成本为顾客提供更优的使用价值"或"以较低的成本提供相同的使用价值",从而形成企业在市场上的竞争优势。

三、管理会计形成与阶段性发展的主要动因

成本会计是管理会计的前身,成本会计从单纯的成本计算发展到成本计算与成本控制的有机结合,为执行性管理会计的形成奠定了基石。标准成本系统的运用是成本会计向管理会计过渡的开始。以标准成本会计为起点的管理会计适应了工业革命后的生产经营环境,满足了泰勒的科学管理的需求。

决策性管理会计形成于20世纪50年代二次大战后的资本主义发展时期,这个时期的特点是科学技术快速发展并广泛地应用于生产,推动了生产力的发展。企业规模不断扩大,跨国公司大量涌现,生产经营日趋复杂,市场竞争日益激烈。复杂多变、竞争激烈的外部环境,迫切要求企业实现管理现代化,灵活反映、正确决策。决策性管理会计正是适应了当时的生产经营环境与管理需求而形成的。以预测、决策为特征的决策性管理会计,与在新的环境下强化了的执行性管理会计有机结合形成了现代管理会计。

20世纪70年代后,石油危机使得世界经济格局发生变化,企业处于极为动荡不安的环境之中。重视战略管理的日本企业迅速腾飞,给企业带来了深刻的启示。人们意识到必须以外部环境的变化为基础,及时和动态地进行战略调整,才能在剧烈变化的环境中生存,战略管理在理论和实践上所取得的巨大的成功,使得战略管理会计也应运而生,进一步适应了近二十年来日益激烈的全球性竞争的环境,适应了激烈竞争环境中的战略管理的需要。

在科学技术飞速发展、全球竞争日益激烈的时代,伴随着对巨大信息量的需要,管理会计系统对企业生产过程的控制、产品成本的计算,对管理人员业绩的评价,已难以像以往那样提供及时、有用的信息。现行企业经营环境下管理会计信息已失去了决策相关性,管理会计正面临着严峻的挑战,并提出应重构管理会计体系。传统经典管理会计理论和方法需要更新与变革,新的管理会计理论和方法正在新的管理思想和信息技术的推动下逐步形成体系与框架,管理会计将要进入一个新的发展时期。

追溯管理会计形成与发展的阶段性历程,可以得出以下结论:适应不断进化的社会生产经营环境与日益激烈的市场竞争环境,适应企业管理的现实需要是管理会计形成与阶段性发展的主要动因。同时管理科学的理论与技术的发展与创新也对管理会计产生了巨大的影响和推动作用。因此管理会计的形成和发展是现代市场经济和竞争的必然结果,是管理科学发展的直接产物。

第二节 战略管理会计

一、战略管理会计及其特征

(一)战略管理会计的概念

1981年西蒙德斯在论文《战略管理会计》中最先提出战略管理会计的概念。1989年和1994年,布朗和毕曼尼合作,分别发表了《管理会计:发展还是变革》和《管理会计:发展的道路》两篇论文,进一步讨论了战略管理会计。

20世纪90年代,侧重于实务的刊物,如英、美的《管理会计杂志》、《成本管理杂志》以及《管理会计研究杂志》等,关于战略管理会计的文献迅速增加,教科书中也开始出现战略管理会计的内容,自此战略管理会计为人们所接受。

到底什么是战略管理会计呢？西蒙德斯认为战略管理会计就是未来管理会计发展的方向，其职能是"提供并分析有关企业和其竞争者的管理会计数据以发展和监督企业战略"，他强调管理会计关注战略，重视外部环境以及企业相对竞争者的位置和趋势，包括成本、价格、市场份额等，以实现企业的战略目标。布朗和毕曼尼认为："战略管理会计是这样一种管理会计：它收集并分析企业产品在市场和竞争对手方面的成本以及成本结构的信息，并在一定时期内监察企业和竞争对手的战略。"

尽管人们对战略管理的定义的理解是多样性的，但是都有一个共同的特点，那就是都涉及战略管理会计的一些基本要素，体现战略管理会计的一些基本特征，即重视外部环境和竞争对手，注重战略实施等。借鉴已有的研究成果，本书认为战略管理会计是服务于战略管理的会计信息系统，即服务于战略选择、战略控制及战略绩效评价的会计体系，是管理会计向战略管理领域的延伸和渗透。具体地说，战略管理会计是指会计人员运用专门方法，为企业提供自身和外部市场以及竞争者的信息，通过分析、比较和选择，帮助企业管理当局制定、实施战略计划以取得竞争优势的会计体系。

（二）战略管理会计的基本特征

1. 长期性

战略管理的宗旨是为了取得企业长期持久的竞争优势，以使企业长期生存和持续发展，即要求企业立足于长远的战略目标。原来的管理会计是以利润最大化为目标，并将这一目标贯穿到预测、决策和成本控制之中，所提供的多为成本、业务量、盈利能力等信息。研究表明顾客的满意度、市场占有率、产品质量等对企业的持续健康发展具有至关重要的战略意义。战略管理会计以企业长期发展的战略目标为基础，认真了解顾客与竞争对手，结合企业年度经营计划，不断扩大市场份额，从长远利益来分析、评价企业的资本投资，以适应企业长期发展战略的变化。

市场份额和竞争优势代表着企业未来的收入或利润，所以战略管理会计不是不注重利润，而是更注重企业长期的利润和发展，其目标具有长期性，有时为了扩大市场份额而不惜牺牲短期利润。

2. 全局性

战略管理会计是以企业的全局为对象，将视角扩大到企业整体，研究的范围更加广泛，从而能够提供更及时、更有效的信息。战略管理会计既重视企业的主要活动，也重视企业的辅助活动；既重视生产制造，也重视其他价值链活动，如人力资源管理、技术管理、后勤服务等；同时，它既着眼于现有的活动，即经营范围的活动，又着眼于各种可能的活动，如扩大经营范围的前景分析等。战略管理会计的控制具有结果控制与过程控制相结合的特点。它把企业内部结构和外部环境综合起立，企业的价值链贯穿于企业内部自身价值创造作业和企业外部价值转移作业，它具有外延性的企业价值系统链，而企业内部价值链只是整个价值创造作业全部链节中的部分链节。因此，战略管理会计是从企业所处的竞争环境出发分析处理信息，其成本分析不仅包括企业内部的价值链分析,也包括竞争对手的价值链分析,以求达到知己知彼、洞察全局的目的,并由此形成促进价值链增值的战略制定与实施。

3. 外向性

战略管理会计跳出了企业本身这一会计主体的空间范围,将视角更多地投向影响企业经营的外部环境方面,这些环境主要包括政治、经济、法律、社会文化和自然环境等,特别关注外部环境变化对企业战略目标的影响,关注竞争对手的行为对企业战略目标的影响等。因此,战略管理会计特别强调各类相对指标或比较指标的运用。

战略管理会计的着眼点是外部环境,它提供了超过管理会计主体、范围的更广泛并且更有用的信息,增强了对环境的应变性,从而大大提高企业的竞争能力。战略管理会计关注外部环境,收集其主要竞争对手过去和将来的战略经营方针、市场占有率、竞争者如何定价及趋势如何、采用的销售方式及投入的费用如何等信息,并加以分析、预测和估计竞争者的各方面经营状况,从而帮助企业管理当局制订长期发展战略规划。

4. 信息的非财务性

战略管理会计克服了原来管理会计偏重财务信息的局限性,大量提供诸如质量、需求量、市场占有份额等非财务信息,借以帮助企业经营管理者在进行战略考虑时能从更广阔的视野、更综合的内容上为企业形成长期的竞争优势创造有利条件。战略管理会计创造的平衡计分卡不仅从财务角度,而且从顾客、内部流程及学习与成长的不同角度运用非财务的指标对企业的战略措施予以描述,对企业的战略业绩予以评价。非财务信息的大量运用,既能适应企业战略管理和决策的需要,也改变了原来会计比较单一的计量模式,也正因为如此,有人提出"战略管理会计已不是会计"的观点。如果说会计只能处理和提供财务信息的话,那么我们只好承认战略管理会计的确不那么"会计"了。

5. 方法的更加灵活多样性

战略管理会计不仅联系竞争对手进行"相对成本动态分析"、"顾客营利性动态分析"和"产品盈利性动态分析",而且采取了一些新的方法,如产品生命周期法、经验曲线、产品组合矩阵及价值链分析方法等,方法更加多样化,更加适应战略管理的信息与功能需要了。在成本计量方法上,战略管理会计创造了作业成本法,采用多种成本动因进行间接成本的分配,提供详尽、准确的作业活动资源耗费信息。在绩效评价方面,管理会计原来的绩效评价指标只重"结果"而不重"过程",忽视相对竞争指标在业绩评价中的作用。战略性绩效评价是将评价指标与企业所实施的战略相结合,根据不同的战略采取不同的评价指标。对于战略过程的每一环节,强调业绩评价必须满足管理者的信息需求,以利于企业寻找战略优势。

6. 风险管理的全面性

战略管理会计既重视主要生产经营活动,也重视辅助活动;既重视生产制造,也重视其他价值链活动;既重视现有的经营范围内的活动,也重视各种可能的活动。因此,战略管理会计应高瞻远瞩地把握各种潜在的机会,回避可能的风险——包括从事多种经营而导致的风险,由于行业产业结构发生变化导致的风险,由于资产、客户、供应商等过分集中而产生的风险及由于流动性差导致的风险等,以便从战略的角度最大限度地控制风险。

7. 业绩评价的战略性

战略管理会计将战略思想贯穿于企业的业绩评价之中,以竞争地位带来的报酬取代传统的投资报酬指标,比较企业在实施某项竞争战略和不实施某项竞争战略的情况下,企业的竞争地位变化以及由此带来的报酬变化,对该项竞争战略进行决策,以及比较实施某项竞争战略前后的竞争地位变化以及由此带来的报酬变化,对该项竞争战略的实施情况进行评价。总之,侧重战略性业绩的评价,以形成企业整体竞争优势为目标,以竞争地位是否提升为标准,运用货币性和非货币性的业绩指标进行业绩评价。

二、战略管理会计的主要内容

从战略管理实务的角度,可以将战略管理会计的内容分为战略成本管理、战略定位分析以及战略绩效评价三大块内容。

(一)战略成本管理

战略成本管理是企业为适应现代变化的经济环境,在成本管理中引入战略管理,并把二者有机结合起来的新的管理体系与方法。具体而言,战略成本管理是一个对投资立项、研究开发与设计、生产和销售环节进行全方位监控的过程,主要是从战略的视角来分析影响成本的因素,从而进一步发现降低成本的途径,其目标是营造企业的持久竞争优势。

(二)战略定位分析

战略定位是指企业以未来为重点,为赢得持久的竞争优势而做出的事关全局的重大筹划和谋略。一个企业能够选择恰当的竞争战略是企业成功的必要前提,战略定位分析就是通过各种不同的方法对企业的内外部环境进行分析,帮助企业根据所处行业特征及自身特点选择适合的竞争战略,从而明确经营管理的方向和重点,形成企业与所处环境相适应、与未来发展相一致的战略态势和战略地位。

(三)战略绩效评价

战略绩效评价是以战略为导向,通过战略引导绩效评价指标的设计,采用财务和非财务指标结合的方法动态地衡量战略目标的满足程度,并提供及时的反馈信息的方法,以便企业形成正确的决策,从而推动企业战略目标的实现,保证企业的可持续发展。

三、战略管理会计的基本方法

战略管理会计能够在企业会计实践中得到成功应用,并克服了原有管理会计模式的若干弊端,较好地为企业的战略目标服务,是基于其吸取与创造的一系列适应战略管理的工具与方法,这些方法在企业战略管理中的应用就形成了战略管理会计的实务。

(一)价值链分析

价值链分析的任务是识别企业的价值链,明确企业各价值活动之间的联系,以提高企业价值创造的效率,为企业取得竞争优势提供支持。管理会计原来的分析范围通常从采购开始,到销售截止。从战略的角度看,管理会计的分析"开始得太晚","结束得太早",必须延伸其分析的链条。战略管理会计认为企业和供应商,企业与最终消费者之间的联系具有很大的利用价值,其所进行的价值链分析是将价值形成的过程分解为与战略相关的作业,从外部环境的角度把每个企业都当成社会价值创造作业链的一环,以共赢的思维谋求与供应商和顾客的合作与协调,科学地设置整个价值链。战略管理会计对原来管理会计的重要突破在于其对问题的分析并不局限于企业这个会计主体,它从前后联系的角度分析企业内部价值链及与之相连的前向、后向价值链,即进行社会价值链分析。价值链分析作为一种重要的战略分析手段,在战略管理会计中得到广泛的应用。

(二)竞争对手分析

战略管理会计吸取战略管理的思维与技术,其竞争对手分析方法主要是从市场的角度,通过对竞争对手的分析来考察企业的竞争地位,为企业的战略决策提供信息。竞争对手分析主要涉及以下几个问题:

(1)竞争对手是谁;

(2)竞争对手的目标和所采取的战略措施及其成功的可能性;

(3)竞争对手的竞争优势和劣势;

(4)面临外部企业的挑战,竞争对手是如何反应的。

战略管理会计在竞争对手分析基础上,为企业提供能准确击中竞争对手的要害并有效地防御竞争对手的进攻战略与对策。

(三)作业成本计算法

20世纪80年代以来,为了适应制造环境的变化,作业成本法应运而生。作业成本计算,是一种区别于传统成本计算的新型的成本计算方法,体现了战略管理会计的基本理念和成本计量思路。作业成本法是一个以作业为基础的信息加工系统,着眼于成本发生的原因,即成本动因,依据资源耗费的因果关系进行成本对象的成本分配与归集。该方法先按对资源的耗费情况将成本分配到作业,再按成本对象所对应作业的耗费情况将作业成本分配到成本对象中。这样的成本计算方法克服了传统成本计算系统下间接费用分配主观、责任不清的缺陷,使以往许多不可控间接费用在作业成本系统中变成可控。同时,作业成本法大大地拓展了成本核算的范围,改进了成本分摊方法,提供了相对准确的成本信息,优化了业绩评价标准,有利于企业成本优势的发掘与培养,有利于企业的作业管理。

(四)目标成本规划

目标成本是新产品的计划、设计和生产准备阶段应该达到的成本,它可以影响到产品的性能和规格。目标成本可能由两方面的因素引起,一方面因素与制造活动有关,称为生产者成本;另一方面是由顾客使用商品引起的,称为顾客成本。

随着全球性竞争的日益加剧以及消费者需求的个性发展,企业要想生存,就必须擅长开发新型的并能满足消费者质量与功能要求的产品和服务。目标成本规划是能够确保产品与服务的开发成功并获取足够利润的手段。从本质上看,目标成本规划就是一种对企业的未来利润进行战略性管理的技术。其做法就是首先确定待开发产品的生命周期成本,然后由企业在这个成本水平上开发、生产拥有特定功能和质量并且若以预计的价格出售就有足够盈利的产品。目标成本规划中的成本不是产品开发生产之后的一个被动结果,而是产品开发过程中的一个积极因素,一个引导性因素。企业只要将待开发产品的预计售价扣除期望边际利润,即可得到目标成本。产品是否开发、产品开发成功与否,关键就是设计出能在目标成本水平上满足顾客需求并可投产制造的产品。目标成本规划从市场的角度考察成本,指明了成本控制的努力方向。正因为如此,战略管理会计运用这一方法就可以提供有利于企业保持和增强竞争能力的信息。

(五)平衡计分卡

平衡计分卡通过建立一整套财务与非财务指标体系,对企业的经营业绩进行综合、全面、系统的评价。这种评价方法克服了单一财务指标体系的不足,既有利于正确评价企业的经营业绩和竞争实力,也有利于企业全体员工对企业战略目标、经营计划的理解,还有利于企业经营决策的正确制定和战略性竞争优势的形成。平衡计分卡绩效评价体系在选择了财务、顾客、内部经营和学习与成长四个层面的绩效评价指标之后,还需要确定平衡计分卡四个方面绩效评价指标的权重,以使绩效评价更加科学合理。平衡计分卡充分体现了战略管理会计支持企业战略管理的全局性、长期性、外向性,以及财务指标与非财务指标的综合运用的特点。

四、推行战略管理会计的现实意义

在现代企业管理中,战略管理在理论研究上已经取得了丰硕的成果。在实践中,许多大公司设立了诸如"研究开发部"、"战略研究部"等企业战略研究机构,而在实际应用中更多着眼于经营战略管理方面,较少涉及战略成本分析与管理的内容。企业管理作为一个完善的系统,战略成本分析与管理是不可或缺的一个重要部分,推行战略管理会计有利于企业的战略成本管理和成本优势的发挥,并进一步形成企业长久的竞争优势。

战略管理会计的应用可以帮助企业决策者形成求异创新的思维,改变在企业目标上只追求短期利润而忽视长期价值、在发展上只顾眼前不顾长远、在管理上重物轻人、在业绩评价上只重结果而不重过程的行为。战略管理会计遵从战略管理的基本思想,将企业生产经营过程看做由此及彼、由内到外的一系列活动构成的"作业链"与"价值链",企业的产品和服务的价值要通过顾客的认知价值来体现,企业最终是从顾客价值中赢得利润。企业的相对竞争地位也是从这一最终结果上同竞争对手相比较而确定的。战略管理会计采用价值链分析、战略定位分析、作业成本法、平衡计分卡等战略管理工具,帮助企业在价值链上发掘竞争优势、培育竞争优势,支持企业提升核心竞争力。

战略管理会计的实质是帮助企业寻求长久的竞争优势,为企业进行战略管理、创造与保持竞争力提供重要的信息支持和技术支持,因此在企业中推行战略管理会计具有帮助企业提升竞争优势的重要现实意义。

第三节 管理会计的基本理论简述

有人将会计理论分为会计学家的理论与会计工作者的理论,本书所涉及的管理会计理论则是以会计学家的理论为基础的、侧重于实际应用的理论,虽然二者兼而有之,但更倾向于对实务问题解决的指导,因此更多地属于会计工作者的理论。本书所涉及的管理会计的基本理论既包括管理会计的基本概念,或称之为基本理论要素,又包括这些要素之间的内在联系。

一、管理会计的对象

一门学科的对象应该是指学科研究和工作的基本主题与核心内容,正确认识管理会计的对象是有效应用管理会计的基本前提。本书将给出一些关于管理会计对象较有影响的观点。

西方的管理会计文献中很少提及管理会计的对象问题,我国学者对此有较多的争议。有人认为管理会计的对象是"现金流动",认为现金流动具有很强的综合性和较大的敏感性,通过现金流的动态分析,可以将企业生产经营的主要方面、主要过程全面、系统、及时地反映出来,为企业改善生产经营、提高经济效益提供必要的、相关的信息。但是现金流动并未贯穿于管理会计研究的始终,也不是管理会计预测、决策、预算、控制、考核与评价的各个环节都需要考虑的因素。也有人认为管理会计的对象是"价值差量",因为价值差量贯穿于管理会计的每一项研究内容之中,如短期经营决策、长期投资决策、成本控制、责任中心、业绩评价等。但是这是一种基本的研究方法,而非研究对象。还有人认为管理会计和财务会计同属于会计范畴,因此它们的研究对象应当是相同的,即都是资金运动。所不同的是管理会计的研究对象涵盖了资金运动的所有时空,而财务会计仅以过去的资金运动作为研究对象。李天民教授认为,管理会计的对象在时间上侧重于现在和未来的经济活动,在空间上侧重于责任中心的、部分的、可供选择的或特定的经济活动。

管理会计的对象一定是企业的部分、特定的经济活动,这是毋庸置疑的。但以上的观点界定或范围错位,或给出的管理会计对象过于宽泛,没有实际的意义。本书基本赞同李天民教授的观点,认为管理会计的对象是企业相关责任中心的、可控的、现在或未来的经济活动。

二、管理会计的目标

现代管理会计适应企业的竞争环境,为企业强化管理、提高竞争力、提高经济效益服务,因

15

此现代管理会计的总目标，或者说最终目标就是提高企业的经济效益，而对于战略管理会计而言，其战略目标就是提升企业的核心竞争力，当然这种核心竞争力最终必然提高企业的经济效益。管理会计的总目标又可以分解为较具体的分项目标。

1. 科学确定经济目标

该目标包括对目标利润、目标成本、目标资金需求量的预测与确定，及在此基础上做出资源最佳配置与流动的全面预算及责任会计。

2. 合理使用经济资源

该目标包括在责、权、利的基础上制定适合本企业具体情况的责任会计制度，利用科学的原理与激励措施，促使各责任中心减少人、财、物的消耗，以最小资金占用额，来完成计划所规定的各项目标。

3. 有效调控经济活动

该目标包括事前制定成本控制计划，进行预防性和前瞻性的控制和调节，根据各责任中心编制的业绩报告所反映的实际数与预算数的差异进行反馈性的控制与调节，借以保证各经济目标的实现。

4. 客观评价经济业绩

该目标包括利用标准成本制度等方法，对日常发生的经济活动进行跟踪、搜集、计算；根据相关报告来评价和考核各责任中心履行经营责任的情况和应受的奖惩，总结经验、解决矛盾，及时提出合理化建议，促进企业改善经营管理。

三、管理会计的假设

（一）一般性假设

1. 主体假设

管理会计主体假设是指管理会计为之服务的对象可以是企业单位及其内部各责任中心，也可是其他组织。因为管理会计的主体必须服务于管理会计的目标，服务于企业的生存发展，为实现企业财富最大化而进行预测、决策、控制，因此管理会计的主体是每个进行预测、决策与控制的责任中心。

2. 持续经营假设

管理会计的持续经营假设是指企业及其各级责任中心的筹资、投资、生产、销售等生产经营活动将无限延续下去，从而使管理会计的预测、决策、控制等各项工作所使用的方法能保持稳定有效。

3. 会计分期假设

管理会计的分期假设是把企业持续不断的经营活动，根据需要划分为一定的期间以便及时地提供管理会计信息。管理会计的分期应根据企业管理的需要，灵活进行。这与财务会计分期通常以一年为标准不同。

4. 货币时间价值假设

货币的时间价值假设规定了等量货币在不同时点上具有不同的价值,管理会计的许多决策都是在此基础上做出的。与财务会计币值稳定假设不同,管理会计在进行长期决策时必须考虑货币的时间价值,将各个时点的现金流量换算到同一时点,只有这样才能进行准确的分析、预测、决策和控制。考虑货币的时间价值是管理会计进行预测、决策、控制的重要基础之一,它使不同期间的价值量具有可比性。

5. 为不同目的采用不同的成本分类假设

在管理会计中为了适应企业经营管理的不同需要,必须采用不同于财务会计的各式各样的成本分类。为了将成本对象化按成本的可追溯性将其分为直接成本与间接成本;为了规划和控制企业的经济活动,必须按成本的可变性把所有的成本分为变动成本和固定成本两大类;为了进行短期经营决策与长期决策,必须根据成本的相关性将成本分为相关成本和无关成本;为了控制和考评各级责任单位的经济活动,应根据成本的可控性分为可控性成本与不可控成本等。

6. 效益最大化假设

管理会计的总目标就是为改善企业的经营管理,提高企业的经济效益和社会效益服务,而提高效益的核心是在整个管理会计工作过程中,对任何一项经济业务的发生都必须按"成本效益分析"的原理,想方设法地提高投入产出的水平,提高投资报酬率。每个企业狠抓利润的同时,还要注意抓优质、低耗、适销对路,按照消费者的需要组织生产,要在微观经济效益服从社会效益的基础上追求效益的最大化。

7. 风险价值可计量假设

风险价值可计量假设认为,由于决策信息的不完全确定性,对于未来结果出现的概率无法准确把握,从而形成的决策结果与实际结果出现偏差可能性给企业带来的损失是可以计算的。管理会计中风险价值的计量为管理会计进行风险决策提供了可能,并且可进一步为风险控制提供信息。

(二)技术性假设

管理会计方法的设计与应用,通常在一般性假设基础之上还提出了相应的应用范围、应用条件的限定,形成了一些技术性假设。例如本量利分析方法的成本性态假设、相关范围假设、模型线性假设、产销平衡假设以及品种结构稳定假设等。

四、管理会计的内容

管理会计经过三个发展阶段后,逐步形成了决策与规划会计、控制与评价会计以及战略管理会计的内容。

(一)决策与规划会计

管理会计的规划与决策会计,首先利用财务会计提供的资料和其他有关的信息,在调查研究和情况判断的基础上，对企业在计划期间的各项重要经济指标包括保本点、销售额、成本、利润、资金以及经营风险与财务风险等进行科学的预测分析，并对经营、投资等重要经济问题进行决策分析。然后把通过预测和决策所确定的目标和任务，用数量和表格形式加以协调、汇总，编成企业在一定期间的全面预算。全面预算是对企业经济活动和全面计划的数量说明，通过全面预算可以为企业生产经营的各个方面提出总的目标和任务，以保证决策所定的经营目标能够顺利实现。最后再按照经济责任制的要求，把全面预算的综合指标层层分解，形成各个责任单位的责任预算，用来规划和把握未来的经济活动。

（二）控制与评价会计

管理会计的控制与评价会计，首先是通过制定控制制度和开展价值工程活动等对企业的经营活动进行前馈性控制，以及按照预算规定的指标，对即将发生和已经发生的经济活动进行调节和反馈性控制；其次利用标准成本制度并结合变动成本法，对日常发生的各项经济活动进行追踪、收集和计算；然后根据经济责任制的要求，由各责任单位编制一定期间的业绩报告，并且通过对报告中的实际数与预算数的差异进行分析和研究，来评价和考核各个责任单位的业绩和成果；并根据行为科学的激励理论分别确定它们应承担的经济责任和应接受的奖惩；同时把发现的重要问题立即反馈给有关部门，迅速采取有效措施，及时加以解决。

（三）战略管理会计

战略管理会计着眼于企业的长远目标和竞争力的提升，为企业提供包括经营业绩、竞争对手等多元化的财务与非财务信息，使企业充分了解自身的竞争实力和战略地位，辅助企业进行战略规划、战略控制和战略绩效评价。价值链分析、竞争对手分析、作业成本法、平衡计分卡等是战略管理会计的典型方法，它们构成了战略管理会计的主要内容。

五、管理会计的职能

从管理会计的发展历程来看，管理会计的职能随着社会经济的日益发展而不断扩大，在执行性管理会计阶段首先形成了对产品成本进行分类、计量、报告的职能和按照事先的计划进行控制和简单评价的职能；在决策性管理会计阶段形成了预测、决策和规划的职能，而且成本计量、责任控制和业绩评价的职能得到进一步的提升；在战略管理会计阶段虽然没有形成新的职能，但是管理会计的职能却从以往偏重于战术层面，进一步上升到战略层面，或者说更加注重未来环境的预测、战略决策和战略规划，同时其控制与评价职能也从经营过程的控制、责任中心的业绩考核，上升为企业战略方向的控制和战略实施效果的评价。

（一）决策职能

管理会计的决策职能分别在战略决策和战术决策层次、在短期经营决策和长期资本支出决策中履行，贯穿于企业经营管理的全过程，是企业管理的重点与核心。它利用预测取得的信息，根据企业的经营目标编制备选的决策方案，采用科学的方法进行方案的分析与评价，帮助管理当局选择最优的决策方案。

（二）规划职能

管理会计的规划职能是以经营决策为基础，通过编制全面预算来实现的。管理会计规划职能体现在决策结果的具体化、数量化上，体现在企业资源的配置安排上，而体现规划职能的管理会计预算职能既是企业运作控制的依据，也是企业经营成果与绩效考核、评价的标准。

（三）控制职能

管理会计的控制职能体现在将经济活动过程的前馈控制、预防控制和反馈控制的有机结合之中，具体通过正确地计量计划的执行情况，并将执行过程中的实际情况与预算数据相比较，确定并分析偏差，寻求调整和改进的措施来实现的。当企业的经济活动被纳入战略管理系统，成为战略规划的一部分时则对其的控制就上升为战略控制职能。

（四）评价职能

管理会计的评价职能主要是通过责任会计系统的责任预算、责任报告进行比较分析来完成的。在战略管理会计中也要对战略方案的实际实施效果进行比较与评价。

（五）计量职能

由于管理会计的企业会计信息系统身份，其计量职能应该是最基本的职能，是支持其他职能发挥的基础。管理会计的计量职能主要体现在对企业经济活动中各种资源消耗的计量方面以及企业各种产品、各个部门、主要作业环节所消耗资源的分配及所创造效益的计量。

六、管理会计准则

管理会计准则是指管理会计信息处理的基本原则、规则及信息质量标准。

管理会计的目的是向各级管理者提供与决策有关的信息，什么样的信息、如何处理信息能满足管理者决策的需要，是管理会计搜集、整理、分析信息的一般原则。目前对管理会计原则还没有统一的认识。我们认为管理会计原则可分为管理会计信息质量原则和管理会计信息处理原则。两类原则之间存在着内在的联系，即管理会计信息质量原则决定着管理会计的信息处理原则。管理会计信息质量原则确定了管理会计的信息处理目标，管理会计信息处理原则，则指导着管理会计信息的处理过程。

（一）管理会计信息处理原则

1. 成本效益原则

成本效益原则是指取得各项信息产生的效益应大于取得这些信息付出的成本，对重要的信息应详细搜集、分类、分析，对不重要的信息可合并处理或不处理，只有这样取得的信息才是有价值的、值得加工和输出的。

2. 可操作性原则

可操作性是指采用的各种方法与技术应尽可能简便可行，易于操作，能为大多数管理会计人员所掌握。但相同的方法和技术对不同层次的管理会计人员的可操作程度不同,因此管理会计人员应根据自己的情况选择适合自己的操作技术和方法。

3. 灵活性原则

灵活性原则是指获取用于生成管理会计信息的资料来源具有多样性,可根据不同情况以灵活多样的方法取得所需的信息。同时资料的处理方法也应具有灵活性,在不同情况下对不同的资料要灵活采用不同的处理方法,从而保证会计信息质量的高效使用。

4. 定性与定量相结合原则

定性与定量相结合的原则是指在选用处理方法时采用定性与定量相结合的方法。一般来说,要求管理会计对同一问题既要有质的判断又要有量的表述。当然,根据不同的决策需要,针对不同的问题,两者的侧重点会有所不同,管理会计人员应根据实际情况加以选择。

5. 中立性原则

中立性原则是指管理会计人员在获取、处理和提供用于决策的信息时,特别是在提供定性的信息时不能有所偏见和歧视。这就要求管理会计人员一方面要有相应的专业知识;另一方面要站在客观公正的立场上处理、提供信息,既不能有个人的偏见和主观臆断,也不能受其他部门和人员的干预。

(二) 管理会计信息质量标准

1. 及时性标准

管理会计应及时迅速地为管理当局提供信息,必须在决策时效范围内提出相应的解决方案和意见、建议及其依据,它包括两方面内容:一方面是指及时收集有关信息并对其进行加工处理得出相应的结论;另一方面是将取得的信息及时报送信息使用者。

2. 相关性标准

管理会计信息的相关性标准,是指管理会计提供的信息要与使用者的决策活动相关联,必须对决策有影响或有用,提供的信息应充分考虑经营管理者对信息的需要,应能满足信息使用者的要求。

3. 准确性标准

管理会计提供的信息在相关范围内必须正确,能反映事物的本质特征,不会对相关管理者的决策产生误导。此处必须明确的是信息的准确性和信息的精确性是两个不同的概念,要求提供准确的信息并不意味着提供的信息越精确越好,在许多情况下,采用近似的方法,用线性关系代替非线性关系,以基于确定性的方法代替基于不确定性的方法,反而会收到较好的实践效果。

4. 客观性标准

管理会计信息的客观性标准是指管理会计的生成信息应能客观反映现实情况,对未来所做出的预测与实际误差必须控制在一定的范围之内。这就要求一方面用于生成信息的资料应客观、真实、准确,同时要客观地选用处理方法。客观性是对管理会计信息的基本要求。

5. 可靠性标准

管理会计信息的可靠性标准是指提供各种相关信息必须真实可靠。可靠性可以有定性的判断和定量的描述,不同的管理决策对可靠性程度的要求有所不同,在定量描述上对精确程度的要求也有所不同。

6. 可理解性标准

管理会计信息的可理解性标准是指提供的各项信息应能够为信息管理者所理解,便于信息使用者做出决策。管理会计信息应根据不同信息使用者理解程度的高低和用于决策的不同,适时地为不同信息使用者提供可理解的信息。

7. 可验证性标准

管理会计信息的可验证性是指提供的相关信息能够在实践中得到检验,同时信息本身也可以被验证。通过实践的验证,可以判断信息的相关性和准确性,可以找出差异并对差异进行分析,以改善具体项目运作和对信息的处理。

8. 激励性标准

管理会计信息的激励性标准是指管理会计所提供的会计信息,应有助于企业员工的努力方向与企业的总体目标一致,并激励企业员工为完成企业目标而努力。

七、管理会计循环

作为向企业管理当局提供服务的决策支持系统,为使企业适应环境的变化,采取有效的战略对策,在竞争中求生存、求发展,管理会计首先要运用战略管理会计,分析企业所处的环境,确定企业的整体发展战略和具体的经营战略,再进行具体的预测、决策、分析,确定企业所要采取的与经营战略相配合的步骤与措施,通过编制全面预算和责任预算,将战略措施落实到每一个责任中心。管理会计的一般程序可概括为事前规划、事中控制、事后评价三个阶段,由于这三者构成一个不断重复、持续进行的过程,故也称之为管理会计循环(图1.1)。

(1)在战略管理的框架下企业的经营目标、经营方针、经营计划均具有战略性,为辅助管理层须根据相关资料制定企业经营目标、经营方针、经营计划,管理会计首先通过企业内外部的优势、劣势、机会与威胁的分析、价值链分析和竞争对手分析,为企业确定战略目标、战略对策,提供信息与方案。

(2)在确定的战略方针之下,管理会计运用预测分析、决策分析的各种方法和技术,帮助管理层确定企业经营目标、经营方针、经营计划,然后通过全面预算将企业总体目标以数量的形式反映出来。

(3)为实现企业总体目标,管理层须将企业总体目标分解到各个职能部门,根据企业具体情况合理组织、安排生产经营活动。此时,管理会计的工作就是根据企业管理的需要,在企业内部划分若干责任中心,并建立相应的责任制度,为每个责任中心编制责任预算,以便对每个责任中心的经济活动进行控制和评价。

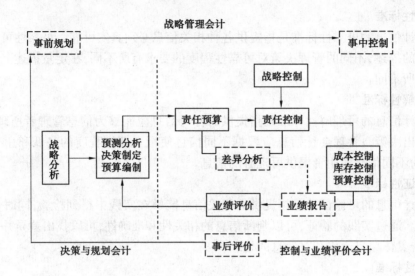

图 1.1　管理会计循环

(4)在企业根据其经营战略、决策方案、全面预算和责任预算组织各个责任中心的运作时,管理会计应采用变动成本法、作业成本法、标准成本制度对全面预算和责任预算的执行情况进行跟踪和记录,并且定期为每个责任中心编制责任报告。

与此同时管理层须根据企业的经营目标和计划,对预算的具体执行情况进行监督、协调和控制。因此,管理会计还应将预算数与实际数进行对比,如发现问题应及时报告给相关责任中心和管理者,以便管理者进行适当调节和有效控制。

(5)管理会计还需进行差异分析,找出差异原因,并据以来评价和考核责任中心经营业绩和效率。战略管理会计同时还要采用平衡计分卡等评价方法对企业战略的实施和执行情况进行衡量,针对实际执行中存在的问题,向企业管理者提出改进措施和建议。

八、管理会计基本理论要素及其关系

管理会计的研究对象是企业的经济活动,有什么样的企业经济活动就有什么样的管理会计理论和方法。但企业的经济活动过于复杂,影响因素太多,很难对完全真实的企业活动进行研究或研究成本太高,这就需要利用管理会计假设对其进行抽象、简化。在管理会计研究和实践中,为了更好地分析和控制管理会计对象,需要有相应的准则来规范管理会计工作。在管理会计准则的基础上,通过相应的方法与程序的应用具体体现管理会计的功能、实现管理会计的目标。由管理会计的对象、假设、目标、内容、职能、程序、方法等构成的管理会计的基本理论要素之间存在着以下关系,如图 1.2 所示。

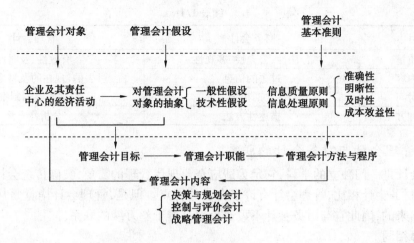

图 1.2　管理会计基本理论要素的关系

九、管理会计与财务会计的关系

在会计学科体系中管理会计与财务会计联系最多、关系最近,把管理会计与财务会计进行比较,有助于对管理会计本质更加深刻的认识。

财务会计与管理会计同属于企业会计信息系统,是现代企业会计的两大分支。由管理会计的产生与发展历程中,可以知道二者原本同属一体,但因在功能、方法及服务对象侧重点等方面的巨大差异而无法共处,而一分为二。仅由两门学科形成的历史就可以看出二者既有明显的区别,又有无法割断的相互联系。

(一)管理会计与财务会计的区别

管理会计和财务会计的区别主要从服务对象、工作重点、观念取向、信息特征等多个侧面反映出来,具体参见表 1.1。

表 1.1　管理会计和财务会计的区别

项目	财务会计	管理会计
主要信息使用者	企业外部的利益相关者	企业内部经营管理者
利用目的	利益关系者间的利益协调	企业经营决策和业绩管理
工作重点	着重反映过去	解析过去、控制现在、规划未来
观念取向	重视结果	不仅重视结果,更注重过程
会计主体	一种主体——整个企业(独立核算部门)	多种主体——整个企业、各责任中心等等
报告种类	财务报告——强制性	业绩报告——灵活性
业务处理基准	会计准则、相关的法律法规	企业经营决策和业绩管理的需要

续表 1.1

项目	财务会计	管理会计
信息质量	合法性、公允性、客观性	有效性、及时性
报告内容	过去的信息	过去的、现在的及将来的信息
报告时间	定期报告	根据需要编制报告
信息处理方法	描述性方法	分析性方法

（二）管理会计与财务会计的联系

管理会计是一门独立的学科，它是为适应企业现代管理的需要，突破传统会计的体系建立的，所以同财务会计相比，管理会计有许多自己的特点。但是，管理会计毕竟是从传统会计体系中分离出来的，因此它与财务会计不可避免地有着千丝万缕的联系。

1. 起源相同

管理会计与财务会计同在传统会计中孕育、发展和分化，由于职能分工上的差异才分离为不同的会计分支。由于二者源于相同传统会计系统，管理会计大部分内容与财务会计重合，也有不少学者认为财务会计是管理会计的母体，管理会计是从财务会计中孕育、衍生出来的。

2. 目标相同

虽然人们通常认为财务会计的目标是利用账务处理、报表编制的方式向企业外部的利益相关者提供所需要的信息，管理会计的目标是利用一系列专门的方法为管理层的决策与控制提供信息，似乎二者的目标是不一致的。但是，这只是二者服务的侧重点之间的区别。管理会计与财务会计两者的终极目标都是为提高企业的经济效益，使企业获得最大的利润。

3. 基本信息相同

管理会计与财务会计两者都以企业经营信息作为主要的信息来源。特别是管理会计为了完成其预测、决策、规划、控制、评价的职能，会从不同的渠道收集相关的资料，而其中基本的、重要的、大量的来源往往是财务会计的信息。

4. 服务对象交叉

管理会计与财务会计信息的使用者都不严格、不唯一，内部、外部信息使用者有时共享信息。事实上，财务会计提供的许多重要财务信息对企业内部管理至关重要，而管理会计提供的许多经济管理信息以及根据这些信息所确定的企业经营目标、战略、规划等，企业外部的利益相关者也是十分感兴趣的。

5. 某些概念相同

管理会计与财务会计的某些概念，如成本、收益、利润等两者是完全相同的。

第四节　管理会计的主要方法

一、管理会计方法论

　　管理会计的方法论是其解决现实问题的基本思维模式,是其各种职能发挥、各种方法应用的基础性的科学思想依据。只有掌握了管理会计的科学方法论,才能创造性地运用管理会计的科学思维和具体技术,有效地解决企业经营管理中的各种问题。

　　马克思主义哲学的核心部分——唯物辩证法是研究现代自然科学的唯一可靠的哲学方法。唯物辩证法所阐明的物质观、时空观、实践观、真理观、普遍与特殊、可能与现实、原因与结果、形式与内容、现象与本质、对立统一、量变与质变等原理,是有普遍适用性的科学方法论,是最高层次的适用于一切学科的科学方法,是每门学科进行学科建设,形成各自独特方法,必须共同遵循的。

　　"三论"——控制论、系统论、信息论属于新兴的横断科学,是当代科学上的重大成就,对现代各门学科的发展都有重大影响。系统论等是比唯物辩证法低一层次的方法论,可称为"亚哲学"。掌握亚哲学方法论的重要性,在于它有助于揭示客观世界固有属性,它仅适用于对自然界的认识,同时也适用于对社会现象和思维活动的分析。

　　哲学、亚哲学方法论反映的是解决问题的一般过程和基本方法,因而它具有普遍的适用性。但其具体应用,还必须结合各学科内容进行具体化,形成各自的具体专门方法,是普遍性通过特殊性具体表现出来的。管理会计的方法论是管理会计解决其实践问题,履行其基本职能所应遵循的思维方式和一般方法。它既与哲学、亚哲学的方法论相一致,又具体地体现了系统工程与运筹学的方法论特征。管理会计运用系统思想以及控制论、经济学、管理学、数学的方法,采用模型化的技术,在定性与定量方法的结合、财务数据与非财务数据的结合中、在两个相关对象的比较与差量分析中探索解决具体问题的途径,形成了自己的独特方法论。

　　由管理会计的基本职能和对象所决定,管理会计所采用的方法不同于财务会计的方法,财务会计方法属于描述性方法,重点在于如何全面系统地反映企业的生产经营活动,管理会计采用的方法属于分析性方法,是根据管理当局的需要提供相应的预测、决策、控制信息,侧重于从动态上判断各经济变量之间的关系,侧重于分析"差量"。

　　管理会计不同发展阶段形成的各种方法构成了管理会计的决策与规划会计、控制与业绩评价会计以及战略管理会计的内容。这些技术方法与管理会计的具体职能密切相关,与管理会计的工作程序紧密相连。

　　根据管理会计的内容,管理会计方法可分为一般性方法和专门性方法两大类。管理会计的一般性方法在管理会计决策、规划、控制、评价的各种职能中都能得以体现,而专门性方法则是管理会计的一般性方法在企业经营管理的各个领域中被具体运用时衍生出来的具体性、针对性极强的方法。

二、管理会计的一般性方法

管理会计的一般方法有成本性态分析法、成本计量方法、本－量－利分析法、边际分析法、折现的现金流量法、差量分析法等；管理会计的应用性方法又具体分为管理会计的决策方法、控制方法、业绩评价方法。管理会计的决策方法有定价决策分析方法、生产决策分析方法、投资决策现金流量法、更新决策分析方法；管理会计控制方法包括全面预算编制方法、标准成本控制方法、存货控制方法；管理会计的业绩评价方法包括责任业绩考核评价方法和战略绩效评价方法等。

现代管理会计所使用的方法从动态上来掌握它的对象，它不仅涉及常数而且涉及变量。这些方法虽然在不同条件下具有不同的表现形式，但差量分析贯穿始终。

（一）成本性态分析法

成本性态分析法是将成本表述为业务量的函数，分析它们之间的依存关系，按成本与业务量之间的依存性，最终把全部成本区分为固定成本和变动成本两大类，并根据固定成本和变动成本的不同性态对相关变量进行分析。

（二）成本计量方法

管理会计的成本计量方法有以成本性态分析为基础的变动成本法，也有以作业划分为基础、以成本动因识别为核心、以作业管理为目标的作业成本法。

（三）本－量－利分析法

本－量－利分析法将成本、产量、利润的变动联系起来进行分析，从动态上分析产量、成本的变动对利润或边际贡献的影响。

（四）现金流量法

折现的现金流量法是将不同时点的现金流量按相应的复利率换算成相同时点的现金流量，使各方案的分析和评价建立在可比性的基础之上，以便进行对比分析，判别方案的优劣。

（五）差量分析法

管理会计方法体系中有一个贯穿始终的特点，即进行差量分析。如决策分析中边际收入减边际成本的差额即边际利润的分析，对现金流入量减去现金流出量的差额即现金净流量的分析，控制成本中对标准成本与实际成本的差额即成本差异的分析等，都是差量分析的典型。通过差量分析，可以简洁准确地进行决策方案的比较和选择，可以对控制效果和经营业绩进行比较客观准确的评价。

（六）战略分析法

管理会计进入战略管理发展阶段，为适应战略管理的需要吸取了战略管理的一些方法，如

SWOT方法、PEST方法和价值链分析法等,这类方法为战略分析、战略决策与规划所需要,成为战略管理会计的基础性方法。

三、管理会计的方法体系

管理会计在其不同发展阶段汲取了经济学、管理学、运筹学、概率论等相关学科的技术方法,同时自身也创造了大量方法,从而形成了丰富且具有内在关联性的方法体系。按照方法应用的基础性与专门性可以将管理会计方法分为两个层次,即包括成本性态分析等基础性方法,以及包括计量、决策、规划、控制、评价方法的职能性方法,结合这些方法对管理会计职能发挥的支持作用以及具体应用关系,可将他们建构成以下的管理会计方法体系,用图1.3予以表示。

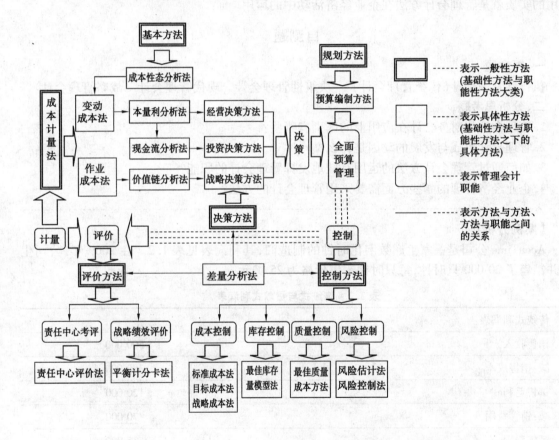

图1.3 管理会计方法体系

本章小结

管理会计是收集、整理,采用定量与定性分析方法对信息进行加工,实现对企业经济活动的决策、规划、控制与评价的信息系统与决策支持系统。管理会计又是适应企业战略管理需要,以实现最佳经济效益为最终目的的现代企业会计分支。

管理会计的定义、对象、假设、原则、职能等构成了管理会计的基本要素,管理会计自身创造及汲取相关学科技术所形成的方法体系,成为管理会计的基本架构。管理会计是一门实践性、应用性很强的学科。管理会计方法是管理会计人员实施管理会计程序的手段和工具,是管理会计职能发挥的基础与保证。了解管理会计的方法是掌握管理会计的根本途径。管理会计应用的实质就是管理会计方法在企业经济活动中的运用。

自测题

一、概念题

执行性管理会计(传统管理会计)　决策性管理会计　现代管理会计　战略管理会计

二、分析思考题

1. 管理会计与财务会计在应用上的区别有哪些?
2. 管理会计形成与发展的动因是什么?
3. 如何通过管理会计方法的运用有效地发挥管理会计的职能?
4. 企业经济管理的哪些方面需要采用管理会计的方法?

【案例分析】

AccuTime 公司是一家生产数字化时钟的制造商,其利润表见表 1.2。在 2009 年,公司生产并销售了 20 000 只时钟,每只时钟销售价格为 25 美元。

表 1.2　传统式与贡献式利润表

传统式利润表:	
销售收入	$ 500 000
减:销售成本	380 000
销售毛利	$ 120 000
减:销管费用	70 000
销售费用	$ 35 000
管理费用	35 000
净损益	$ 50 000

续表 1.2

贡献式利润表：	
销售收入	$500 000
减:变动费用	300 000
变动制造费用	$280 000
变动销售费用	15 000
变动管理费用	5 000
贡献毛益	$200 000
减:固定费用	150 000
固定制造费用	$100 000
固定销售费用	20 000
固定管理费用	30 000
净损益	$50 000

许多经营管理人员发现传统式利润表难以使用,因为它没有区分开变动费用与固定费用,而贡献式利润表能把销售、成本变动对利润的影响表现得更清楚。例如销售收入增长20%,由于是相关范围内变化,所以销售收入的增长只引起变动成本总额的变化,而未引起固定成本的变化,见表1.3。

表 1.3 贡献式利润表对销售量变化的反映

利润表项目	已实现金额	变化	预计金额
销售收入	$500 000	$100 000 (20% × $500 000)	$600 000
总计变动费用	$300 000	$60 000 (20% × $300 000)	$360 000
贡献毛益	$200 000	$40 000 (20% × $200 000)	$240 000
总计固定费用	$150 000	0 (销售量变化时,固定费用没有变化)	$150 000
净损益	$50 000	$40 000 (损益变化的数量等于贡献毛益变化的数量)	$90 000

组织的成本结构对于利润与销售量变化的敏感性有着重要的影响,而这种影响通过管理会计的贡献式利润表能得到更好的反映。以下通过三个公司的例子说明。AccuTime 公司(A 公司)的数据来自于表 1.2 的贡献式利润表。另外两个公司(B 公司与 C 公司)的成本结构也列示出来,见表 1.4。尽管这三个公司有着同样的销售收入($ 500 000)和净损益($ 50 000),但它们的成本结构不同。B 公司的生产过程很大一部分是手工性的,其成本结构以变动成本为主,它仅有 20% 的低贡献毛利率。相比之下,C 公司使用了高度自动化的生产过程,其成本结构以固定成本为主,公司的贡献毛利率达到 90%。A 公司则介于这两个极端之间,其贡献毛利率为 40%。

表 1.4　A、B、C 三公司收入、成本结构及损益

	A 公司		B 公司		C 公司	
	数量	%	数量	%	数量	%
销售收入	$ 500 000	100	$ 500 000	100	$ 500 000	100
变动费用	300 000	60	400 000	80	50 000	10
贡献毛益	$ 200 000	40	$ 100 000	20	$ 450 000	90
固定费用	150 000	30	50 000	10	400 000	80
净损益	$ 50 000	10	$ 50 000	10	$ 50 000	10

若每个公司的销售收入都增加 10%,即 50 000 美元,是否每个公司的利润增加的数额都相同呢?按照管理会计的成本性态认识,销售量的变动只引起了变动费用的变化而未引起固定费用的变化,因此利润的增加额完全由贡献毛益的增加额形成,于是销售收入增长对每个公司利润增加的影响可由表 1.5 确定。

表 1.5　销售收入增加对 A、B、C 公司利润的影响

	净损益的增加数 = 销售收入的增加数 × 贡献毛益率	净损益增加的百分比
A 公司（AccuTime）	$ 50 000 × 40% = $ 20 000	40%($ 20 000 ÷ $ 50 000)
B 公司（高变动费用）	$ 50 000 × 20% = $ 10 000	20%($ 10 000 ÷ $ 50 000)
C 公司（高固定费用）	$ 50 000 × 90% = $ 45 000	90%($ 45 000 ÷ $ 50 000)

可以看出,每个公司利润增长的比率恰为该公司的贡献毛益率。因此具有较高变动费用与较低贡献毛利率的 B 公司在利润上显示出相对较低百分比的增长。相比之下,C 公司较高

的固定费用与较大的贡献毛益率则造成了其利润较高百分比的增长。A 公司则介于这两个极端之间。由此可知在一个公司的成本结构中,固定成本所占的比例越大,销售收入的一定百分比的变化对利润的冲击就越大。这是因为固定成本具有经营杠杆的作用,能够扩大销售变动对利润的影响。

上述案例可以让我们体会到管理会计方法在经营分析中的应用,并进一步感受到管理会计的思维方式,即管理会计的方法论。

【阅读资料】

一个镇政府拥有一个剧院和一个艺术中心,提供给当地唯一的剧团及其他来访团体表演和展览之用。政府的一个委员会运用管理会计方法对其进行管理。剧院雇佣了一位全职工作人员和一群艺术家。工作人员的月工资是£4 800,艺术家们的工资是£17 600。每月上演一出新戏共20场,此外剧院每月的其他费用如下:

服装费	£2 800
场景布置费	£1 650
空调和灯光	£5 150
分摊地方政府管理费用	£8 000
临时工工资	£1 760
小食品	£1 180

当地剧团上演和戏剧入座率只有一半,戏票分为3等,£6座200个,£4座500个,£3座300个。另外,该剧院还在戏剧上演期间出售小食品,每月销售额为£3 880,节目表销售收入刚抵其成本,但节目表中印发广告可产生收入£3 360。

有一访问团要求租用剧院一个月(25场演出),该团体计划用一半戏票的收入来缴付租金,他们预计将会有10场满座和15场2/3满座。相对于剧院平时出售的票价分别降低£0.5。地方政府支付空调、灯光费用和按照合同继续支付给艺术家们工资,另外还支付给那些销售食品和节目单的临时工工资,如果同意访问团承租的话,委员会认为小食品销售额和节目表的销售额不会有变动。委员会在计算利润时平摊成本。他们采用本量利分析法作出是否同意访问团承租的决策。

第二章
Chapter 2

成本性态分析及变动成本法

【学习要点及目标】

本章将系统阐述成本性态的概念,成本的分类,进行成本性态分析。首先从成本分类出发,引出混合成本的分解方法,并在此基础上详细论述变动成本法和完全成本法之间的区别和各自的优缺点,最后简述了变动成本法在当今会计准则下的具体运用。要求学生理解成本性态的含义及性态分类,理解变动成本计算法的含义;掌握变动成本计算法与完全成本计算法的主要区别。了解各类成本的相关范围,掌握成本性态分析的方法并能应用;能够利用完全成本计算法和变动成本计算法进行成本计算。

【导入案例】

经理的困惑

2009年4月2日某医院工业公司财务科长根据本公司各企业的会计年报及有关文字说明,写了一份公司年度经济效益分析报告送交经理室。经理对报告中提到的两个企业情况颇感困惑:一个是专门生产输液原料的甲制药厂,另一个是生产制药原料的乙制药厂。甲制药厂2007年产销不景气,库存大量积压,贷款不断增加,资金频频告急,2008年该厂对此积极努力,一方面适当生产,另一方面想方设法广开渠道,扩大销售,减少库存,但报表上反映的利润2008年却比2007年下降。乙制药厂则情况相反,2008年市场不景气,销售量比2007年下降,但年度财务决算报表上几项经济指标除资金外都比上年好。被经理这么一提,公司财务科长也觉得有问题,于是他将这两个厂交上来的有关报表和财务分析拿出来进行进一步的研究。

甲制药厂的有关资料见表2.1。

表 2.1　甲制药厂的有关资料

	2007 年	2008 年
销售收入	1 855 000	2 597 000
减:销售成本	1 272 000	2 234 162
销售费用	85 000	108 000
库存资料(单位:瓶)		
在产品		
期初存货数	16 000	35 000
本期生产数	72 000	50 400
本期销售数	53 000	74 200
期末存货数	35 000	11 200
期末在产品		
单位售价	35	35
单位成本	24	30.11
其中:		
材料	7	7
工资	4	5.71
燃料和动力	3	3
制造费用	10	14.40

工资和制造费用每年分别为 288 000 和 720 000 元,销售成本采用先进先出法。该厂在分析其利润下降原因时,认为这是生产能力没有充分利用、工资和制造费用等固定费用未能得到充分摊销所致。

乙制药厂的有关资料见表 2.2。

表 2.2　乙制药厂的有关资料

	2007 年	2008 年
销售收入	1 200 000	1 100 000
减:销售成本	1 080 000	964 700
销售费用	30 000	30 000
净利润	90 000	105 300
库存资料(单位:瓶)		

续表 2.2

在产品		
期初存货数	100	100
本年生产数	12 000	13 000
本年销售数	12 000	11 000
期末存货数	100	2100
售价(每公斤)	100	100
单位成本(每公斤)	90	87.70
其中:		
材料	50	50
工资	15	13.85
燃料和动力	10	10
制造费用	15	13.85

工资和制造费用两年均为 180 000 元,销售成本也采用先进先出法。该厂在分析其利润上升的原因时,认为这是在市场不景气的情况下,为多缴利润、保证国家利润不受影响,全厂职工一条心,充分利用现在生产能力,增产节支的结果。

通过本案例的分析,你认为:
1. 甲制药厂和乙制药厂的分析结论对吗?为什么?
2. 如果你是财务科长,你将得出什么结论?如何向你的经理解释?

第一节 成本性态及其分类

任何组织的管理人员都希望知道成本是如何受到该组织业务活动的影响的,例如为了规划经营和编制预算,制造企业的管理人员需要预先知道在不同的生产和销售水平下成本将如何变动;医院的管理人员需要预先知道收治一位病人后,医院的成本和收入将如何变动。解决这一问题的第一步是分析成本性态。成本性态分析研究成本与业务量之间的依存关系,是管理会计的重要基础内容之一。将成本按其性态进行分类是研究管理会计方法的起点,在这个起点上,再将利润联系起来,就可以进行成本、业务量和利润三者之间的变量关系分析,从而为企业预测、决策分析以及规划和控制奠定坚实的基础。

一、成本性态与性态分析

(一)成本性态的概念

成本性态(Cost or Behavior)也称成本习性。是指成本与特定业务量或作业量之间的依存关系,即当业务量或作业量发生变动时,与其相对应的成本将如何反应。这种依存关系是客观存在的,且具有规律性。

(二)成本性态分析

成本性态分析就是研究成本与业务量之间的依存性,分析考察不同类别的成本与业务量或作业量之间的特定数量关系,把握业务量或作业量的变动对于各类成本变动的影响。由此可见,成本性态分析实质上就是将成本按其与业务量或作业量的相互联系进行适当的分类,以利于进行成本预测、成本计划、成本控制和成本决策。

二、成本按性态的分类

企业的全部成本按其性态进行划分,是管理会计这一学科的基石之一,管理会计作为决策会计的角色,其许多决策方法特别是短期决策方法都必须借助于成本性态这一概念。成本按其性态可以分为固定成本、变动成本和混合成本三大类,分述如下。

(一)固定成本

1. 固定成本的定义

固定成本是指在一定时期、一定业务量范围内,其总额不受产量变动影响,始终保持不变的有关成本,如厂房、建筑折旧、机器设备租金、取暖费、财产保险费、管理人员工资、职工培训费、科研开发费、广告费等。这就是说,作为固定成本,只要产量不突破某一特定范围,其数额将会稳定在某一既定的水平上。这里的一定时期、能够使固定成本保持稳定的特定的产量范围,又称作成本的相关范围。例如照明用电一般不受产量变动的影响,属于固定成本。如果产量增加达到一定程度,需要增开生产班次,或者产量低到停产的程度,照明用电的成本也会发生变动。

2. 固定成本的主要特点

(1)在一定业务量范围内,固定成本发生总额不受业务量变动的影响,但并不意味着每期该项成本的实际发生额都完全一样。例如,照明用电在相关范围内不受产量变动的影响,但每个月实际用电度数和支付的电费仍然会有或多或少的变化。

(2)在一定期间内,随着业务量的增减,单位固定成本将相应降低或升高。即当产量增加时,单位产品分摊的固定成本将会减少;产量减少时,单位产品分摊的固定成本将会增加。

固定成本的上述特点可用图 2.1 和图 2.2 予以说明。

【例 2.1】 假设某厂生产过程中所用的某种机器是向外租用的,合同规定半年中每月租金为 3 000 元,该机器设备每月的最大产量为 300 件。所以,当该厂每月的产量在 300 件以内时,其租金总成本一般不随产量的变动而变动。现假定该厂每月的产量分别为 50 件、100 件、150 件、200 件、250 件、300 件,每单位产品分摊的固定成本(租金)详见表 2.3。

表 2.3 单位产品固定成本

产量/件	固定成本总额/元	单位产品的成本/元
50	3 000	60
100	3 000	30
150	3 000	20
200	3 000	15
250	3 000	12
300	3 000	10

上述例子说明,随着产量的增加,每单位产品分摊的固定成本将相应地减少。产量与固定成本总额和单位固定成本的关系如图 2.1 和图 2.2 所示。

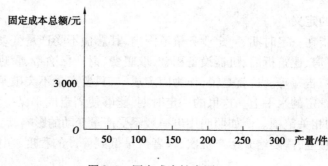

图 2.1 固定成本性态图

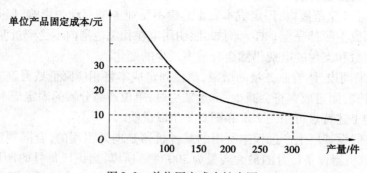

图 2.2 单位固定成本性态图

3. 固定成本进一步分类

固定成本还可以根据其份额支出是否受企业管理层短期决策行为的影响,进一步分为酌量性固定成本与约束性固定成本两类。

酌量性固定成本(Discretionary Fixed Cost)是指企业管理层的决策行为可以改变其支出数额的固定成本,它是为完成特定活动而支出的固定成本,其发生额是根据企业的经营方针的经理人员决定的,例如研究开发费、广告宣传费、职工培训费等。这些成本支出数额的大小是由企业管理层根据企业的经营状况做出的决策,酌量性固定成本关系到企业的竞争能力,也是一种提供生产经营能力的成本。从某种意义上说,不是产量决定酌量性固定成本,反而是酌量性固定成本影响产量,因为广告宣传、技术改进、开发新产品,都会扩大产品销路或提高工作效率,由于酌量性固定成本通常按预算来支出,而预算是按计划期编制的,因此,预算一经确定,这类成本的支出额与时间相联系,而与产量无关,故也应视为期间成本。一般情况下,它在某一个会计年度内是固定不变的,但是在新会计年度开始前,管理层会决定预算期内这些费用的增加额与减少额。

约束性固定成本(Committed Fixed Cost)也称承担固定成本,是管理决策无法改变其支出大小的固定成本,它是为提供和维持生产经营所需设施、机构而支出的成本。如厂房、机器设备直线法计提的折旧、保险费、财产税、取暖费、行政管理人员工资等。其支出额取决于设施和机构的规模和质量,它们是以前决策的结果,现在已很难改变。约束性固定成本给企业带来的是一定时间的生产经营能力,而不是产品,因此,此类成本属于经营能力成本,它是和整个企业经营能力的形成及其正常维护直接相联系的,企业的经营能力一经形成,在短期内难以作重大改变,由于这些成本给企业带来的生产经营能力随时间而逐渐流逝,因此,这种成本应作为期间成本处理,在发生的当期转为费用,冲减当期损益,而不应视为资产计入在产品或产成品成本。

(二) 变动成本

1. 变动成本的定义

变动成本是指一定时期、一定业务量范围内,随着业务量的增减变动,其总额也将发生相应的正比例变动的成本。如直接材料费、直接人工、外部加工费等。这类成本直接受产量的影响,两者保持正比例关系,比例系数稳定。这个比例系数就是单位产品的变动成本。

单位成本的稳定性是有条件的,即产量变动的范围是有限的。如原材料的消耗通常会与产量成正比,属于变动成本,如果产量很低,不能发挥节约原料的潜力,或者产量过高,使废品率上升,单位产品的材料成本也会上升。这就是说,变动成本和产量之间的线性关系,通常只在一定的相关范围内存在。在相关范围之外就可能表现为非线性的。

2. 变动成本的主要特点

(1)其成本总额随着业务量的增减成正比例增减。

(2)从产品的单位成本看,它不受业务量变动的影响,其数额始终保持在某一特定的水平上。

【例2.2】 假设某厂生产一种产品,单位产品的变动成本为6元,产量在一定范围内变动对成本的影响详见表2.4。

表 2.4 产量在一定范围内变动对成本的影响

产量/件	总成本/元	单位成本/元
100	600	6
200	1 200	6
300	1 800	6
400	2 400	6
500	3 000	6

可见,当产量从 100 件增加到 500 件时,成本总额也从 600 元增加到 3 000 元,但单位产品成本仍保持 6 元。产量与变动成本总额和单位变动成本的关系如图 2.3、图 2.4 所示。

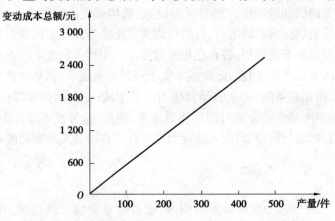

图 2.3 产量与变动成本总额的关系

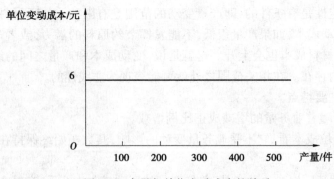

图 2.4 产量与单位变动成本的关系

3. 变动成本的进一步分类

一般来说，变动成本的发生有两种情况：一种是由技术和实物关系决定的，例如，一部汽车要一个电池组、一只冰箱、两条风扇皮带等。这种与产量有明确的技术或实物关系的变动成本，称为技术变动成本，也称约束性变动成本(Committed Variable Cost)。这类成本是利用生产能力所必须发生的成本。固定成本给企业带来的生产能力如果不加以利用，不生产产品，则不会发生技术变动成本。生产能力利用得越充分，则技术变动成本发生得越多。这就如同买一架照相机，支出了固定成本，获得了照相的能力，但没有得到照片。照相机利用得越充分，支出的胶卷和洗印费等变动成本越多，得到的照片也就越多。

若单位成本的发生额是由经理人员决定的，例如，按销售额一定的百分比开支的销售佣金、新产品研制费、技术转让费以及可按人的意愿投入的辅料等。这种可以通过管理决策行动改变的变动成本，称为酌量性变动成本(Discretionary Variable Cost)。这种成本的效用主要是提高竞争能力或改善企业形象，其最佳的合理支出难以计算，通常要依靠经理人员的综合判断来决定。经理人员的决策一经做出，其支出额将随产量成正比例变动，具有技术变动成本的同样特征。

如果把成本分为固定成本和变动成本两大类，产量增加时固定成本不变，只有变动成本随产量增加而增加，那么总成本的增加额是由于变动成本增加引起的。因此，变动成本是产品生产的增量成本。

【例2.3】 某企业只生产一种产品，每月固定成本为4 000元，单位变动成本为5元，那么：

生产1 000件产品时总成本为
$$4\,000 + 1\,000 \times 5 = 9\,000(元)$$

生产1 001件产品时总成本为
$$4\,000 + 1\,001 \times 5 = 9\,005(元)$$

生产999件产品时总成本为
$$4\,000 + 999 \times 5 = 8\,995(元)$$

当增产1件产品时，由于变动成本增加5元，使总成本增加了5元，因此，可以认为企业为增产第1 001件产品时只追加了5元成本，只有这5元才是真正为这件产品而支出的成本。其他9 000元成本与这件产品无必然联系，无论是否生产这件产品它们都要发生。如果减少1件产品，总成本只减少5元，因此，也可以认为，企业为生产第1 000件产品只追加5元，只有这5元才是真正为生产这件产品而支出的成本。以此类推，我们会发现，只有这5元才是真正属于每件产品的成本，产量增加时，总成本的增加是变动成本增加引起的，变动成本的增量就是总成本的增量，所以说，只有变动成本才是真正属于产品的成本。

(三) 混合成本及其类型

混合成本是指总成本虽然受产量变动的影响，但是其变动的幅度并不同产量的变化保持严格的比例。这类成本同时包括固定成本与变动成本两种因素。混合成本比较复杂，需要进一步分类，人们的看法不尽相同，常见的混合成本有半变动成本、半固定成本、延期变动成本及曲线变动成本几种类型：

1. 半变动成本

半变动成本指在初始的基数上随产量正比例增长的成本。如图 2.5 所示，半变动成本由两部分组成：一部分是一个固定的基数，一般不变，类似于固定成本；另一部分是在此基数之上随着业务量的增长而增加的成本，类似于变动成本。如企业需要交纳的大多数公用事业费（电话费、电费、水费、煤气费等）以及机器设备的维护保养费、销售人员的薪金等均属于半变动成本，这些费用中的一部分是基数，不管企业本期是否使用或是否有业务发生，都需要支付，属于固定成本的性质；另一部分则根据企业耗用量的多少或业务量的多少来计算，属于变动成本的性质。这两部分混合在一起，构成半变动成本。

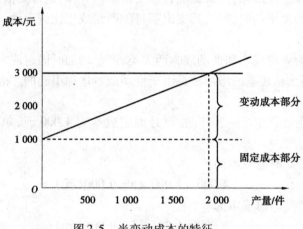

图 2.5 半变动成本的特征

如果用方程式表示，设 y 代表总成本，a 代表固定成本部分，b 代表单位变动成本，x 代表产量，则有

$$Y = a + bx = 1\,000 + 1 \times 2\,000 = 3\,000(元)$$

2. 半固定成本

通常半固定成本在一定的业务量范围内，其总额不随业务量的增减而变动，但当业务量一旦超出相应的范围，成本总额便会发生跳跃式的变化，继而在新的业务量范围内保持相对稳定，直到业务量超出新的范围，成本总额出现新的跳跃为止，所以，半固定成本又称为阶梯式成本。如企业产品质量检测人员的工资就属于半固定成本，假如某企业的质检人员每人每月最多可检测 300 件产品，那么当企业的月产量低于 300 件时，企业只需支付一名质检人员的工资；当企业的月产量高于 300 件但低于 600 件时，企业则需支付两名质检人员的工资……以此

类推,即该企业质检人员的工资以300件产品为其相应的业务量范围,每超出一个新的范围,质检人员的工资总额就会发生一次新的跳跃。

若某企业生产中需要的检验员同产量有着密切的联系。例如,经验表明,每个检验员每月可检验1 000件产品,检验员月工资为1 500元,在不同的产量下,检验员工资支出呈阶梯式增长,如图2.6所示。

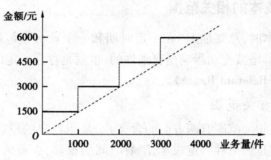

图2.6 某企业检验员工资示意图

对于阶梯式成本,可根据产量变动范围的大小,分别归属于固定成本或变动成本。如产量变动的范围是在2 000~3 000件之间,可视检验员工资为固定成本;如产量变动的范围是在1 000~5 000件之间,可视检验员工资为变动成本(如图2.6中虚线所示),此时单位产品的检验员工资为1.5(1 500÷1 000)元。

3. 延期变动成本

延期变动成本是指在一定业务量范围内成本总额不随业务量而变动,但当业务量超出这一范围后,成本总额将随业务量的变动而发生相应的增减变动的成本项目。如在有加班费存在的情况下,企业的人工总成本就属于延期变动成本,因为企业在正常工作时间之内,对员工支付的薪金是固定不变的。但当工作时间超过规定范围,则需按加班时间的长短成比例地支付加班费。如图2.7所示。

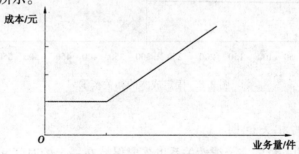

图2.7 延期变动成本的特征

4. 曲线变动成本

曲线变动成本通常也有一个不变的基数,相当于固定成本,但在这个基数之上,成本虽然随着业务量的增加而增加,但两者之间并不像变动成本那样保持严格的同比例变动关系,而是非线性的曲线关系。

二、固定成本与变动成本的相关范围

前面在解释固定成本时,总要加上"在一定时期和一定业务量范围内",这就意味着固定成本的发生额不受业务量增减变动影响是有条件的,也就是存在一定的范围,这个范围在管理会计中称之为相关范围(Relevant Range)。

(一)固定成本的相关范围

对于固定成本来说,相关范围有两方面的含义:一是指特定的期间。从较长时期看,所有的成本都是可变的,即使是约束性固定成本,随着时间的推移,企业的生产经营能力也会发生变化,其总额也必然会发生变化。因此,只有在一定的期间内,固定成本才能保持不变的特征。二是指特定的业务量水平。如果业务量水平超出这一水平,企业势必要增加厂房、机器设备和人员的投入,导致固定成本的增加。由此可见,即使在某一特定期间内具有固定特征的成本,其固定性也是针对某一特定业务量范围内而言的。如果超出这个业务量范围,固定成本总额就可能发生变动。例如,某厂生产过程中所租用的机器,其月租金为3 000元,它的最大生产能力为300件,若该厂计划生产量大幅提高,租用一台设备不能满足需要,必须租用两台设备,那么租金总额将会发生变化。这笔固定租金的相关范围如图2.8所示。

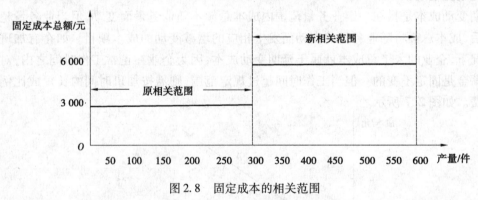

图2.8 固定成本的相关范围

(二)变动成本的相关范围

变动成本总额与业务量的完全线性关系也需要保持在一定的时间和业务量范围内,超出这个相关范围,其依存关系也要发生变化,表现为非线性关系。如某些行业的产品,在生产量较小时,单位产品消耗的直接材料和直接人工可能较多,产量的增长幅度小于成本的增长幅度,两者是非线性关系。当生产量达到一定的范围,材料和人工的单位消耗水平相对稳定,其成本总额与生产量之间是完全的线性关系。如生产量大幅增加,超出相关范围,单位成本的变动又会发生变化,成本总额与生产量之间又呈非线性的关系。变动成本的相关范围如图2.9所示。

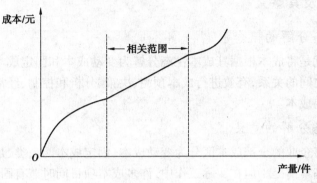

图 2.9　变动成本的相关范围

三、总成本函数模型

为便于进行预测和决策分析,在明确各种成本性态的基础上,最终要将企业的全部成本区分为固定成本和变动成本两大类,并建立相应的成本函数模型。由于成本与业务量之间存在一定的依存关系,所以总成本可以表示成业务量的函数,即假定总成本可以近似地用一元线性方程来描述。在相关的范围内,总成本函数可以表示如下:

$$y = a + bx$$

其中,y 表示总成本;a 表示固定成本总额;b 表示单位变动成本;x 表示业务量。总成本函数模型如图 2.10 所示。

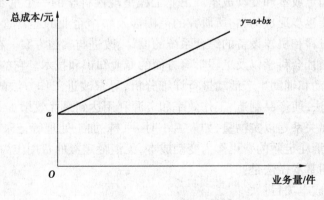

图 2.10　总成本函数模型

第二节 成本性态分解方法

一、成本性态分解及其意义

(一) 成本性态分解的概念

成本性态分解就是将成本根据其成本性态分解为变动成本和固定成本。实务中为了准确分析成本和业务量之间的关系,有效进行成本预测、决策、分析和控制,经常需要将混合成本分解为变动成本和固定成本。

(二) 成本性态分解的意义

根据成本性态将企业的全部成本区分为变动成本、固定成本两大类,是管理会计规划与控制企业经济活动的基本前提。但在实际工作中,许多成本项目同时兼有固定和变动性质,即混合成本模式。混合成本实际上既包括不受产量影响而保持相对稳定的成本因素,又包含受产量增减而相应增减的成本因素,它是具有双重特性的成本。它同产量之间的关系不甚清楚,人们无法据以对成本与产量的依存性问题做出正确的分析与判断,因而不能满足企业内部管理的需要,必须采用一定的方法对其进行分解,即混合成本的分解。成本性态分解,一般有工业工程法、账户分析法、合同确认法和历史成本分析法等。

二、成本性态分解方法

(一) 工业工程法

工业工程法运用工业工程研究方法研究影响各有关成本项目数额大小的每个因素,并在此基础上直接估算出固定成本和变动成本。工业工程是现代科学的一个重要组成部分,是随着现代化大生产的发展逐步形成的,它所研究的范围涉及整个企业的经营管理。它以降低成本为目的,研究人、原材料和机器设备的综合系统的设计、改进与实施方案。在研究过程中,要综合利用数学、物理学、社会科学以及工程学等方面的专业知识和技术。它的核心内容是方法研究,即对所有生产活动和辅助生产活动进行详细分析,寻求改进工作方法的途径,找出最经济、最有效的程序和方法,使产品制造、工作效率和资源利用达到最优效果。

该方法的投入产出关系是以实物量,如人工小时、原料、加工处理等记录的数量进行加工分析。一般情况下,有消耗定额的费用作为变动成本,无消耗定额的费用作为固定成本。使用工业工程法估计成本的基本做法是:

第一,选择需要的成本项目;

第二,观察现行方法并记录全部事实,主要是投入的成本和产出的数量;

第三,进行全面的科学分析,研究出最实用、最有效、最经济的新的工作方法;

第四,把新的方法确定为标准的方法,并测定新方法的每项投入的成本,将与产量有关的部分归集为单位变动成本,将与产量无关的部分汇集为固定成本。

【例 2.4】 选择某车间的燃料成本作为研究对象。燃料用于铸造工段的熔炉,具体分为点火和熔化铁水两项操作。对这两项操作进行观测和技术测定,寻找最佳的操作方法。按照最佳的操作方法,每次点火要使用木柴 0.1 吨、焦炭 1.5 吨,熔化 1 吨铁水要使用焦炭 0.15 吨。每个工作日点火一次,全月工作 26 天,点火燃料属固定成本;熔化铁水所用燃料与产量相联系,属变动成本。木柴每吨价格为 100 元,焦炭每吨价格为 180 元。根据上述资料计算:

每日固定成本 = $0.1 \times 100 + 1.5 \times 180 = 280$(元)

每月固定成本 = $280 \times 26 = 7\,280$(元)

每吨铸件变动成本 = $0.15 \times 180 = 27$(元)

设燃料总成本为 y,产量为 x 吨铸件,则每月燃料总成本为

$$y = 7\,280 + 27x$$

工业工程法适用于任何可以从客观立场进行观察的投入产出过程,例如直接材料、直接人工等成本,也可以用于办公室、装运、仓库等非制造成本的测定。对于不能直接把成本归属于特定投入和产出的,或者不能单独进行观察的联合过程,如各种间接成本,则不能使用这种方法。

这种方法可以获得较为精确的结果,但应用起来比较复杂,且投入成本较大。所以,该法通常适用于缺乏历史数据可供参考的新产品,或企业已制定了标准成本,有现成的消耗标准资料可作为测定依据的产品。为提高成本分析的正确性,可与其他方法结合起来使用。

(二)账户分析法

账户分析法属于定性分析法,即根据各有关成本账户(包括明细账)的内容,结合其与产量的依存关系,通过经验判断,把那些与固定成本接近的成本,归入固定成本;把那些与变动成本较为接近的成本,归入变动成本。例如大部分管理费用项目在正常产量范围内与产量变动的关系不明显,就可按固定成本处理。而企业的间接材料费(如燃料费等),虽然不与产量成正比例变动,但费用的发生与产量的关系比较大,就可视其为变动成本。

由于每个账户所记录的成本内容不同,或者成本估计要求的准确性不同,分别采用近似分类和比例分配两种具体做法。近似分类,将比较接近固定成本的项目归入固定成本,比较接近变动成本的项目归入变动成本;比例分配,将不宜简单归入固定或变动成本的项目,通过一定比例将其分解成固定和变动成本两部分。

账户分析法的步骤为:首先,对每个项目进行研究,根据固定成本和变动成本的定义及特点结合企业具体情况来判断,确定它们属于哪一类成本。例如,商品成本和利息与商店业务量关系密切,基本上属于变动成本;福利费、租金、保险、修理费、水电费、折旧等基本上与业务量无关,视为固定成本。其次,剩下的工资、广告和易耗品等与典型的两种成本性态差别较大,不便归入固定成本或变动成本。对于这些混合成本,要使用工业工程法寻找一个比例,将其分为固定和变动成本两部分。

账户分析法具有简便易行的优点,适用于会计基础比较好的企业。但由于此法要求分析人员根据自己的主观判断来决定每项成本是固定成本还是变动成本,因而分类结果比较主观。

下面举一简例说明账户分类法的应用。

【例2.5】 某企业某车间的月成本见表2.5。采用账户分类法对成本进行分解。

表2.5 某企业某车间月成本资料 元

账户	产量为5 000件时的成本
	总成本
直接材料	10 000
直接人工	12 000
燃料、动力	4 000
维修费	2 000
间接人工	2 000
折旧	8 000
行政管理费	2 000
合计	40 000

在表2.5中,直接材料和直接人工通常为变动成本,燃料、动力费、维修费、间接人工等虽然都会随产量变动而不成比例地变动,但由于我们不了解其他产量水平下的实际成本,无法对其进行成本性态分析,而只能将其先视为变动成本。行政管理费又具体包括许多杂项支出,其中大部分与产量没有明显的关系,但也可能会有变动的因素。基于上述原因,仍可将其视为固定成本。具体分解形成表2.6。

表2.6 某车间月成本分解表 元

账户＼项目	产量为5 000件时的成本		
	总成本	固定成本	变动成本
直接材料	10 000		10 000
直接人工	12 000		12 000
燃料、动力费	4 000		4 000
维修费	2 000		2 000
间接人工	2 000		2 000
折旧	8 000	8 000	
行政管理费	2 000	2 000	
合计	40 000	10 000	30 000

根据表2.6,可将该车间的总成本分解为"固定"和"变动"两个部分,并以直线方程 $y = a + bx$ 表示,其中 $a = 10\ 000$,$b = \dfrac{30\ 000}{5\ 000} = 6$,即成本性态模型为

$$y = 10\ 000 + 6x$$

该车间只要估算出计划期的生产量,即可用上式估算出相应的总成本。

(三) 合同确认法

合同确认法是根据企业与供应单位签订的各种合同、契约,以及企业内部既定的各种管理和核算制度中所明确规定的计费方法,分别确认哪些费用属于固定成本,哪些费用属于变动成本的方法。例如,企业的某些固定资产是采用经营租赁方式租入的,租赁合同规定,承租方除每月向出租方支付固定的租赁费外,还要按使用该资产取得的收入的一定比例支付租赁费。对承租方来说,每月必须交纳的固定租赁费便是固定成本,而根据收入的一定比例计缴的租赁费则是变动成本。这种方法特别适用于有明确计算方法的各种初始量变动成本,如电费、水费、煤气费、电话费等各项公用事业费。其账单上的基数即为固定成本,而按耗用量多少计价部分则属于变动成本。该方法也是在没有历史成本数据下可应用的一种。

(四) 历史成本分析法

历史成本分析法,又称为数学分解法,是根据混合成本在过去一定期间内的成本与业务量的历史资料,采用适当的数学方法对其进行数据处理,从而分解出固定成本和单位变动成本的一种定量分析法。只要企业生产流程不发生重大变化,根据过去的生产经验,就可以较准确地预计未来成本随产量变化而变化的情况。该方法要求企业历史资料齐全,成本数据与业务量的资料要同期配套,具备相关性。因此,该方法适用于生产条件比较稳定、成本水平波动不大以及有关历史资料比较完备的企业。常用的历史分析法有高低点法、散布图法和回归直线法。

1. 高低点法

高低点法是根据一定期间内的最高点产量和最低点产量之间的差额以及与之相对应的最高点产量混合成本与最低点产量混合成本之间的差额,推算混合成本总额中固定成本和变动成本含量的一种简捷方法。

高低点法的基本原理是:任何一项混合成本都是由固定成本和变动成本两种因素构成的,因而可用数学模型 $y = a + bx$ 来表示:设 y 为混合成本总额,a 为固定成本总额,b 为单位变动成本,x 为产量,根据成本性态的分类,混合成本的特点为:a 在相关范围内是固定不变的,高低点产量发生变动对它没有影响,b 在相关范围内是个常数,变动成本总额(bx)随着高低点产量的变化而变动。

高低点法的基本步骤是:

(1) 确定单位变动成本。单位变动成本实际上是单位产量平均变动成本,其计算公式为

$$\text{单位变动成本}(b) = \dfrac{\text{最高点混合成本} - \text{最低点混合成本}}{\text{最高点产量} - \text{最低点产量}} \tag{2.1}$$

(2) 确定变动成本含量,其计算公式为

$$变动成本(bx) = 单位变动成本 \times 最高或最低点产量 \quad (2.2)$$

(3)确定固定成本含量,其计算公式为

$$固定成本(a) = 最高点混合成本 - 最高点产量 \times 单位变动成本 \quad (2.3)$$

或

$$固定成本(a) = 最低点混合成本 - 最低点产量 \times 单位变动成本 \quad (2.4)$$

【例 2.6】 某厂 1 月至 6 月维修成本在相关范围内的变动情况详见表 2.7。现用高低点法对维修成本进行分解。

表 2.7 维修成本在相关范围内变动情况

月份	机器工作时间/小时	维修成本/元
1	180	930
2	200	1 040
3	280	1 150
4	240	1 070
5	220	1 060
6	260	1 200

首先,根据历史数据找出最高点与最低点的发生数如下:

	机器工作时间/小时	维修成本/元
最高点	280	1 150
最低点	180	930
最差额	100	220

然后据此确定 a、b 的值:

$$b = \frac{1\ 150 - 930}{280 - 180} = \frac{220}{100} = 2.2(元)$$

$$a = 1\ 150 - (2.2 \times 280) = 534(元)$$

$$y = 534 + 2.2x$$

上述计算表明,该厂维修成本(混合成本)进行分解后,其固定成本总额是 534 元,每机器工作小时平均维修成本为 2.2 元。

高低点法主要适用于生产经营活动比较正常,混合成本增减变动趋势较小的企业。同时应注意,所选用的成本数据应能代表企业生产活动的正常情况;并且,通过高低点法分解而求得的成本公式只适用于相关范围内的情况(在本例中只适用于 180～280 小时的机器工作时间),超过相关范围,就不能采用上述公式进行分解。

高低点法的主要优点是简便。其明显的缺点是只利用了历史成本资料中的两组数据,而未考虑其他数据的影响,因而代表性差。

【例 2.7】 某厂 1 月至 6 月的业务量以直接人工小时为计量单位,其业务量在 7~14 万小时范围内变化。该厂维修成本的历史资料详见表 2.8。现用高低点法对维修成本进行分解。

表 2.8 维修成本的历史资料

月份	直接人工时间/小时	实际成本/元
1	70 000	72 000
2	115 000	90 400
3	130 000	81 500
4	140 000	93 000
5	78 000	80 930
6	111 000	84 000

设维修成本为 $y = a + bx$,a 为固定成本,b 为单位变动成本,x 为业务量。选取产量最高和最低时期的历史成本数据,将有关数据代入公式,即

$$b = \frac{93\,000 - 72\,000}{140\,000 - 70\,000} = 0.3(元)$$

$$a = 93\,000 - (0.3 \times 140\,000) = 51\,000(元)$$

$$y = 51\,000 + 0.3x$$

2. 回归分析法

回归分析法,亦称最小二乘法,是一种数理统计法,它将产量和混合成本分别作为自变量和因变量,通过对反映两者在一定时期内一系列历史数据的处理,建立起描述产量和混合成本相互关系的回归方程,借以确定混合成本中固定成本和变动成本含量的一种数理统计方法。它从散布图中找到一条直线,使该直线与由全部历史数据形成的散布点之间的误差平方和最小,这条直线在数理统计中称为"回归直线"或"回归方程"因而这种方法又称为回归直线法。在管理会计中,它是用来分解混合成本的一种较为精确的方法。

回归直线法的基本原理是:假设存在一条直线 $y = a + bx$,最能代表各期成本的平均水平,则这条直线与各实际成本点的误差值应比其他直线都小。这条直线最能代表 x 和 y 之间的关系,称为离散各点的回归直线。以 y 代表混合成本,x 代表产量,a 代表混合成本中的固定成本部分,b 代表混合成本中的单位变动成本。

(1) 列回归方程为

$$y = a + bx \tag{2.5}$$

(2) 以 n 表示统计样本数,以总和方式表述式(2.5)各项,得

$$\sum y = na + b \cdot \sum x \tag{2.6}$$

(3) 将 x 与式(2.6)的各项相乘再求和,得

$$\sum xy = a\sum x + b\sum x^2 \qquad (2.7)$$

(4) 将式(2.6)、式(2.7)两式联立,得

$$\begin{cases} \sum y = na + b\sum x \\ \sum xy = a\sum x + b\sum x^2 \end{cases} \qquad (2.8)$$

上述联立方程就是应确定的回归直线方程,在此基础上,可求参数 a、b,即

$$a = \frac{\sum x^2 \cdot \sum y - \sum x \cdot \sum xy}{n\sum x^2 - (\sum x)^2} \qquad (2.9)$$

$$b = \frac{n\sum xy - \sum x \cdot \sum y}{n\sum x^2 - (\sum x)^2} \qquad (2.10)$$

【例2.8】 某企业20××年混合成本有关资料见表2.9,利用回归分析法计算其固定成本及单位变动成本。

表2.9 某企业20××年混合成本有关资料

月份 n	机器工作时间/小时 x	维修成本/元(混合成本) y
1	1 500	900
2	1 650	975
3	1 725	1 010
4	1 875	1 050
5	1 950	1 125
6	2 100	1 200
7	2 250	1 275
8	2 400	1 350
9	2 550	1 425
10	2 625	1 400
11	1 900	1 100
12	2 300	1 300

按回归分析法,对历史数据进行加工,其结果见表2.10。

表 2.10　混合成本分解计算表

月份 n	机器工作时间/小时 x	维修成本/元(混合成本) y	xy	x^2
1	1 500	900	1 350 000	2 250 000
2	1 650	975	1 608 750	2 722 500
3	1 725	1 010	1 742 250	2 975 625
4	1 875	1 050	1 968 750	3 515 625
5	1 950	1 125	2 193 750	3 802 500
6	2 100	1 200	2 520 000	4 410 000
7	2 250	1 275	2 868 750	5 062 500
8	2 400	1 350	3 240 000	5 826 000
9	2 550	1 425	3 633 750	6 502 500
10	2 625	1 400	3 675 000	6 890 625
11	1 900	1 100	2 090 000	3 610 000
12	2 300	1 300	2 990 000	5 290 000
$n=12$	$\sum x=24\,825$	$\sum y=14\,110$	$\sum xy=29\,881\,000$	$\sum x^2=52\,857\,885$

将加工所得有关数据代入式(2.5)、式(2.6),以确定混合成本中包含的固定成本和变动成本数额,其具体结果为

$$b=\frac{12\times 29\,881\,000-24\,825\times 14\,110}{12\times 52\,857\,885-24\,825\times 24\,825}=0.46(元/小时)$$

$$a=\frac{14\,110-0.46\times 24\,825}{12}=224(元)$$

上述计算结果表明,某企业 20××年混合成本(设备维修费)中的固定成本为 224 元,每机器工作小时平均维修成本(成本变动率)是 0.46 元。

上面所介绍的是分解混合成本常用的三种方法。在这三种方法中,高低点法简便易懂,但是,由于这种方法没有利用所占有的全部数据来估计成本,只利用高点与低点的数据,如果这两点的数据中或其中的某一点数据带有了偶然情况,就可能使计算的结果不太准确。利用散布图法来确定反映成本变动趋势的直线,由于综合考虑了一系列观察点上成本与产量的依存关系,比起高低点法可能得到较精确的结果。但它所得到的反映成本变动趋势的直线是通过目测在各个成本点之间进行绘制的,容易因人而异,所以其结果也不一定十分准确。回归直线法利用"回归直线的误差平方和最小"的原理,所以其结果是最为准确的。

上述各种成本估计的方法并不是完全独立的,不能指望使用一种方法解决全部成本估计问题,往往需要互相补充和印证。

工业工程法可能是最完备的方法,即可以用于研究各种成本性态,但它也不是完全独立

的,在进入细节之后要使用其他技术方法作为工具。

账户分析法是一种比较粗略的分析方法,在判定某项成本的性态时,还要借助工业工程法或历史成本分析法。

高低点法、散布图法和回归直线法,都属于历史成本分析的方法,它们仅限于有历史成本资料数据的情况,而新产品并不具有足够的历史数据。

总之,应当把这些方法看成一个总体,根据不同对象选择适用的方法,并尽可能用其他方法进行印证。如果不同方法得出的结果有较大差距,则需要判断哪一种方法更适合该对象。成本分解,实际上是一个对成本性态进行"研究"的过程,而不仅仅是一个计算过程。

二、成本预测

通过成本性态的分析和混合成本的分解,企业的全部成本就都可以划入固定成本和变动成本两大类,从而建立成本函数模型,在此基础上便可以对未来期间的成本,并进行预测。由于成本函数模型是建立在历史成本资料的基础之上的,而成本预测着眼于企业的未来,在进行成本预测时,还应对有关因素加以调整。

对历史数据的调整主要包括决定成本函数模型的有关成本要素和业务量的相关范围。对于固定成本,应尽可能区分约束性固定成本和酌量性固定成本进行分析。由于预测的成本通常是下一年度的成本,所以应着重于管理层决策对酌量性固定成本的影响。对于变动成本,也应区分设计变动成本和酌量性变动成本。对约束性变动成本的影响因素主要是看下一年度工艺或产品设计是否有变动,而对酌量性变动成本的影响则主要在于管理层有关支出政策的改变。此外,还要分析下一年度业务量的变化范围,以确定成本变动的相关范围及其对成本支出的影响。当然,业务量的预测也应经过充分的调查与分析,使其尽量接近实际情况,这样才能使成本的预测较为客观准确。客观准确的预测将为企业成本控制、各部门工作成果的评价与考核以及产品或劳务的定价决策提供可靠依据。

第三节 完全成本法与变动成本法

一、完全成本法与变动成本法的定义

传统意义上的成本,其本质属性是对象性或归属性。所谓完全成本法,是指在产品成本的计算中,不仅包括产品生产过程中所消耗的直接材料、直接人工,还包括了全部的制造费用(变动性的制造费用和固定性的制造费用)。由于完全成本法是将所有的制造成本,不论是固定的还是变动的,都"吸收"到了单位产品上去,因而也称为"成本吸收法"。所谓变动成本法,是指在产品成本的计算过程中,只包括产品生产过程中所消耗的直接材料、直接人工和制造费用中的变动性部分,而不包括制造费用的固定性部分。制造费用中的固定性部分被视为期间成本,而从相应期间的收入中全部扣除。与完全法相比,变动成本法能够为预测、决策、控制提供更为有用的信息,于是,变动成本法作为一种非传统的计算方法,被广泛应用于西方企业的内部管理。变动成本法产生以后,人们就把财务会计中传统的成本计算方法称为完全成本法,以示两者的区别。

二、完全成本法与变动成本法的特点

(一)完全成本法的特点

1. 符合公认会计准则的要求

公认会计准则认为会计分期是对持续经营的人为分割,应该加深这种人为因素对企业经营成果的影响,尽量保证持续经营假设下经营的均衡性。完全成本法强调持续经营假设下经营的"均衡性",认为会计分期是对持续经营的人为分割,这种分割决定于企业内部和外部多种因素的共同影响。因此,固定制造费用的时间选择并不十分重要,它应该是一种可以在将来换取收益的资产。

2. 强调固定制造费用和变动制造费用在成本补偿方式上的一致性

完全成本法认为,只要是与产品生产有关的耗费,均应从产品销售收入中得到补偿,固定制造费用也不例外。固定制造费用应与直接材料、直接人工和变动制造费用一起构成产品的成本,而不能人为地将它们割裂开来。

3. 强调生产环节对企业利润的贡献

由于完全成本法下固定制造费用也被归集于产品而随产品流动,因此本期已销产品和期末未销产品在成本构成上是完全一致的。在一定销售量的条件下,产量大则利润高,所以,客观上完全成本法有刺激生产的作用。也就是说,从一定意义上讲,完全成本法强调了固定制造费用对企业利润的影响。

(二)变动成本法的特点

1. 变动成本计算法以成本性态分析为基础

采用变动成本法,是以全部成本划分为变动成本和固定成本两大类为基础的,仅把与产品生产过程直接联系的变动成本计入产品成本,而把固定成本作为期间成本直接从本期收入扣减。

2. 变动成本法下企业利润由贡献式收益表来确定

为了便于取得贡献毛益信息,变动成本法把企业利润改由贡献式收益表确定,分两步计算。其计算公式如下:

$$贡献毛益总额 = 销售收入总额 - 变动成本总额$$
$$税前净利 = 贡献毛益总额 - 期间成本总额$$

3. 变动成本法主要用于企业内部的经营管理

变动成本法不仅是一种比较成熟的成本计算方法,而且也是企业内部的一种成本会计制度。因此,成本项目必须按成本性态进行分类。同时,成本的记录、账户的设置、成本的汇集、内部报表的编制等,均需按此分类进行会计处理。但由于有关的会计准则仍要求企业按完全成本计算法提供的成本资料编制对外的财务报表,因此,尽管变动成本法有它的优越性,但主要是用于企业内部的经营管理。

三、变动成本计算法的理论依据

按照管理会计理论的解释,产品成本是指那些在生产过程中发生的、随着产品实体的流动而流动,随着产量的变动而变动,只有当产品实现销售收入时才能与相关收入实现配比、得到补偿的成本。期间成本是指那些不随产品实体的流动而流动,而是随着产品生产经营持续期间的长短而增减,其效益随着时间的推移而消逝,不能递延到下期,只能于发生的当期计入损益表由当期的销售收入补偿的费用。而固定制造费用是为企业提供一定的生产经营条件而发生的费用,在相关范围内,其发生与产品的实际产量并无直接的关系,不会随产量的增减而增减。从这个意义上看,固定制造费用(即固定生产成本)只是定期地创造了可供企业利用的生产能量,因而与期间的关系更为密切。在这一点上它与销售费用、管理费用和财务费用等非生产成本只是定期地创造了维持企业经营的必要条件一样具有时效性。不管这些能量和条件是否在当期被利用或被利用得是否有效,这种成本发生额都不会受到丝毫影响,其效益随着时间的推移而逐渐丧失,不能递延到下期。因此,在变动成本计算法下,固定制造费用应当与非生产成本同样不应计入产品成本而递延到下一个会计期间,而应在发生的当期作为期间成本,直接计入当期的损益表,从当期收入中予以扣除。

四、变动成本计算法与完全成本计算法的比较

由于变动成本计算法与完全成本计算法对固定制造费用的处理方法不同,因此使这两种成本计算方法存在着一系列的差别,主要表现在产品成本构成与流程不同,损益计算模式不同,计算的税前利润和分期损益不同等三个方面。

(一)成本流转和产品成本构成不同

在完全成本法下,产品成本为全部制造成本,非生产成本作为期间成本。其成本流程如图2.11所示。

在变动成本法下,产品成本只包括变动生产成本,而将固定生产成本和非生产成本均作为期间成本,从当期贡献毛益项中减除。其成本流程如图2.12所示。

由图2.11、图2.12可见,完全成本法与变动成本法的主要区别在于对固定制造费用(或固定性生产成本)的处理不同。前者把本期已销售产品中的固定制造费用转做本期销售成本,未销售部分应负担的固定制造费用则递延到下期。后者则把本期发生的固定制造费用全额作为期间成本,列入损益表,从当期的销售收入中直接扣减。因而,两种成本计算方法计算出来的产品成本和存货成本自然不同,即按制造成本法计算的产品成本和存货成本必然大于

按变动成本法计算的产品成本和存货成本。

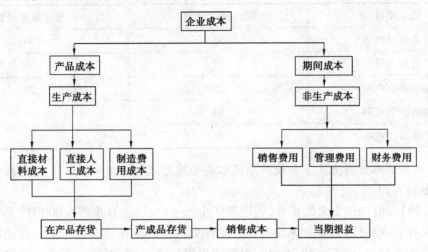

图 2.11　完全成本法下的成本流程

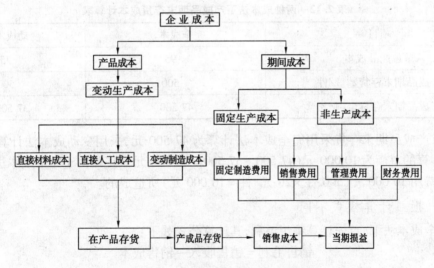

图 2.12　变动成本法下的成本流程

【例 2.9】　假设某厂生产甲产品,当月生产 5 000 件,每件直接材料 30 元,直接人工 25 元,变动制造费用 20 元,全月发生的固定制造费用 100 000 元。在两种成本法下其单位产品成本详见表 2.11。

表 2.11 两种成本法下的单位产品成本计算表

成本项目	完全成本计算	变动成本计算
直接材料	30	30
直接工资	25	25
变动制造费用	20	20
固定制造费用	20	—
产品单位成本	95	75

可见,两种成本计算方法下单位产品成本的差异为 20 元(95 - 75 = 20 元),即为该产品的单位固定制造费用。

【例 2.10】 沿用例 2.9 的资料,假设某厂生产甲产品,当月生产 5 000 件,销售 4 500 件,期末产成品存货 500 件(假定期末没有在产品存货),甲产品按完全成本法和变动成本法计算的单位产品成本分别为 95 元和 75 元。根据所提供的资料,可以确定产成品期末存货的成本见表 2.12。

表 2.12 两种成本法下产成品期末存货成本计算表

项目	完全成本法	变动成本法
单位产品成本	95	75
产成品期末存货数量/件	500	500
产成品期末存货金额/元	47 500	37 500

可见,产成品期末存货采用完全成本法计算为 47 500 元,采用变动成本法计算为 37 500 元,二者计算的差额为 10 000 元(47 500 - 37 500 = 10 000 元),正是由于完全成本法中包括了固定制造费用 10 000 元(500 件 × 20 元/件 = 10 000 元)所造成的。

(二)损益计算模式不同

在完全成本法下,首先计算销售毛利,其计算公式如下:

$$销售毛利 = 销售收入 - 销售成本 \tag{2.11}$$

其中

$$销售成本 = 期初存货成本 + 本期生产成本 - 期末存货成本 \tag{2.12}$$

再计算税前净利,其计算公式如下:

$$税前净利 = 销售毛利 - 销售税金 - 销售费用 - 财务费用 - 管理费用 \tag{2.13}$$

在变动成本法下,首先计算边际贡献,即

$$生产边际贡献 = 销售收入 - 已销产品变动生产成本 \tag{2.14}$$

$$边际贡献 = 生产边际贡献 - 变动非生产成本 \tag{2.15}$$

其中

$$变动非生产成本 = 变动销售费用 + 变动管理费用 \qquad (2.16)$$

再计算税前净利,其计算公式如下:

$$税前净利 = 边际贡献 - 固定成本 \qquad (2.17)$$

其中

$$固定成本 = 固定生产成本 + 固定销售费用 + 固定管理费用 + 财务费用 \qquad (2.18)$$

(三)税前利润和分期损益的计算不同

如前所述,由于两种成本计算方法对固定成本的处理不同,所以对分期损益的影响也就不同了。现分别说明如下。

1. 在产销平衡的情况下,两种成本计算方法所确定的税前利润是相同的

在产销平衡的情况下,两种成本计算方法所确定的税前利润是相同的,这是因为:按变动成本法计算,本期所发生的固定制造费用是全额从本期销售收入中扣除;按完全成本法计算,本期发生的固定制造费用先计入本期所生产的产品成本中,在产销平衡的情况下,本期所生产的产品又在本期全部销售出去,因此本期发生的固定制造费用也全额在本期中扣除,所以,两种成本计算法,在销售收入一样,扣减数也一样的情况下,当然所得的税前利润会相等。

2. 在产销不平衡时,两种成本法所确定的税前利润不相同

产销不平衡包括生产量大于销售量和生产量小于销售量两种情况,下面分别就这两种不同情况进行说明。

(1)本期生产量大于销售量

按完全成本法确定的税前利润大于按变动成本法所确定的税前利润。这是因为:按变动成本法计算,本期所发生的固定制造费用全额从本期销售收入中扣除;而采用完全成本法计算,在生产量大于销售量时,意味着本期生产的产品没有全部销售出去,因此,本期发生的固定制造费用中有一部分以期末存货形式结转到下期。所以,在销售收入一样的情况下,采用变动成本法扣除了全部的固定制造费用,而采用完全成本法仅扣除了部分的固定制造费用,当然由此所确定的净收益前者会小于后者。

(2)本期生产量小于销售量

按完全成本法确定的税前利润小于按变动成本法所确定的税前利润。这是因为:按变动成本法计算,本期发生的固定制造费用要全额从本期销售收入中扣减;而按完全成本法计算,在本期生产量小于销售量的情况下,则意味着期末产成品盘存减少,本期销售的产品中不仅包括了本期生产的产成品,而且包括了上期结转下来的产成品。可见,本期产品销售成本中不仅包括本期发生的全部固定制造费用,同时还包括了上期产成品所结转下来的固定制造费用。正因为这样,所以在销售收入一样的情况下,前者扣除的成本少,后者扣除的成本多,当然由此所确定的税前利润,前者会大于后者。

下面举例进行说明。

【例 2.11】 某公司连续三个会计年度的资料详见表 2.13。

表 2.13 三个会计年度有关资料

项目	第一年	第二年	第三年
期初存货/件	—	—	500
生产量/件	3 000	3 000	3 000
销售量/件	3 000	2 500	3 500
期末存货/件	—	500	—
单位产品售价/元	20	20	20
单位产品变动成本/元	12	12	12
固定制造费用/元	15 000	15 000	15 000
固定的销售与管理费用/元	5 000	5 000	5 000

在本例中,假设各月份均无期初、期末在产品。现分别采用变动成本法与完全成本法确定各年的净收益,详见表 2.14 和表 2.15。

表 2.14 按变动成本法计算　　　　　　　　　　　　　　　　　　单位:元

项目	第一年	第二年	第三年
产品销售收入	60 000	50 000	70 000
产品变动成本	36 000	30 000	42 000
贡献毛益	24 000	20 000	28 000
减:固定费用			
制造费用	15 000	15 000	15 000
销售与管理费用	5 000	5 000	5 000
固定费用合计	20 000	20 000	20 000
税前利润	4 000	0	8 000

表 2.15　按完全成本法计算　　　　　　　　　　　　　　　　　　　　　　元

项目	第一年	第二年	第三年
销售收入	60 000	50 000	70 000
销售成本：			
—期初存货	—	—	8 500
本期变动生产成本	36 000	36 000	36 000
固定性制造费用	15 000	15 000	15 000
可供销售的产品成本	51 000	51 000	51 000
减:期末存货	—	8 500	—
销售成本合计	51 000	42 500	59 500
销售毛利	9 000	7 500	10 500
减:销售与管理费用(固定)	5 000	5 000	5 000
税前利润	4 000	2 500	5 500

由上计算结果表明：

(1) 当本期生产量和销售量相等时，不管采用变动成本法还是完全成本法，其确定的分期损益是相同的。详见表 2.14 和表 2.15 中的第一年。

当生产量(3 000 件) = 销售量(3 000 件)时，变动成本法确定的税前利润(4 000 元) = 完全成本法确定的税前利润(4 000 元)，其理由是：当生产量 = 销售量时，在完全成本法下，没有机会以存货方式结转固定制造费用或从存货项下减除固定制造费用。

(2) 当本期生产量大于销售量时，全部成本法所确定的税前利润一般大于变动成本法所确定的税前利润。详见表 2.14 和表 2.15 中的第二年。

当生产量(3 000 件) > 销售量(2 500 件)时，完全成本法确定的税前利润(2 500 元) > 变动成本法确定的税前利润(0)，其理由是：当生产量大于销售量时，如前所说，在完全成本法下，本期发生的 15 000 元固定制造费用中有一部分由销售成本吸收，从本期的销售收入中扣减，其余部分 2 500 元(500×15 000/3 000)以期末存货形式结转到第三年。然而，在变动成本法下，本期发生的固定制造费用全额从本期销售收入中扣除。

(3) 当本期生产量小于销售量时，按完全成本法所确定的净收益小于按变动成本法所确定的净收益。详见表 2.14 和表 2.15 中的第三年。

当生产量(3 000 件) < 销售量(3 500 件)时,完全成本法确定的税前利润(5 500 元) < 变动成本法确定的税前利润(8 000 元),其理由是:如前所述,在这种情况下,二者之差正是由于按完全成本计算,本期销售的产品成本中不仅包括了本期发生的全部固定制造费用 15 000 元,同时还包括了上期产成品(500 件)所结转下来的固定制造费用 2 500 元(500 件 × 5 元/件);在变动成本法下,本期销售的产品成本中仅仅包括了当年(第三年)发生的全部固定制造费用。

五、对变动成本法的评价

(一)变动成本法的优点

1. 有利于进行本量利分析

本量利分析是运用数学计算和图示方法,在研究销售量、销售价格、固定成本、变动成本、单位变动成本和利润等因素的数量关系的基础上,进行预测的一种技术方法。它对销售量、成本、利润和价格的决策有十分重要的意义。进行本量利分析,要求将所有成本划分为变动成本和固定成本,而变动成本法恰恰提供了这个条件。

2. 有利于科学地进行成本分析和成本控制

运用变动成本法所提供的成本资料能将成本升降的两个因素,即由于产量变动所引起的成本升降,同由于成本控制工作好坏而造成的成本升降,清楚地区别开来,这就不仅有利于对企业成本控制工作做出实事求是的评价,而且有利于进行科学的成本分析和成本控制。而完全成本法计算出来的单位产品成本,却会随产量的变动而变动,从而掩盖或夸大成本管理中的工作成绩,不利于科学的成本分析和成本控制。

同时,采用变动成本法计算成本,便于成本控制责任的归属和正确控制方法的选择。一般说来,变动成本是各个部门的可控成本,应由各部门负责控制,并通过其高低来评价各部门成本管理的工作成绩。而固定成本往往是各个部门无法左右的不可控成本,因而应由企业总部的有关职能部门负责。由于固定成本和变动成本具有不同的特点,因而对它们的控制应分别采用不同的方法。这些方法表现为对固定成本采取制定费用预算控制总额的方法;对变动成本采取制定标准成本、弹性预算和控制单位变动成本的方法。所有这些都是完全成本法难以做到的。

3. 能使管理人员和管理部门注意销售,防止盲目生产

随着科学技术迅速发展,生产的机械化和自动化程度正在不断提高,固定成本在产品成本中的比重有日益上升的趋势。在固定成本较大的情况下,如果采用完全成本法,就会出现这样的现象:一方面销售量下降,另一方面生产大幅度增长,造成产品积压;由于产量增加而降低了单位成本中的固定成本部分,从而使利润在销售下降的情况下反而有所增长。与此相比,变动成本法则可以排除生产量对利润的影响,保持利润和销售量的同向变动,避免出现上述反常现象,而且能防止盲目生产市场上不需要的产品,加强销售工作,加速资金周转。

4. 可以避免产量高低影响下期损益

权责发生制要求成本应由受益的会计期间负担,而不管它支付于哪一期间,以便使各期的盈亏能够恰当反映该期生产经营成绩。但在采用完全成本法情况下,如果本期生产能力利用不充分,单位成本将随产量的下降而上升。这时,每件产品既不会凝结更多的活劳动,也不会吸收更多的劳动资料转移价值,更可能的倒是人力、物力在部分时间内的闲置。当其中部分产品转入下期销售时,这种损失就会转嫁到下期,从而减少下期利润;反之,则会增加下期的利润。经营业绩的这种延期反映,使盈亏不能正确地反映当期的工作成绩,违背了权责发生制的要求。与此相反,采用变动成本法就可以避免这一弊病。

5. 简化产品成本计算

采用变动成本法,由于固定成本并不计入产品成本,而于当期计算盈亏时直接转销,使产品成本计算中的费用分配工作大为简化,减少工作量,并且可以减少成本计算中的主观随意性。这一优点,尤以多品种企业和会计工作用手工操作的企业表现明显。

6. 便于建立弹性预算

在市场竞争日益激烈的情况下,按一系列产销水平编制适用于不同业务量水平的弹性预算,比只按一个产销水平编制的只适用于一个业务量水平的固定预算有较大的适应性。它使成本、利润的预算数和实际数有更好的可比性。而这种使用日益普遍的弹性预算是建立在变动成本核算基础之上的。

7. 有利于正确地进行短期决策

在某些短期决策中,由于一般不存在生产能力和规模的变动,固定成本相对稳定,从而决策时不必加以考虑。需要在不同的方案之间比较的,往往只是边际贡献。而只有采用变动成本法,才有可能提供边际贡献的资料。

只有把变动成本法纳入财务会计,也就是根据变动成本法计算实际成本、利润,并据以编制财务报表,变动成本法才具有以上第3、4、5项优点。

(二)变动成本法的缺点

1. 与通行的成本概念相违背

通行的成本概念是为达到某种特定的目的,已经发生或可能发生的以货币计量的全部耗费,而变动成本法下的成本只是这种耗费中的一部分。这样就必然给利用传统成本资料的各项经营管理工作带来一定的障碍。

2. 不能适应长期决策的需要

变动成本法所提供的成本资料可以对一年内的短期经营决策提供分析的依据,但从长期看,随着生产能力的变动、技术进步和通货膨胀的发生,固定成本和单位变动成本都不可能不发生变动。因此,变动成本法所提供的资料不能适应一年以上、涉及增加、减少生产能力和扩大、缩小经营规模的长期决策的需要。

3. 改用变动成本法,会影响有关方面的收益

如果在某一期间改完全成本法为变动成本法,一般会因对固定成本的处理不同,使期末存货的估价降低,本期成本提高,因此而降低当期的营业净利,从而暂时影响征税机关的所得税收入和投资者的投资收益的分配。

4. 变动成本和固定成本的准确划分十分困难

无论采用哪种划分方法,都有一定的假设性。如前所述,成本按性态划分具有一定的假设性,当然不能十分精确。事实上,"十分精确"对于企业的决策而言往往是不划算的,因为这样做不仅效率低,而且成本大。尽管如此,做好划分的基础工作仍十分重要,这直接关系到以变动成本法为基础的成本核算系统下的成本信息是否真正对于企业的决策行为有所帮助和便利。

六、变动成本法的应用

变动成本计算的基本原理问世之初,并未引起社会的广泛重视,很少被企业实际应用。但到了 20 世纪 50 年代末,由于企业广泛使用预算管理,强烈要求会计部门提供与此相适应的成本资料,变动成本法才被广泛运用到会计实务中。目前,变动成本法的应用已相当普遍,而且在企业内部经营管理中发挥了良好的作用。

(一)变动成本法与完全成本法计算方式与结果比较的示例

1. 两种成本法产品成本与期间成本构成内容的差异

【例 2.12】 假定集源公司只生产一种 A 产品,有关产销量和成本资料见表 2.16。为简化起见,另假定不存在在产品,否则在完全成本计算法下,要将固定制造费用在完工产品和在产品之间进行分配。

表 2.16 A 产品产销量和成本资料表

项 目	数量
本期生产量/件	2 000
本期销售量/件	1 500
期初存货/元	0
销售单价/元	20
直接材料/元	8 000
直接人工/元	4 000
变动制造费用/元	3 000
固定制造费用/元	2 000
变动性销售及管理费用/元	1 800
固定性销售及管理费用/元	1 500

采用两种成本法计算的产品成本和期间成本如下:
(1)变动成本法
产品成本总额 = 8 000 + 4 000 + 3 000 = 15 000(元)
单位产品成本 = 15 000 ÷ 2 000 = 7.5(元)
期间成本总额 = 2 000 + 1 800 + 1 500 = 5 300(元)
(2)完全成本法
产品成本总额 = 8 000 + 4 000 + 3 000 + 2 000 = 17 000(元)
单位产品成本 = 17 000 ÷ 2 000 = 8.5(元)
期间成本总额 = 1 800 + 1 500 = 3 300(元)

从这个例子中可知,变动成本法计算的产品成本总额比完全成本法计算的产品成本总额低了2 000元。当然,变动成本法下的期间成本较之完全成本法下高了2 000元,原因就在于变动成本法没有将固定制造费用2 000元计入产品成本中,而是计入到了期间成本中。

2. 两种成本法存货计价的差异

【例2.13】 沿用例2.12的资料,两种方法下期末存货成本分别计算如下:

变动成本法下的期末存货成本 = 500 × 7.5 = 3 750(元)

完全成本法下的期末存货成本 = 500 × 8.5 = 4 250(元)

两种方法下期末存货成本差额为500元。这一差额也等于期末存货负担的固定性生产成本(即固定制造费用):500 × (2 000/2 000) = 500(元)。

3. 两种成本法损益计算方式的差异

【例2.14】 沿用例2.12的资料,分别用完全成本法和变动成本法编制损益表,见表2.17和表2.18。

表2.17 完全成本法下的损益表　　　　　　　　　　　　　　　　元

项　目	金　额
营业收入(1 500 × 20)	30 000
减:营业成本	
期初存货	0
+本期生产成本(2 000 × 8.5)	17 000
-期末存货成本(500 × 8.5)	4 250
营业成本合计	12 750
销售毛利	17 250
减:销售及管理费用(1 800 + 1 500)	3 300
营业利润	13 950

表 2.18 变动成本法下的损益表　　　　　　　　　　　　　　　　元

项　目	金　额
营业收入(1 500×20)	30 000
减：变动成本	
变动性生产成本(1 500×7.5)	11 250
变动性非生产成本	1 800
变动成本合计	13 050
贡献毛益	16 950
减：固定成本	
固定性生产成本	2 000
固定性非生产成本	1 500
固定成本合计	3 500
营业利润	13 450

4. 两种成本法确定的营业利润有可能存在差异

例2.14的表2.17和表2.18的计算结果表明，当期初存货为零且销售量小于生产量的情况时，完全成本法下的营业利润比变动成本法下的营业利润高500元。这是由于完全成本法下的期末存货成本包括了一部分固定性生产成本，它将被递延至下一期，从而，本期销售产品负担的生产成本低于变动成本法下的销售成本，因此营业利润大于变动成本法下的营业利润。

（二）变动成本法与完全成本法营业利润差异的规律性

两种成本法营业利润差异的一般规律

在前述例子中产量大于销量时，在完全成本法下有一部分固定性生产成本随同存货被递延至下一期，从而使本期销售产品负担的生产成本低于变动成本法下的销售成本，因此营业利润大于变动成本法下的营业利润。但不能据此认为有下列规律：

产量大于销量时，完全成本法确定的营业利润高；
产量小于销量时，完全成本法确定的营业利润低；
产量等于销量时，两种成本法确定的营业利润相等。

产量与销量的大小关系决定两种成本法所确定的营业利润的高低并非两种成本法营业利润差异的一般规律，决定两种成本法营业利润差异的，归根到底是完全成本法存货吸收或释放的固定生产成本数额。

(三)变动成本法与完全成本法的结合运用

变动成本法与完全成本法各有其优缺点,由此形成了两种方法不同的适用性,即变动成本法主要适用于企业内部经营管理的需要,而完全成本法主要适用于对外编制财务报告的需要,而且完全成本法又是会计制度所要求的成本计算方法。因此,企业进行成本核算时,既不能以一种成本计算法取代另一种成本计算法的"单轨制",也不可能是两种方法并行的"双轨制"。为了使两种成本计算法发挥各自的优势,可将两种成本计算方法结合使用,采用"结合制",建立统一的成本核算体系,使簿记系统能够同时满足财务会计与管理会计对产品成本信息的不同需求。

将两种方法结合使用,必须考虑两种方法各自的适用性及核算特点。由于变动成本法主要是为满足工作量较大的且又是经常性的内部管理工作的需要,完全成本法主要是满足企业在期末定期编制对外财务报告的需要。因此,平时的成本核算应以变动成本法为主,而在期末编制财务报告时再调整为完全成本法。

1. 日常核算以变动成本法为基础

(1)以成本性态分析为前提,对发生的所有成本划分为固定成本和变动成本两类。

(2)将"制造费用"、"销售费用"、和"管理费用"等账户分设为"变动性制造费用"与"固定制造费用"、"变动销售费用"与"固定销售费用"、"变动管理费用"与"固定管理费用"等账户,以分别核算所发生的各种变动性和固定性费用,同时设立"存货中的固定性制造费用"账户。

(3)企业的"生产成本"、"库存商品"账户均按变动成本核算,即只包括直接材料、直接人工和期末转入的变动性制造费用等变动性生产成本。

2. 期末核算调整为完全成本法的结果

(1)期末,将本期发生的变动制造费用从"变动制造费用"账户分配结转至"生产成本"账户;

(2)期末,将本期发生的固定制造费用从"固定制造费用"账户结转至"存货中的固定制造费用"账户。

(3)期末,将"存货中固定制造费用"账户属于本期已销售产品负担的部分转入"主营业务成本"账户,其分配率的计算如下:

$$存货中固定制造费用分配率 = \frac{期初余额 + 本期增加额}{本期已售产品数量 + 期末产成品结存数量 + 期末在产品约当产量}$$

该账户的期末余额属于本期在产品与产成品承担的,应与"生产成本"和"库存商品"账户的期末余额合计后列入资产负债表的"存货"项目中。

本章小结

成本性态是指成本随业务量变动而变动的特征,成本按性态分类是管理会计最重要的成本分类方式,按此标准可将成本分为变动成本、固定成本和混合成本。变动成本、固定成本和混合成本所具有的特性在一定的相关范围内才存在。成本性态分析是变动成本计算法运用及本量利分析的基础。将成本同产量相联系,考察其与产量之间的依存关系,并在此基础上进行特定的变动成本计算,既是管理会计的重要组成内容,也是确立成本管理会计中关于规划、控制方面一系列基本理论和方法的必要前提。

成本性态分解是指对具有固定成本和变动成本双重特征的混合成本所进行的分解,将混合成本进一步分解为固定成本和变动成本有利于管理会计事前规划与控制的需要,常用的分解方法有高低点法、散布图法、回归分析法、账户分析法、合同确认法等,其中回归分析法的精度最高。

变动成本计算法是建立在成本按性态分类基础上的一种成本核算方法,其与传统的完全成本法相对应。与传统的完全成本法相比,其主要区别在于对固定制造费用的处理不同。完全成本法下,固定制造费用计入产品成本;变动成本法下,固定制造费用不计入产品成本,而是作为期间费用直接从当期损益中扣除。这种计算方法有利于企业的内部经营管理需要的满足。

自测题

一、概念题

变动成本法　完全成本法　固定成本　变动成本　混合成本　成本性态

二、分析思考题

1. 何谓成本性态?为什么成本要按照性态分类?
2. 成本按照性态可分哪几类?请简要说明各类成本的特点。
3. 分解混合成本有哪几种常用的方法?
4. 何谓高低点法?简要说明高低点法的基本原理。
5. 何谓散布图法?简要说明散布图法的基本原理。
6. 何谓回归直线法?简要说明回归直线法的基本原理。
7. 完全成本法与变动成本法在产品成本构成上的主要区别是什么?说明理论依据。
8. 举例说明,为什么当本期生产量大于销售量时,按完全成本法所确定的税前利润会大于按变动成本法所确定的税前利润?

三、计算题

1. 某公司只产销一种产品,单价为15元。2008年与2009年的产销资料见表2.19,分别用变动成本法与完全成本法计算该公司2008年与2009年的单位产品成本及其税前利润总额。

表 2.19 某公司 2008 年与 2009 年的产销资料

项　目	2008 年	2009 年
产量/件	8 000	10 000
销量/件	8 000	8 000
单位变动生产成本/元	8	8
固定生产成本总额/元	24 000	24 000
管理销售费用总额/元	20 000	20 000

2. 某企业 2009 年甲产品 1~8 月份的产量及混合成本资料见表 2.20。

表 2.20 某企业 1~8 月份的产量及混合成本

	1月	2月	3月	4月	5月	6月	7月	8月
产量/件	18	20	19	16	22	25	28	21
混合成本/元	5 000	5 600	6 500	5 200	6 900	7 500	8 200	6 800

要求:用高低点法进行混合成本的分解。

3. 某产品的有关资料见表 2.21。

表 2.21 某产品的资料

直接材料/(元/件)	直接人工/(元/件)	变动制造费用/(元/件)	固定制造费用/元	固定销管费用/元
18	12	5	7 000	1 000

产品产量为 1 000 件,销量为 800 件,期初无存货,单价 50 元,分别利用变动成本法和完全成本法,求:
(1)单位产品成本;
(2)税前利润总额。

【案例分析】

华闽化肥有限公司是专业从事生产销售复合肥的公司,年生产能力可达 100 万吨,该公司存货采用先进先出法计价。2009 年开始总经理工作改由林阳负责。林阳虽是新任总经理,但工作非常积极投入。他与前任总经理不同,前任总经理是年年开足马力进行生产,致使存货积压较多,而他要改变只重生产不重销售的状况,要以销定产,2009 年的目标销售量比 2008 年增长 10% 以上,并将库存量大幅度降低,以节约资金占用,最终使税前利润也能提高 10% 以上。年终财务科长赵红向他汇报一年的情况说:"今年生产的化肥,每吨耗用的氯化钾等直接材料、直接人工和变动制造费用与去年水平相当,其他费用总额也与去年持平,经过您的努力,在没有降低售价的情况下,我们公司的销量由去年的 70 万吨增加到 80 万吨,并把存货余额由

50 万吨降低到 10 万吨,但今年亏损了 1 500 万元。"总经理听了感到吃惊,接着说:"怎么可能? 今年的销量不是比去年多吗? 怎么会亏损? 是不是你核算错了?"总经理是一连串的疑惑。对此,财务科长回答说:"我一直以来都是这样核算利润的,利润核算肯定没错,但为什么会亏损,我也说不清。"总经理说:"你把这两年的报表给我看看。"财务科长将早已准备好的产销量和成本资料表(表 2.22)和财务报表(表 2.23)一并递给了总经理。

总经理看了还是不明白为什么。请你帮财务科长向总经理解释为什么 2009 年会亏损。

表 2.22 复合肥产销量和成本资料表

年 份 项 目	2008 年	2009 年
期初存货量/万吨	20	50
本期生产量/万吨	100	40
本期销售量/万吨	70	80
期末存货量/万吨	50	10
单位售价/元	1 500	1 500
单位变动性生产成本/元	800	800
固定制造费用/万元	30 000	30 000
单位变动性销售及管理费用/元	100	100
固定性销售及管理费用/万元	12 000	12 000

注:2008 年初存货单位成本为 1 100 元。

表 2.23 损益表   万元

年 份 项 目	2008 年	2009 年
营业收入	105 000	120 000
减:营业成本		
期初存货	22 000	55 000
+本期生产成本	110 000	62 000
-期末存货成本	55 000	15 500
营业成本合计	77 000	101 500
销售毛利	28 000	18 500
减:销售及管理费用	19 000	20 000
税前利润	9 000	-1 500

第二章 成本性态分析及变动成本法

【阅读资料】

Woody 公司只生产一种产品,每个月的最大生产能力为 200 件,市场容量为 250 件。长期以来该公司在进行成本性态分析时都按以下程序进行,即:对各期总成本先按性态进行分类,将其分为固定成本、变动成本和混合成本三大类,然后再对混合成本按高低点法进行分解。

已知 2004 年二月份的产销量最低,为 100 件,当月总成本为 82 500 万元,按其性态分类的结果为:固定成本为 60 000 万元,变动成本为 10 000 万元,其余为混合成本;十月份的产销量最高,为 200 件,当月总成本为 95 000 万元,当年企业的产销量始终在相关范围内变动。

该公司的老会计人员 Sam 采用的步骤与方法如下:

① 计算二月份的混合成本。二月份的混合成本等于当月的总成本扣除当月的固定成本(a_1)和变动成本($b_1 x$)的差,即

$$二月份的混合成本 = 82\,500 - 60\,000 - 10\,000 = 12\,500(万元)$$

② 确定十月份的固定成本。根据固定成本所具备的总额不变性的特点,可以推断出十月份的固定成本等于二月份的水平,即

$$十月份的固定成本\ a_1 = 60\,000(万元)$$

③ 确定二月份的单位变动成本,因为二月份的单位变动成本 b_2 等于该月的变动成本除以当月的产销量 100 件,即

$$二月份的单位变动成本\ b_1 = 100(万元/件)$$

④ 根据变动成本单位额的不变性和总额的正比例变动性的特点,推算出十月份的变动成本数额为 b_2 与当月的产销量 x 的乘积,即

$$十月份的变动成本\ b_1 x = 100 \times 200 = 20\,000(万元)$$

⑤ 推算出十月份的混合成本,即

$$十月份的混合成本 = 95\,000 - 60\,000 - 20\,000 = 15\,000(万元)$$

⑥ 确定高低点坐标。Sam 所确定的高低点坐标分别为(200,15 000)和(100,12 500)。这里的成本指标为混合成本。

⑦ 计算混合成本中变动部分的单位额 b_2,公式为

$$b_2 = \frac{15\,000 - 12\,500}{200 - 100} = 25\ (万元/件)$$

⑧ 计算混合成本中的固定部分 a_2,公式为

$$a_2 = 低点混合成本 - b \times 低点业务量 = 12\,500 - 25 \times 100 = 10\,000(万元)$$

⑨ 据此建立的该公司每个月的混合成本性态模型为

$$y = 10\,000 + 25x$$

⑩ Sam 最终建立的总成本性态模型为

$$y = (a_1 + a_2) + (b_1 + b_2)x =$$
$$(60\,000 + 10\,000) + (100 + 25)x =$$

$$70\ 000 + 125x$$

Elvis 是 2004 年 10 月底才进入公司的会计人员。他在评价 Sam 采用的方法时,发现不必每次都先进行成本分类,然后再进行混合成本分解;他建议以总成本为分析对象,直接应用高低点法,同样可以达到成本性态分析的目的。

他采用的程序和方法如下:

① 确定高低点坐标,此时的成本坐标为总成本。仍以十月份和二月份的历史资料来确定高低点的坐标,结果为(200,95 000) 和(100,82 500)。

② 直接套用公式计算单位变动成本 b,即

$$b = \frac{95\ 000 - 82\ 500}{200 - 100} = 125\ (万元／件)$$

③ 计算固定成本总额 a,即

固定成本总额 a = 低点总成本 − b × 低点业务量 = 82 500 − 25 × 100 = 70 000(万元)

④ Elvis 所建立的总成本性态模型为

$$y = 70\ 000 + 125x$$

第三章
Chapter 3

本量利分析

【学习要点及目标】

通过本章的学习,掌握本量利分析的基本原理和方法,认识到本量利分析是企业决策、规划和控制的重要工具,并进一步掌握本量利分析研究的主要内容,具体掌握盈亏平衡分析、确保目标利润实现的销售预测分析、相关因素变动对盈亏平衡点的影响分析、经营风险分析等方面的知识与方法,能够结合企业经营实际予以应用。

【导入案例】

背景资料:利得利锅业有限公司是一家专门从事不粘炒锅生产的企业,由于受金融危机的影响,2008年的产销量由2007年的250万口下降到200万口,每口成本却由90元上升到100元。为此,总经理对公司的所有员工都给予严厉的批评,并扣发了他们当年的奖金。但是该公司生产车间的主任池毓升感到十分委屈,于是向总经理提供了相关数据。这些数据表明2008年的成本实际上比2007年还要低些。因此,总经理对财务科提供的数据的准确性表示不满,而财务科科长陈娜坚决否认,并提供了充足的证据表明财务科所提供的成本信息完全是正确的。

请问:

1.如果你是生产车间主任池毓升,你应向总经理提供什么数据,以证明2008年的成本实际上比2007年还要低些?

2.如果你是财务科科长陈娜,你应向总经理提供什么数据,以证明财务科提供的成本信息完全是正确的?

3.如果你是该公司的财务顾问,你将向总经理就上述事件提出哪些建议?

第一节　本量利分析概述

本量利分析是在成本性态分析和变动成本法的基础上进一步展开的一种分析方法,着重研究业务量、价格、成本和利润之间的数量关系。它所提供的原理、方法在成本管理会计中有着广泛的用途,同时它又是企业进行决策、计划和控制的重要工具。本章内容主要包括本量利分析概述,有关因素变动对保本点及实现利润的影响以及本量利分析的具体应用。

本量利关系是指成本、业务量和利润之间的相互依存关系。本量利分析就是对成本、业务量和利润三者之间的相互依存关系所进行的分析。本量利分析的目的在于分析短期内产品销售量、销售价格、固定成本、单位变动成本以及产品结构等因素的变化对利润的影响,为企业管理人员提供预测、决策等方面的信息。

一、本量利分析的基本假设

1. 相关范围假设

本量利分析是建立在成本按性态划分基础上的一种分析方法,即将企业的成本全部区分为变动成本和固定成本,而这均是限定在一定期间和一定业务量的"相关范围"内的假设条件下才成立。因此,成本性态分析的相关范围假设也就成了本量利分析的基本假设。

2. 变动成本法的假定

假定产品成本是按变动成本法计算的,即产品成本中只包括变动生产成本,而所有的固定成本(包括固定性生产成本在内),均作为期间成本处理。

3. 线性假设

成本按性态分析时,在相关范围内,即假定在一定时期、一定业务量范围内,单价、单位变动成本、固定成本总额等均保持不变,则总成本可以表示为 $y=a+bx$,销售收入可以表示为 $y=px$(这里的 p 指销售价格),即成本、销售收入都是产销量的一元线性函数。

4. 产销平衡假设

本量利分析中的"量"指的是销售数量而非生产数量,在销售价格不变的条件下,这个量也就是销售收入。产量的变动可能会对固定成本和变动成本产生影响,这种影响当然也会影响到收入与成本之间的对比关系。所以,当站在销售量的角度进行本量利分析时,就必须假设产销关系平衡。

5. 品种结构不变假设

由于企业产品多品种条件下,各种产品的获利能力一般不尽相同,若企业产销的品种结构发生变化,即使销售收入总额不变,也可能导致利润发生变化。因此,对于多品种产品生产的企业,假定各种产品的销售收入在总收入中所占的比重不会发生变化。

二、本量利分析的基本模型

本量利分析的本质是通过对成本、业务量和利润之间的数量关系进行分析,进而确定目标利润或为实现目标利润而应达到的业务量水平。本量利分析的模型分为代数模型和几何模型。

(一)代数模型

本量利分析的代数模型是用代数关系式来反映成本、业务量和利润之间的数量关系。包括量利式模型和贡献毛益式模型两类。

量利式模型所考虑的相关因素主要包括单价、单位变动成本、固定成本、销售量和利润(指营业利润),它们之间的数量关系可用公式表示如下:

$$利润 = 销售收入 - 变动成本 - 固定成本$$

因为

$$销售收入 = 单位售价 \times 销售数量$$
$$变动成本 = 单位变动成本 \times 销售数量$$

所以

$$利润 = (单价 - 单位变动成本) \times 销售量 - 固定成本$$

设单价为 p,销售量为 x,固定成本为 a,单位变动成本为 b,利润为 P,则上式可表达为

$$P = px - bx - a = (p - b)x - a$$

上述公式中的利润在我国通常指营业利润,而在管理会计中通常指息税前利润。

该公式清楚地揭示了价格、成本及业务量对利润的影响,本节后续介绍的保本、保利分析、因素分析及敏感性分析等内容都是以该模型为基本模型。由于本量利分析的所有数学模型均建立在上述公式的基础上,因此,在管理会计学中将该公式称为本量利关系的基本公式。

为了便于本量利分析,我们统一用符号表示相关术语,见表 3.1。

表 3.1 相关术语符号对照表

术语	符号	术语	符号	术语	符号
利润	P	总成本	TC	贡献毛益总额	TCM
目标利润	P_T	单位变动成本	UVC	变动成本率	VCR
销售量	V/X	变动成本总额	TVC	贡献毛益率	CMR
目标销售量	V_T	单位固定成本	UFC	保本	BE
单价	p	固定成本	TFC	安全边际	MS
销售收入	S	单位贡献毛益	UCM	安全边际率	MSR

【例 3.1】 某企业生产 A 产品,单价 p 为 12 元,单位变动成本 b 为 8 元,固定成本 a 为 20 000 元,销售量为 16 500 件。求该企业的营业利润。

$$P = (p - b)x - a = (12 - 8) \times 16\,500 - 20\,000 = 46\,000(元)$$

该公式可以用来预测计划期的利润,将上述公式进行多种变形,可得出一系列公式。如果需要求解其他的变量,通过移项整理即可。只要已知了利润、销售数量、单价、单位变动成本、固定成本总额五个要素中的任意四个,就可以推算出另一个要素。

(二)几何模型

如果以横轴表示产销业务量(自变量 x),纵轴表示成本和销售收入或利润(因变量 y),作一直角坐标系,在坐标系中反映成本、业务量和利润之间的关系,可以得到本量利分析的几何图型。常见的几何模型有两种,分别为基本式和边际贡献式。

1. 基本式

在直角坐标系中,以横轴表示产销业务量,纵轴表示成本和销售收入,绘出销售收入线和总成本线,可以得到本量利分析的基本式几何模型,如图 3.1 所示。

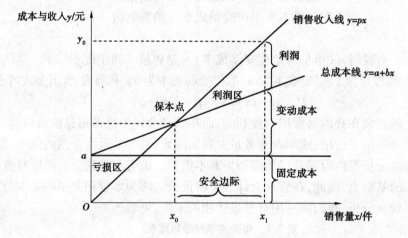

图 3.1　基本式本量利分析图

在图 3.1 中,销售收入线是一条从原点开始的直线,其斜率是单位产品售价(p),在任意产销量(x)水平下,销售收入就是业务量与单位产品售价的乘积(px)。总成本线是一条与纵轴相交的直线,它在纵轴上的截距是固定成本(a)。图中,当业务量为 x_0 时,销售收入和总成本线相交,企业销售收入等于总成本,处于不盈不亏平衡状态。当产销量低于 x_0 时,销售收入线在总成本下方,表明收入低于总成本,企业处于亏损状态;当产销量超过 x_0 时,销售收入线在总成本线上方,表明销售收入高于总成本,企业处于盈利状态,此时,销售收入扣除成本后的余额就是利润。

2. 边际贡献式

在直角坐标系中,以横轴表示产销业务量,纵轴表示成本和销售收入,绘出销售收入线,并在变动成本线的基础上加上固定成本,绘出总成本线,可以得到本量利分析的边际贡献式几何模型,如图3.2所示。

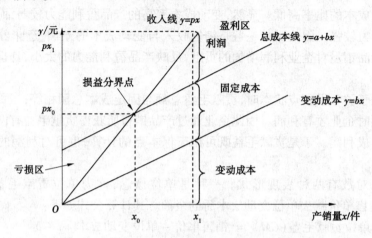

图3.2　边际贡献式本量利分析图

图3.2中,销售收入线是一条从原点开始的直线,其斜率就是单位产品售价(p),在任一产销业务量(x)水平下,销售收入就是业务量与单位产品售价的乘积(px)。变动成本线也是一条从原点开始的直线,其斜率就是单位变动成本(b),在任一产销业务量(x)水平下,变动成本总额就是业务量与单位变动成本的乘积(bx)。总成本线是一条与变动成本线平等、与纵轴相交的直线,它和变动成本线之间的距离就是固定成本。在任意业务量水平下,销售收入线与变动成本线的差就是边际贡献。图中,当业务量为 x_0 时,销售收入线和总成本线相交,边际贡献等于固定成本,企业处于不盈不亏的状态。当产销量低于 x_0 时,边际贡献小于固定成本,企业处于亏损状态;当产销量超过 x_0 时,边际贡献大于固定成本,企业处于盈利状态,此时,边际贡献扣除固定成本的余额就是利润。

三、贡献毛益及相关指标的计算

在本量利分析中,贡献毛益是一个非常重要的概念。所谓贡献毛益(Contribution Margin),是指产品的销售收入与相应变动成本之间的差额。贡献毛益还有许多别的说法,如创利额、边际贡献、边际利润、临界收益等,含义都一样。由于这一概念是指产品销售收入扣除自身的变动成本后给企业作的贡献,而这种贡献要在扣除固定成本后才能成为真正的贡献(即利润),所以贡献毛益的称谓或许较为妥当。根据本量利分析的基本模型,保本点销售量应满足如下关系:

$$0 = (单价 - 单位变动成本) \times 保本点销售量 - 固定成本$$

上式中的单价扣减单位变动成本后的余额即为单位贡献毛益,而销售收入扣减变动成本总额后的余额即为贡献毛益总额,而贡献毛益率则是单位贡献毛益占单价、贡献毛益总额占销售收入总额的比率。与贡献毛益率相对应的指标是变动成本率。变动成本率表明企业销售收入中用于弥补变动成本的比率高低。显然,变动成本率高的产品盈利能力较弱,而贡献毛益率高的产品则盈利能力较强。因为贡献毛益是销售收入与变动成本的差额,意味着在现有产销量的基础上增加产品销量对企业利润增加的贡献,反映产品盈利能力的大小,其也称为边际贡献、边际利润。

当企业恰好处于盈亏平衡点状态时,贡献毛益总额与固定成本总额相等;当贡献毛益总额超过固定成本总额时企业才有利润。因此企业通过产品销售所获得贡献毛益有两个用途——弥补固定成本和形成利润。于是贡献毛益既可用于保本点的计算,也可对利润的高低产生直接的影响。

贡献毛益的绝对数有两种表现形式。一种是单位概念,称为单位贡献毛益(用 CM 表示),是指产品的销售单价减去单位变动成本后的余额。其计算公式如下:

$$单位贡献毛益(CM) = 销售单价 - 单位变动成本 = p - b$$

单位贡献毛益反映的是单位产品的创利能力,也就是每增加一个单位产品的销售可提供的创利额。

贡献毛益的另一种表现形式是总额概念,称为贡献毛益总额,简称贡献毛益(用 TCM 表示),是指产品的销售收入总额减去变动成本总额后的余额。其计算公式如下:

$$贡献毛益(TCM) = 销售收入 - 变动成本 = px - bx = CM \cdot x$$

根据上述本量利分析的基本公式,贡献毛益、固定成本及营业利润三者之间的关系可用下式表达:

$$营业利润(P) = 贡献毛益 - 固定成本 = TCM - a$$

同时,贡献毛益也可以用相对数,即贡献毛益率(用 CMR 表示)来描述。贡献毛益率是指贡献毛益总额占销售收入总额的百分比,或单位贡献毛益占销售单价的百分比。它反映每百元销售额中能提供的贡献毛益额。其计算公式如下:

$$贡献毛益率(CMR) = \frac{贡献毛益(TCM)}{销售收入(px)} \times 100\% = \frac{单位贡献毛益(CM)}{销售单价(p)} \times 100\%$$

此外,与贡献毛益率密切相关的一个指标就是变动成本率。变动成本率是指变动成本总额占销售收入的百分比,或单位变动成本占销售单价的百分比。它反映每百元销售额中变动成本所占的金额。其计算公式如下:

$$变动成本率(VCR) = \frac{变动成本(bx)}{销售收入(px)} \times 100\% = \frac{单位变动成本(b)}{销售单价(p)} \times 100\%$$

由于贡献毛益加上变动成本等于销售收入,则贡献毛益率加上变动成本率等于100%,故它们之间的关系如下：

$$贡献毛益率 + 变动成本率 = 1$$

$$贡献毛益率 = 1 - 变动成本率$$

可见,贡献毛益率与变动成本率属互补性质,变动成本率高的企业,其贡献毛益率低,创造利润能力小,反之变动成本率低,则贡献毛益率高,创造利润能力大。

仍以例 3.1 为例,计算贡献毛益率和变动成本率

$$贡献毛益率 = \frac{66\,000}{16\,500 \times 12} \times 100\% = \frac{4}{12} \times 100\% = 33.33\%$$

$$变动成本率 = \frac{8}{12} \times 100\% = 66.67\% = 1 - 33.33\%$$

【例 3.2】 某公司只生产和销售一种产品。已知该产品的单位变动成本为 20 元,销售价格为 80 元,每个月的固定成本为 20 000 元,本月售出了 1 500 件该产品。

要求:计算该产品的各边际贡献指标、变动成本率和本月营业利润。

根据资料计算如下：

$$单位贡献毛益 = 80 - 20 = 60(元)$$

$$贡献毛益 = 60 \times 1\,500 = 90\,000(元)$$

$$贡献毛益率 = 60 \div 80 \times 100\% = 75\%$$

$$变动成本率 = 20 \div 80 \times 100\% = 25\%$$

$$边际贡献率 + 变动成本率 = 75\% + 25\% = 1$$

$$本月营业利润 = 90\,000 - 20\,000 = 70\,000(元)$$

第二节 本量利分析内容与方法

本量利分析通常以盈亏平衡分析为起点,盈亏平衡分析就是研究企业恰好处于盈亏平衡状态时本量利关系的一种定量分析方法。

一、盈亏平衡分析

所谓盈亏平衡,是指企业经营达到不盈不亏的状态。企业的销售收入扣减变动成本以后得到贡献毛益,它首先要用以补偿固定成本,只有补偿固定成本以后还有余额,才能为企业盈利作贡献;否则,就会发生亏损。如果贡献毛益刚好等于固定成本,那就是处于不盈不亏的状态,盈亏平衡分析就是研究企业恰好处于保本状态时本量利关系的一种定量分析方法,是确定企业经营安全程度和进行保利分析的基础,又称保本分析、盈亏临界分析、损益平衡分析、两平分析等。盈亏平衡分析的关键是盈亏平衡点的确定,即保本点的确定。

（一）盈亏平衡点的确定

盈亏平衡点（Break-even Point, BEP）是指能使企业达到保本状态时的业务量的总称。在该业务量下，企业收入与变动成本之差刚好与固定成本持平。在我国，盈亏平衡点又被译做盈亏临界点、保本点等。

盈亏平衡点通常有两种表现形式：一种是用实物量表现，称为保本点销售量，简称保本量；另一种是用货币金额表现，称为保本点销售额，简称保本额。在多品种条件下，由于不同产品的销售量不能直接相加，因而只能确定它们总的保本额，不能确定总保本量。

在进行保本分析时为了简便，一般假设销售价格、单位变动成本和固定成本等因素不变，只有销售量是变动因素。而事实上，上述诸因素在企业经营过程中是经常变动的，从保本点的计算模型中可以看到，这些因素的变动都将对保本点产生影响。因此，需要进一步分析各因素可能的变动对保本点的影响。

1. 固定成本变动对保本点的影响

固定成本在一定的相关范围内虽然不随业务量的变动而变动，但企业经营能力的变化和管理决策都会导致固定成本的增减，特别是酌量性固定成本更容易发生变动。保本点与固定成本同向变化，固定成本增加则保本点提高，固定成本减少则保本点降低。原因是增加了的固定成本需要更多的贡献毛益才能予以弥补，而更多的贡献毛益就需要更多的保本量或保本额来提供。

2. 单位变动成本变动对保本点的影响

保本点与单位变动成本同向变化，单位变动成本增加则保本点提高，单位变动成本减少则保本点降低。单位变动成本的上升引起了保本点的提高，原因是其导致单位贡献毛益的降低，而需要用于弥补固定成本的贡献毛益总额不变，这样就需要销售更多的产品才能获得总额不变的贡献毛益用于弥补固定成本。

3. 销售价格变动对保本点的影响

保本点与销售价格反向变化，销售价格上升则保本点下降，销售价格降低则保本点提高。销售价格的上升会引起保本点下降，原因是其导致单位贡献毛益的增大，而应用于弥补固定成本所需的贡献毛益总额不变，那么为保本所需的产品销量就可以减少。

4. 产销平衡与否对保本点的影响

在计算保本点时，有一个基本假定即产销平衡，但实际上产销不平衡的情况更多。产销不平衡对保本点也会产生影响。在产销不平衡时保本额计算公式的分子不能按当期发生的固定成本计算，而应按应由当期销售产品补偿的固定成本计算，且要先计算保本额，再计算保本量。

以上分析的都是单个因素变动对保本点的影响，但在现实经济生活中，以上各个因素往往不是孤立存在的，而是相互影响的。为如实反映客观实际情况，需要综合计量各有关因素同时变动时对实现目标利润的影响。多种因素同时变动对保本点的影响分析可以参考后面多种因素同时变动对实现目标利润的影响分析。

确定盈亏平衡点的方法主要有保本图法、基本等式法和贡献毛益法等。后两种方法将在以后内容中详细讲解,我们将首先了解保本图法,它可以形象直观地展示保本点的确定过程。

(二)保本图

保本图是围绕保本点,将影响企业利润的有关因素及相互关系集中在一张图上形象而具体地表现出来。利用它,可以清楚地看到有关因素的变动对利润发生怎样的影响,因而对于在经营管理工作中提高预见性和主动性有较大的帮助。下面结合例题具体说明保本图的绘制方法及其所揭示的有关成本、产销业务量与利润三者之间的规律性联系。

【例3.3】 某产品单位售价为20元,单位产品的变动成本为10元,全年固定成本为4 000元。据此,制作保本图。其绘制程序如下:

在保本图上,一般以横轴表示销售量,以纵轴表示成本和销售收入的金额。依据资料:

(1)在销售横轴上选择销货数量600件,算出销售总额为12 000元(600×20)取纵横交叉点,连接交点与原点之线,则为销售总收入线。

(2)按固定成本金额4 000元在纵轴上取点,划平行于横轴的直线,则为固定成本线。

(3)在销售量横轴上选择一个整数,如650件,算出它的总成本($y = a + bx = 4\,000 + 650 \times 10 = 10\,500$元),标出销售量与总成本的交点,然后联结该点与固定成本在纵轴上的截点,这条线则为总成本线。

(4)总收入线与总成本线相交的地方就是保本点,可用 BEP 表示。如图3.3所示。

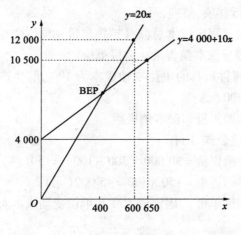

图3.3 保本图

从图3.3中所反映的各有关因素之间的相互关系,可看出它们具有如下特点和规律:

(1)保本点不变,销售量越大,能实现的利润越多,亏损越少;销售量越小,能实现的利润越少,亏损越多。

(2) 销售量不变,保本点越低,能实现的利润越多,亏损越少;保本点越高,能实现的利润越少,亏损越多。

(3) 在销售收入既定的条件下,保本点的高低取决于固定成本和单位产品变动成本的多少。固定成本越多,或单位产品变动成本越多,保本点越高;反之,保本点越低(单位产品变动成本的变动对保本点的影响是通过变动成本线的斜率的变动而表现出来的)。

二、单一产品盈亏平衡点的测算方法

保本点分析是以企业利润为零、不盈不亏为前提条件,目的是为了分析企业能够保本的最低业务量,而无法揭示企业实现目标利润所需的业务量水平。单一产品保本分析,就是在企业只生产和销售一种产品的条件下,运用本量利分析法,确定损益分界点销售量和销售额。它是在本量利分析模型基础上发展演变而来的。对于生产并销售单一产品的企业,其保本点的预测通常有以下三种方法可以选择。

(一)基本等式法

基本等式法是指在本量利基本关系式的基础上,根据保本点的定义,运用本量利分析的基本公式,先求出保本量,再推算保本额的一种方法。

根据保本点的定义:

利润 = 销售单价 × 销售量 − (固定成本总额 + 单位变动成本 × 销售量)

令利润 = 0,并对上式进行移项、整理,可得

保本销售量 = 固定成本总额/(销售单价 − 单位变动成本)

保本销售额 = 保本销售量 × 销售单价

【例3.4】 已知某公司每件玩具的单位变动成本为100元,生产该玩具的固定成本总额为30 000元,每件售价定为300元。

要求:预测该公司的保本销售量和保本销售额。

解 将相关数据代入上述公式,则有

保本销售量 = 30 000/(300 − 100) = 150(件)

保本销售额 = 150 × 300 = 45 000(元)

依据基本等式法,只要知道单价 p,固定成本 a 和单位变动成本 b,便可求得保本点。

(二)贡献毛益法

贡献毛益法是指利用贡献毛益与业务量、利润之间的关系计算保本量和保本额的一种方法。当企业处于保本点时,贡献毛益总额和固定成本总额是相等的,即有

保本销售量 × 单位贡献毛益 = 固定成本总额

所以

保本销售量 = 固定成本总额/单位贡献毛益

$$\text{保本销售额} = \text{保本销售量} \times \text{销售单价}$$

因为

$$\text{贡献毛益率} = \text{单位贡献毛益}/\text{销售单价} \times 100\%$$

所以

$$\text{保本销售额} = \text{固定成本总额}/\text{贡献毛益率}$$

【例 3.5】 已知某企业所生产的 A 产品,单价为 100 元/件,单位变动成本为 50 元/件,全年固定成本为 300 000 元,当年生产量为 120 000 件。

要求:按贡献毛益法计算保本点。

解

单位贡献毛益 = 100 − 50 = 50(元)

贡献毛益率 = 50/100 × 100% = 50%

保本量 = 300 000/50 = 6000(件)

保本额 = 300 000/50% = 600 000(元)

(三)保本图法

保本图法的基本原理是当总收入等于总成本时,企业恰好保本,在平面直角坐标系内画出销售收入线和销售总成本线,若两条线相交,其交点就是保本点。

【例 3.6】 沿用例 3.5 的资料。

根据题意,总成本线的方程为

$$\text{总成本} = 300\,000 + 50x$$

总收入线的方程为

$$\text{销售收入} = 100x$$

图 3.4 中总收入线和总成本线的交点 A 就是生产该产品的保本点。保本点 A 的坐标为 (6 000,600 000),表示只有当 A 产品的销售达到 6 000 件或销售收入达到 600 000 元时,企业才能处于保本状态。而在保本点 A 的左方,总成本线位于总收入线上方,表明销售量低于保本销售量,企业的销售收入不能补偿其总成本;也即出现了亏损,而且越往左,亏损区的面积越大,表明亏损额越高。在保本点 A 的右方,总收入线在总成本线上方,表明销售量高于保本销售量,企业的销售收入补偿了全部成本后还有余额,即为企业带来了利润,而且越往右,盈利区的面积越大,表明盈利额越高。

由于上述保本图的绘制基础是本量利分析的基本公式,所以它也称为本量利式保本图。此外,还有另外一种保本图,由于这种保本图的绘制引入了贡献毛益的概念,因而也称为贡献毛益式保本图,如图 3.2 所示。

图 3.2 中增加了一条变动成本线,它通过原点与总成本线有着相同的斜率(均为单位变动成本),它们之间的距离为固定成本总额,而变动成本线与 x 轴的距离为变动成本总额,与总收入线之间的距离为贡献毛益总额,所以该保本图可以清楚地表明:企业的贡献毛益总额必须首先补偿固定成本,若有余额,才能形成企业的利润。

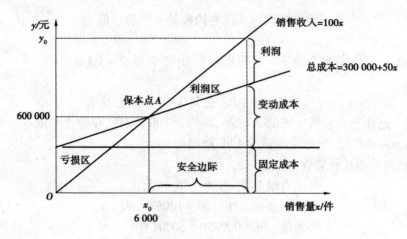

图 3.4　A 产品保本图

三、多种产品盈亏平衡点的测算方法

以上我们讨论的盈亏平衡点的计算和本量利分析法，都是假定在生产单一产品条件下进行的。但是在实际经济生活中，大多数企业都不止生产一种产品。由于每种产品的贡献毛益不同，因此，企业的保本量不能直接相加，而只能以销售收入金额表示保本点。这就需要进一步研究多品种条件下的本量利分析方法。现举例说明其中两种常用的计算方法。

（一）加权平均法

加权平均法是指在确定整个企业的综合贡献毛益率时，要在计算各种产品贡献毛益率的基础上，以各种产品的销售比重为权数进行加权平均。加权平均法是计算多品种产品盈亏平衡点最常用的方法

$$保本额 = \frac{固定成本}{贡献毛益率}$$

由于企业销售的各种产品的盈利能力不同，即其贡献毛益率有所差异，则公式中的贡献毛益率应为各种产品的加权平均数，即在各种产品的贡献毛益率基础上，以各种产品的销售额比重为权数进行加权平均。因此，多品种条件下，保本额和保利额的计算模型为

$$综合保本额 = \frac{固定成本}{加权平均贡献毛益率}$$

有关的计算步骤如下：

(1) 全部产品的总销售额 = $\sum$（各种产品的销售单价 × 该种产品的销售量）

(2) 各种产品占总销售额的比重 = 各种产品的销售收入 ÷ 全部产品的总销售收入

(3) 某种产品贡献边际率 = 该产品的贡献边际 / 该产品销售收入

(4) 综合贡献毛益率 = $\sum$（各种产品的贡献毛益率 × 该种产品占总销售额的比重）

(5) 综合保本销售额 = 固定成本总额 ÷ 综合贡献毛益率
(6) 某种产品的保本销售额 = 综合保本销售额 × 该产品占总销售额的比重

【例 3.7】 假设某服装厂生产产品情况如下,全厂固定成本为 300 000 元。

表 3.2 服装厂生产情况

产品	销售量	单价/元	单位变动成本/元	销售收入/元
裤子	100 000 条	10	8.5	1 000 000
外套	25 000 件	20	16	500 000
鞋子	10 000 双	50	25	500 000

解 (1) 全厂销售总额 = 1 000 000 + 500 000 + 500 000 = 2 000 000(元)
(2) 裤子销售比重 = 1 000 000 ÷ 2 000 000 × 100% = 50%
   外套销售比重 = 500 000 ÷ 2 000 000 × 100% = 25%
   鞋子销售比重 = 500 000 ÷ 2 000 000 × 100% = 25%
(3) 裤子贡献毛益率 = (10 − 8.5) ÷ 10 × 100% = 15%
   外套贡献毛益率 = (20 − 16) ÷ 20 × 100% = 20%
   鞋子贡献毛益率 = (50 − 25) ÷ 50 × 100% = 50%
(4) 综合贡献毛益率 = 15% × 50% + 20% × 25% + 50% × 25% = 25%
(5) 综合保本额 = 300 000 ÷ 25% = 1 200 000(元)
(6) 裤子保本额 = 1 200 000 × 50% = 600 000(元)
   外套保本额 = 1 200 000 × 25% = 300 000(元)
   鞋子保本额 = 1 200 000 × 25% = 300 000(元)

在对多种产品进行保本分析时,必须注意:以金额单位表示的多种产品保本点,并不能取代实际工作中有关产品的具体生产安排。也就是说,为了安排正常的产品生产活动,还应将按上述方法计算所得的保本销售额分别换算成各有关产品的保本销售量。只有这样,企业管理者才能按照以销定产的原则,具体安排和组织日常产品生产和销售。

根据上述计算结果,得

裤子保本量 = 600 000 ÷ 10 = 60 000(条)
外套保本量 = 300 000 ÷ 20 = 15 000(件)
鞋子保本量 = 300 000 ÷ 50 = 6 000(双)

(二) 联合单位法

联合单位法是指在事先掌握多品种之间客观存在的相对稳定产销实物量比例的基础上,确定每一联合单位的单价和单位变动成本,进行多品种条件下本量利分析的一种方法。

如果企业生产的多个品种之间的实物产出量之间存在着较稳定的数量关系,且预计销售量都能实现,那么就可以用联合单位代表按实际实物量比例构成的一组产品。如企业生产甲、乙、丙三种产品的销量比为 1∶2∶5,则一个联合单位就相当于一个甲产品、两个乙产品和五个丙产品的联合,进而确定每一联合单位的联合单价和联合单位变动成本,最后根据单一品种的本量利分析法计算联合保本量和联合保利量。计算公式为

$$\begin{cases} 联合单价 = \sum(各产品销量比 \times 该产品单价) \\ 联合单位变动成本 = \sum(各产品销量比 \times 该产品单位变动成本) \\ 联合保本量 = \dfrac{固定成本}{联合单价 - 联合单位变动成本} \\ 联合保利量 = \dfrac{固定成本 + 目标利润}{联合单价 - 联合单位变动成本} \\ 各产品的保本(利)量 = 该产品的销量比 \times 联合保本(利)量 \\ 各产品的保本(利)额 = 各产品的保本(利)量 \times 单价 \end{cases}$$

前面分析了单一品种条件下相关因素变动对保本点的影响,其道理同样适用于分析多品种条件下相关因素变动对保本点的影响,这里不再重复。此外,在多品种条件下,保本点和实现目标利润还受品种结构的影响。因为企业在产销多种产品时,一般来说各种产品的获利能力不会完全相同,有时差异还比较大,因此品种结构的变动必然对整个企业的保本点产生一定的影响。

四、与盈亏平衡点有关的指标计算

一般地,与保本点有关的指标有保本作业率、安全边际、危险边际和销售利润率。这些指标的含义及计算方法如下:

(一)保本作业率

保本点的销售量(额)除以企业正常开工完成的销售量(额),称为保本作业率。其计算公式如下:

$$保本作业率 = \dfrac{保本销售量(额)}{正常开工的销售量(额)} \times 100\%$$

该指标表示企业要达到不盈不亏的状态时,其生产的开工率必须达到的百分比。这个指标越低,表明企业盈利能力越高;反之,表明企业的盈利能力越低。

【例 3.8】 某企业保本销售额为 15 000 元,企业正常开工完成的销售量为 600 件,销售收入为 25 000 元,则有

$$保本作业率 = \dfrac{15\ 000}{25\ 000} \times 100\% = 60\%$$

这说明,该企业要获得利润,作业率必须提高 60% 以上,否则,就会发生亏损。这个指标对安排生产有重要的指导意义。

（二）安全边际

安全边际是指企业预算（或实际）销售量超过盈亏平衡点的差额。它标志着从现有销售量或预计可达到的销售量跌落到保本点，还有多大的差距。这个差距说明现有或预计可达到的销售量再降低多少企业才会发生损失。差距越大，说明企业发生亏损的可能性就越小，企业的经营就越安全。安全边际是衡量企业生产经营安全程度的一项重要指标。

安全边际可以用绝对数表示，也可以用相对数表示。用绝对数表示，其绝对数既可用销售量来表示，也可用销售额来表示，其计算公式为

$$安全边际 = 现有（或预计可达到）的销售量（额） - 保本点的销售量（额）$$

安全边际可以反映企业经营的安全程度。根据前面分析可知，只有当企业的销售量超过盈亏平衡点时，超出部分所提供的边际贡献才能形成企业的营业利润，而超出部分就是安全边际。因此，企业的销售量超过盈亏平衡点越多，安全边际越大，说明企业发生亏损的可能性越小，企业的经营也就越安全。反之，企业经营的安全性就越差。

衡量企业经营安全程度的相对数指标称为安全边际率，它是用安全边际除以现有或预计达到的销售水平所得的比率。其计算公式为

$$安全边际率 = \frac{安全边际量}{现有（或预计）可达到的销售量} \times 100\%$$

或

$$安全边际率 = \frac{安全边际额}{现有（或预计）可达到的销售额} \times 100\%$$

安全边际率代表了企业在亏损发生之前，销售量可以下降的最大幅度。安全边际率越高，企业发生亏损的可能性越小，企业经营的安全程度就越高。

【例3.9】 沿用例3.8，安全边际与安全边际率可计算如下：

$$安全边际额 = 25\,000 - 15\,000 = 10\,000（元）$$

$$安全边际率 = \frac{10\,000}{25\,000} = 40\%$$

上述计算结果说明，在现有销售收入25 000元中，有60%（25 000×60% = 15 000（元））达到保本；还有40%（25 000×40% = 10 000（元））补偿变动成本后才可提供利润。

可以看出，安全边际率越大，企业的经营就越安全。一般来说，可以用表3.3所示的经验数据大致衡量企业经营的安全程度。

表3.3 企业经营安全性检验标准

安全边际率	10%以下	10%~20%	20%~30%	30%~40%	40%以上
安全程度	危险	值得注意	较安全	安全	非常安全

五、保利分析

当企业销售量超出保本点时,可以实现利润。企业的目标当然不是利润为零,而是尽可能多地超越保本点而实现利润。只有考虑到存在利润的条件下才能充分揭示成本、业务量和利润之间的关系。对实现目标利润进行分析又称之为保利分析。保利分析是保本分析的延伸和拓展。

所谓保利点是指在单价和成本水平确定情况下,为确保预先确定的目标利润能够实现,而应达到的销售量和销售额的统称。具体包括保利量和保利额两项指标。在进行保利分析时,首先要确定企业计划期应达到的目标利润,然后再根据保利分析的基本方法测算实现目标利润的业务量。

(一)目标利润的确定

传统的利润预测就是根据实现预计的销售量、价格和成本水平来测算企业预期实现的利润额。利润在这里是因变量,它只能随着销售量、价格和成本的变动而变动。现代利润预测则是以目标利润预测为中心。所谓目标利润是指企业在未来计划期间内,经过努力应该达到的最优化利润目标。它是由企业管理部门根据本单位在计划期间的实际生产能力、生产技术条件、材料供应状况、运输条件以及市场环境等因素确定的最优化的战略目标,是未来企业可能实现的最佳利润水平。目标利润必须经过反复测算、验证、调整后才能最终确定。目标利润不应该是现有销售量、价格和成本的消极后果,相反,它应当对销售量、价格和成本等因素的未来发展起着某些约束作用。

目标利润的预测一般是在调查研究的基础上,通过了解企业历史上利润率最高水平以及当前同行业或社会平均利润率水平,从中选择先进合理的利润率作为预测基础。通常用于预测目标利润的利润率主要是投资报酬率。在实际应用中,投资报酬率标准不宜定得过高或过低。

(二)保利点的计算

保利点的计算公式如下:

$$目标利润 = (单价 - 单位变动成本) \times 销售量 - 固定成本$$

$$保利量 = \frac{固定成本 + 目标利润}{单价 - 单位变动成本}$$

$$保利量 = \frac{固定成本 + 目标利润}{单位贡献边际}$$

$$保利额 = \frac{固定成本 + 目标利润}{贡献边际率} = 保利量 \times 单价$$

【例3.10】 某企业生产A产品单价 p 为10元,单位变动成本 b 为6元,固定成本 a 为40 000元,该年生产能力为12 500件。假设该年的目标利润为12 000元,要求:计算该年的保利点。

解　　　$$\text{保利量} = \frac{40\,000 + 12\,000}{10 - 6} = 13\,000(\text{件})$$

$$\text{贡献毛益率} = \frac{10 - 6}{10} \times 100\% = 40\%$$

$$\text{保利额} = \frac{40\,000 + 12\,000}{40\%} = 130\,000(\text{元})$$

(三) 实现目标利润业务量的计算

本量利分析法是根据有关产品的产销量、销售价格、变动成本和固定成本等因素同利润之间的相互关系,测算企业目标利润的一种方法。

【例 3.11】　假设企业 A 产品单位售价为 4 650 元,单位变动成本为 3 348 元,固定成本总额为 1 674 000 元。预计产销量为 2 000 吨。该企业下一期间的目标利润可按下式测算:

$$\text{目标利润额} = \text{目标销售量} \times \text{单位贡献毛益} - \text{固定成本总额}$$

或

$$\text{目标利润额} = (\text{目标销售收入} \times \text{贡献毛益率}) - \text{固定成本总额}$$

现以预计的 2 000 吨销售量代入上式得

$$\text{目标利润额} = 2\,000 \times (4\,650 - 3\,348) - 1\,674\,000 = 930\,000(\text{元})$$

或由于

$$\text{贡献毛益率} = \frac{4\,650 - 3\,348}{4\,650} \times 100\% = 28\%$$

目标利润额 $= (2\,000 \times 4\,650) \times 28\% - 1\,674\,000 = 2\,604\,000 - 1\,674\,000 = 930\,000(\text{元})$

目标利润额也可以按下式计算:

$$\text{目标利润额} = (\text{目标销售量} - \text{保本点销售量}) \times \text{单位贡献毛益} =$$

$$\left(2\,000 - \frac{1\,674\,000}{4\,650 - 3\,348}\right) \times (4\,650 - 3\,348) =$$

$$(2\,000 - 1\,285.71) \times 1\,302 \approx$$

$$930\,000(\text{元})$$

(四) 实现目标净利润业务量的计算

利用本量利分析可以预测计划期需要销售多少数量(金额)的产品,才能保证目标利润的实现。由于目标利润与固定成本总额一样,都要由贡献毛益补偿,因此,预测目标销售量(销售额),只需将预测盈亏临界点的数学模型略加改变即可。具体可按下式计算:

$$\text{目标销售量} = \frac{\text{固定成本总额} + \text{目标利润}}{\text{单位贡献毛益}}$$

$$\text{目标销售额} = \frac{\text{固定成本总额} + \text{目标利润}}{\text{贡献毛益率}}$$

应注意:上式中目标利润在西方企业中一般是指税前利润,如果是以税后净利表示,此时,

所需目标销售额(量)的计算公式应改变为
$$税后净利 = 税前利润 \times (1 - 所得税率)$$
或
$$税前利润 = \frac{税后净利}{1 - 税率}$$

$$目标销售量 = \frac{固定成本总额 + \dfrac{税后净利}{1 - 税率}}{单位贡献毛益}$$

$$目标销售额 = \frac{固定成本总额 + \dfrac{税后净利}{1 - 税率}}{贡献毛益率}$$

【例 3.12】 假设沿用前例的资料,计划期目标利润为税后净利 1 000 000 元,所得税率为 50%。要求计算该厂计划期 A 产品的销售收入或销售数量要达到多少,才能保证目标利润的实现。

解 具体计算如下:

$$目标销售量 = \frac{1\,674\,000 + \dfrac{1\,000\,000}{1 - 50\%}}{1\,302} \approx 2\,821.8(吨)$$

$$目标销售额 = \frac{1\,674\,000 + \dfrac{1\,000\,000}{1 - 50\%}}{28\%} = 13\,121\,428.57(元)$$

此外,在我国,目前还可根据预定的利润率来确定目标利润。如产品销售利润与销售利润率的关系可用下式表示:
$$目标利润 = 预计销售收入总额 \times 销售利润率$$
再如,根据经营杠杆率来进行利润预测,其计算公式如下:
$$计划期利润 = 基期利润 \times (1 + 利润变动率) = 基期利润 \times (1 + 销售变动率 \times 经营杠杆率)$$

【例 3.13】 假定某公司基期贡献毛益总额为 40 000 元,基期利润为 20 000 元,计划期销售量将增加 25%,要求预测计划期利润为多少?

解 根据上述资料,有下列计算步骤:

(1) 计算经营杠杆率为
$$经营杠杆率 = \frac{基期贡献毛益总额}{基期利润} = \frac{40\,000}{20\,000} = 2(倍)$$

(2) 计算预测计划期利润为
$$计划期利润 = 基期利润 \times (1 + 销售变动率 \times 经营杠杆率) =$$
$$20\,000 \times (1 + 25\% \times 2) = 20\,000 \times (1 + 50\%) = 30\,000(元)$$

以上的分析都是假定在其他因素不变时,为实现目标利润而采取的单项措施。但在实际预测时,可能由于种种原因使得实施任何单项措施均无法实现目标利润,这时,就必须考虑采取综合措施。

第三节 本量利相关因素变动分析

很多行业由于竞争导致企业提高销售的前景并不乐观,在这种情况下,只有采取措施降低盈亏平衡点才能确保利润的实现。由此就需要了解相关因素变动对盈亏平衡点和利润的影响,从而帮助企业的决策者寻找降低盈亏平衡点、提高企业利润的途径和措施。

从保本点的测算模型中可以看到,产品销售价格、固定成本、变动成本以及品种结构等因素的变动都将对保本点产生影响。因此若能事先了解有关因素对保本点的影响,就能及时采取措施降低保本点,以避免亏损或减少亏损。

一、相关因素变动对盈亏平衡点和利润的影响分析

本量利分析是在一定的假定条件下展开的,如劳动生产率不变,各生产要素价格不变,产品品种结构不变,产品销售单价、单位变动成本、固定成本总额不变等。但在实际生产经营过程中,由于环境的不断变化,各因素不可能固定不变,价格的波动、成本水平的升降等都会对盈亏平衡点和利润产生影响。因此,分析这些因素对盈亏平衡点影响的程度,有利于应对环境变化,及时采取措施保持或降低盈亏平衡点,以减少亏损或扩大利润。

为便于说明,下面通过简例来分别说明有关因素变动对保本点的影响。

【例3.14】 设某产品单位售价为18元,单位变动成本为12元,全部固定成本为120 000元。即:计划期内预计销售量为25000件。据此,计算该产品的相关指标:据此,计算该产品的保本销售量为

$$保本销售量 = \frac{120\ 000}{18 - 12} = 20\ 000(件)$$

$$利润 = (18 - 12) \times 25\ 000 - 120\ 000 = 30\ 000(元)$$

(一)销售价格变动对盈亏平衡点和利润的影响

单位产品销售价格(下简称单价)的变动是影响保本点的一个重要因素。市场经济条件下,产品价格受市场供求关系的影响经常发生变化。在成本水平一定的情况下,当单位产品提高时,销售同样数量的产品的销售收入会随之上升,从而补偿全部成本所需要的销售量会减少,盈亏平衡点下降;相反,当单位产品成本所需要的销售量会增加,盈亏平衡点上升。在保本图上,基于一定的成本水平,单价越高,表现为"销售总收入线"的斜率越大,保本点就越低,这样,同样的销售量实现的利润就越多,或亏损越少。

根据本量利分析模型"利润 = 单位产品售价 × 业务量 - 变动成本 - 固定成本"可知,在成本和业务量水平一定的条件下,单位产品售价的变动,会引起销售收入的变化,从而对利润额

产生影响。利润和单位产品售价成正比例变动,当单位产品售价提高(可降低)时,利润也相应地增加(或减少)。

设上例中产品的单价由原来的18元提高到20元,则保本销售量由20 000件变成15 000件,即

$$保本销售量 = \frac{120\ 000}{20 - 12} = 15\ 000(件)$$

$$利润 = (20 - 12) \times 25\ 000 - 120\ 000 = 80\ 000(元)$$

(二)变动成本的变动对盈亏平衡点和利润的影响

由于企业劳动生产率的提高,采用新的生产工艺、生产技术以及生产要素市场价格的变动等,会使产品单位变动成本下降或上升,从而也会对盈亏平衡点和利润产生影响。

在其他因素不变的情况下,当单位变动成本降低时,单位边际贡献会增加,从而补偿固定成本所需要的销售量会减少,盈亏平衡点下降;相反,当单位变动成本上升时,单位边际贡献会减少,从而补偿固定成本所需要的销售量会增加,盈亏平衡点上升。

根据本量利分析模型"利润 = 单位产品售价 × 业务量 − 变动成本 − 固定成本"可知,在价格和业务量水平一定的条件下,单位变动成本的变动,会引起变动成本总额和总成本水平的变化,从而对利润额产生影响。利润和单位变动成本成反比例变动,当单位变动成本提高(可降低)时,利润相应地减少(或增加)。

【例3.15】 如其他因素不变,但单位变动成本由原来的12元提高到13元,则保本点的销售量由原来的20 000件变为24 000件,即

$$保本销售量 = \frac{120\ 000}{18 - 13} = 24\ 000(件)$$

$$利润 = (18 - 13) \times 25\ 000 - 120\ 000 = 5\ 000(元)$$

(三)固定成本变动对盈亏平衡点和利润的影响

固定成本在相关范围内是固定不变的,但企业决策的变化也会引起固定成本的变动,从而导致盈亏平衡点和利润发生变化。

单位产品售价和单位变动成本不变的情况下,销售产品的单位边际贡献是一定的,当固定成本升高或降低时,补偿固定成本所需的销售量就会相应变动,从而盈亏平衡点会上升或下降。由公式"保本量 = 固定成本 ÷ (单位产品售价 − 单位变动成本)"可知,盈亏平衡点随固定成本的变动成正比例变动,也就是说,固定成本降低(或升高)时,盈亏平衡点销售量(额)会相应下降(或上升)。

根据本量利分析模型"利润 = 单位产品售价 × 业务量 − 变动成本 − 固定成本"可知,在价格和业务量水平一定的条件下,固定成本的变动,会引起总成本水平的变化,从而对利润额产生影响。利润和固定成本成反比例变动,当固定成本提高(可降低)时,利润相应地减少(或增加)。

【例 3.16】 如其他因素不变,只固定成本由原来的 120 000 元增加到 150 000 元,则保本销售量由原来的 20 000 件变成 25 000 件,即:

$$保本销售量 = \frac{150\ 000}{18 - 12} = 25\ 000(件)$$

$$利润 = (18 - 12) \times 25\ 000 - 150\ 000 = 0(元)$$

(四)销售量变动对盈亏平衡点和利润的影响

市场供求关系的变化以及企业促销手段的变化等都可能导致产品销售量发生变动。由于盈亏平衡点的高低是由单位产品售价、单位变动成本和固定成本三个因素决定的,所以销售量的变动对盈亏平衡点销售量和销售额没有影响。

根据本量利分析模型"利润 = 单位产品售价×业务量 - 变动成本 - 固定成本"可知,每增加一个单位的边际贡献,利润也会相应增加。因此,利润与销售量呈同方向变动,当销售量增加(或减少)时,利润也会相应增加(或减少)。

【例 3.17】 如其他因素不变,只销售量由原来的 25 000 件增加到 30 000 元,则

$$利润 = (18 - 12) \times 30\ 000 - 120\ 000 = 60\ 000(元)$$

(五)税率变动的影响

以上所述的各有关因素变动对实现目标利润的影响,一般是指税前利润。其实从税后利润来进行目标利润的规划和分析,更符合企业生产经营的需要。所以,还要进一步分析税率变动对实现目标利润的影响。

上面所述的目标利润是指税前利润。如改为税后利润,其计算公式如前所述,在例 3.14 中,税前的目标利润为 30 000 元,所得税率为 40%,现所得税率提高到 50%,计算税率变化对实现目标利润需达到的销售量的影响。

计算税率为 40% 时的税后利润:

$$30\ 000 \times (1 - 40\%) = 18\ 000(元)$$

$$实现目标利润的销售量 = \frac{120\ 000 + \left(\dfrac{18\ 000}{1 - 40\%}\right)}{18 - 12} = \frac{120\ 000 + 30\ 000}{6} = 25\ 000(件)$$

现如所得税率由原来的 40% 提高到 50%,则为实现目标利润需要达到的销售量为

$$实现目标利润的销售量 = \frac{120\ 000 + \left(\dfrac{18\ 000}{1 - 50\%}\right)}{18 - 12} = \frac{120\ 000 + 36\ 000}{6} = 26\ 000(件)$$

(六)多因素同时变动的影响

以上所述的是为了保证实现目标利润,分项逐一计算各有关因素所应采取的相应措施。但在现实生活中,各有关因素往往不是孤立存在的,而是相互制约、互为影响的,上述各因素单独变动的情况并不常见,更多时候是多个因素同时变动。因此,为如实反映客观实际情况,往

往需要综合计算各有关因素同时变动的影响。

如本例中,提高单位售价,由原来18元提高到20元,同时增加广告费支出6 000元,又千方百计降低单位产品变动成本,即由原来的12元降低为10元。现综合计算各因素同时变动的影响。

$$保本销售量 = \frac{120\ 000 + 6\ 000}{20 - 10} = \frac{126\ 000}{10} = 12\ 600(件)$$

$$目标销售量 = \frac{120\ 000 + 6\ 000 + 30\ 000}{20 - 10} = \frac{156\ 000}{10} = 15\ 600(件)$$

以上计算表明,当单位售价提高,固定成本同时增加,单位产品变动成本降低时,保本销售量降低为12 600件,为实现目标利润的销售量也减少为15 600件。

二、品种结构变动对盈亏平衡点和利润的影响分析

企业在生产和销售多品种产品的情况下,由于不同产品的盈利能力各不相同,则不同产品的边际贡献率也各不相同,当企业销售的产品品种结构(即销售组合)发生变动时,将会导致加权平均边际贡献率发生变化,从而影响综合盈亏平衡点销售额。具体来说,当边际贡献率较低的产品的销售比例上升时,加权平均边际贡献率会下降,从而导致综合盈亏平衡点销售额上升,在同样的销售收入总额情况下,企业的利润就会下降;反之,当边际贡献率较高的产品的销售比例提高时,加权平均边际贡献率会上升,从而导致综合盈亏平衡点销售额下降,在同样的销售收入总额情况下,企业的利润就会上升。当企业同时产销多种产品时,由于不同产品的盈利能力各不相同,因此品种结构的变动必然要对整个企业的保本点发生一定的影响,以下举例说明。

由于"边际贡献 = 销售收入 × 边际贡献率",在企业产销多种产品的情况下,当边际贡献率高的产品比重提高时,综合边际贡献率会随之提高,同样的销售额产生的边际贡献会增加,利润也会相应上升;相反,当边际贡献率低的产品销售比重提高时,综合边际贡献率会降低,同样的销售额产生的边际贡献会减少,利润也会相应下降。

【例3.18】 设某企业固定成本共313 500元,同时生产A、B、C三种产品。每种产品的产量分别为45 000件、45 000件和30 000件(假定产销一致),单位产品的有关资料见表3.4。

各产品的销售收入在销售总收入中所占的比重,可通过表3.5进行计算。

根据这个品种结构,其加权平均的贡献毛益率可通过表3.6进行计算。

表 3.4　单位产品资料

项目＼产品	A	B	C
单价/元	10	5	2.5
单位变动成本/元	7.5	3	1
单位贡献毛益/元	2.5	2	1.5
贡献毛益率/%	25	40	60

表 3.5　各产品销售比重计算表

项目＼产品	销售量/件	销售额/元	占销售总额的比例/%
A	45 000	450 000	60
B	45 000	225 000	30
C	30 000	75 000	10
合计		750 000	100

表 3.6　贡献毛益率计算表

项目＼产品	销售额/元	贡献毛益额/元	贡献毛益率/%
A	450 000	112 500	25
B	225 000	90 000	40
C	75 000	45 000	60
合计	750 000	247 500	33

据此可得出全部产品保本点的销售额为

$$全部产品保本销售额 = \frac{313\,500}{33\%} = 950\,000(元)$$

改变品种结构将会改变企业加权平均的贡献毛益率,从而使企业的保本点发生相应的变动。假如品种结构由原来的 60∶30∶10 改变为 40∶40∶20,则加权平均的贡献毛益率可通过表 3.7 进行计算。

表 3.7 贡献毛益率计算表

项目 产品	销售额/元	贡献毛益额/元	贡献毛益率/%
A	300 000	75 000	25
B	300 000	120 000	40
C	150 000	90 000	60
合计	750 000	285 000	38

此时,有

$$全部产品保本销售额 = \frac{313\ 500}{38\%} = 825\ 000(元)$$

这是因为,品种结构的变动是由贡献毛益率较高的 B、C 两种产品所占的比例有所提高,而贡献毛益率较低的 A 产品所占的比例有所下降所致,因而使加权平均的贡献毛益率有所提高,也使保本点相应下降,盈利增加。

由此可见,当所售产品的品种结构发生变化时,企业即使达到与品种结构变化前相同的销售收入,也会得到不同的利润。因此,在其他因素不变的前提下,企业应该采取措施,力争提高边际贡献率水平较高的产品的销售比例,降低边际贡献率水平较低的产品的销售比例,从而提高企业的加权平均边际贡献率,进而达到降低整个企业综合盈亏平衡点销售额、提高销售利润的目的。

三、利润敏感性分析

从前面保本分析和保利分析中可以看出,销售量、单价、单位变动成本、固定成本各因素的变动都会对企业的保本点和利润产生影响,但影响的方向和程度不同。因此必须根据本企业的生产能力及市场预测的情况,进行利润的敏感分析。即分析各有关因素的变动对企业目标利润的影响程度。利润的敏感性分析就是要研究两个问题:一是各个因素对利润的影响方向,二是各个因素发生多大变化时会使企业从盈利变为亏损。

销售量、单价、变动成本和固定成本等因素的变动,都会引起利润的变动,但它们的敏感程度是不同的。有些因素只要有较小的变动就会引起利润的较大变化,这些因素称为强敏感性因素;有些因素虽有较大变化,但对利润的影响却不大,这些因素称为弱敏感性因素。

衡量敏感程度的指标称敏感系数,其计算公式为

$$敏感系数 = \frac{目标值变动百分比}{因素值变动百分比}$$

计算结果,若敏感系数为正数,表明目标值(利润)与因素值(销量、单价、变动成本、固定

成本等)同向变动;若敏感系数为负数,表明目标值与因素值反向变动。敏感系数的绝对值越大,目标值对因素值越敏感,反之亦然。

各因素的敏感系数可以通过以下公式计算而得

$$销售量的敏感系数 = \frac{(USP - UVC) \cdot V}{P}$$

$$单价的敏感系数 = \frac{USP \cdot V}{P}$$

$$单位变动成本的敏感系数 = -\frac{UVC \cdot V}{P}$$

$$固定成本的敏感系数 = -\frac{TFC}{P}$$

临界值是指在不使目标值发生质的变化情况下,允许有关参数值变动达到的"最大"或"最小"值,所以这种分析方法也叫最大最小法。对于本量利分析而言,临界值是指在利润(目标值)出现由盈利转为亏损的转折时,相关变量,如销售量、单价、单位变动成本和固定成本等所处的最大值或最小值。或者说使作为目标的利润为零时,各有关因素所达到的数值水平。

由实现目标利润的计算模型可以推导出当 P 为零时求取的最大、最小值的有关公式:

销售量的最小值

$$V_{\min} = \frac{TFC}{USP - UVC}$$

单价的最小值

$$USP_{\min} = \frac{TFC}{V} + UVC$$

单位变动成本的最大值

$$UVC_{\max} = USP - \frac{TFC}{V}$$

固定成本的最大值

$$TFC_{\max} = (USP - UVC) \cdot V$$

【例 3.19】 福华公司只生产和销售甲产品,每件甲产品的售价为 100 元、单位变动成本为 70 元,固定成本总额为 60 000 元,今年计划销售量为 5 000 件,则

$$P_T = (100 - 70) \times 5\,000 - 60\,000 = 90\,000(元)$$

$$V_{\min} = \frac{TFC}{USP - UVC} = \frac{60\,000}{100 - 70} = 2\,000(件)$$

$$USP_{\min} = \frac{TFC}{V} + UVC = \frac{60\,000}{5\,000} + 70 = 82(元)$$

$$UVC_{\max} = USP - \frac{TFC}{V} = 100 - \frac{60\,000}{5\,000} = 88(元)$$

$$TFC_{max} = (USP - UVC) \cdot V = (100 - 70) \times 5\,000 = 150\,000(元)$$

计算结果表明,当销量下降到为 2 000 件,或单价下降到 82 元,或单位变动成本上升到 88 元,或固定成本上升到 150 000 元时,公司利润为零,若销量或单价继续下降,或单位变动成本或固定成本继续上升,公司将出现亏损。

福华公司的目标销售量是 5 000 件,其目标利润为 90 000 元,当利润降至零时,利润的变动百分比为

$$(0 - 90\,000)/90\,000 = -100\%$$

(1)销售量的敏感系数

由前面计算可知,销售量临界值为 2 000 件,也就是说销售量由 5 000 件下降到 2 000 件,利润将由 90 000 元下降至 0,此时销售量下降百分比为

$$(2\,000 - 5\,000)/5\,000 = -60\%$$

$$销售量的敏感系数 = (-100\%)/(-60\%) \approx 1.67$$

上式表示利润变动率是销售量变动率的 1.67 倍,即销售量下降(上升)1%,利润也会同向下降(上升)1.67%。

(2)单价的敏感系数

从例 3.18 可知单价由 100 元降至 82 元时,公司利润从 90 000 元降至零,此时单价的变动百分比为

$$(82 - 100)/100 = -18\%$$

$$单价敏感系数 = (-100\%)/(-18\%) \approx 5.56$$

上式说明利润变动率是单价变动率的 5.56 倍,即单价下降(上升)1%,利润也会同向下降(上升)5.56%。

(3)单位变动成本的敏感系数

从例 3.18 可知单位变动成本由 70 元升至 88 元时,公司利润从 90 000 元降至零,此时单位变动成本的变动百分比为

$$(88 - 70)/70 \times 100\% \approx 25.71\%$$

$$单位变动成本的敏感系数 = (-100\%)/25.71\% \approx -3.89$$

上式意味着利润会以 3.89 倍于单位变动成本变动率的幅度反向变动,即单位变动成本下降(或上升)1%,利润会上升(或下降)3.89%。

(4)固定成本的敏感系数

从例 3.18 可知,固定成本由 60 000 元升至 150 000 元时,公司利润从 90 000 元降至零,此时固定成本的变动百分比为

$$(150\,000 - 60\,000)/60\,000 \times 100\% = 150\%$$

$$固定成本的敏感系数 = (-100\%)/150\% \approx -0.67$$

上式意味着利润会以 0.67 倍于固定成本变动率的幅度反向变动,即固定成本下降(或上

升)1%,利润会上升(或下降)0.67%。

本例中,在影响利润的各因素中,敏感系数绝对值最大的是单价,意味着利润对单价最为敏感,其次依次是单位变动成本、销售量、固定成本。

敏感系数反映了利润对有关因素变动而变动的敏感程度,但无法直接体现变动后的利润值。为弥补这种不足,也为了有关决策人员能更直观地了解有关因素的敏感程度,可以编制有关因素变动的敏感分析表和绘制敏感分析图,见下例。

【例3.20】 鸿福公司只生产和销售某产品,每件产品的售价为100元、单位变动成本为60元,固定成本总额为60万元,今年计划销售量为4万件。则目标利润模型为

$$P = (USP - UVC) \cdot V - TFC = (100 - 60) \times 4 - 60 = 100(万元)$$

如以各个因素10%的变动幅度为间隔、以30%为限,则有关因素变动的敏感分析表见表3.8,敏感分析图如图3.5所示。

表3.8 有关因素变动的敏感分析表　　　　　　　　　　万元

利润项目＼变动率	-30%	-20%	-10%	0	10%	20%	30%
单价	-20	20	60	100	140	180	220
销售量	52	68	84	100	116	132	148
单位变动成本	172	148	124	100	76	52	28
固定成本	118	112	106	100	94	88	82

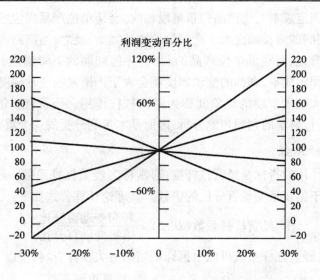

图3.5 有关因素变动的敏感分析图

图 3.4 中,横轴代表因数值(有关因素)变动百分比,纵轴代表目标值(利润)变动百分比及变动后的绝对额。某条线的斜率越大,利润对其越敏感。

第四节 本量利分析的应用

企业的经营管理工作,通常以数量为起点,而以利润为终点。企业的管理人员在对生产和销售进行决策时,非常想知道它对企业利润的影响。但是利润是由销售收入减去销售成本和期间费用取得的。对于收入,很容易根据数量和单价来估计,而成本则不然。不论是总成本还是单位成本,传统的会计分析方法都很难把握,不能简单地用单位成本乘以数量来估计总成本,因为数量变化之后,单位成本也会变化。可以说本量利分析方法较好地揭示了业务量、成本和利润之间的关系,为企业进行短期决策提供了有力依据,因此在实际经营活动中被广泛应用,如是否引进新产品、是否改变生产方式、是否调整营销策略、目标利润规划等。

一、经营杠杆在利润预测中的应用

在实际工作中,由于产品销售量经常会受到市场供求关系的影响而发生较大波动,因而管理人员更关注销售量的变动对利润带来的影响,并将其作为影响利润的一个重要因素来分析。在利润敏感性分析中,分析销售量变动对利润的影响一般要涉及经营杠杆概念。

(一)经营杠杆的含义

根据成本性态分析原理,在相关范围内,产品产销量的增减变动不会改变固定成本总额,但会改变单位产品固定成本。当产品销售量增加时,会使单位产品固定成本降低,从而提高单位产品利润,并使利润的增长幅度大于产销量的增长幅度;反之,当产品产销量下降时,会使单位产品固定成本上升,从而降低单位产品的利润,并使利润的下降幅度大于产销量的下降幅度。企业必然存在固定成本,利润的变动幅度就会大于产销量的变动幅度,这种产销量较小幅度变动引起利润较大幅度变动的现象就称为经营杠杆作用。经营杠杆能反映企业的经营风险,并能帮助企业进行科学的利润预测分析,因而是本量利分析的一个重要概念。

(二)经营杠杆系数

衡量经营杠杆作用的指标是经营杠杆度,通常称为经营杠杆系数。经营杠杆系数是指利润变动百分比相当于销售量变动百分比的倍数。其理论计算公式如下:

$$经营杠杆系数(DOL) = \frac{利润变动百分比}{销售变动百分比}$$

在实际工作中,经营杠杆系数可以根据计划期的有关预算资料,按以下简化公式计算:

$$经营杠杆系数(DOL) = \frac{预算边际贡献}{预算利润总额}$$

（三）经营杠杆与经营风险

经营风险又称商业风险，是指企业未来营业利润的波动程度。导致企业产生经营风险的主要原因是产品市场需求、产品价格、产品成本结构、行业内部竞争程度等因素的不确定性。经营杠杆本身虽然不是企业营业利润不稳定的根源，但经营杠杆对经营风险的影响最为综合。经营杠杆系数越大，营业利润对销售变动也越敏感，变动也越剧烈，企业的经营风险也就越大。因此，经营杠杆系数反映了企业所面临的经营风险程度。一般情况下，对销售量很不稳定的企业，保持较低水平的经营杠杆系数是有利的，这样可以减轻企业所面临的经营风险。影响经营杠杆系数大小的两个重要因素分别为固定成本和销售量。

1. 固定成本对经营杠杆系数的影响

从前述计算经营杠杆系数的简化公式可知，在盈利条件下，只要企业有固定成本存在，公式的分子（边际贡献）一定大于分母（利润＝边际贡献－固定成本），所以经营杠杆系数总是大于1，而且经营杠杆系数将随固定成本的变化呈同方向变动。在其他因素不变的情况下，固定成本越高，经营杠杆系数越大，企业的经营风险也就越大；反之，固定成本越低，经营杠杆系数越小，企业的经营风险也就越小。

【例3.21】 有甲乙两个企业生产同一种产品，甲企业每年的固定成本为350 000元，产品单位变动成本为10元；乙企业每年的固定成本为90 000元，产品单位变动成本为13.25元。两个企业预期销售量均为80 000件，每件产品售价均为15元。

当销售量为80 000件时，两个企业的营业利润计算如下：

$$甲企业的边际贡献 = (15 - 10) \times 80\,000 = 400\,000(元)$$
$$甲企业的营业利润 = 400\,000 - 350\,000 = 50\,000(元)$$
$$乙企业的边际贡献 = (15 - 13.25) \times 80\,000 = 140\,000(元)$$
$$乙企业的营业利润 = 140\,000 - 90\,000 = 50\,000(元)$$

可见，在80 000件销售水平上，两个企业都有营业利润50 000元。两个企业的经营杠杆系数计算如下：

$$甲企业的经营杠杆系数 = 400\,000 \div 50\,000 = 8$$
$$乙企业的经营杠杆系数 = 140\,000 \div 50\,000 = 2.8$$

可见，甲企业的固定成本高，其经营杠杆系数也大；而乙企业的固定成本低，其经营杠杆系数也小。所以，在其他因素不变的情况下，企业应采取措施尽可能地降低固定成本，这样做不仅可以降低经营杠杆系数，从而降低企业的经营风险，而且还可以降低盈亏平衡点，提高企业的营业利润。

2. 销售量对经营杠杆系数的影响

通过对计算经营杠杆系数的简化公式进行分析也可以看出，在其他因素不变的情况下，经营杠杆系数是随着销售量的变动呈反方向变动的，即销售量上升，经营杠杆系数下降，经营风险也随之降低；反之，销售量下降，经营杠杆系数上升，从而使经营风险增大。

根据经营杠杆系数与经营风险之间的关系,可以利用经营杠杆系数帮助企业管理层进行成本结构变动决策。例如,在考虑用新机器设备替换落后的旧设备时,可以提高产品质量,降低单位变动成本,但同时也会使固定成本增加,导致经营杠杆系数增大。

二、本量利分析在经营决策中的应用

本量利分析方法可以用于企业生产经营决策。运用本量利方法进行决策,所评价的各备选方案通常不涉及收入,只涉及成本,因此,可依据成本与业务量之间的关系来进行备选方案的择优,即通过比较不同业务量下各备选方案的总成本,选择总成本最小的方案为最满意方案。在生产经营决策中,应用本量利分析的关键在于确定成本无差别点。所谓成本无差别点又称成本分界点,是指使各备选方案总成本相等的业务量。

计算成本无差别点时,需要考虑每个方案的单位变动成本和固定成本,而且方案之间的单位变动成本和固定成本应处于此种状况:如果一个方案的固定成本大于另一个方案的固定成本,则该方案的单位变动成本应小于另一方案的单位变动成本,否则无法应用此法。

设第一个方案的固定成本为 a_1,单位变动成本为 b_1;第二个方案的固定成本为 a_2,单位变动成本为 b_2,且满足 $a_1 > a_2, b_1 < b_2$,另两个方案的总成本相等:

$$a_1 + b_1 x = a_2 + b_2 x$$

$$成本无差别点业务量 = \frac{两方案固定成本之差}{两方案单位变动成本之差}$$

$$X = \frac{a_1 - a_2}{b_2 - b_1}$$

将预计的业务量与成本无差别点业务量进行比较,就可以作出选择哪种方案的决策。

【例 3.22】 假定某企业因计划明年生产一种加工工艺有特殊要求的产品,打算从外部租入一台专用设备,租期为一年。现在两个出租人可提供同样的设备。出租人王某收取租金的条件是:年固定租金 40 000 元,另外再按承租人该产品销售收入的 2% 收取变动租金;出租人张某收取租金的条件是:年固定租金 10 000 元,另外再按承租人该产品的销售收入的 6% 收取变动租金。问:

(1)如果向两个出租人支付的租金相同,该产品的销售收入应该是多少?

(2)当预计该产品的销售收入为 900 000 元时,应选择哪个出租人?

解 分析过程如下:

(1)由于企业支付的租金与该产品的销售收入有关,在不同的销售收入情况下,企业支付给两个出租人的总租金有所不同。向这两个出租人支付相同租金的销售收入就是两方案的成本无差别点。

设支付给出租人王某的总租金为 y_1,支付给出租人张某的总租金为 y_2,则

$$y_1 = 40\ 000 + 0.02x$$

$$y_2 = 10\,000 + 0.06x$$

成本无差别点销售收入 = $(40\,000 - 10\,000) \div (0.06 - 0.02) = 750\,000$(元)

成本无差别点销售收入可用图 3.6 所示。

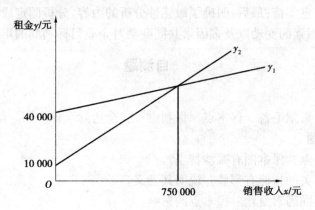

图 3.6 成本无差别点销售收入

由图 3.5 可见,如果该产品的年销售收入等于 750 000 元,向两个出租人支付的租金相同;如果该产品的年销售收入小于 750 000 元,则向出租人张某租入设备所支付的租金较低;如果该产品的年销售收入超过 750 000 元,则向出租人王某租入设备所支付的租金较低。

(2)当预计该产品的销售收入为 900 000 元时,应向出租人王某租入设备。此时,向出租人王某租入设备所支付的租金比向出租人张某租入设备少支付 6000 元,计算如下:

$(10\,000 + 0.06 \times 900\,000) - (40\,000 + 0.02 \times 900\,000) = 6\,000$(元)

本量利分析在管理实践中应用比较广泛,虽然解决的问题和面临的环境可能不同,但将成本、价格和规模相联系的基本思路是不变的,为企业的生产经营决策提供了非常必要的帮助。在经营过程中,企业时常面临对生产方式的改变,以降低成本。最理想的情况当然是同时降低原生产方式的单位变动成本和固定成本,显然会使总成本降低。然而,企业经常会遇到降低两者中的一个,会同时使另一个增加。此时,可以借助本量利分析来解答是否改变生产方式。

企业在经营过程中,会不断地根据市场变化企业的营销策略,企业作出营销策略是否调整以及应如何调整等决策,可借助本量利分析来决定。

本章小结

本章主要阐述了本量利分析的主要内容,介绍了成本、业务量、利润之间的内在关系。首先界定了本量利分析的含义及基本假设,包括成本性态假设、相关范围假设、模型线性假设、产销平衡假设、品种结构稳定假设,贡献毛益的概念和相关指标;其次,阐述了保本分析与保利分析的基本内容,介绍了贡献毛益法下保本点的确定以及保本图的应用等内容,分析了保利分析中目标利润的确定、保利点的计算以及业务量的确定等,以数学模型与图示揭示了固定成本、变动成本、销售量、单价、销售额、利润等变量之间的内在规律性联系,为会计预测、决策和规划提供必要的财务信息支持;最后,明确了敏感性分析的内容,分析固定成本、变动成本、销售量、单价、销售额等单因素的变动以及多因素共同变动对企业目标利润的影响程度。

自测题

一、概念题

本量利分析　贡献毛益　保本点　保利点　安全边际　保本图　综合贡献边际率

二、分析思考题

1. 什么是保本点？保本图有哪些特点？
2. 与保本点有关的指标有哪些？说明其意义。
3. 举例说明不同因素变化对保本点的影响。
4. 什么是本量利分析？其基本公式如何？
5. 如何认识本量利分析的基本假设？
6. 单一品种下有关因素变动对保本点、保利点和营业利润的影响是什么？
7. 什么是安全边际？如何计算安全边际？其作用如何？
8. 什么是保利分析？保利分析有哪些具体内容？

三、计算题

1. 某公司 2009 年的损益表如下(单位:元),

销售收入　　　　　　　　　160 000
减:销售成本　　　　　　　　120 000(其中变动成本占 60%)
销售毛利　　　　　　　　　 40 000
减:销售费用　　　　　　　　 50 000(其中固定成本占 50%)
净利润　　　　　　　　　　 －10 000

经过分析,公司亏损的原因是对产品的广告宣传不够,2010 年如果能增加广告费 4 000 元,可使销量大幅度增加,就能扭亏为盈。要求:

(1)计算该公司 2010 年保本点销售额;

(2)如果该公司 2010 年计划实现利润 14 000 元,则其销售额应为多少?

2. 某公司生产甲产品,售价每件 10 元,月初月末产成品存货成本不变,总成本与销售额之间的函数关系为月总成本 = 200 + 0.125 × 月销售额。要求:

(1)计算贡献毛益率、保本点销售量、销售 100 件产品时的安全边际销售量和营业利润、目标利润为 150 元时的销售额;

(2)如果单位变动成本提高 1 元,售价应定为多少,才能保持原来的贡献毛益率?

3. 某企业 A 产品单位售价为 25 元，单位变动成本为 20 元，固定成本为 450 元。要求：

(1) 计算保本点销售量；

(2) 若要实现目标利润 200 元的销售量是多少？

(3) 若销售净利润为销售额的 20%，计算销售量；

(4) 若每单位产品变动成本增加 2 元，固定成本减少 170 元，计算此时的保本点销售量；

(5) 就上列资料，若销售量为 200 件，计算单价应调整到多少才能实现利润 500 元。假定单位变动成本和固定成本不变。

4. 已知某公司生产 A、B、C、三种产品，其固定成本总额为 19 800 元，三种产品的有关资料见表 3.9。

表 3.9 三种产品的有关资料

品　种	销售单价/元	销售量/件	单位变动成本/元
A	3 000	120	2 800
B	1 000	60	600
C	2 000	110	1 400

要求：

(1) 采用综合贡献毛益率法计算该厂的综合保本销售额及各产品的保本销售量；

(2) 计算该公司的营业利润。

【案例分析 3.1】

华夏电动车有限公司，成立于 2004 年，是一家专业以锂电电动车研发为主，集设计、制造、销售、服务为一体的高科技集团化企业，现有生产能力 75 万辆，公司所得税税率为 25%。电动自行车是适用于个人短途使用的交通工具，具有零排放、低噪声、低能耗、低使用费、安全易骑的优点，符合节能、环保的发展潮流。但 2008 年的金融危机影响了自行车行业，公司的产销量逐月下降，2009 年金融危机仍未平息，但 2009 年下半年经济有止跌企稳的迹象。公司的财务经理李浩已经编制了 2010 年预计利润表见表 3.10。

表 3.10 2010 年华夏电动车有限公司预计利润表　　　　　　　　万元

项　目	金　额
销售额(60 万辆@1 900)	114 000
制造成本	
变动性制造成本(60 万辆@950)	57 000
固定性制造成本	6 000
制造成本合计	63 000

续表 3.10

项　目	金　额
销售毛利	51 000
变动性销售及管理费用(60万辆@150)	9 000
固定性销售及管理费用	12 000
销售及管理费用合计	21 000
税前利润	30 000
减:所得税	7 500
净利润	22 500

财务经理李浩把这份报告呈送给华夏电动车有限公司的总经理张强先生,并又进一步解释到:"我是按照2009年1~10月的平均月产销5万辆以及销售价格1 800元不变来编制预算的。但据我们了解,2010年市场竞争将更加激烈,如果我们不把售价调低,估计2010年的销售量将下降,那么目标利润将无法实现。"总经理张强说:"是啊,受金融危机的影响,电动自行车的出口数量逐月下降,很多电动自行车生产企业将增加在国内市场的供应量,国内电动车市场必然有更激烈的竞争,而且一说竞争,就是降价。"财务经理李浩说:"那我们也应该降价应对,以便使销售量不至于降低,并力争有所增加。"总经理说:"从2009年下半年来看,经济有所好转,估计2010年市场总量将会有所增加。那你让市场部经理黄良诚先生将调价与销量的有关数据提供给我看看。"黄良诚根据公司以及市场情况提供了价格与销量的有关预测数据,见表3.11。

表3.11　售价与销量关系预测表

每辆售价/元	销量/万辆
1 900	58
1 850	62
1 800	70
1 750	75

总经理看了这些数据,还是无法判定该降价多少才能实现目标利润,对财务经理李浩说:"那你根据这些数据,分析一下降价多少最佳,并分析一下保本量是多少。"

要求:你帮财务经理李浩对2010年的情况做如下情况的分析:

1. 若不降价,预算可以实现税后利润为多少?
2. 计算售价下降后保本量和可实现的税后利润为多少?
3. 计算售价下降后销售量应达到多少才能实现目标利润?

【案例分析 3.2】

T 运动器材公司是一家批发供应公司,它在纽约以及安大略各地与独立的销售代理商签订协议,销售其产品。这些代理商目前接受的佣金为销售收入的 20%,但他们正要求将佣金提高到结束于 12 月 31 日的 201×年度销售的 25%。在得知代理商提高佣金的要求之前,总会计师早已编制好 201×年度的预算。预算 201×年度利润表见表 3.12。假定销货成本全是变动成本。

表 3.12　预计利润表

T 运动器材公司　　　　201×年(1 月 1 日~12 月 31 日)

销售收入	$10 000 000
销售成本	$6 000 000
毛利总额	$4 000 000
销售与管理费用:	
佣金	$2 000 000
所有其他费用(固定)	$100 000
税前利润	$1 900 000
所得税(30%)	$570 000
净利润	$1 330 000

T 公司的管理当局正在考虑雇佣专职销售人员的可能性。要求有 3 名人员,每人估计年工资为 30 000 美元,外加销售的 5% 的佣金。另外,将以每年 160 000 美元固定工资的形式雇佣一名销售经理。所有其他固定费用以及变动成本百分比将保持与 201×年度预计利润表中的估计数一致。

要求:

(1)在总会计师所编制的预算利润表的基础上,计算结束于 12 月 31 日的 201×年度 T 公司估计的损益平衡时的销售额。

(2)如果公司雇佣其自己的销售人员,试计算结束于 12 月 31 日的 201×年度 T 公司估计的损益平衡时的销售额。

(3)如果 T 公司继续使用独立的销售代理商,并答应其佣金为销售收入的 25% 的要求,请计算为获得与预算利润表中一样的净利润,所要求的在 12 月 31 日的 201×年度的销售额。

【阅读资料】

黑龙江省某企业生产一种产品,假定产销一致,不考虑期间费用。

第一年资料:产销1 000件,单位售价为100元,单位变动成本为50元,固定成本总额为30 000元,年营业利润为20 000元。按变动成本法编制的利润表见表3.13。

表3.13 利润表　　　　　　　　　　　　　　　　　　　　　　　　　　　元

项　目	金　额
主营业务收入	100 000(100元×1 000件)
变动生产成本	50 000(50元×1 000件)
贡献毛益总额	50 000
固定成本总额	30 000
息税前利润	20 000

$$单位生产成本 = (50\ 000 + 30\ 000)/1\ 000 = 80(元)$$
$$单位息税前利润 = 20\ 000/1\ 000 = 20(元)$$

第二年资料:产销800件,售价不变,销售收入为80 000元;总成本为70 000元,营业利润为10 000元。

根据第二年资料,可计算出:

$$单位生产成本 = 70\ 000/800 = 87.5(元)$$
$$单位息税前利润 = 10\ 000/800 = 12.5(元)$$

上列资料表明:第二年单位生产成本提高7.5元,单位息税前利润下降7.5元,息税前利润总额减少10 000元。

他们对第二年资料进行分析:

首先用传统方法分析该产品成本降低额和降低率:

$$产品成本降低额 = (80 × 800) - 70\ 000 = -6\ 000(元)(超支)$$
$$产品成本降低率 = -6\ 000/(80 × 800) = -9.375\%$$

再分析息税前利润减少10 000元的原因:

由于

$$成本变动的影响 = 单位生产成本降低额 × 本年产销量 =$$
$$-7.5 × 800 = -6\ 000(元)(超支)$$

由于

$$产销量变动的影响 = 基期单位息税前利润 × 产销量变动数 =$$
$$20 × (-200) = -4\ 000(元)(减少)$$

结论:第二年成本比第一年成本超支6 000元,超支率为9.375%。息税前利润减少10 000元,是由于成本超支使息税前利润减少6 000元,产销量减少200件使息税前利润减少

4 000 元,故营业利润总额减少 10 000 元。

下面再用本量利分析原理对第二年的情况进行分析:

首先列出第二年按变动成本法编制的利润表见表 3.14。

表 3.14 利润表　　　　　　　　　　　　　　　　元

项　　目	金　　额
主营业务收入	80 000(100 元 × 800 件)
变动生产成本	40 000(50 元 × 800 件)
贡献毛益总额	40 000
固定成本总额	30 000
息税前利润	10 000

从表 3.14 看,该企业第二年与第一年成本水平并无变化。即单位变动成本未变,固定成本总额亦未变。按传统方法说成本超支 9.375% 是不符合实际情况的。

当管理者所作的决策影响产量时,就必然想了解这些决策对成本和收入有什么影响。他们会发现除产量以外的许多因素都对成本有影响。但在决策过程中,首先必须确定产量与成本、利润的关系。

根据上述资料回答下面问题:

(1)传统成本分析会给企业何处带来什么影响?

(2)采用本量利分析方法的优势如何体现出来?

(3)息税前利润减少受哪些因素的影响,请给出合理解释。

第四章
Chapter 4

短期经营决策

【学习要点及目标】

通过本章的学习，应该熟练掌握差量分析法、成本无差别分析法和贡献毛益分析法在生产经营决策分析中的应用技巧；重点掌握不同生产经营决策方案条件下的增量成本、机会成本和专属成本的内容与计量方法，以此做出生产决策；熟悉经营决策应考虑的成本概念和存货成本的构成；了解经营决策的内容、程序和定价决策的影响因素。掌握成本导向定价法及市场导向定价法在定价决策中的应用和基本经济订货批量模型及其扩展和应用。

【导入案例】

你所属的公司的生产部经理就项目 Y 的成本问题向你咨询意见。项目 Y 是该经理准备竞投的一个海外的一次性的订单。该项目的有关成本如下：

原材料 A	16 000 元
原材料 B	32 000 元
直接人工	24 000 元
监督成本	8 000 元
间接费用	48 000 元
合计	128 000 元

你所知的资料如下：

（1）原材料 A 已存放于仓库，上述数字乃是其成本价格。除上述项目 Y 以外，公司暂时没有其他项目会使用原材料 A。假如需要清理原材料 A，费用将是 7 000 元。原材料 B 将需要从外面购入，成本如上表所示。

（2）直接人工 24 000 元为从另一项目调配到项目 Y 的工人的人工成本。另一项目因为这次调配而需招聘的额外工人的成本为28 000元。

(3) 监督成本是按项目的人工成本的 $\frac{1}{3}$ 计算的,由现有的职员在其既定的工作范围内执行。

(4) 间接费用按直接人工的200%计算。

(5) 公司现正在高于保本点的水平运作。

(6) 公司为此项目需购置的新机器,在项目完成后别无他用。机器的成本价为40 000元,项目完成后可以卖得21 000元。

根据生产部经理的资料,这位海外客户愿意支付的最高价格为120 000元,而公司的竞争对手也愿意接受这个价格。基于上述的成本128 000元还未包括机器的成本及公司的利润,生产部经理可接受的最低价格是160 000元。

1. 项目Y的相关成本有哪些?
2. 在竞投项目Y前应考虑哪些非货币性因素?
3. 假设公司是在低于保本点的水平运作,你将会提出什么建议?请说明理由。
4. 给生产部经理编写一份报告,阐明公司应否竞投此项目,并说明原因及投标价。请注意竞争对手愿意出价120 000元竞投此项目。

第一节　经营决策概述

为了达到预定目标,从两个或两个以上的备选方案中通过比较分析选择一个最优行动方案的过程就是决策。在实际管理工作中,规划与控制企业的经济活动都需要做出决策。因此,采用专门方法对各种备选方案进行调查研究和分析评价,帮助管理当局做出科学、正确的决策,就成为管理会计的核心内容。而做出决策的整个过程被称为"决策分析"。

一、经营决策的基本内容

现代管理科学认为,提高企业局部的生产效率固然重要,但更为重要的是把正确地进行经营与投资决策放在首位。在市场经济环境下,企业管理当局所做经营与投资决策的正确与否,往往关系到一个企业的生存和发展。管理会计所指的决策(Decision-making),即是指根据已有资料,对企业经营中出现的各种相关问题进行研究和分析,从若干个可供选择的方案中,选择并决定采用一个最优方案,以帮助管理人员做出科学、正确的决策。按时间长短,可以将企业决策分为短期(经营)决策与长期(投资)决策。

企业的短期决策(Short-term Decision)是指企业为有效地组织现有的生产经营活动,合理利用经济资源,以期取得最佳的经济效益而进行的决策,它通常只涉及一年以内的有关经济活动,不涉及新的固定资产投资,故被称为"短期经营决策"。与长期投资决策相比,短期经营决策具有以下两方面的特点：

（1）从性质上，短期经营决策的侧重点在于提高企业要素的利用效率，即有效组织企业生产经营活动，合理利用经济资源。因此，企业的短期经营决策通常不涉及资源的重新配置问题，例如新的固定资产投资。

（2）从时间上，短期经营决策只涉及一年或一个经营周期的专门业务，决策项目面临的时间短、不确定性较少，因此不考虑货币的时间价值和风险价值。

短期经营决策涉及范围很广，其基本内容包括生产决策、定价决策及存货决策等，其中每类决策都包含着一系列的具体内容。

生产经营决策分析是指在生产领域中，企业围绕一年内是否生产、生产什么、怎样生产以及生产多少等方面问题而展开的决策分析。主要是新产品开发的品种决策、亏损产品的决策、是否转产的决策、半成品是否深加工的决策、联产品是否深加工的决策、是否接受低价追加订货的决策、零部件自制或外购的决策和生产工艺技术方案的决策等内容。

定价决策分析是指企业为确保其在流通领域的经营目标的实现，在短期（如一年）内，围绕如何确定销售产品价格水平的问题而展开的决策分析。具体包括最优售价的决策、目标价格的决策、调价决策、价格弹性策略和新产品定价策略等内容。

存货是指企业日常生产经营过程中为生产或销售而储备的物资。存货决策可分为存货与否决策、存货数量决策、存货期限决策等几个方面。其中，存货与否决策涉及零库存问题；存货数量决策决定存货的批量，包括采购批量和生产批量；存货期限决策涉及商品保本期和商品保利期问题。

利用管理会计的相关方法可以帮助管理人员进行生产、定价和存货等多方面的决策分析，从而有助于管理当局制定正确的决策。以下各节将针对不同短期决策内容进行阐述。

二、经营决策应考虑的成本概念

短期经营决策分析的最终目标是确定最优方案，择优的标准主要是看经济效益的高低，而影响经济效益高低的决定性因素则是成本指标。因此，有必要把经营决策应考虑的成本概念弄清楚。

按费用的发生是否与所决策的问题相关划分，成本可以分为相关成本与无关成本。相关成本是指与特定决策相关，决策时必须加以考虑的未来成本。如果某项成本只属于某个经营决策方案，即若有这个方案存在，就会发生这项成本，若该方案不存在，就不会发生这项成本，那么，这项成本就是相关成本。无关成本是与特定决策不相关的成本，已经发生或注定要发生的成本就是所谓的无关成本。如果无论是否存在某方案决策，均会发生某项成本，那么就可以断定该项成本是上述方案的无关成本。在短期经营决策中，不能考虑无关成本，否则，可能会导致决策失误。

相关成本包括:机会成本、付现成本、重置成本、边际成本、差量成本、可避免成本、可延缓成本和专属成本。

无关成本包括:沉没成本、联合成本、不可避免成本、不可延缓成本等。

1. 机会成本

机会成本是指在决策中选取某个方案而放弃其他方案所丧失的可能实现的所得,也称择机代价。如某企业从银行账户中提取20万元用于购买股票,这项决策的机会成本即为银行存款的利息收入。在决策分析中应将已放弃的方案可能获得的潜在收益作为已选方案的机会成本进行择优,才能做出全面合理的评价。

2. 付现成本

付现成本是指那些由于某项决策而引起的需要在未来动用现金支付的成本。在企业现金短缺,支付能力不足,筹资又十分困难的情况下,对于那些急需上马的方案进行决策时,必须以付现成本而不是以总成本作为方案取舍的标准。因为在资金紧张的条件下,尽管付现成本较低方案的总成本比较高,但可以用较少的资金及时取得急需的资产,一旦把握住时机,就可以提前取得收益,抵偿多支出的成本,甚至及时开发并占领市场,获得货币时间价值的好处。而总成本低的方案往往付现成本较高,若企业不能及时筹集到足够的现金,就无法使方案上马,导致坐失良机。

3. 重置成本

重置成本也称现实成本,是指按照现在的市场价格购买与目前所持有的某项资产相同或相似的资产所需支付的成本。在短期经营决策的定价决策以及长期投资决策的以新设备替换旧设备的决策中,需要考虑以重置成本作为相关成本。

4. 边际成本

根据经济学一般理论,边际成本是指产品成本对产品产量无限小变化的变动部分。在数学上,它可用成本函数的一阶导数来表现。在现实的经济活动中,边际成本是指在相关范围内产量变动一个单位引起产品成本的变化。

在短期经营决策的定价决策中,边际成本也是经常被考虑的相关成本。例如,在大批量生产的情况下,由于在一定的生产能力范围内,每增加一个单位产品只增加变动成本,边际成本表现为变动成本。所以只要有剩余的生产能力且追加订货的产品的销售价格高于单位边际成本(即单位变动成本),就可增加企业利润或减少亏损。即使此时边际成本高于平均成本,企业也应该接受订单。

5. 差量成本

差量成本有广义和狭义之分。广义的差量成本是指两个备选方案之间预计成本的差异。不同方案经济效益的高低可通过差量成本反映出来,所以在零部件外购或自制决策以及是否接受特殊订货决策中,差量成本是一个广泛应用的重要成本概念。如果某企业甲零件自制预计单位成本为每件 100 元,外购市场价格为每件 110 元,自制方案与外购方案比较,每件产品差量成本为 10 元,所以自制方案较优。

狭义的差量成本又称增量成本,是指单一决策方案由于生产能力利用程度的不同而表现在成本方面的差额。在一定条件下,某一决策方案的增量成本就是该方案的相关变动成本。在短期经营决策的生产决策中,增量成本是较为常见的相关成本。如在亏损产品的决策、是否转产或增产某种产品的决策和是否接受特殊价格追加订货的决策中,最基本的相关成本就是增量成本。

6. 可避免成本和不可避免成本

按决策方案变动时某项支出是否可避免划分,成本可分为可避免成本和不可避免成本。可避免成本是指在短期经营决策中并非绝对必要的那部分成本。当决策方案改变时那些可以免于发生的成本,或者在有几种方案可供选择的情况下,当选定其中一种方案时,所选方案不需支出而其他方案需支出的成本就是可避免成本。例如,不应用自动流水线进行生产时,产品零部件的传送需用人工来搬运;若采用自动流水线进行生产,可自动传送。所以,对于引进自动流水线进行生产的方案,搬运零部件所需的人工费用、设备费就是该方案的可避免成本。可避免成本是与决策的某个备选方案直接联系的成本,因此,可避免成本常常是与决策相关的成本。

不可避免成本是指某项决策行动不能改变其数额的成本,也就是同某一特定决策方案没有直接联系的成本。其发生与否,并不取决于有关方案的取舍。不可避免成本是无论决策是否改变或选用哪一种方案都需要发生的成本,也即在任何情况下都需发生的成本。例如,无论是机械化生产方案还是自动化生产方案,都需要占用厂房,这样厂房的折旧费用对任何方案来说都需要发生,因而是不可避免成本。同样,构成产品实体的材料成本无论是哪一种方案都要发生,因而也是不可避免成本。不可避免成本常常是与决策不相关的成本。

7. 可延缓成本和不可延缓成本

可延缓成本是指在财力负担有限的情况下,可以延期实施,不会对企业有很大影响的已经选定方案的成本。如由于企业资金紧张,推迟修建原计划新盖的办公大楼。由于可延缓成本具有一定弹性,在决策中应当充分予以考虑。

不可延缓成本是与"可延缓成本"相对应的一个成本概念。不可延缓成本是指已选定的某项方案,即使在企业财力负担有限的情况下,也必须在计划期实施而不能推迟执行的某项方案的成本。例如,某企业的一项关键性设备出现故障,如不立即修复投入运行,企业将无法按期完成顾客预定的交货任务,使企业遭受重大损失。同这类方案相联系的成本就属于不可延缓成本。

值得指出的是,将成本区分为可避免成本与不可避免成本、可延缓成本与不可延缓成本具有较大的现实意义。因为可避免成本是对方案进行分析对比、决定取舍的重要依据。而如果多种方案已经决定采用,但受企业现有财力的限制而不可能同时全部付诸实施,这就需要分轻重缓急,确定哪些是可延缓的,哪些是不可延缓的,然后依次付诸实施。

8. 专属成本和联合成本

固定成本可以按其所涉及的范围的大小,划分为专属成本和联合成本。

专属成本是指可以明确归属于企业生产的某种产品,或为企业设置的某个部门而发生的固定成本。例如,A设备专门生产甲产品,那么,该设备的折旧就是甲产品的专属成本。

联合成本是指为生产多种产品的生产或为多个部门的设置而发生的,应由这多种产品或多个部门共同承担的成本。

其中,专属成本是与决策有关的成本;而联合成本是与决策无关的成本。

9. 沉没成本

沉没成本是指过去已经发生并无法由现在或将来的任何决策所改变的成本。具体来说,沉没成本是企业过去经营活动中已经支付货币资金,而在现在或将来经营期间摊入成本费用的支出,如固定资产、无形资产及长期待摊费用等均属于沉没成本。沉没成本也是对现在或将来的任何决策无影响的成本。

三、经营决策的一般程序

为了科学地进行短期经营决策分析,一般应按以下六个步骤进行。

1. 确定短期经营决策目标

短期经营决策目标是决策分析的出发点和归结点。确定短期经营决策目标就是确定这项决策究竟要解决什么问题。决策目标应具体、明确,并力求目标的数量化。

2. 收集有关信息

收集信息就是针对短期经营决策目标,广泛收集尽可能多的、对决策目标有影响的各种可计量因素和不可计量因素的有关资料,特别是有关预期收入和预期成本的数据,作为将来决策的根据。对于收集的各种信息,要善于鉴别真伪,必要时要进行加工延伸。这项工作在实践中往往要反复进行,贯穿于各步骤之中。

3. 提出备选方案

提出备选方案就是针对短期经营决策目标提出若干可行(即技术上适当、经济上合理)的备选方案,使企业现有的人力、物力和财力资源都能得到最合理、最充分、最有效的配置与使用。它是做出科学决策的基础和保证。

4. 通过定量分析对备选方案做出初步评价

这个步骤就是把各个备选方案的可计量资料先分别归类,系统排列。选择适当的专门方法,建立数学模型,对各方案的预期收入和预期成本进行计算、比较和分析,再根据经济效益的大小对备选方案做出初步的判断和评价,确定较优方案。它是整个决策分析过程的关键阶段。

5. 考虑其他因素的影响,确定最优方案

根据上面定量分析的初步判断,进一步考虑计划期间各种非计量因素的影响进行定量分析。例如,将国际、国内政治经济形势的变动以及人们心理、习惯、风俗等因素的改变与上面定量的结果结合起来,权衡利害得失,并根据各方案提供的经济效益和社会交易的高低进行综合判断,最后筛选出最优方案,向管理当局建议。

6. 评估决策的执行情况和信息反馈

上一阶段筛选出的较优方案实施以后,隔一定时间还需对决策的执行情况进行评估,借以发现过去决策过程中存在的问题,然后再通过信息反馈,纠正偏差,以保证决策目标的实现。

第二节 生产决策

一、生产决策的含义

生产决策是企业短期经营决策的重要内容之一,它是指在短期(一年内)决策过程中,通过计算、分析和比较有关生产经营决策方案的评价指标,据以做出选择的一系列方法的统称。它通常解决以下问题:企业应生产的产品或提供的劳务;企业应生产的产品或提供的劳务的数量;企业如何组织和安排生产或提供劳务。其中,每个大问题又包括相互联系的若干个小问题。尽管生产决策所涉及不同类型的问题需要采用不同的决策分析方法,但是,它们的最终目标都是在现有生产条件下如何最合理、最有效、最充分地利用企业现有的资源,取得最佳的经济效益和社会效益。

生产决策的主要内容包括:新产品开发的品种决策、亏损产品决策、特殊价格追加订货决策、零部件自制或外购决策、半成品或联产品是否深加工的决策和不同生产工艺技术方案的决策等。根据分析时所选指标的不同,相关成本分析可分为以下几种方法:差量分析法、成本无差别点分析法、贡献毛益分析法及其他方法。

二、生产决策的分析方法

(一)差量分析法

管理会计把不同备选方案有关指标间的差别称为"差量"。差量分析法就是根据两个备选方案的差量收入与差量成本的比较来确定在方案中择优的方法。即两个方案比较差量收益,若差量收入大于差量成本,则第一个较优,反之亦然。

差量分析法的分析步骤如下:

(1)将各决策备选方案两两比较,分别计算差量收入和差量成本;

(2)将计算出的差量收入与差量成本进行比较,计算差量收益。

差量分析法的关键在于,进行决策分析时,应当只考虑那些会影响备选方案的预期总收入和预期总成本的项目,而应剔除那些不相关的项目。此外,差量分析法适用于两个备选方案的择优。对于两个以上的备选方案,可以分别两两比较,从而选出最优方案。

【例4.1】 锦州日用品化工厂计划生产一种新品牌香水,其中某种配料每年需要180 000千克,现该厂有剩余生产能力可以自制,其成本经估算如下:

直接材料	600 000元
直接人工	100 000元
变动制造费用	60 000元
固定制造费用	65 000元

同时,该厂总经理对这180 000千克的配料也考虑从天津化工厂购买,每千克购价为4.25元,另加运费0.40元/千克。假定锦州日用品化工厂不自制这种配料,其剩余生产能力可制造另一种产品,每年可提供贡献毛益总额40 000元。

要求:为锦州日用品化工厂做出该项配料是自制还是外购的决策分析。

解 配料是自制还是外购的决策可采用差量分析法:

(1)由于锦州日用品化工厂有剩余生产能力可以自制,故固定制造费用在决策分析中属于无关成本,可不予考虑。另外,若该厂不自制,其剩余生产能力可制造另一产品,并且每年带来贡献毛益40 000元,因而就成为自制方案的机会成本,必须加以考虑。

(2)现根据给定的资料进行差量分析如下:

外购方案的预期成本:$(4.25+0.40) \times 180\,000 = 837\,000$(元)

自制方案的预期成本:变动成本总额 $= 600\,000 + 100\,000 + 60\,000 = 760\,000$(元)

机会成本 $= 40\,000$(元)

合计 $= 800\,000$(元)

外购 – 自制的差量成本 $= 837\,000 - 800\,000 = 37\,000$(元)

结论:根据以上计算的结果,可见锦州日用品化工厂应选用自制配料的方案为宜,因为自制方案比外购方案可节约成本37 000元。

差量分析法可以进行某些生产决策的分析,如生产哪种产品的决策分析、新产品开发的决策分析、接受追加订货的决策分析、半成品进一步加工或出售的决策分析等。差量分析法比较科学、简单、实用,能够直接揭示选择的方案比放弃的方案多获得的利润或少发生的损失。

(二)成本无差别点分析法

应用成本无差别点分析法的关键是根据两个备选方案预期成本函数确定其成本相等时的业务量,即成本无差别点,确定在什么业务量范围内选择哪个方案最优。成本无差别点又称盈亏临界点,是指能使两个备选方案总成本相等的业务量。成本无差别点分析法的分析决策步骤及方法如下:

设 A 方案的成本为 $y_1 = a_1 + b_1 x$，B 方案的成本为 $y_2 = a_2 + b_2 x$。
令 $y_1 = y_2$，即

$$a_1 + b_1 x = a_2 + b_2 x$$

解得成本无差别点为

$$x_0 = \frac{a_1 - a_2}{b_2 - b_1}$$

若业务量 $x > x_0$ 时，则固定成本较高的 A 方案优于 B 方案；若业务量 $x < x_0$ 时，则固定成本较低的 B 方案优于 A 方案；若业务量 $x = x_0$ 时，则两方案的成本相等，效益无差别。

【例 4.2】 某公司制造甲产品需 A 零件 100 件，外购单价为 200 元；若自制，每个零件的变动成本为 150 元，但每年需增加专属固定成本 6 000 元。试分析该公司应选择自制还是外购 A 零件。

解 （1）列出两个方案的预期成本函数。
外购方案的预期成本

$$y_1 = 0 + 200x$$

自制方案的预期成本

$$y_2 = 6\ 000 + 150x$$

（2）求成本无差别点
令 $y_1 = y_2$，即

$$0 + 200x = 6\ 000 + 150x$$

解得

$$x = 120 \text{（件）}$$

（3）结论
题目中 A 零件的需求量为 100 件，小于成本无差别点 120 件，所以应选择外购方案。

（三）贡献毛益分析法

贡献毛益分析法是指在固定成本不变的情况下，通过比较各个备选方案所提供的贡献毛益总额的大小来确定最优方案的方法。由于在短期经营决策中一般不会改变企业生产能力，所以固定成本总额保持不变，决策时应将其视为无关成本而不予考虑，可将贡献毛益总额作为择优的标准。

应用贡献毛益分析法应注意以下几点：
①不存在专属成本的情况下，通过比较不同备选方案的贡献毛益总额，能够正确地进行择优决策。
②在存在专属成本的情况下，计算各备选方案的剩余贡献毛益（贡献毛益总额减去专属成本的余额），然后抉择。

③在企业的某项资源(如原材料、人工工时、机器工时等)受限制的情况下,应通过计算、比较各备选方案的单位资源贡献毛益额来正确进行择优决策。

④由于贡献毛益总额的大小,既取决于单位产品贡献毛益额的大小,也取决于该产品的产销量,因此应该选择贡献毛益总额最大的。

【例4.3】 某企业现有设备的生产能力是40 000个机器工时。现有生产能力利用程度为80%。现准备利用剩余生产能力开发新产品甲、乙或丙。生产丙产品时,需要增加专属固定成本5 000元。有关甲、乙、丙产品的其他资料见表4.1。

表4.1 甲、乙、丙产品资料信息表

	甲	乙	丙
单位产品定额工时/小时	2	3	4
单价/元	30	40	50
单位变动成本/元	20	26	30

要求:利用贡献毛益法进行生产何种新产品的决策。

解 剩余机器工时 = 40 000 × (1 - 80%) = 8 000(工时)

甲单位工时贡献毛益 = (30 - 20)/2 = 5(元)

乙单位工时贡献毛益 = (40 - 26)/3 = 4.67(元)

丙单位工时贡献毛益 = (50 - 30)/4 - 5 000/8 000 = 4.375(元)

因为单位工时贡献毛益甲>乙>丙,所以应该生产甲产品。

本例应用贡献毛益总额进行决策结论是一样的。

贡献毛益分析法通常适用于不改变生产能力的短期决策,如生产哪种产品的决策、新产品开发的决策、接收追加订货的决策、亏损产品是否停产的决策、亏损产品是否转产的决策和特殊情况的定价决策等。

(四)其他决策分析方法

除了以上方法应用外,还包括概率分析法、线性规划法、成本计划评审法等。这里以概率分析法为例说明生产决策的其他方法及应用。

企业决策者对未来情况不甚明了,无法采用上述三种决策分析方法时,可以应用概率分析法进行决策。运用这一方法的步骤如下:

(1)确定与决策结果有关的变量;

(2)确定每一变量的变化范围;

(3)凭决策者假定或以历史资料为依据,确定每一变量的概率;

(4)计算各变量相应的联合概率;

(5)将不同联合概率条件下的结果加以汇总,得到预期值。

【例4.4】 某公司准备推出一种新产品,现有甲、乙两种产品可供选择,它们的销售单价与成本水平预计在计划期内不会发生变动,但销售量不确定,有关资料见表4.2、表4.3。

表4.2 甲、乙产品销售单价及成本表

产品	单位	单价/元	单位变动成本/元	固定成本/元
甲	件	800	450	250 000
乙	件	900	550	250 000

表4.3 甲、乙产品各种销量的估计概率示意表

产品	各种销量的估计概率					
	500	600	700	800	900	1 000
甲	0.1	0.1	0.3	0.3	0.1	0.1
乙	—	—	0.4	0.3	0.2	0.1

试分析该公司应选择生产甲产品还是乙产品。

解 由于两种产品的固定成本一致,属决策的无关成本,可不考虑。所以比较贡献毛益总额大小,即可确定方案的优劣。

(1)计算期望销售量

$$期望销售量 = \sum_{i=1}^{n} p_i x_i$$

其中,p 为各种销售量的估计概率;x 为各种销售量。

$$甲产品期望销售量 = 0.1 \times 500 + 0.1 \times 600 + 0.3 \times 700 +$$
$$0.3 \times 800 + 0.1 \times 900 + 0.1 \times 1000 = 750(件)$$

$$乙产品期望销售量 = 0.4 \times 700 + 0.3 \times 800 + 0.2 \times 900 + 0.1 \times 1000 = 800(件)$$

(2)计算预期贡献毛益总额

$$预期贡献毛益总额 = (单价 - 单位变动成本) \times 期望销售量$$
$$甲产品预期贡献毛益总额 = (800 - 450) \times 750 = 262 500(元)$$
$$乙产品预期贡献毛益总额 = (900 - 550) \times 800 = 280 000(元)$$

(3)选择预期贡献毛益总额大者为最优方案

乙方案预期贡献毛益总额比甲方案预期贡献毛益总额多17 500元,因此,该公司应选择生产乙产品。

若决策方案有两个或两个以上且固定成本不等时,则固定成本属于相关成本,应比较预期营业利润的大小,选择预期营业利润大者为最优方案。

在例4.3中,若甲产品的专属固定成本为200 000元,乙产品的专属固定成本为

250 000 元,其他条件不变。此时专属固定成本不等,则专属固定成本属于相关成本,应比较预期营业利润的大小,选择预期营业利润大者为最优方案。

$$预期营业利润 = 预期贡献毛益总额 - 固定成本$$

$$甲产品预期营业利润 = 262\ 500 - 20\ 000 = 62\ 500(元)$$

$$乙产品预期营业利润 = 280\ 000 - 250\ 000 = 30\ 000(元)$$

甲产品预期营业利润比乙产品预期营业利润多 32 500 元,因此,该公司应选择生产甲产品。

三、生产决策分析

(一)新产品开发的品种决策分析

新产品开发的品种决策是指企业在利用现有剩余的生产能力开发新产品的过程中,在两个或两个以上可供选择的多个新品种中选择一个最优品种的决策。属于互斥方案的决策。

新产品开发的品种决策的类型可以分为不追加专属成本条件下的品种决策与追加专属成本的品种决策两种类型。

1. 不追加专属成本的新产品开发品种决策

在新产品开发的决策中,若企业利用现有生产能力生产多种产品,一般不需要增加专属固定成本,也不需考虑机会成本。在这种情况下,企业进行产品生产品种的决策分析,通常采用贡献毛益分析法,选择提供贡献毛益总额最多的方案。

【例 4.5】 某公司利用剩余生产能力 30 000 工时,可以用于开发新产品,现有 A、B 两种产品可供选择。A 产品的预计单价为 100 元/件,单位变动成本为 80 元/件,单位产品工时定额为 5 工时/件;B 产品的预计单价为 50 元/件,单位变动成本为 35 元/件,单位产品工时定额为 3 工时/件。开发新产品不需要追加专属成本。企业应开发何种新产品?

解 由于公司是利用现有生产能力生产新产品,固定成本属于无关成本,与决策分析没有关系,可以不予考虑,因此应采用贡献毛益总额分析法。通过计算每种产品提供的贡献毛益总额的大小作为选择的依据,计算过程见表 4.4。

表 4.4 贡献毛益总额分析表

项 目	A 产品	B 产品
最大产量/件	6 000	10 000
销售单价/(元/件)	100	50
单位变动成本/(元/件)	80	35
单位贡献毛益/(元/件)	20	15
贡献毛益总额/元	120 000	150 000

表中的计算表明,尽管 B 产品单位产品的获利能力比较低,但是由于其工时消耗也低,产

品生产总量多,为公司提供的贡献毛益总额也就多,因此公司应选择生产 B 产品。

2. 追加专属成本的新产品开发品种决策

当新产品开发的决策方案中需要追加专属成本时,就不能用贡献毛益分析法进行分析,而需应用相关损益分析法或差量分析法进行决策。

如果新产品投产将发生不同的专属固定成本,在决策时就应该以各种产品的剩余贡献毛益额(剩余贡献毛益 = 贡献毛益总额 – 专属固定成本)作为判断方案优劣的标准。剩余贡献毛益越大,该产品越可取。也可以考虑使用差量分析法进行决策。

【例 4.6】 开发新产品 A 和新产品 B 的相关产销量、单价与单位变动成本等资料同例 4.5,但假定开发过程中需要装备不同的专用设备,分别需要追加专属成本 10 000 元和 50 000 元。企业应开发何种新产品?

解 本例中,由于公司是利用现有生产能力在两种新产品中选择一种产品进行生产,并且需要增加专属固定成本,因此可以采用差量损益分析法进行分析。差量损益分析表见表 4.5。

表 4.5　差量损益分析表　　　　　　　　　　　　　　元

项目	A 产品	B 产品	差异额
相关收入	600 000	500 000	+100 000
相关成本	490 000	400 000	+90 000
其中:增量成本	480 000	350 000	—
专属成本	10 000	50 000	—
差量损益			+10 000

由该表可见,评价指标差量损益为 +10 000 元,大于零,可以据此判定应当开发生产 A,这样可以使企业多 10 000 元利润。

(二)亏损产品的决策分析

亏损产品的决策是指企业在组织多品种生产经营的条件下,当其中一种产品为亏损产品(即其收入低于按完全成本法计算的销货成本)时,所做出的是否按照原有规模继续生产,或是按照扩大的规模生产该亏损产品的决策。它属于接受或拒绝方案决策的类型。

1. 亏损产品是否继续生产的决策分析

某种产品发生亏损是企业常会遇到的问题。亏损产品是否停产?如果我们按照完全成本法来进行分析,答案似乎很简单,既然产品不能为企业提供盈利,当然应当停产。但是,如果我们按照变动成本法来进行分析,往往会得出相反的结论。由于亏损产品是否停产的决策并不影响企业的固定成本总额,因此这类决策问题一般采用贡献毛益分析法进行分析。

【例 4.7】 某企业组织多品种经营,产销甲、乙、丙三种产品,年末以完全成本法计算的三种产品的损益情况见表4.6。

表4.6 完全成本法损益表 元

项目	A产品	B产品	C产品	合计
销售收入	100 000	100 000	25 000	225 000
销售成本	75 000	107 500	22 500	205 000
利润	25 000	-7 500	2 500	20 000

要求:分析亏损产品是否停产。

根据表4.6提供的资料,公司生产B产品亏损7 500元,如果认为停止B产品的生产可以减少亏损7 500元,从而使公司利润增加7 500元,达到27 500元,则是错误的。因为,如果停止B产品的生产,公司的生产能力必然会有剩余,固定成本并不会随着生产能力的下降而减少,这样原来由B产品负担的固定成本势必转由A、C两种产品来负担。

本例中,如果在公司的销售成本中,固定成本总额为112 500元,并按各种产品的销售比重进行分配。固定成本分配率和各种产品分摊的固定成本可计算如下:

　　固定成本分配率 = 112 500 ÷ 225 000 = 0.5(元)
　　A产品分配的固定成本:100 000 × 0.5 = 50 000(元)
　　B产品分配的固定成本:100 000 × 0.5 = 50 000(元)
　　C产品分配的固定成本: 25 000 × 0.5 = 12 500(元)

按变动成本法计算损益见表4.7。

表4.7 变动成本法损益表 元

项目	A产品	B产品	C产品	合计
销售收入	100 000	100 000	25 000	225 000
变动成本	25 000	57 500	10 000	92 500
贡献毛益	75 000	42 500	15 000	132 500
固定成本	50 000	50 000	12 500	112 500
利润	25 000	-7 500	2 500	20 000

若B产品停止生产,则固定成本分配率和各种产品分摊的固定成本计算如下:

　　固定成本分配率 = 112 500 ÷ 125 000 = 0.9(元)
　　A产品分配的固定成本:100 000 × 0.9 = 90 000(元)
　　C产品分配的固定成本: 25 000 × 0.9 = 22 500(元)

则按变动成本法重新计算损益见表4.8。

表 4.8　变动成本法损益表　　　　　　　　　　　　　　　　　元

项目	A 产品	C 产品	合计
销售收入	100 000	25 000	125 000
变动成本	25 000	10 000	35 000
贡献毛益	75 000	15 000	90 000
固定成本	90 000	22 500	112 500
利润	−15 000	−7 500	−22 500

从上面两个表可见，由于停止 B 产品的生产，公司不仅没有增加利润，反而由盈利 20 000 元变为亏损 22 500 元，两者相差 42 500 元，而这个差额正是 B 产品提供的贡献毛益。这就是说，尽管 B 产品是亏损产品，但仍能为企业提供 42 500 元的贡献毛益，用以补偿固定成本，因此不能停止 B 产品的生产。

由此我们可以得出结论：当亏损产品仍能为企业提供贡献毛益时，在停止其生产又不能增加其他产品的生产或转产新产品的情况下，亏损产品就应继续生产。

2. 亏损产品是否转产的决策分析

如果亏损产品停产后，其剩余的生产能力可以用来转产其他产品，此时就必须考虑机会成本因素，其计价可以按照转产其他产品可能取得的贡献毛益或对外出租设备可能获得的租金收入来确定。只要转产产品提供的贡献毛益总额大于亏损产品提供的贡献毛益总额，就可以进行转产。

【例 4.8】 已知例题资料均同例 4.7，若公司在 B 产品停产后，可用其剩余的生产能力转产 D 产品，并能取得同样的销售收入，见表 4.9。

表 4.9　变动成本法损益表　　　　　　　　　　　　　　　　　元

项目	A 产品	C 产品	D 产品	合计
销售收入	100 000	25 000	100 000	225 000
变动成本	25 000	10 000	30 000	65 000
贡献毛益	75 000	15 000	70 000	112 500
固定成本	50 000	12 500	50 000	160 000
利润	25 000	2 500	20 000	47 500

根据表的资料，由于 D 产品提供的贡献毛益比 B 产品多 27 500 元，因而转产 D 产品可比继续生产 B 产品增加利润 27 500 元，说明转产方案是可行的。

【例 4.9】 已知例题资料均同例 4.7，但假定停产 B 产品后，闲置的机器设备可获得出租收入 50 000 元。请为该企业做出是否将亏损产品 B 停产的决策。

解 根据例4.7计算,得到B产品贡献毛益为42 500元。因为B产品创造的贡献毛益42 500元小于生产能力转移有关的机会成本50 000元,因此应当停产。

3. 亏损产品是否增产的决策分析

如果增加亏损产品的生产可以增加更多的利润,则可以考虑亏损产品是否增产的决策。但企业如果不具备增产亏损产品的能力,要达到增产目标,就必须追加投入一定的专属成本。此时可利用差量分析法进行决策分析。决策规则如下:

(1)企业已具备增产能力且无法转移,当边际贡献>0,可以增产;

(2)企业已具备增产能力且可以转移,当(边际贡献－机会成本)>0,可以增产;

(3)企业尚不具备增产亏损产品的能力,当(边际贡献－专属成本)>0,可以增产。

【例4.10】 仍按例4.7资料,假定企业希望扩大B产品40%的产量,市场上具有可以接受增产产品的容量。但需要购置一台专门设备,相关年折旧为2 000元。

要求:用差量分析法做出是否增产B产品的决策。

解 依题意,编制的差量分析表见表4.10。

表4.10 差量损益分析表 元

项目	增产B产品	不增产B产品	差异额
相关收入	100 000×(1+40%)=140 000	100 000	+40 000
相关成本合计	82 500	57 500	+25 000
其中:增量成本	57 500×(1+40%)=80 500	57 500	—
专属成本	2 000	0	—
差量损益			+15 000

因此企业应当增产B产品,这样可以使企业多获得15 000元利润。

(三)特殊价格追加订货的决策分析

在市场经济条件下,有时会有客户临时提出额外订货任务,但出价低于产品正常单价,甚至比正常订货的单位完全生产成本还要低。企业在订货不足、尚有剩余生产能力的情况下,是否接受特殊价格追加订货,必须考虑以下因素:①特殊订货的单价;②产品的单位变动成本;③特殊订货的数量;④特殊订货需要追加的专属成本。

综合上述四项因素,是否接受特殊订货,关键在于接受特殊订货能否为企业增加盈利。特殊价格追加订货决策分析的基本模型可用下式表示:

盈利(或亏损)=(订货单价－单位变动成本)×订货数量－追加的专属成本＝

单位贡献毛益×订货数量－追加的专属成本＝

贡献毛益总额－追加的专属成本

特殊价格追加订货的决策属于"接受或拒绝方案"的决策类型,基本模型的核心问题是贡献毛益。是否接受特殊订货,主要取决于特殊订货提供的贡献毛益在补偿追加的专属成本后能否为企业提供一定数额的盈利。若特殊订货能够为企业提供一定的盈利,就应接受特殊订货。

【例 4.11】 某公司生产 A 产品,年生产能力为 20 000 件,产品销售单价为 600 元,其单位成本资料如下:

直接材料	250 元
直接人工	120 元
变动制造费用	30 元
固定制造费用	60 元
单位成本合计	460 元

根据公司目前的生产情况,尚有 20% 的生产能力未被利用,公司可以继续接受订货。现有一客户要求订货 3 000 件,所提订货单价为 450 元,且对产品性能有特殊要求,公司为此需购置一台专用设备,价值 10 000 元。

要求:分析企业应否接受这一订货。

解 按照传统财务会计的分析方法,这一特殊订货的单价为 450 元,不但低于正常销售单价(600 元),而且还低于单位成本(460 元)。这就是说,公司每销售一件要亏损 10 元,接受 3 000 件订货要发生亏损 30 000 元,加上购置专用设备还要支出 10 000 元,公司总共要亏损 40 000 元。因此,这项订货不能接受。

而按照管理会计的分析方法,必须将企业的成本划分为变动成本和固定成本,与这项决策有关的成本只是变动成本,原有的固定成本属于无关成本,不论是否接受这项订货,都会照样发生,可以不必考虑。因此,按照特殊价格追加订货决策分析的基本模型,只要该项订货能够为企业提供一定的贡献毛益、补偿追加的专属成本支出后尚有一定的余额,这项订货就可以接受。

以本例有关数字代入特殊订货决策分析基本模型:

$$(450 - 400) \times 3\ 000 - 10\ 000 = 140\ 000(元)$$

从上述计算结果来看,接受这项订货可以为公司增加盈利 140 000 元,所以应接受这项订货。

由此可见,进行特殊价格追加订货的决策分析,关键是要使特殊订货提供的贡献毛益总额大于其追加的专属成本总额,使企业有利可图。除了这个最基本的条件之外,是否接受特殊订货还必须满足下列条件:

①企业要有剩余的生产能力,若接受特殊订货,固定成本不需增加或很少增加;若不接受特殊订货,剩余生产能力不能转移,否则需要考虑机会成本问题。

②企业的产品没有更好的销路,只能按照特殊订货单价出售。

③企业接受特殊订货,不能影响原有产品的正常销售;若影响正常销售,需要考虑机会成本问题。

(四)零部件自制或外购的决策分析

零部件自制或外购的决策是指企业围绕既可自制又可外购的零部件的取得方式而开展的决策,又称零部件取得方式的决策。企业生产产品所需要的零部件,是自己组织生产还是从外部购进,这是任何企业都会遇到的决策问题。需要指出,无论是零部件自制还是外购,并不影响产品的销售收入,生产的产品售价是相同的,只需考虑两个方案的成本,哪一个方案的成本低则选择哪一个方案。

如果从定量角度分析是自制还是外购,一个关键的因素是企业是否有剩余生产能力。在自制生产能力可以转移的情况下,自制零部件方案还必须考虑与自制能力转移有关的机会成本。如果自制需要增加专用设备,则其新增的专属成本属于相关成本。

零部件自制或外购决策属于互斥方案的决策类型,通常涉及"自制零部件"和"外购零部件"两个备选方案,一般可采用差量分析法和本量利分析法。

【例4.12】 某企业每年需用A零件10 000件,该零件即可以自制,又可以外购。若外购每件单价为400元;若自制,其单位成本为:

直接材料	300元
直接人工	60元
变动制造费用	30元
固定制造费用	50元
单位成本合计	440元

假定自制A零件的生产能力可以转移,每年预计可以获得贡献毛益1 000 000元。

要求:A零件是自制还是外购?

解 可采用相关成本分析法。由于企业拥有多余的生产能力,固定成本属于无关成本,不需考虑,自制单位变动成本为390元(直接材料300元,直接人工60元,变动制造费用30元),外购单价为400元。自制A零件的机会成本为1 000 000元。

依题意编制的相关损益分析表见表4.11。

表4.11 相关损益分析表　　　　　　　　　　　　　　　　　　　　　　　　元

项目	自制A零件	外购A零件
变动成本	10 000×390=3 900 000	10 000×400=4 000 000
机会成本	1 000 000	
相关成本合计	4 900 000	4 000 000

125

结论：企业应选择外购方案，可节约成本 900,000 元。

（五）半成品或联产品生产的决策分析

相对产成品而言，我们将那些经过初步加工而形成的、已具备独立使用价值、但尚未最终完成全部加工过程的特殊产品概称为半成品。对于制造业生产的尚未完工的半成品，常常是既可以直接出售，又可以进一步加工后再行出售。半成品经过进一步深加工就可以变成产成品。

企业利用同一种或同几种材料，在同一生产过程中，可能会同时生产出几种使用价值不同的产品。这些产品虽然在性质上有所不同，但都是企业的主要产品，如石油化工企业对原油进行催化裂化处理，生产出的汽油、柴油、重油等油品，都属于联产品的范畴。有些联产品在分离后既可立即出售，而有些联产品如汽油经过进一步深加工，可生产出不同规格的油品，再行出售。

有时企业就会面临对上述产品究竟是直接出售还是进一步深加工后再出售的决策问题。在这类决策中，深加工前的半成品、联产品所发生的成本，无论是变动成本还是固定成本，都属于无关的沉没成本，相关成本只包括与深加工有关的成本，而相关收入则包括直接出售和加工后出售的有关收入。对这类决策问题，采用差量分析法比较简便。

【例 4.13】 某公司每年生产半成品甲 5 000 件，销售单价为 30 元，单位变动成本为 12 元，固定成本总额为 80 000 元。如果半成品甲进一步加工为乙产品，则销售单价可提高到 50 元，但需追加单位变动成本 15 元，专属固定成本 60 000 元。

要求：根据上述资料分析该公司应出售半成品甲还是应将进一步加工成为乙产品。

解 依题意编制的差别损益分析表见表 4.12。

表 4.12　差量损益分析表　　　　　　　　　元

项目	进一步加工成为乙产品	出售半成品甲	差异额
相关收入	5 000×50=250 000	5 000×30=150 000	+100 000
相关成本合计	135 000	0	+135 000
其中：加工成本	5 000×15=75 000	0	—
专属成本	60 000	0	—
差量损益			-35 000

根据上述计算得出，差量损益为 -35 000 元，小于零，不应将半成品甲进一步加工成为乙产品再行出售，因为它比直接出售半成品甲的方案少获利润 35 000 元。

联产品是否深加工的决策与半成品是否深加工的决策十分相似，也可以用差量分析法来完成，只是联产品分离前本身的成本称为"联合成本"（属于无关成本）。

【例 4.14】 假定海滨石化公司在同一生产过程中可同时生产出 A、B、C、D 四种联产品，其中 A、B 两种产品可在分离后立即出售，也可以继续加工后再出售。其有关资料见表 4.13。

表 4.13 联产品资料

产品名称		A 产品	B 产品
产量/升		1 000	200
分离前所发生的联合成本/元		28 000	40 000
售价/(元/升)	分离后	4	12
	继续加工后	14	20
继续加工追加的成本/元	单位变动成本	4	8
	专属固定成本	6 000	1 500

要求:按上述资料为海滨公司做出 A、B 联产品是否应在继续加工后出售的决策分析。

解 根据已知资料可知,无论 A、B 产品是否深加工,分离前所发生的联合成本都会发生,所以属于决策的不相关成本;但如果继续加工 A、B 产品发生的专属固定成本是不一样的,所以属于相关成本。采用差量分析法进行分析。

(1)计算 A 产品的差量收入与差量成本。

差量收入 = 14 × 1 000 − 4 × 1 000 = 10 000(元)

差量成本 = (4 × 1 000 + 6 000) − 0 = 10 000(元)

因为 A 产品的差量收入 10 000 元等于其差量成本 10 000 元,就是说 A 产品继续加工与否会得到相同的利润,所以两方案均可。

(2)计算 B 产品的差量收入与差量成本。

差量收入 = 20 × 200 − 12 × 200 = 1 600(元)

差量成本 = (8 × 200 + 1 500) − 0 = 3 100(元)

因为 B 产品的差量收入 1 600 元小于差量成本 3 100 元,所以应直接销售 B 产品不应继续加工再出售。

(六)不同生产工艺技术方案的决策

当企业生产某种产品时,如果采用先进的生产工艺技术,由于劳动生产率高、材料消耗少、废品率低,可能导致较低的单位变动成本,但所用的设备价值较高,其维修费与管理费也相应较高,导致固定成本高;而采用传统的生产工艺技术时,虽然所需设备价格较低、维护与管理费较低,导致固定成本较低,但其生产效率低、材料消耗高、废品率高,单位变动成本可能较高。在进行此类决策时,应充分考虑市场情况和加工业务量水平,因地制宜地选择合适的生产工艺技术方案,从经济效益角度看,各备选方案通常只涉及相关成本,而不涉及相关收入。对此,可采用本量利分析法进行决策。

【例 4.15】 某厂生产甲产品,现有三种加工方案进行选择,即分别采用手工加工、机械化设备加工及自动化方式加工。各加工方式的变动成本与固定成本各不相同。有关成本资料见见表 4.14。

表 4.14 相关成本资料表

生产方式	单位变动成本/元	固定成本总额/元
手工	16	600
机械化	8	1 200
自动化	4	2 400

要求：做出在多大的生产量范围内用手工、机械化或自动化方式生产在经济上较为合理的产品的决策。

解 不同工艺加工会导致不同的生产总成本。从各备选方案的条件来看，我们可以利用本量利分析法，以总加工成本最小作为判定决策的依据。

设手工、机械化、自动化生产方式下的总成本分别为 Y_1、Y_2 和 Y_3，加工数量为 X 件，则

$$Y_1 = 600 + 16X$$
$$Y_2 = 1\,200 + 8X$$
$$Y_3 = 2\,400 + 4X$$

设上述三式两两相等，即可解得三种生产方式不同的成本无差别点业务量。即

$$600 + 16X_1 = 1\,200 + 8X_1$$
$$600 + 16X_2 = 2\,400 + 4X_2$$
$$1\,200 + 8X_3 = 2\,400 + 4X_3$$

解上述三式，可得到：$X_1 = 75$ 件；$X_2 = 150$ 件；$X_3 = 300$ 件。

为进一步分析，我们可根据有关图示做出决策。如图 4.1 所示。

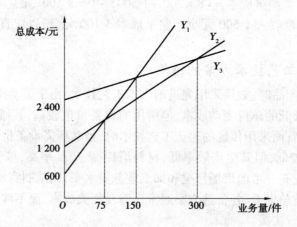

图 4.1 成本无差异点业务量示意图

从图上的显示可以看出,在生产量小于 75 件时,用手工生产成本最低;产量在 75~300 件之间时,用机械化设备生产成本较低;当生产量大于 300 件时,宜用自动化生产工艺。

第三节 定价决策

一、定价决策的含义

根据市场供需规律,产品的均衡价格取决于市场的供需均衡。企业必须根据市场客观的供求规律去测定均衡价格并自觉地适应它,执行它。但在一定条件下企业可以自主决定其价格水平。如果制定的价格合理,将会扩大其在市场上的销售量,进而影响该产品的市场占有率与盈利水平。因此管理当局必须制定合理的价格,保证企业实现最佳经济效益。可见管理会计对价格进行决策分析最有实际意义。

定价决策分析是指企业为确保其在流通领域的经营目标的实现,在短期(如一年)内,围绕如何确定销售产品价格水平的问题而展开的决策分析。具体包括最优售价的决策、目标价格的决策、调价决策、价格弹性策略和新产品定价策略等内容。

企业在进行定价决策时首先需要确立定价目标,这种定价目标一般包括追求最大利润、追求一定的投资利润率或投资收益率、保持和提高市场占有率、应付和防止竞争的加剧、保持良好的企业形象等类型。要合理选择上述的定价决策目标,必须综合考虑各种因素对定价决策的影响,并在此基础上确定定价决策的方法和策略。

二、定价决策的影响因素

(一)产品成本

一般来讲,企业把成本作为能够为其产品设定的底价。产品的价格必须能够首先补偿成本,然后才能考虑利润等其他因素。低成本的企业能够设定较低的产品价格,从而取得较高的销售量和利润额。因而企业必须审慎地监督好成本。如果企业生产和销售产品的成本大于竞争对手,那么企业将不得不设定较高的价格或降低利润,从而被迫使自己处于竞争劣势。

(二)企业营销策略

在企业的营销策略中,价格只是企业用来实现营销目标的营销组合工具中的一种,价格决策只有和产品设计、销售及促销决策相结合,才能形成一个连续有效的营销方案。事实上,顾客所关心的是能否找到可以带给他们最大使用价值的产品,这种产品会带来支付产品价格后额外的投资收益。因此,在制定产品价格时,必须考虑到整个营销策略,否则,即使产品价格很有吸引力,但顾客也不会单凭价格就做出购买行为。

（三）市场供求关系

与成本决定价格的下限相反，市场供求决定价格的上限，企业定价的自由程度会随不同的市场类型而发生变化。在完全竞争的情况下，没有哪个购买者或销售者有能力来影响现行市场价格，市场营销调研、产品开发、定价、广告及促销活动几乎没有什么作用。如果擅自改变价格，只会失去原有的市场或招致损失。因此，企业必须遵照市场供求关系决定的市场价格来销售产品。在垄断竞争情况下，市场由众多按照系列价格而不是单一市场价格进行交易的购买者和销售者组成。除了价格之外，销售者还广泛地采用品牌、广告和直销来使他们的市场供应和市场形象相互区分开来。因此企业愿意在相当程度上控制其产品价格。在完全垄断情况下，市场只存在一个销售者，企业完全控制市场价格，可以在国家法律允许的范围内随意定价。

（四）竞争对手情况

企业定价战略会影响企业所面对的竞争态势，因此影响企业定价决策的另一个外部因素是竞争对手成本、价格以及竞争对手对该企业定价可能做出的反映。企业需针对竞争对手的成本设定自己的成本基准点，以便了解它的经营成本处于优势还是劣势。在掌握竞争对手的价格和市场供应情况后，企业便可以利用其作为自己定价的依据和起点。

（五）政策法规

每个国家对市场物价的高低和变动都有限制和法律规定。价格政策是国家经济政策的组成部分。同时，国家还利用生产市场、货币金融、海关等手段间接调节价格。因此，企业应充分了解所在国家关于物价的政策法规，在规定的定价范围内决定产品价格。

三、产品定价的方法

企业在进行定价决策时，常常遵循一定的程序和技术手段，最终做出特定价格定量选择分析，这被称为定价决策的分析方法。按照定价决策所考虑的主要因素分类，可将定价决策分析方法分为成本基础定价法、市场导向定价法等类型。

（一）成本基础定价法

以成本为基础定价是以产品单位成本为基本依据，再加上预期利润来确定价格的成本导向定价法，是中外企业最常用、最基本的定价方法。

成本基础定价法中最常用的方法是成本加成定价法，它是以单位产品成本为基础并依照一定的加成率进行加成来确定产品目标价格的定价方法，其基本公式为

$$价格 = 单位产品成本 \times (1 + 成本加成率)$$

公式中单位产品成本的计算方法既可能是完全成本法又可能是变动成本法，因而成本加成定价法又可被分为完全成本加成定价法和变动成本加成定价法。由于单位产品成本的计算方法不同，其所包含的产品成本项目不同，因而成本加成的内容也不同，故相应的成本加成率的计算公式也不同。

1. 完全成本法下的加成定价法

在完全成本法下,单位产品成本包括全部生产成本,因此其成本加成的内容包括非生产成本与目标利润,该方法下的定价公式为

$$价格 = 单位产品生产成本 \times (1 + 成本加成率)$$

其中

$$成本加成率 = \frac{目标利润 + 非生产成本}{生产成本总额} \times 100\%$$

2. 变动成本法下的加成定价法

在变动成本法下,单位产品成本只包括变动生产成本,因此其成本加成的内容包括固定生产成本、非生产成本及目标利润,该方法下的定价公式为

$$价格 = 单位变动生产成本 \times (1 + 成本加成率)$$

其中

$$成本加成率 = \frac{目标利润 + 固定成本 + 变动非生产成本}{变动生产成本} \times 100\%$$

下面举例说明成本加成定价法的具体应用。

【例 4.16】 假定 XYZ 公司正研究 A 产品的定价,计划生产 10 000 件,该产品的估计成本资料见表 4.15。目标成本利润率为 20%。

表 4.15 A 产品估计成本资料表   元

项目	金额
直接材料	10 000 × 7 = 70 000
直接人工	10 000 × 5 = 50 000
变动制造费用	10 000 × 4 = 40 000
固定制造费用	10 000 × 8 = 80 000
变动性推销与管理费用	10 000 × 2 = 20 000
固定性推销与管理费用	10 000 × 1.5 = 15 000
合计	275 000

要求:分别用完全成本法下的加成定价法和变动成本法下的加成定价法计算甲产品的售价。

解 (1)完全成本法下的加成定价法。采用完全成本加成定价法,其"成本"基数是指单位产品的生产成本,"加成"内容包括非制造成本(如推销成本及管理成本)及目标利润。

$$单位产品生产成本 = 7 + 5 + 4 + 8 = 24(元)$$

$$目标利润 = 275\,000 \times 20\% = 55\,000(元)$$

$$成本加成率 = \frac{55\,000 + 20\,000 + 15\,000}{24 \times 10\,000} \times 100\% = 37.5\%$$

$$A\text{ 产品价格} = 24 \times (1 + 37.5\%) = 33(元)$$

(2) 变动成本法下的加成定价法。采用变动成本加成定价法，其"成本"基础是指单位产品的变动成本，"加成"内容包括全部的固定成本及目标利润。

$$单位变动生产成本 = 7 + 5 + 4 = 16(元)$$
$$目标利润 = 275\,000 \times 20\% = 55\,000(元)$$
$$成本加成率 = \frac{55\,000 + (80\,000 + 15\,000) + 20\,000}{16 \times 10\,000} \times 100\% = 106.25\%$$
$$A\text{ 产品价格} = 16 \times (1 + 106.25\%) = 33(元)$$

在成本加成定价法下，无论是按完全成本法的数据，还是按变动成本法的数据，所计算出来的价格应当是一致的。需要注意的是，成本加成制定的价格通常只是用于参考，在现实经济中仍需要根据市场需求调整价格。即使适当调高价格能够追求更多的利润，但过高的定价也会使顾客最终放弃该产品，因此最后仍由需求来决定价格。

(二) 市场导向定价法

市场导向定价法又称顾客导向定价法、需求导向定价法，是指在优先考虑社会市场供求关系和消费者可能对价格的接受程度的基础上，做出定价决策的方法。

市场导向定价法一般以该产品的历史价格为基础，根据市场需求变化情况，在一定的幅度内变动价格，以致同一商品可以按两种或两种以上价格销售。这种差价可以因顾客的购买能力、对产品的需求情况、产生的型号和式样以及时间、地点等因素而采用不同的形式。如以产品式样为基础的差别定价，同一产品因花色款式不同而售价不同，但与改变式样所花费的成本并不成比例；以场所为基础的差别定价，虽然成本相同，但具体地点不同，价格也有差别。

按市场导向定价法原则要求确定消费者对于各种不同的产品感受的价值是多少。然而这很难衡量，而且费时费力。顾客对产品的感受价值主要是通过询问在不同时间、地点及场合的情况下消费者愿意为产品付出的最高价格，也就是通过人员访谈或问卷调查的方式来获取定价信息。

市场导向定价法其特点是，它可以灵活有效地运用价格差异，对平均成本相同的同一产品，随市场需求的变化而变化价格，不与成本因素发生直接关系。

(三) 边际分析法

边际分析法是指通过分析不同特定价格与销售量组合条件下的产品边际收入、边际成本和边际利润之间的关系，根据当边际成本等于边际收入，或边际利润为零时，利润最大，此时的价格和销量即为最优价格与最优销量这一经济学的基本原理，来确定最优售价，作出相应定价决策的一种定量分析方法。

假定售价与需求量之间存在如下函数关系：
$$p = \varphi(x)$$

则销售收入函数为

$$TR = g[\varphi(x)]$$

销售总成本函数为

$$TC = f(x)$$

利润函数可写为

$$P = TR - TC = g[\varphi(x)] - f(x)$$

对上式求一阶导数,得

$$P' = (TR - TC)' = TR' - TC'$$

式中,利润的导数 $P' = MP$ 为边际利润;销售收入的导数 $TR' = MR$ 为边际收入;总成本的导数 $TC' = MC$ 为边际成本。

因为 $P'' < 0$,所以当 $MP = MR - MC = 0$ 时,利润 P 有极大值。

设边际收入(MR) - 边际成本(MC) = 0,可以求得极值点销量 x_0,将 x_0 代入价格和利润模型,可分别求得极值点售价 $p_0 = \varphi(x_0)$,极值利润 $P_0 = g[\varphi(x_0)] - f(x_0)$。

【例4.17】 某公司生产一种产品,该产品售价与销量的关系式为 $p = 60 - 2x$;总成本销量的关系式是 $TC = 70 + 20x + 0.5x^2$。

要求:计算该产品的最优售价和最大利润。

解 依题意,建立的总收入模型为

$$TR = px = (60 - 2x)x = 60x - 2x^2$$

边际收入

$$MR = 60 - 4x$$

边际成本

$$MC = 20 + x$$

令 $MR = MC$,可求得最优销量 $x_0 = 8$(件)。

将最优销量 $x_0 = 8$ 代入 $p = 60 - 2x$,可求得最优售价 $p_0 = 44$(元/件)。

显然,当企业按44元/件的价格销售8件产品时,可实现最大利润

$$最大利润 = (60 \times 8 - 2 \times 8^2) - (70 + 20 \times 8 + 0.5 \times 8^2) = 90(元)$$

上述经济学原理的结论仅限于连续可微函数,而在实际经济环境中,无论何种产品的收入、成本或是利润,都不是连续函数的形式。因此,在管理会计中,往往是利用其变形形式。边际收入是指价格变化后每增加(减少)一单位产品所增加(减少)的收入;边际成本是指价格变化后每增加(减少)一单位产品所增加(减少)的成本;边际利润则是指销售量每增加或减少一个单位所形成的利润差。在这种情况下,仍然可以根据"边际收入等于边际成本",或"边际利润等于零"的条件来判断能否找到最优售价。如果实际不存在符合上述条件的情况,则产品的最优价格应该是使边际利润为最小正值的售价,此时利润达到极大值。在实际应用中,举例说明如下。

【例 4.18】 某企业某产品相关资料见表 4.16。

表 4.16 边际成本定价法

单位：元

价格	销量/件	销售收入	边际收入	总成本 固定成本	总成本 变动成本	总成本 合计	边际成本	边际利润	利润
16	300	4 800	—	1 500	1 500	3 000	—	—	1 800
15	350	5 250	450	1 500	1 750	3 250	250	200	2 000
14	400	5 600	350	1 500	2 000	3 500	250	100	2 100
13	450	5 850	250	1 500	2 250	3 750	250	0	2100
12	500	6 000	150	1 500	2 500	4 000	250	-100	2 000
11	550	6 050	50	2 000	2 750	4 750	750	700	1 300
10	600	6 000	-50	2 000	3 000	5 000	250	-300	1 000
9	650	5 850	-150	2 000	3 250	5 250	250	-400	600
8	700	5 600	-250	2 000	2 800	4 800	250	-500	800
7	750	5 250	-350	2 000	3 000	5 000	200	-550	250

当边际收入等于边际成本，边际利润为零时，获得了最大利润 2 100 元；但当边际利润不等于零时也获得了利润 2 100 元。尽管边际分析理论在应用于实际决策领域时与理论结果不完全一致，但其基本结论和分析方法仍有很强的现实指导意义。本例中价格 13 元，销量 450 件和价格 14 元，销量 400 件同样获得最大利润 2 100 元，因此 13、14 元均为最优价格。

【例 4.19】 某公司生产经营的某产品的售价为 50 元/件时，可以实现销售量 10 000 件，固定成本为 100 000 元，单位变动成本为 30 元/件，实现利润为 100 000 元。假定企业现有最大生产能力为 18 000 件。

要求：评价以下各不相关条件下的调价方案的可行性。

(1) 若将售价调低为 45 元/件，预计市场容量可达到 15 000 件左右；

(2) 若将售价调低为 40 元/件，预计市场容量可达到 20 000 件以上；

(3) 若将售价调低为 40 元/件，预计市场容量可达到 20 000 件，但企业必须追加 30 000 元固定成本才能具备生产 20 000 件产品的能力；

(4) 若将售价调高为 60 元/件，只能获得 6 000 件订货（生产能力无法转移）；

(5) 调价水平与销售情况同 (4)，但剩余生产能力可以转移，可获贡献毛益 60 000 万元。

解 本例中，随着售价的变化，市场容量会有变化。可以采用利润无差别点进行分析判断。

$$利润无差别点销量 = \frac{固定成本 + 调价前可获利润}{拟调单价 - 单位变动成本}$$

若调价后可望实现销量大于利润无差别点销量,则可考虑调价;若调价后可望实现销量小于利润无差别点销量,则不能调价;若调价后可望实现销量等于利润无差别点销量,则调价与不调价效益一样。

在决策中应当注意:若扩大生产能力,需追加固定成本投资;若剩余生产能力可以转移,可获得其他贡献毛益。

(1) 利润无差别点销量 = $\frac{100\,000 + 100\,000}{45 - 30}$ = 13 333.33(件)

因为最大生产能力 18 000 件大于预计市场市场容量 15 000 件,可望实现销量 15 000 件大于利润无差别点销量 13 333.33 件,所以应当考虑调价。

(2) 利润无差别点销量 = $\frac{100\,000 + 100\,000}{40 - 30}$ = 20 000(件)

因为最大生产能力 18 000 件小于预计市场市场容量 20 000 件,可望实现销量 18 000 件小于利润无差别点销量 20 000 件,所以不应调价。

(3) 利润无差别点销量 = $\frac{100\,000 + 30\,000 + 100\,000}{40 - 30}$ = 23 000(件)

因为最大生产能力 20 000 件等于预计市场市场容量 20 000 件,可望实现销量 20 000 件小于利润无差别点销量 23 000 件,所以不应调价。

(4) 利润无差别点销量 = $\frac{100\,000 + 100\,000}{60 - 30}$ = 6 666.67(件)

因为最大生产能力 18 000 件大于预计市场市场容量 6 000 件,可望实现销量 6 000 件小于利润无差别点销量 6 667.67 件,所以不应调价。

(5) 利润无差别点销量 = $\frac{100\,000 + (100\,000 - 60\,000)}{60 - 30}$ = 4 666.67(件)

因为最大生产能力 18,000 件大于预计市场市场容量 6,000 件,可望实现销量 6,000 件大于利润无差别点销量 4,667.67 件,所以应考虑调价。

第四节 存货决策

一、存货决策的含义

生产企业的存货是指在库、在途和加工中的原材料、包装物、低值易耗品、自制半成品、产成品、分期收款发出商品以及商业企业的商品等。必要的存货是企业生产经营连续进行的基本条件,在市场形势多变,市场竞争激烈的情况下,必须保证存货的充足、完备;另一方面存货也会占压资金,影响资金的周转,增加仓储、保险和管理费用,还可能发生各种存货损失,因而增加经营风险。由此可见,确定适当的存货政策,是企业决策和现代化管理的客观要求,也是保证企业各项生产经营活动正常进行的物质基础。

存货决策可分为存货与否决策、存货数量决策、存货期限决策等几个方面。其中,存货与否决策涉及零库存问题;存货数量决策决定存货的批量,包括采购批量和生产批量;存货期限决策涉及商品保本期和商品保利期问题。

二、存货成本的构成

(一)采购成本

采购成本是由购买存货而发生的买价和运杂费等项支出构成的成本,其总额取决于采购数量和单位采购成本。当采购单价不变时,采购成本总额只取决于购买总量。因此,在决定采购批量的决策中,存货的采购成本通常属于无关成本;但是如果供应商为扩大销售而采用数量折扣等优惠方法时,单价会随采购批量和折扣条件的不同而变化,采购成本就成为决策的相关成本。

(二)订货成本

订货成本是指为订购存货而发生的各种成本,包括采购人员的工资、差旅费、采购业务的通讯费、文件处理成本和验收成本等。这项成本可以分成固定订货成本和变动订货成本两部分。固定订货成本是指为维持一定的采购能力而发生的、各期金额比较稳定的成本,如采购部门的管理费用及采购人员的基本工资等。变动订货成本是指随订货次数成正比例变动的成本,但与每次订购量的多少无关。

(三)储存成本

储存成本是指为储存存货而发生的各种费用,也称持有成本。通常包括付现成本和资本成本两大类,如果按其总额大小是否与存货数量的多少及存储时间有关也可分为固定储存成本和变动储存成本两部分。变动储存成本包括存货在储存过程中所发生的仓储费、保险费、存货过时的损失等,也包括存货占用资金的机会成本。这部分成本随储存量的变化而成正比例变动,因而是与经济订购量决策相关的成本。另一部分具有固定成本性质,主要涉及仓库房屋、设备的折旧费、固定资产税等费用项目。一般来说,在储存业务量范围内。固定储存成本在一定期间内的发生额是固定不变的,属于存货订量决策的无关成本。

(四)缺货成本

缺货成本是指由于存货数量不能及时满足生产和销售的需要而给企业带来的损失,例如,因停产待料发生的损失,因库存不足而失去的销售机会的利润损失,因不能按时履约而造成的信誉损失等,其大多属于机会成本。缺货成本的计量通常比较困难,一般采用一定的方法估计单位平均缺货成本进行计量。只有在缺货发生时,这项成本才是相关成本。

三、经济订货批量的决策

订货批量是指企业每次从外部购买存货的数量。所谓经济订货批量(Economic Order Quantity,EOQ),是指某种存货在全年需求总量一定条件下,确定每次订购数量为多少,能使全年发生的存货相关总成本最小,即使全年相关总成本最小时的每批订购量。

(一)基本经济订货批量模型

为了解决比较复杂的问题,有必要简化或舍弃一些变量,先建立基本的经济订货批量模型,再逐渐扩展到复杂情况,这需要进行相应的假设。这些假设包括:①能够及时补充存货,企业在有订货需求时能够立即购得足够存货;②所订购的全部存货能够一次到位,不需陆续入库;③没有缺货成本;④没有固定订货成本和固定储存成本;⑤需求量稳定且能准确预测;⑥存货供应稳定且单价不变;⑦企业现金充足,不会因为现金短缺而影响进货。

在上述假设下,与经济订货决策相关总成本只有变动订货成本和变动储存成本两部分。

令 D 代表全年存货需要量,Q 代表订货批量,K 代表每批变动订货成本,K_C 代表单位存货年均储存成本,TC 代表相关总成本。则

$$TC = \frac{D}{Q} \cdot K + \frac{Q}{2} \cdot K_C$$

在上式中,用 $\frac{D}{Q}$ 代表年订货次数,用 $\frac{Q}{2}$ 确定全年平均储存量。由于在基本的经济订货批量假设下,存货一次集中到货,随后陆续均衡使用,直至存货领用完毕,下批存货又及时集中到达,如此周而复始,形成存货的变动形态,如图4.2所示。

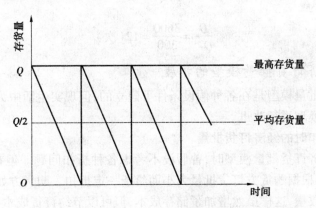

图4.2 基本经济订货批量模型下的存货变动图

在年需求量 D 一定条件下,每次订货批量越多,年订货次数就越少,订货成本相应下降,但平均库存量上升将引起储存成本的相应增加;反之,如果订货批量下降,则年平均库存量下

降,储存成本也相应减少,但订货成本会提高。经济订货批量就是使全年存货相关总成本 TC 最低的订货批量 Q^*。可利用微积分极值原理,令 TC 的一阶导数为零解出 Q^*。

经济订货批量:

$$Q^* = \sqrt{\frac{2DK}{K_C}}$$

最优订货次数:

$$\frac{D}{Q^*} = \frac{D}{\sqrt{2DK/K_C}} = \sqrt{\frac{DK_C}{2K}}$$

将经济订货批量代入相关总成本公式,得到存货年最低相关总成本:

$$TC^* = \sqrt{2DKK_C}$$

【例 4.20】 长发建材公司全年需用某种材料 3 600 吨,单位采购成本为 1 000 元,每次订货成本为 250 元,年储存成本为每吨 20 元。

要求计算该公司的经济订货批量、年最低相关总成本及年采购次数。

解 已知: $D = 3\,600$ 吨, $K = 250$ 元, $K_C = 20$ 元

则经济订货批量为

$$Q^* = \sqrt{\frac{2DK}{K_C}} = \sqrt{\frac{2 \times 3\,600 \times 250}{20}} = 300(吨)$$

全年最低相关总成本为

$$TC^* = \sqrt{2DKK_C} = \sqrt{2 \times 3\,600 \times 250 \times 20} = 6\,000(元)$$

全年订货次数为

$$\frac{D}{Q^*} = \frac{3600}{300} = 12(次)$$

(二)基本经济订货批量模型的扩展

基本经济订货批量模型是在各种假设条件下建立的,但现实生活中为使模型更具实用性,需放宽假设条件对模型进行改进。

1. 存在商业折扣时的经济订货批量

在建立基本经济订货批量模型时,曾假设不考虑各种折扣问题。但在现实中供应商鼓励客户大量购买,往往根据购货方订货批量大小而给予一定折扣。购货方如果要取得折扣优惠,就需要增加订货的数量,这样虽然增加了储存成本,但可以节约订货成本和材料成本。订货批量越大,价格上的优惠折扣就越多。此时,订货批量的大小直接决定采购价格的高低,于是订货成本、储存成本以及采购成本成为订购批量决策中的相关成本,只有三者的年合计成本最低时的方案才是最优方案。

【例 4.21】 续例 4.20,假定供应商提供商业折扣,若一次订货批量在 360 吨以上可获得

10%的折扣。

要求:确定经济订货批量。

解 在这种情况下,采购成本与每次采购数量有一定的关系。因此,企业在确定经济批量时必须将此因素考虑进去,来计算两种情况下的总成本。

(1)不享受商业折扣

经济订货批量

$$Q^* = \sqrt{\frac{2DK}{K_C}} = \sqrt{\frac{2 \times 3\,600 \times 250}{20}} = 300(吨)$$

采购成本 = 1 000 × 3 600 = 3 600 000(元)

订货成本 = 3 600/300 × 250 = 3 000(元)

储存成本 = 300/2 × 20 = 3 000(元)

年相关总成本 = 3 606 000(元)

(2)享受10%折扣时,经济订货批量为最低订货批量360吨

采购成本 = 1 000 × (1 − 10%) × 3 600 = 3 240 000(元)

订货成本 = 3 600/360 × 250 = 2 500(元)

储存成本 = 360/2 × 20 = 3 600(元)

年相关总成本 = 3 246 100(元)

当存在商业折扣的情况下,经济订货批量为360吨,年相关总成本最低。

2. 考虑订货点的经济订货批量

建立基本经济批量模型的假设包括需要订货时便可立即取得存货。实际上企业的存货不能做到随用随时补充,因此不能等存货用光再去订货,而需要在没有用完时提前订货。如果订货过早,订货时的库存量过大,将增加存货的储备量,会导致物资积压和资金积压;如果订货过晚,订货时的库存量过少,万一供应商供货延期或者企业提前超额地完成了生产计划,以致库存空虚,必定会造成停工待料,给生产经营带来不利的影响。在提前订货的情况下,企业再次发出订货单时,尚有存货的库存量,称为订货点,用 R 来表示。它的数量等于交货时间(L)和每日平均需用量(d)的乘积:

$$R = L \cdot d$$

【**例4.22**】 续例4.20,企业订货日至到货期的时间为5天,每日存货需要量10吨。要求确定甲材料的订货点。

解 $\qquad\qquad R = L \cdot d = 5 \times 10 = 50(吨)$

即企业在尚存50吨存货时,就应当再次订货。等到下批订货到达时(再次发出订货单5天后),原有库存刚好用完。此时有关存货的每次订货批量、订货次数、订货间隔时间等并无变化。订货期提前对经济订货量并无影响,可仍以原来瞬时补充情况下的300吨为订货批量,只不过在达到再订货点(库存50吨)时即发出订货单。

3. 存货陆续供应与使用的经济订货批量

在建立基本模型时,是假设存货集中一次全部入库,事实上,各批存货可能陆续入库,使存量陆续增加。而企业因生产经营的需要,也是边入库边耗用。当订货全部到达后,存货量将不断降低,至存货量降为零时,下一次存货又将陆续入库。在这种情况下,需要对图 4.2 做一些修改,得到图 4.3。

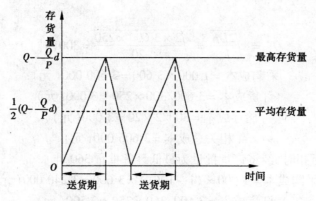

图 4.3　陆续供应与使用的存货变动图

设每批订货批量为 Q,每日进货量为 P,故该批货全部入库所需日数则为 $\dfrac{Q}{P}$,称之为送货期。设存货每日耗用量为 d,故送货期内的全部耗用量为 $\dfrac{Q}{P}d$。

由于存货边入库边耗用,所以每批送完时,最高存货量为

$$Q - \frac{Q}{P}d$$

平均存货量为

$$\frac{1}{2}\left(Q - \frac{Q}{P}d\right)$$

与经济批量有关的总成本为

$$TC = \frac{D}{Q} \cdot K + \frac{Q}{2}\left(1 - \frac{d}{P}\right) \cdot K_C$$

令 $TC' = 0$,则经济订货批量为

$$Q^* = \sqrt{\frac{2DK}{K_C} \cdot \frac{P}{(P-d)}}$$

经济订货次数为

$$\frac{D}{Q^*} = \sqrt{\frac{DK_C}{2K}\left(1 - \frac{d}{P}\right)}$$

将经济订货批量代入相关总成本公式,可得出存货陆续供应与使用的经济订货量相关总成本公式:

$$TC^* = \sqrt{2DKK_C\left(1-\frac{d}{P}\right)}$$

【例 4.23】 某种材料年需用量为 32 000 件,每日送货量为 30 件,每日耗用量为 10 件,单价为 10 元,每次订货成本为 60 元,单位储存变动成本为 4 元。

要求:计算该种材料的经济订货批量及最低相关总成本。

解 经济订货批量为

$$Q^* = \sqrt{\frac{2\times 32\,000\times 60}{4}\cdot\frac{30}{30-10}} = 1\,200(件)$$

全年相关总成本为

$$TC^* = \sqrt{2\times 32\,000\times 60\times 4\times\left(1-\frac{10}{30}\right)} = 3\,200(元)$$

四、经济生产批量的决策

在企业的生产经营过程中,产品所耗用的原材料、低值易耗品等往往是由外购而来,需要利用经济订货批量模型合理确定对外订货的批量和次数。同时生产制造企业也存在着大量的自制存货。对于自制存货而言,使全年相关总成本最小的每批生产量,被称为经济生产批量。

在计算经济生产批量时,不存在订货费用,取代它的是生产准备成本。生产准备成本包括每批产品投产以前所需的设计图纸、模具、工艺规程、工具等所耗用的人工和原材料等成本。在全年投产总量不变的情况下,投产批次越少,生产准备成本越低,但每次的批量也就越大。同时,正因为批量大,储存费用也高。反之,投产批次多,准备成本就高。但因每次批量小,储存费用却可节约。总之,经济生产批量的要求是务必使两种成本合计值为最小。

设全年存货生产量为 D,每批生产批量为 Q,每日生产量为 P,故该批存货全部生产出来所需日数则为 $\frac{Q}{P}$。设存货每日耗用量为 d,故每批存货生产阶段的全部耗用量为 $\frac{Q}{P}d$。

由于存货边生产边耗用,所以每批生产终了时,最高库存量为

$$Q - \frac{Q}{P}d$$

平均库存量为

$$\frac{1}{2}\left(Q - \frac{Q}{P}d\right)$$

设每批生产准备成本为 K,单位产品年平均储存成本为 K_C,与经济生产批量有关的全年总成本为

$$TC = \frac{D}{Q} \cdot K + \frac{Q}{2}\left(1 - \frac{d}{P}\right) \cdot K_C$$

对 TC 求 Q 的导数并整理,得
经济生产批量为

$$Q^* = \sqrt{\frac{2DK}{K_C} \cdot \frac{P}{P-d}}$$

最优生产次数为

$$\frac{D}{Q^*} = \sqrt{\frac{DK_C}{2K}\left(1 - \frac{d}{P}\right)}$$

将经济生产批量代入相关总成本公式,可得出经济生产批量相关总成本公式:

$$TC^* = \sqrt{2DKK_C\left(1 - \frac{d}{P}\right)}$$

经济生产批量模型除可直接判定最优的生产批量,还可以用于自制和外购的选择决策。自制零件属于边送边用的情况,单位成本可能较低,但每批零件投产的生产准备成本比一次外购订货的订货成本可能高出许多。外购零件的单位成本可能较高,但订货成本可能比较低。要在自制零件和外购零件之间做出选择,需要全面衡量它们各自的总成本,才能得出正确的结论。这时,就可借用经济生产批量模型。

【例4.24】 某生产企业使用某件零件,可以外购,也可以自制。如果外购,单价为5元,一次订货成本为18元;如果自制,单位成本为4元,每次生产准备成本为660元,每日产量为50件。零件的全年需求量为3 600件,储存变动成本为零件价值的20%,每日平均需求量为10件。

要求:分别计算零件外购和自制的总成本,以选择较优的方案。

解 (1)外购零件

$$Q^* = \sqrt{\frac{2 \times 3\,600 \times 18}{5 \times 20\%}} = 360(件)$$

$$TC^* = \sqrt{2 \times 3\,600 \times 18 \times 5 \times 20\%} = 360(元)$$

$$T = 3\,600 \times 5 + 360 = 18\,360(元)$$

(2)自制零件

$$Q^* = \sqrt{\frac{2 \times 3\,600 \times 660}{4 \times 20\%} \cdot \frac{50}{50-10}} = 2\,725(件)$$

$$TC^* = \sqrt{2 \times 3\,600 \times 660 \times 4 \times 20\% \times \left(1 - \frac{10}{50}\right)} = 1\,744(元)$$

$$T = 3\,600 \times 4 + 1\,744 = 16\,144(元)$$

由于自制的总成本16 144元低于外购的总成本18 360元,故以自制为宜。

五、ABC 库存分类管理法

ABC 库存分类管理法是存货日常控制中广泛采用的一种方法,其基本原理是按照一定的标准将企业存货分为 A、B、C 三类,分别实行分品种重点管理、分类别一般控制和按照总额灵活掌握的存货管理方法。

ABC 库存分类管理的标准取决于库存物资资金的累计百分数,以及相关品种占总库存物资品种数的累计百分数。A 类物资品种数占全部品种数的 10% 左右,而其累计资金占库存资金总额的 60%~75%;B 类物资品种数占全部物资总数的 20%~30%,累计资金占库存资金总额的 15%~25%;C 类物资品种数占全部物资品种数的 60%~75%,累计资金数只占库存资金总额的 15% 以下。

ABC 库存分类管理法可分为四个步骤:

(1)分别计算每种存货在一年内所占用的资金数额。

(2)计算每种存货资金占全部资金的百分比,并按大小顺序排队。

(3)根据事先测定好的标准把最重要的存货划为 A 类,把一般存货划为 B 类,把不重要的存货划为 C 类。

(4)在上述分类基础上,就可以对库存物资实行有效的管理。

在划分出来的存货类别中,A 类存货数量最少,而金额最大,应特别加强管理。应计算经济订货量,尽可能压缩到最低限度,以免积压资金,节约储备费用。需求量有明显变动时应该及时调整订货量,并相应调整安全储备量。在需求淡季时,尤其应如此处理,以节约储存费用。淡季过后,应按需求量回升进度调高订货量,同时相应调高安全储备量。在订货成本或储存成本变动时,也应及时计算经济订货量。在账户处理上,应采用永续盘存制。存货部门应设置存货分类账或存货卡,随时登记收发(货)业务,同会计部门的存货总分类账定期核对,保持平衡。

对于 B 类存货,由于其数量较 A 级为多,而价值较低,原则上并不要求同 A 级存货那样同等对待,以节约人力和物力。订货量和安全储备量可适当放宽。

至于 C 类存货,因种类繁多,品种复杂,而价格低廉,占用资金却很少。所以,管理工作可以简化,以节约繁重的人力劳动。订货量和安全储备量均可比 B 类存货再次放宽,以减少订货手续。在账户处理上 B 类同 C 类存货都可以采用期末盘存制。

本章小结

本章在阐述了经营决策的含义和基本内容、经营决策应考虑的成本概念和经营决策的一般程序的基础上,分别具体论述生产决策、定价决策和存货决策。首先具体阐述了生产决策的基本方法,包括差量分析法、成本无差别点分析法、贡献毛益分析法及其他方法,以及这些方法在新产品开发的品种决策、亏损产品的决策、特殊价格追加订货的决策、零部件自制或外购的决策、半成品或联产品生产的决策、不同生产工艺技术方案的决策中的应用;其次,明确了定价决策的影响因素,主要包括产品成本、企业营销策略、市场供求关系、竞争对手情况、政策法规等,阐述了成本基础定价法、市场导向定价法、边际分析法三种定价方法;最后,在分析了存货成本的基本构成基础上,论述了经济订货批量决策的基本模型及其扩展,并介绍了存货控制ABC法的基本原理。

自测题

一、概念题

机会成本 付现成本 重置成本 边际成本 差量成本 可避免成本 可延缓成本 专属成本 联合成本 沉没成本 差量分析法 成本无差别点分析法 贡献毛益分析法 成本加成定价法 市场导向定价法 经济订货批量

二、分析思考题

1. 短期经营决策的概念及基本内容?
2. 经营决策应考虑的成本概念?
3. 简述差量分析法、成本无差别点分析法、贡献毛益分析法的基本原理及其基本应用。
4. 成本基础定价法包括哪些内容?如何应用?
5. 市场导向定价法包括哪些内容?如何应用?
6. 经济订货批量决策包括哪些基本内容?
7. 存货控制 ABC 分析法的基本步骤?

三、计算题

1. 某公司现有生产能力 18 000 机器小时,同时生产甲、乙、丙三种产品各 2 000 件,生产能力尚有剩余,可择优增产其中一种产品,有关资料见表 4.17。

表 4.17 某公司资料   元

项目	产品甲	产品乙	产品丙
销售单价	18	20	8
单位变动成本	8	14	3
单位固定成本	5	2	1

固定成本按机器小时分摊,每小时 1 元。根据以上资料,做出剩余生产能力增产何种产品为优的决策,并用完全成本法计算增产产品可为该公司新增多少利润。

2. 某企业生产 QY 产品的生产能力为 1 000 件,正常产销量为 800 件,固定成本为 5 600 元,单位变动成本为 15 元,正常价格为 38 元,现有一客商欲订 200 件,出价 20 元,是否应该接受?若该客商订货 230 件,是否应该接受?若该客商仍订货 200 件,出价 24 元,但有特殊要求,企业需为此支付专属于固定成本 500 元,另外企业闲置的生产能力转移可取得收益 300

元,此种情况下是否应接受这项特别订货?

3. 企业需要的某种零件既可自制又可外购。如外购,单价为 35 元;如自制则发生专属固定成本 30 000 元,单位变动成本为 20 元。

要求:

(1) 计算两方案的成本无差别点业务量。

(2) 当某种零件的年需要量为 3 000 件时,应安排自制还是外购?

4. 某公司预计年耗用某种材料 6 000 千克,单位采购成本为 15 元,单位储存成本为 9 元,平均每次进货费用为 30 元,假设该材料不存在缺货情况。

试计算:

(1) 某种材料的经济订货批量;

(2) 经济订货批量下的相关总成本;

(3) 年度最佳订货次数。

5. 某企业能够生产两种产品 A、B,有关资料见表 4.18。

表 4.18　某企业资料　　　　　　　　　　　　　　　　　　　　　　　　　元

摘要	产品 A	产品 B
销售单价	10	8
单位变动成本	5	6

该企业现有人工生产能力 200 000 小时,生产产品 A、B 分别需要额定人工小时 10 小时、2 小时。另外,根据市场条件,B 产品的销售量最多只能达到 8 000 件,而 A 产品无限制。问如何安排生产,才能使得企业获取最大贡献毛益。

6. 某企业组织多品种经营,其中有一种变动成本率为 80% 的产品于 2008 年亏损了 10 000 元,其完全销售成本为 110 000 元。假定 2009 年市场销售、成本水平均不变。

要求:

(1) 假定与该亏损产品有关的生产能力无法转移,2009 年是否继续生产该亏损产品;

(2) 假定与亏损产品生产能力有关的生产能力可临时用来对外出租,租金收入为 25 000 元,但企业已具备增产一倍该亏损产品的能力,且增产生产能力无法转移,2009 年是否应当增产该产品。

7. 某企业每年需要 A 零件 2 000 件,原由金工车间组织生产年总成本为 19 000 元,其中固定生产成本为 7 000 元。如果改从市场采购,单价为 8 元,同时将剩余生产能力用于加工 B 零件,可节约外购成本 2 000 元。

要求:为企业做出外购或自制 A 零件的决策,并说明理由。

8. 某企业每年生产 A 产品 20 000 件,单位变动成本为 8 元,单位固定成本为 4 元,销售单价为 20 元,如果进一步将 A 产品加工为 B 产品,销售单价可提高到 30 元,但需追加单位变动成本 6 元,专属固定成本 40 000 元。

要求:做出 A 产品是否进一步的决策。

9. 设某公司生产甲产品,年设计生产能力为 10 000 件,单位售价为 45 元,其正常的单位成本如下:直接材料为 15 元,直接人工为 10 元,变动制造费用为 6 元,固定制造费用为 7 元,单位成本为 38 元。目前该公司还有 35% 的剩余生产能力未被充分利用,可以再接受一批订货。现有某客户要求订购甲产品 3 000 件,每件只出价为 36 元。

要求:

(1)根据上述资料做出是否接受该项追加订货的决策分析。

(2)若该客户要求订购甲产品 4 000 件,这时该公司如接受订货,需减少正常产品的销售量 500 件,但对方出价仍为每件 36 元。请做出是否接受这项订货的决策分析。

【案例分析】

1. 编制差量成本分析表见表 4.19。

表 4.19 差量成本分析表

	竞投	不竞投	差量成本
(1)原材料 A	—	7 000	-7 000
(2)原材料 B	32 000	—	32 000
(3)直接人工	28 000	—	28 000
(4)监督成本	—	—	—
(5)间接费用	—	—	—
(6)机器净成本	19 000	—	19 000
相关成本合计	79 000	7 000	72 000

竞争对手的出价　　　　1 20 000 元
项目相关成本　　　　　72 000 元
项目损益　　　　　　　48 000 元

说明:

(1)原材料 A 已存放于仓库,竞投项目 Y 不会增加此项成本;如果不竞投项目 Y,则公司将要处理原材料 A。

(2)原材料 B 需要特地购入,为相关成本。

(3)无论竞投与否都需要支付工人工资 24 000 元。但如果工人是从别的项目调配过来的话,便须支付额外的 28 000 元,才能使此项目进行。

(4)监督工作是由现有职员负责,不论竞投与否,职员都会收到薪金,但也不会因此而得到额外的酬劳。因此监督成本是无关成本。

(5)由于公司在现水平(高于保本点)的运作足以完全承担所有的间接费用,因此并不需要计算一个间接费用到项目 Y。

(6)机器净成本 = 40 000 - 21 000 = 19 000(元)。

2. 报告应说明:

根据上述计算的数字及解释,如果公司的竞投价格与对手的相同为 120 000 元,则公司将赚得 48 000 元的利润。

简单来说,竞投该项目,只需考虑与该项目有关的一些成本,即相关成本,这些成本将由该项目的经营所得支付。而有些成本与该项目无关,即不论竞投与否,都是不可避免的,如 24 000 元的工人工资、监督成本和间接费用等,这些成本将由现在的经营所得支付。

因此,公司应竞投此项目,而竞投价格介于 72 000 元至 120 000 元之间。如果要战胜竞争对手,应把价格定在 120 000 元之下。

3. 应考虑如下非货币性因素:

(1)公司对这类项目可能缺乏经验,工人可能需要接受培训,而管理人员也可能会承受不必要的压力。此外,技术上也可能遇到预测不到的困难。

(2)项目的运作时间和其消耗的共用资源也可能影响现时的运作。

(3)应关注海外的环境。订单可能因为政治因素而在没有通知的情况下被取消。此外,也可能需要符合一些法律的要求(例如安全标准)。客户信用状况也要考虑。

(4)项目可能提供一个打进新市场的机会。为了要取得将来的订单,现在可能需要定一个比竞争对手低的价格。

4. 假如公司是在低于保本点的水平运作,即表示1的运作所产生的贡献边际并不足以支付固定成本,则部分或全部的监督成本及间接费用便需转嫁于项目 Y 上,竞投价格的计算是 72 000 + 8 000 + 48 000 = 128 000 元。换句话说,公司并不能与对手竞争。除非公司认为客户会因为一些非货币性因素,例如产品质量或完成速度,而愿意支付较高的价格,否则公司不应竞投此项目。

【阅读资料】

短期经营决策模型的相关范围及其影响因素

1. 关于"亏损产品应否停产"决策模型的相关范围及影响因素

(1)决策的基本模型。当企业在生产经营中发生某种产品或某个部门亏损的情形时,作为是否停产该产品或停业该部门的决策模型是采用边际贡献法和差量分析法:①当生产能力无法转移时,如果亏损产品或部门无边际贡献,则应该停产;如果亏损产品尚能提供边际贡献,则暂时不停产,以帮助其他产品或企业消化部分固定成本,实现整体利益最大化。②当生产能力可以转移时,如停产亏损产品或部门后腾出来的生产能力可以转产其他产品、经营其他部门,或者出租生产能力获利,则决策时应在转移生产能力的获利额与继续生产和经营亏损产品的边际贡献额之间进行权衡,选择获利较大的方案。

(2)基本决策模型的相关范围。上述基本决策模型是建立在以下假设条件之上的:①不考虑该亏损产品或部门在企业长期目标中的地位,即该产品或部门经营项目是企业准备长期发展、推广的产品,还是准备收缩战线的品种或项目。若考虑这一因素,则作为前者,即使暂时不能提供边际贡献,也不应停产,而是努力使之扭亏为盈,以期实现长远目标;反之,若为后者,即使该产品或部门尚能产生边际贡献,也要考虑停产或转产,因其不符合企业的长远目标。②不考虑该亏损产品的生命周期。产品处于不同的生命周期,企业所采取的经营策略应有所不同,因此,产品的生命周期对这一问题的决策将不可避免地产生影响。具体地说:若亏损产品正处在试销期,调查所获信息表明其有良好的发展空间和发展趋势,只要努力使其进入成长期,则即使暂时出现亏损,也不应该停产。相反,若有明显迹象表明亏损产品已进入衰退期,那么,即使它能为企业提出暂时的边际贡献,也可能要考虑停产,以便将人力、物力、财力转向推广更有发展潜力的产品。由此可见,关于"亏损产品是否停产"决策的基本模型只能用做相关范围内的决策。事实上,上述相关范围几乎不存在,而相关范围以外的因素却是客观存在的。

2. 关于"设备出租或出售"决策模型的相关范围及其影响因素

(1)决策的基本模型。由于多变市场的影响,企业需要不断调整自己的经营方向和经营策略。在调整中,有时会出现设备闲置问题,闲置设备如何处置?在几种处置方案中,如何选择最佳方案?这是目前纳入短期经营决策的又一问题。在决策的基本模型中,通常采用的是差量分析法,即计算出租(经营租赁)方案与出售方案的差量收入、差量成本,通过比较两者的差量利润选择最佳方案。在决策过程中,设备的原始成本和累计折旧作为沉没成本不再加以考虑,而租赁(经营租赁)的成本主要是指由出租方承担的维修、保险等费用;出售设备的成本主要是指出售时发生的相关税费及经纪人的佣金。

(2)基本决策模型的相关范围及其影响因素。以上决策的基本模型是在下列相关范围内做出的:①假设闲置设备是因生产经营方针调整而不再需要的设备,否则,将不会有出售的备选方案。同时,在决策模型中只考虑付现金成本。事实上,非付现成本在出售或出租的备选方案中是差量成本,是必须考虑的因素之一。出售设备后,企业将不再计提折旧,而出租(经营租赁)后,作为出租方的企业要继续对该设备提取折旧,尽管折旧作为非付现成本,并不影响现金流量,但它作为差别成本将影响企业的利润,或者说它是短期经营决策的相关成本,应加以考虑。②决策模型没有将融资租赁作为备选方案一并考虑。事实上,既然将出售作为这一决策的备选方案,说明该设备不再需要,那么,也应该将融资租赁纳入其中。而融资租赁涉及的期限较长,产生的收益将延长至以后各期,并对企业产生长远的影响。那么这一决策已非真正意义上的短期决策了。

资料来源:周传丽. 短期经营决策模型的相关范围及其改进. 财会通讯,2004(5):16-18.

第五章
Chapter 5

长期投资决策

【学习要点及目标】

通过本章的学习，应该了解长期投资决策分析的含义、长期投资的类型及其决策分析的特点，建立货币时间价值和投资风险价值的观念；掌握资金成本的含义及计算方法，熟悉长期投资决策的一般程序；理解现金流量的含义及内容，并能熟练地计算现金净流量；在掌握货币时间价值计算基本原理的基础上，重点掌握各投资决策评价指标的计算方法，并运用投资决策指标进行长期投资决策分析；掌握长期投资决策的敏感性分析。

【导入案例】

RJR"灾难性"投资项目

当 RJR 宣布取消其名为 Premier 的无烟香烟投资项目时，《华尔街日报》称其为"近期历史上最令人震惊的新产品灾难"。在 RJR 为期 5 个月的试销期内，公司在该产品上已经花费了近 3 亿美元，公司甚至已经新建了一个工厂以便大批量生产该产品。

这种新烟草产品有两个致命的弱点——这种烟必须要用一种特制的打火机才能点燃；另外，大部分人都不喜欢这种烟的味道。由于 Premier 只能加热，而不是燃烧烟草，而大多吸烟者恰恰喜欢的就是吸烟时吞云吐雾的感觉。这种香烟首次问世时，这些问题已经广为人知，但 RJR 公司还是不惜往上大把砸钱。

那么究竟是什么原因导致公司高层无视这些弱点而在该产品上浪费了近3亿美元呢？据行业观察家声称，公司内部很多人都认识到了问题的严重性，但是没人愿意触怒高层。而高层管理者此时还沉浸在他们伟大的设想中，他们相信即使存在诸多问题，顾客还是会张开双臂欢迎这个新产品。有趣的是，很多高层管理者都抽烟，但没有人抽这种无烟香烟。

虽然RJR所在的是一个高利润空间的市场，而且每年有数十亿美元的现金流入，在引进

Premier 生产线时，公司经营状况并不尽如人意。当然，无烟香烟项目并没有搞垮 RJR 公司，但其对热心于该计划的高层管理者不营是沉重的一击。

不幸的是，RJR 似乎试图挽救第一次无烟香烟投资的失败，8 年后，该公司又引进了第二个无烟香烟项目，这次是 Eclipse。在 Eclipse 上，RJR 再次投入了 1.5 亿美元，但结果都是烂摊子。事实上，Eclipse 的持续时间也和第一个项目相差无几，都只有几个月的时间。

试想，如果 RJR 公司的高层管理者在项目投资之前能够进行项目投资分析，也许他们就不至于会在无烟香烟项目上白白浪费了这么多资金。相反，他们也许会发现，由于所产生的现金流量不足以弥补初始投资，因而该项目最初就应该被否决。

第一节 长期投资决策概述

一、长期投资决策的含义及内容

（一）长期投资决策的含义

长期投资决策是指与长期投资项目有关的决策制定过程。由于长期投资方案涉及资本支出，故又叫资本支出决策（Capital Expenditure Decision）。长期投资决策一经确定，还要编制资本支出预算，以便进行控制与考评，因而又被称为资本预算决策（Capital Budget Decision）。

长期投资是指涉及投入大量资金，获取报酬或收益的持续期间超过一年以上，能在较长时间内影响企业经营获利能力的投资。长期投资项目涉及较长的生产周期，需要投入大量资金，并伴随着较大的风险，最终将决定企业的长期获利能力。与长期投资项目有关的决策过程统称为长期投资决策。

（二）长期投资决策的内容

一项长期投资决策一般会涉及三个方面内容：一是固定资产的投资，例如企业要开发一个新产品的投资项目，就要对建造厂房、购置设备等作出固定资产的投资决策。二是流动资产的投资，例如企业要开发新产品，除要对固定资产进行投资以外，同时也要作出增加原材料、在制品和产成品等存货，以及货币资金等流动资产垫支的决策。三是投产前有关费用的支出，例如需要作出开办费、职工培训费等投产前费用支出的决策。当然，对于更新改造项目，一般只涉及固定资产投资，而不涉及垫支流动资产和投产前的费用支出。

二、长期投资决策的类型及特点

（一）长期投资决策的类型

1. 长期投资按其对象分类可分为项目投资、证券投资和其他投资三种类型

项目投资是一种以特定项目为对象，直接与固定资产的构建项目或更新改造项目有关的长期投资行为。即它是以形成或改善企业生产能力为最终目的,至少涉及一个固定资产项目的投资。证券投资则是企业通过让渡资金的使用权而取得某种有价证券,以收取利息、使用费或股利等形式取得收益而使得资金增值或获得对特定资源、市场及其他企业控制权为目的的一种投资行为,包括长期债券投资和长期股票投资。除此之外则为其他投资。

2. 长期投资按投资动机的不同可分为诱导式投资和主动式投资

诱导式投资是指由于投资环境条件的改变、科技的进步、政治经济形式的变革而由生产本身激发出来的投资;主动式投资是指完全由企业家本人主观决定的投资,它受到投资者个人的偏好、对风险的态度及其灵活性的影响。

3. 长期投资按投资影响的范围和时间不同可分为战术型投资和战略型投资

战术型投资是指一般不会改变企业的经营方向,只限于局部条件的改善,影响范围较小的投资;战略型投资是指通常能够改变企业经营方向对企业全局产生重大影响的投资。

4. 长期投资按其与再生产类型的联系可分为合理型投资和发展型投资

合理型投资是指与简单再生产相联系,为维持原有产品的生产经营而必须进行的投资,如设备的日常维修和一般更新等;发展型投资是指扩大再生产所需进行的长期投资,如新增固定资产、扩建厂房、改造设备等。

5. 长期投资按其直接目标的层次可分为单一目标投资和复合目标投资

单一目标投资是指奋斗目标是唯一的,包括以增加收入为目标的投资和以节约开支为目标的投资两种类型;复合目标投资的奋斗目标则是不唯一的,按照多个目标之间的关系不同又包括主次目标分明型的投资和目标并列型的投资。

(二)各类长期投资决策的特点

1. 项目投资决策、证券投资决策和其他投资决策的特点

项目投资一定与构建固定资产项目或更新改造项目有关。证券投资则是企业通过让渡资金的使用权而取得的某种有价证券,有价证券包括股票、债券、基金、可转换债券、认股权证等。除此之外则为其他投资。

2. 诱导式投资决策和主动式投资决策的特点

诱导式投资偏重于客观形式的分析判断;主动式投资则更注重发挥投资者个人的主观能动性。

3. 战术型投资决策和战略型投资决策的特点

战术型投资决策大多由中低层或职能管理部门筹划,由高层管理部门参与制定;战略型投资决策则多由企业最高管理当局筹划,并需要报经董事会或上级主管部门批准。

4. 合理型投资决策和发展型投资决策的特点

合理型投资决策主要考虑如何更加合理地为维持或利用现有条件;发展型投资决策则主要倾向于企业未来发展战略的实施与贯彻。

5. 单一目标投资决策和复合目标投资决策的特点

单一目标投资决策比较简单,容易操作;复合目标投资决策比较复杂,需要对不同目标之间的关系进行排序处理。

现将长期投资决策的不同类型及其特点归纳在表 5.1 之中,以便于学习掌握。

表 5.1 长期投资决策的不同类型及其特点

分类标志	决策类型	决策特点
投资对象	项目投资	以形成或改善企业生产能力为最终目的,至少涉及一个固定资产项目的投资
	证券投资及其他投资	以收取利息、使用费或股利等形式取得收益而使资金增值或获得对特定资源、市场及其他企业控制权为目的的一种投资行为
投资动机	诱导式投资决策	偏重于客观形式的分析判断
	主动式投资决策	更注重发挥投资者个人的主观能动性
投资影响的范围和时间	战术型投资决策	大多由中低层或职能管理部门筹划,由高层管理部门参与制定
	战略型投资决策	多由企业最高管理当局筹划,并需要报经董事会或上级主管部门批准
投资与再生产类型的联系	合理型投资决策	主要考虑如何更加合理地维持或利用现有条件
	发展型投资决策	主要倾向于企业未来发展战略的实施与贯彻
长期投资直接目标的层次	单一目标投资决策	比较简单,容易操作
	复合目标投资决策	比较复杂,需要对不同目标之间的关系进行排序处理

三、长期投资决策的一般程序

鉴于长期投资决策的重要性,企业进行长期投资决策时不可不慎。这就要求企业按一定的程序,运用科学的方法进行分析评价,以保证决策的正确性。长期投资决策程序一般包括以下五个步骤:

(一)投资项目的提出

好的投资方案不会从天而降,企业应充分鼓励各部门广泛提出各种各样的投资项目。其方案一般由生产、技术、财务等各方面的专家组成的研究与开发部提出。投资方案的提出通常依据以下几类信息,如扩大销售的需求、市场发展动态、技术进步成果、专家建议、竞争环境的变化等。

(二)投资项目的评价

投资项目的评价,主要涉及以下几项工作:

1. 对提出的投资方案进行分类,为分析评价做好准备。
2. 计算各方案的预计收入和成本,预测投资项目的现金流量。
3. 运用恰当的评价指标和决策方法,把各方案按可行性大小顺序进行排队。
4. 编写出评价报告,报请上级批准。

(三)投资项目的决策

根据评价报告,企业领导者要做最后决策。决策结果一般有三种:一是接受这个项目,可以进行投资;二是拒绝这个项目,不能进行投资;三是退回原项目提出部门,重新调查研究,再做处理。

(四)投资项目的执行

决定对某项目进行投资后,要积极筹措资金,实施投资。在执行过程中,要对工程进度、工程质量、施工成本等进行控制,以使投资项目按预算保质按时完成。

(五)投资项目的再评价

在执行过程中,应时刻观察做出的决策是否合理正确。一旦出现新情况,就要随时根据变化做出新的评价;如果情况发生重大变化,原来的投资决策已变得不合理,就要对是否中途停止投资做出决策,以使损失降低到最低限度。

四、长期投资决策的影响因素

长期投资的特点是投资金额大、投资期限相对较长,这就决定了在进行长期投资决策的分析评价时,除了一般决策要考虑的因素外,还必须重视时间因素的影响。而时间因素的影响是通过货币时间价值、投资的风险价值、资金成本和现金流量等四个因素加以体现的。

第二节 长期投资决策主要影响因素的测算

一、货币时间价值及其测算

(一)货币时间价值的含义

货币的时间价值是指货币经历一定时间的投资和再投资所增加的价值,也称为资金的时间价值。其实质是处于社会总周转过程中的资金在使用中由劳动者创造的,因资金所有者让渡资金使用权而参与社会财富分配的一种形式。

货币投入生产经营过程后,其数额随着时间的持续不断增长,这是一种客观的经济现象。企业资金循环和周转的起点是投入货币资金,企业用它来购买所需的资源,然后生产出新的产品,产品出售时得到的货币量大于最初投入的货币量。资金的循环和周转以及因此实现的货币增值,需要或多或少的时间,每完成一次循环,货币就会增加一定的数额,周转的次数越多,增值额也就会越大。因此,随着时间的延续,货币总量在循环和周转中按几何级数增长,使得货币具有时间价值。也就是说,现在的1元钱和将来的1元钱经济价值不相等。由于不同时间的单位货币价值不相等,所以,不同时间的货币收入不宜直接进行比较,需要将它们换算到相同的时间基础上,才能进行大小的比较和比率的计算。

应当注意的是,货币的自行增值是在其被当做投资资本的运用过程中实现的,不能被当做资金利用的货币是不具备自行增值属性的。

在实务中,人们习惯使用相对数字表示货币的时间价值,即用单位时间(通常是一年)的报酬占投入货币额的百分数来表示。从这个意义上看,货币时间价值的相对量形式就是在不考虑风险和通货膨胀条件下的社会平均资本利润率。为了便于理解货币时间价值的计算公式,我们假定利息、利息率或折现率可以在一定程度上代表货币的时间价值。但必须明确,只有在没有风险和通货膨胀的情况下,上述各种比率才可以被视为货币时间价值。

(二)货币时间价值的计算制度

1. 本金、利息与本利和的关系

以银行为例,开始存入的本钱叫本金。本金是计算利息的基础,利息是按照事先确定的利率和存款期的长短,通过一定方法计算出来的存款的报酬。一定时期后的本金与利息的合计数叫做本利和,即:本金+利息=本利和。

(1)单利制:是指以最初的原始本金为计息基础,当期利息不计入下期本金从而不改变计息基础,各期利息额保持不变的一种计息方式。

(2)复利制:是指将当期未被支取的利息计入下期本金从而改变计息基础,使每期利息额逐渐递增,利生利的一种计息方式,俗称"利滚利"。

(3)两种不同计息制度的比较

【例5.1】 企业于第一年初将10 000元存入银行,存款年利息率为10%,存款期限为5年,要求分别按照单利、复利两种计息制度计算各期利息及期末本利和(计算结果见表5.2)。

表 5.2　例 5.1 结果

制度	单利制			复利制		
时期	本金	当期利息	期末本利和	本金	当期利息	期末本利和
栏次	①	②	③	④	⑤	⑥
第1年	10 000	1 000	11 000	10 000	1 000	11 000
第2年	10 000	1 000	12 000	11 000	1 100	12 100
第3年	10 000	1 000	13 000	12 100	1 210	13 310
第4年	10 000	1 000	14 000	13 310	1 331	14 641
第5年	10 000	1 000	15 000	14 641	1 464.1	16 105.1
利息合计	—	5 000	—	—	6 105.1	—

可以看出,同样是在前4年年末均未取出当年利息的情况下,单利制下第五年年末的本利和为15 000元,而在复利制下的第五年年末的本利和则为16 105.10元。两种计息制下本利和的计算公式可总结如下:

单利本利和 = 本金×(1 + 利率×计息期数)

复利本利和 = 本金×(1 + 利率)^{计息期数}

在扩大再生产的条件下,企业运用货币资本所取得的收益往往要再投入经营周转中去,求得更大的收益,这一过程与复利制的原理一致,因此,按复利制计算和评价企业货币时间价值比使用单利制要相对准确一些。在长期投资决策考虑货币时间价值因素时,通常按照复利计算进行。

2. 一次性收付款项终值与现值的计算

在管理会计中,将在某一特定时点上发生的某项一次性付款(或收款)业务,经过一段时间后再发生与此相关的一次性收款(或付款)业务,我们称为一次性收付款项。例如,存入银行一笔现金10 000元,年利率为10%,经过5年后一次取出本利和16 105.10元,就属于这类一次性收付款项。在复利制条件下,将一次性收付款项在一定时间的起点发生的数额(如本金)称为复利现值(Present Value),即该款项现在的价值,简记作 P;将一次性收付款在一定时间终点发生的数额(如本利和)称为复利终值(Future Value),即该款项在若干时期后所拥有的本金和利息的总额,简记作 F。也有人称一次性收付款的现值和终值为复利现值和复利终值。在考虑时间价值的情况下,现值与终值在价值上是等价的,它们与实际的货币收付并没有必然的联系。

(1) 一次性收付款项终值的计算

由于复利终值即为按复利计算的本利和,若用 F 表示终值,P 表示现值,i 表示利率,n 表示计息期数,则复利终值的计算公式可表示为

$$F = P(1+i)^n$$

上式中，$(1+i)^n$通常被称为"一次性收付款项终值系数"，简称"复利终值系数"，可用符号$(F/P,i,n)$表示。该系数可通过查"附表1"直接取得。则复利终值计算公式可表示为

$$F = P \cdot (F/P,i,n)$$

【例5.2】 仍按照例5.1的业务资料，企业将10 000元存入银行，利率$i=10\%$，则5年后的复利终值(本利和)为

$$F = P \cdot (F/P,i,n) = 10\ 000 \cdot (F/P,10\%,5) = 10\ 000 \times 1.610\ 5 = 16\ 105(元)$$

所以5年后的本利和为16 105元。

(2) 一次性收付款项现值的计算

由复利终值(本利和)求复利现值(本金)的过程也叫折现，此时使用的利率i又称折现率。折现是复利终值计算过程的逆运算。由复利终值的计算公式$F = P(1+i)^n$，两边同除以复利终值系数$(1+i)^n$，可以得到复利现值的计算公式为

$$P = F(1+i)^{-n}$$

上式中，$(1+i)^{-n}$通常被称为"一次性收付款项现值系数"，简称"复利现值系数"，可用符号$(P/F,i,n)$表示。该系数可通过查"附表2"直接取得。复利终值系数和复利现值系数互为倒数。则复利现值计算公式可表示为

$$P = F \cdot (P/F,i,n)$$

【例5.3】 某企业准备在5年后用10 000元购买一新设备，按银行利率为10%的复利情况下计算，该公司现在应存入银行的资金为

$$P = F \cdot (P/F,i,n) = 10\ 000 \cdot (P/F,10\%,5) = 10\ 000 \times 0.620\ 9 = 6\ 209(元)$$

所以现在应该存入银行6 209元。

3. 系列等额收付款项终值与现值的计算

年金(Annuity)是指在一定时期内，每隔相同时间(如一年、半年、季等)就发生相同数额的系列收款或付款，也称等额系列款项。在现实经济生活中，分期等额形成或发生的各种偿债基金、折旧费、养老金、保险金、租金、等额分期收付款、零存整取储蓄存款业务中的零存数、整存零取储蓄存款业务中的零取金额、定期发放的固定奖金、债券利息和优先股股息以及等额回收的投资额等，都属于年金的范畴。年金按付款的具体方式不同，又分为普通年金、预付年金、递延年金和永续年金等几种形式。其中普通年金应用最为广泛，其他几种年金均可在普通年金的基础上推算出来。

(1) 普通年金终值和现值的计算

普通年金(Ordinary Annuity)又称后付年金，是指各期期末等额收付的年金。以后凡涉及年金问题若不做特殊说明均指普通年金。按一定的利率，若干期普通年金本利总和称为普通年金终值，简称年金终值；若干期普通年金折现到现在的价值总和称为普通年金现值，简称年金现值。

①普通年金终值的计算

设 A 为年金,F 为年金终值,P 为年金现值,i 为利率,n 为计息期数。年金终值的计算过程如图5.1表示。

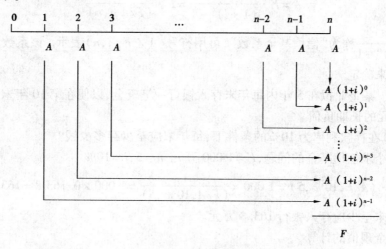

图 5.1 普通年金终值计算示意图

$$F = A(1+i)^0 + A(1+i)^1 + A(1+i)^2 + \cdots + A(1+i)^{n-2} + A(1+i)^{n-1} \quad (5.1)$$

将式(5.1)两边同乘(1+i),得

$$F(1+i) = A(1+i)^1 + A(1+i)^2 + A(1+i)^3 + \cdots + A(1+i)^{n-1} + A(1+i)^n \quad (5.2)$$

式(5.2)减去式(5.1),得

$$F \cdot i = A(1+i)^n - A$$

$$F = A \cdot \left[\frac{(1+i)^n - 1}{i}\right]$$

上式中,$\frac{(1+i)^n - 1}{i}$ 通常被称为"年金终值系数",可用符号 $(F/A, i, n)$ 表示。该系数可通过查"附表3"直接取得。则普通年金终值计算公式可表示为

$$F = A \cdot (F/A, i, n)$$

【例5.4】 某企业连续10年于每年末存款10 000元,年复利率为10%。要求:计算第5年末可一次取出本利和是多少钱?

解 根据题意,$A = 10\,000, n = 5, i = 10\%$

$F = A(F/A, i, n) = 10\,000 \times (F/A, 10\%, 5) = 10\,000 \times 6.105\,1 = 61\,051(元)$

所以5年后可一次取出61 051元。

若已知年金终值F,求每期等额年金A的过程叫偿债基金的计算,它是年金终值的逆运算,所求得的年金A亦称年偿债基金,又叫积累基金,是指在特定的时期内,于每期期末存入

相同数额的款项,以便到期后,连同利息聚积成一笔预定数额的款项。

其计算公式如下:

$$A = F \cdot \frac{i}{(1+i)^n - 1} = F \cdot \frac{1}{(F/A, i, n)}$$

上式中,$\frac{i}{(1+i)^n - 1}$ 称为"偿债基金系数",可用符号 $(A/F, i, n)$ 表示。该系数可根据年金终值系数的倒数来确定。

【例5.5】 某企业拟在5年内每年末存入银行一笔资金,以便在第10年末归还一笔到期值为1 000万元的长期负债。

要求:计算在存款利率为10%的条件下,每年末应至少存多少钱?

解 这是个求偿债基金的问题,$F = 1\ 000$ 万元,$n = 5$,$i = 10\%$

$$A = 1\ 000 \cdot (A/F, 10\%, 5) = 1\ 000 \times \frac{1}{(F/A, 10\%, 5)} = 1\ 000 \times 0.163\ 8 = 163.8 (万元)$$

所以每年末至少应存入银行163.8万元。

② 普通年金现值的计算

年金现值是指一定时期内每期期末收付款项的复利现值之和。实际上就是指为了每期期末取得或支出相等金额的款项,现在需要一次投入或借入多少金额。普通年金现值计算过程如图5.2所示。

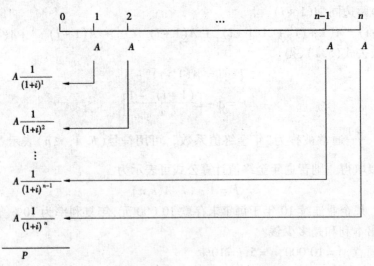

图5.2 普通年金现值计算示意图

$$P = A(1+i)^{-1} + A(1+i)^{-2} + A(1+i)^{-3} + \cdots + A(1+i)^{-(n-1)} + A(1+i)^{-n} \quad (5.3)$$

将式(5.3)两边同乘$(1+i)$,得

$$P(1+i) = A(1+i)^0 + A(1+i)^{-1} + A(1+i)^{-2} + \cdots + A(1+i)^{-(n-2)} + A(1+i)^{-(n-1)}$$
(5.4)

式(5.4)减去式(5.3),得

$$P \cdot i = A - A(1+i)^{-n}$$

$$P = A \cdot \left[\frac{1-(1+i)^{-n}}{i}\right]$$

上式中,$\frac{1-(1+i)^{-n}}{i}$ 通常被称为"年金现值系数",可用符号$(P/A, i, n)$表示。该系数可通过查"附表4"直接取得。则普通年金现值的计算公式为

$$P = A \cdot (P/A, i, n)$$

【例5.6】 企业打算连续5年在每年年末取出100万元,银行利率为10%。

要求:计算企业最初应一次存入多少钱?

解 根据题意,$A=100$万元,$n=5$,$i=10\%$

$$P = A \cdot (P/A, i, n) = 100 \cdot (P/A, 10\%, 5) = 100 \times 3.7908 = 379.08(万元)$$

所以最初应一次性存入379.08万元。

若已知年金现值P,求每期等额年金A,也即年金现值的逆运算,所求得的年金A亦称投资回收额。即指在事先已知原始投资额的情况下,于特定的时期内,每期期末收回相同数额的款项。其计算公式如下:

$$A = P \cdot \frac{i}{1-(1+i)^{-n}} = P \cdot \frac{1}{(P/A, i, n)}$$

上式中,$\frac{i}{1-(1+i)^{-n}}$ 称为"投资回收系数",可用符号$(A/P, i, n)$表示。这个系数可根据年金现值系数的倒数求得。

【例5.7】 假设以10%的利率借款10 000元投资于某个寿命为5年的项目,每年至少要收回多少现金才是有利的?

解 $A = P \cdot \frac{1}{(P/A, 10\%, 5)} = 10\,000 \times \frac{1}{3.7908} = 2\,637.97(元)$

因此,每年至少要收回现金2 637.97元,才能还清贷款本利。

(2)预付年金终值和现值的计算

预付年金(Prepaid Annuity)是指在每期期初支付的年金,又称即付年金或先付年金。

①预付年金终值的计算

预付年金终值与现值的计算同普通年金终值与现值的计算原理一样,两者的差异仅在于收付款项的时间,一个在期初,一个在期末。从预付年金与n期普通年金的关系看,两者发生的次数相同,区别仅在于首次发生的时间不同,导致n期预付年金终值比n期普通年金终值多

计算了一期利息,因此在 n 期普通年金终值的基础上乘以 $(1+i)$ 就可以计算出 n 期预付年金终值。预付年金终值的计算公式为

$$F = A\frac{(1+i)^n - 1}{i}(1+i) = A \cdot \left[\frac{(1+i)^{n+1} - 1}{i} - 1\right]$$

上式中,$\frac{(1+i)^{n+1} - 1}{i} - 1$ 通常被称为"预付年金终值系数",它是在普通年金终值系数的基础上,期数加1、系数值减1所得的结果,通常记为 $[(F/A,i,n+1) - 1]$。查阅"附表3"得到 $(n+1)$ 期的值,然后减去1便可得对应的即付年金终值系数的值。则预付年金终值的计算公式可表示为

$$F = A \cdot [(F/A,i,n+1) - 1]$$

【例5.8】 某企业每年年初存入银行100万元,银行存款年利率为10%,连续存入5年。问企业在第5年末能一次取出多少钱?

解 $F = A \cdot [(F/A,i,n+1) - 1] =$
    $100 \cdot [(F/A,10\%,5+1) - 1] =$
    $100 \times (7.7156 - 1) =$
    $100 \times 6.7156 = 671.56(万元)$

所以第5年末可以取出671.56万元。

②预付年金现值的计算

从 n 期预付年金与 n 期普通年金的关系看,两者发生的次数相同,区别仅在于首次发生的时间不同,导致 n 期预付年金现值比 n 期普通年金现值少计算了一期利息,因此,在 n 期普通年金现值的基础上乘以 $(1+i)$ 就可以计算出 n 期预付年金现值。预付年金终值的计算公式为

$$P = A\frac{1 - (1+i)^{-n}}{i}(1+i) = A \cdot \left[\frac{1 - (1+i)^{-(n-1)}}{i} + 1\right]$$

上式中,$\frac{1 - (1+i)^{-(n-1)}}{i} + 1$ 通常被称为"预付年金现值系数",它是在普通年金现值系数的基础上,期数减1、系数值加1所得的结果,通常记为 $[(P/A,i,n-1) + 1]$。查阅"附表4"得到 $(n-1)$ 期的值,然后加上1便可得对应的预付年金现值系数的值。则预付年金现值的计算公式可表示为

$$P = A \cdot [(P/A,i,n-1) + 1]$$

【例5.9】 某企业租用一台生产设备为期5年,且这5年来每年年初均需支付租金1 000元,若年利率为10%,则所付租金的现值为是多少钱?

解 $P = A \cdot [(P/A,i,n-1) + 1] =$
    $1\,000 \cdot [(P/A,10\%,5-1) + 1] =$
    $1\,000 \times (3.1699 + 1) =$
    $4\,169.9(元)$

所以该企业所付租金的现值为 4 169.9 元。

(3)递延年金终值与现值的计算

递延年金是指在最初若干期没有等额收付款项的情况下,后面若干期有等额的系列收付款项的年金。假定在 $m+n$ 期间内,最初有 m 期没有收付款,后面 n 期每年有等额收付的款项,则 n 期的等额款项就是递延年金。递延年金是普通年金的特殊形式,凡不是从第一期开始的年金都可理解为是递延年金。

①递延年金终值计算

递延年金的终值大小,与递延期无关,完全可以利用普通年金终值公式来进行计算。

$$F = A \cdot (F/A, i, n)$$

②递延年金现值计算

求递延年金现值时,可以先求出递延年金在 n 期期初(m 期期末)的现值,再将其作为终值贴现至 m 期的期初,即是递延年金的现值。计算公式为

$$P = A \cdot (P/A, i, n) \cdot (P/F, i, m)$$

递延年金现值还可用另外一种方法计算,假设 $m+n$ 期,每期期末均有年金发生,先求出 $m+n$ 期年金现值,再减去 m 期年金的现值,二者之差就是递延年金现值。计算公式为

$$P = A \cdot [(P/A, i, m+n) - (P/A, i, m)]$$

【例 5.10】 某公司向银行借入一笔款项,年利率为 10%,银行规定前 5 年不用还本付息,从第 6 年起至第 10 年年末偿还本息 10 000 元,则这笔贷款还本付息的现值是多少?

解 方法 1

$$P = A \cdot (P/A, i, n) \cdot (P/F, i, m) =$$
$$10\ 000 \cdot (P/A, 10\%, 5) \cdot (P/F, 10\%, 5) =$$
$$10\ 000 \times 3.790\ 8 \times 0.620\ 9 =$$
$$23\ 537.08(元)$$

方法 2

$$P = A \cdot [(P/A, i, m+n) - (P/A, i, m)] =$$
$$10\ 000 \times [(P/A, 10\%, 10) - (P/A, 10\%, 5)] =$$
$$10\ 000 \times (6.144\ 6 - 3.790\ 8) =$$
$$23\ 538(元)$$

(4)永续年金的终值与现值的计算

永续年金的特征是没有一个特定的期限,其年金期限一直持续到永远,趋向于无穷大。对于永续年金而言,因其没有终止时间,也就不存在终值,只能计算现值。永续年金的现值就是当年金期限 n 趋向于无穷大时,普通年金现值的极限值。根据极限运算法则可知,永续年金现值计算公式为

$$P = A\frac{1-(1+i)^{-n}}{i}$$

当 $n\to\infty$ 时,$(1+i)^{-n}\to 0$,所以

$$P = \frac{A}{i}$$

【例5.11】 拟建立一项永久性的奖学金,每年计划颁发10 000元奖金。若利率为10%,现在应存入多少钱?

$$P_A = \frac{10\ 000}{10\%} = 100\ 000(元)$$

(5)名义利率与实际利率的换算

上面讨论的有关计算均假定利率为年利率,每年复利一次。但实际上,复利的计息期间不一定是一年,有可能是季度、月份或日。比如某些债券半年计息一次;有些抵押贷款每月计息一次;银行之间拆借资金均为每天计息一次。当每年复利次数超过一次时,这样的年利率叫做名义利率(Nominal Rate of Interest);而每年只复利一次的利率才是实际利率(Effective Rate)。从理论上说,按实际利率每年复利一次计算的利息,应该与按名义利率每年多次复利计算的利息等价。因此,对于一年内多次复利的情况,可按两种方法计算货币时间价值。

第一种方法是将名义利率调整为实际利率,然后按实际利率计算时间价值。若 i 表示实际利率,r 表示名义利率,m 表示一年内复利的次数,计算公式为

$$i = \left(1 + \frac{r}{m}\right)^m - 1$$

【例5.12】 某企业于年初存入银行10 000元,年利率为10%,半年复利一次的情况下,到第10年末,该公司获得的本利和为

$$i = (1+\frac{r}{m})^m - 1 = (1+\frac{10\%}{2})^2 - 1 = 10.25\%$$

$$F = P(1+i)^n = 10\ 000(1+10.25\%)^{10} = 26\ 532.98(万元)$$

因此该公司第10年末获得的本利和为26 532.98元。

这种方法的缺点是调整后的实际利率往往带有小数点,不利于查表。

第二种方法是不计算实际利率,而是相应调整有关指标,即利率变为 r/m,期数则相应变为 $n \cdot m$。

【例5.13】 利用例5.12中的有关数据,用第二种方法计算本利和为

$$F = P(1+\frac{r}{m})^{mn} = 10 \times \left(1+\frac{10\%}{2}\right)^{2\times 10} =$$

$$10\ 000 \times (F/P, 5\%, 20) =$$

$$10\ 000 \times 2.653\ 3 =$$

$$26\ 533(元)$$

二、投资的风险价值

由于长期投资具有投资数额大、影响时间长的特点,投资所形成的固定资产需要经过较长的时期才能收回投资成本,在此期间内,将会碰到许多不确定的因素,造成经营期间收益的不确定性,这就是投资者所冒的风险。从常识上看,不确定的收益与确定的收益是不一样的,因为不确定的收益要承担可能收不到的风险,因此,投资者就要求对所承担的风险进行补偿,承担的风险越大,对补偿的要求越高,对投资报酬率的要求也就越高。可见,投资的风险价值就是指投资者冒风险进行投资所获得的报酬,也就是投资收益中多于(或少于)货币时间价值的那部分价值。

从本质上说,长期投资既是资金的投资,又是风险的投资。任何投资都存在一定的风险。

三、资金成本

投资项目的建立和完成需要使用大量的资本,而任何资本均不能无偿使用。资金成本就是企业筹集和使用资本需要付出的代价。例如,向银行借款需要偿付利息,发行股票筹资需要支付股利等。从投资者角度看,通过各种渠道采用各种方式取得的资金,投入长期投资项目中就必须取得一定的收益和回报。而资金成本就是投资者投资项目所能接受的最低报酬或必要报酬。

资金成本一般以其相对数即资金成本率来表示,资金成本率是企业在一定时期内(通常是一年)资金所支付的费用与筹资净额的比率,它是评价投资项目的重要标准,是一个投资方案的必要报酬率。只有当项目的报酬率高于资金成本时,该项目才会有利可图,才可以采纳。

资金成本可以用绝对数表示,也可以用相对数表示,但在实际工作中,一般用相对数表示,其通用的计算公式为

$$资金成本 = \frac{每年的用资费用}{筹资金额 - 筹资费用}$$

资金成本在长期投资决策分析中至关重要。因为它是一个投资方案是否可以接受的"最低报酬率"(Hurdle Rate of Return),亦称"极限利率"。也就是说,任何投资项目取得的收益率至少要达到这个报酬率,否则,就应舍弃。因此,资金成本又称为投资项目的"取舍率"(Cut-off Rate)。

(一)个别资金成本的计算

1. 银行借款资金成本

由于银行借款的利息在税前支付,具有减税效应,且银行借款的手续费很低,可以忽略不计,因此银行借款成本的计算公式为

$$K_1 = i_1(1 - T)$$

式中,K_1 为银行借款成本;i_1 为银行借款利息率;T 为所得税税率。

【例5.14】 某企业向银行借入一笔5年期长期借款100万元,年利率为12%,每年付息一次,到期一次还本,企业所得税税率为25%。要求计算该项银行借款的成本。

解 $K_l = i_l \times (1-T) = 12\% \times (1-25\%) = 9\%$

2. 债券成本

与长期借款类似,企业发行债券所支付的利息也在税前支付,可以抵减一部分所得税。但发行债券的筹资费用较高,在计算成本时应予考虑。债券成本计算公式为

$$K_b = \frac{I_b(1-T)}{B_0(1-f_b)} = \frac{i_b \times B \times (1-T)}{B_0(1-f_b)}$$

式中,K_b 为债券成本;I_b 为债券年利息;T 为所得税税率;B 为债券面值;i_b 为债券票面利率;B_0 为债券筹资额,按发行价格计算;f_b 为债券筹资费率。

【例5.15】 某企业发行一笔期限为5年、面值为1 000万元的债券。该债券票面利率为12%,每年付息一次,筹资费率为2%,所得税税率为25%,债券按面值的110%发行。要求计算债券成本。

$$K_b = \frac{1\,000 \times 12\% \times (1-25\%)}{1\,000 \times 110\% \times (1-2\%)} = 8.35\%$$

从以上计算可见,由于债务的利息费用均于所得税前扣除,故成本都比较低。应当指出,计算债务成本都是以假定企业有利润为前提的。如果企业发生亏损,就不能享受支付利息的所得税抵减利益,这时,企业债务成本就是税前的实际成本。

3. 优先股成本

企业发行优先股,既需要支付筹资费用,又要定期支付固定的股利。但它与债券不同的是股利在税后支付,不能享受抵减所得税的利益,同时优先股没有固定的到期日。优先股成本的计算公式为

$$K_p = \frac{D_p}{P_0(1-f_p)}$$

式中,K_p 为优先股成本;D_p 为优先股每年的股利;P_0 为发行优先股总额;f_p 为优先股筹资费率。

【例5.16】 某股份公司按面值发行100万元的优先股,筹资费率为2%,每年支付12%的优先股股利。要求计算优先股成本。

$$K_p = \frac{100 \times 12\%}{100 \times (1-2\%)} = 12.24\%$$

4. 普通股成本

普通股成本的计算存在多种不同的方法。其主要方法为估价法。这种方法是利用普通股估价现值公式来计算普通股成本。普通股的计算公式为

$$K_c = \frac{D_1}{V_0(1-f_c)} + g$$

式中，K_c 为普通股发行价格；D_1 为第一年预期发放的股利；V_0 为普通股市场价格；f_c 为普通股筹资费率；g 为普通股股利增长率。

【例 5.17】 某公司新发行普通股，每股发行价格为 100 元，筹资费率为 4%，第一年末发放现金股利每股 12 元，以后每年增长 4%。要求计算普通股成本。

$$K_c = \frac{12}{100 \times (1-4\%)} + 4\% = 16.5\%$$

5. 留存收益成本

一般公司不会把全部收益都以股利形式分给股东，其中一部分留在公司形成留存收益。因此，留存收益等于股东对企业进行追加投资，股东对这部分投资与以前缴给企业的股本一样，也要求同样的报酬。故留存收益成本与普通股成本相似，但无需考虑筹资费用。其计算公式为

$$K_e = \frac{D_1}{V_0} + g$$

式中，K_e 为留存收益成本。

(二) 加权平均资金成本

在实际经济生活中，企业长期投资的资本来源有多种渠道和方式，而各种来源的筹资成本是不一样的。为了正确进行投资决策，就必须计算企业的综合资金成本。综合资金成本是以各类来源的资本占总资本的比重为权数，对各种资金成本进行加权平均计算得出的，故称之为加权平均资金成本。其计算公式为

$$K_w = \sum W_j K_j$$

式中，K_w 为加权平均资金成本；W_j 为第 j 种资金占总资金的比重；K_j 为第 j 种资金的资金成本。

【例 5.18】 某企业共有资金 1 亿元，其中债券 3 000 万元，优先股 1 000 万元，普通股 4 000 万元，留存收益 2 000 万元，各种资金的成本分别为 6%、12%、15.5%、15%。

要求：计算该企业的加权平均资金成本。

解　$K_w = 30\% \times 6\% + 10\% \times 12\% + 40\% \times 15.5\% + 20\% \times 15\% = 12.2\%$

四、现金流量及其测算

在管理会计的长期投资决策中，使用现金流量信息可以揭示未来期间现实货币资金收支运动，反映项目投资的流向与回收之间的投入产出关系，完整、准确、全面地评价具体投资项目的经济效益；利用现金流量可以有效避免不同方案的利润信息相关性差和可比性差的问题；由于现金流量信息与项目计算期的各个时点密切结合，有助于在进行长期投资决策评价时，应用货币时间价值的形式进行动态投资效果的综合评价。因此，现金流量是企业进行长期投资决策分析的主要根据和关键的价值信息之一。

(一) 现金流量的定义

所谓现金流量(Cash Flow),在长期投资决策中是指一个方案从筹建、设计、施工、正式投产使用直至报废为止的整个期间内形成的现金流入量与现金流出量的统称。这时的"现金"是广义的现金,这不仅包括各种货币资金,而且还包括项目需要投入的企业现有的非货币资源的变现价值。例如,一个项目需要使用原有的厂房、设备和材料等,则相关的现金流量是指它们的变现价值,而不是其账面成本。需要注意的是,长期决策中使用的现金流量与财务会计编制现金流量表中所界定的现金流量相比,在构成内容和计算的标准方面存在着较大的差异,应加以区分、不可混淆。

现金流量按其动态的变化状况可分为现金流出量(Cash out Flow)、现金流入量(Cash in Flow)和现金净流量(Net Cash Flow)。一个方案的现金流入量,是指该方案在整个投资和回收过程中所引起的企业各项现金收入,例如,企业购置一条生产线时通常会引起营业现金流入、生产线出售(报废)时的残值收入及收回的流动资金等现金流入量;一个方案的现金流出量,则是该方案在整个投资和回收过程中所引起的企业各项现金支出,例如,企业购置生产线通常会引起购置价款和垫支流动资金等现金流出量;现金净流量是指一定期间现金流入量和现金流出量的差额,即现金净流量=现金流入量—现金流出量。

在确定投资方案的相关现金流量时,应遵循的最基本的原则是:只有增量现金流量才是与项目相关的现金流量。所谓增量现金流量,是指接受或拒绝某个投资方案后,企业总现金流量因此发生的变动,只有那些由于采纳某个项目引起的现金支出增加额,才是该项目的现金流出;只有那些由于采纳某个项目引起的现金流入增加额,才是该项目的现金流入。

(二) 现金流量计算期的确定

对于一项长期投资方案(项目)而言,往往具有生命周期长、影响久远、涉及的各项投入与产出复杂等特点,对一个完整的长期投资项目进行现金流量的估算并非易事。为了简化现金流量的估算过程,我们首先要根据投资项目的特点,划分现金流量的计算期。当投资项目正式开始投入资金时,我们称其为初始投资点;在投入的固定资产建成投产或项目开始正式经营之前,往往需要一段建设或准备期间,直至投资项目正式投产运营,这段时期我们称为建设期;项目建成并投入使用日被称为投产日,由项目的投产日起,在项目经济寿命周期内将延续产生各项收入和支出,直至项目寿命期结束,最后进行项目资产的清理和回收垫支,该段期间被称为投资项目的经营期;项目的最终结束日被称为终结点。现金流量计算期可由图 5.3 形象表示。

(三) 现金流量的计算

根据以上投资项目的现金流量计算期,可以将一个长期投资项目的现金流量划分为建设期现金流量、经营期现金流量和终结点现金流量三部分。

1. 建设期现金流量

建设期现金流量是指自投资项目开始实施到项目投入使用之前所产生的现金流量。一般包括固定资产投资,流动资金垫支和更新固定资产变现收入。

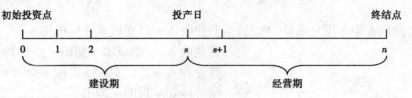

图 5.3 投资项目的现金流量计算期

(1) 固定资产投资

固定资产投资包括机器设备的购买以及运费和安装费等购置总支出、厂房的建造成本等。它是建设期现金流量的最主要构成部分。

(2) 流动资金垫支

当固定资产投入使用后,企业需要相应增加流动资金,用于原材料等存货储备和应收账款周转等,这部分垫支资金将在项目结束后收回。

(3) 更新固定资产变现收入

只有固定资产更新项目才有该项现金流量。当企业准备用新设备更新现有设备时,需要对现有设备进行清理,所得变现净收入应该作为一项现金流入量。

因此

建设期各年净现金流量(NCF_t) = -固定资产投资 - 流动资金垫支 + 更新固定资产变现收入

2. 经营期现金流量

经营期现金流量是指从项目投产日起,至固定资产停止使用转入清理的终结点止,这段期间所产生的现金流量。在此期间,项目正式投入使用,能生产出产品或提供服务,为企业创造收益。

(1) 营业收入

营业收入是项目投产后每年实现的销售收入或业务收入。是经营期内最主要的现金流入量。在这里没有使用业务的现金收入额主要是简化认为经营期内每年发生的赊销额与收回的应收款项大体一致。

(2) 付现成本

付现成本是为满足生产经营需要而以现金形式支付的成本费用。相当于当年的与项目相关的总成本费用扣除相关折旧与各种摊销的差额。扣除原因可以理解为包含在费用中的各种资产折旧与摊销,实际的支付款项已经计入建设期资产投资部分,如果计入现金支出项目将减少项目投资部分的总计。

(3) 各项税款

项目投产后将依法缴纳各种税费,其中最主要部分为所得税款。

因此

经营期各年净现金流量(NCF_t) = 营业收入 − 付现成本 − 所得税 =

营业收入 − (总成本 − 折旧 − 摊销) − 所得税 =

营业收入 − 总成本 − 所得税 + 折旧 + 摊 =

税后净利 + 折旧 + 摊销

3. 终结点现金流量

终结点现金流量主要包括资产报废清理的残值收入。此外,由于这一时期,企业不再需要相应流动资金,因此将其收回。流动资金的回收也应列为现金流入量。

终结点净现金流量(NCF_t) = 最后一年经营净现金流量 + 资产残值收入 + 回收流动资金

需要强调的是,长期投资每年能产生的现金净流量,会涉及很多变量,并且需要企业有关部门的参与。如,销售部门负责预测售价和销量,涉及产品价格弹性、广告效果、竞争者动向等;产品开发和技术部门负责估计投资方案的资本支出,涉及研制费用、设备购置、厂房建筑等;生产和成本部门负责估计制造成本,涉及原材料采购价格、生产工艺安排、产品成本等。财务人员的主要任务是:为销售、生产等部门的预测建立共同的基本假设条件,如物价水平、贴现率、可供资源的限制条件等;协调参与预测工作的各部门人员,使之能相互衔接与配合;防止预测者因个人偏好或部门利益而高估或低估收入和成本。

下面举例说明现金流量的计算过程。

【例 5.19】某工业项目需要原始投资 1 250 万元,其中固定资产投资 1 000 万元,开办费投资 50 万元,流动资金投资 200 万元。建设期为 1 年。固定资产投资和开办费投资于建设起点投入,流动资金于完工时,即第 1 年末投入。该项目寿命期 10 年,固定资产按直线法折旧;开办费于投产当年一次摊销完毕。流动资金于终结点一次回收。投产后每年获净利润分别为 10 万元、110 万元、160 万元、210 万元、260 万元、300 万元、350 万元、400 万元、450 万元和 500 万元。

要求:计算各年净现金流量。

解 固定资产年折旧额 = 1 000 ÷ 10 = 100(万元)

$NCF_0 = -1050$(万元)

$NCF_1 = -200$(元)

$NCF_2 = 10 + 100 + 50 = 160$(元)

$NCF_3 = 110 + 100 = 210$(元)

$NCF_4 = 160 + 100 = 260$(元)

$NCF_5 = 210 + 100 = 310$(元)

$NCF_6 = 260 + 100 = 360$(元)

$$NCF_7 = 300 + 100 = 400(元)$$
$$NCF_8 = 350 + 100 = 450(元)$$
$$NCF_9 = 450 + 100 = 550(元)$$
$$NCF_{10} = 500 + 100 + 200 = 800(元)$$

4．在长期投资决策中使用现金流量的意义

在投资决策中以现金流量为研究重点，而把利润放在次要的地位，其原因在于现金流量对于长期投资决策具有不可替代的重要意义：

①在长期投资中，现金流动状况比盈亏状况更重要。有利润的年份不一定能产生多余的现金用来进行其他项目的再投资。一个项目能否维持下去，不取决于一定期间是否盈利，而取决于有没有现金用于各种支付。现金一旦支出，不管是否消耗都不能用于别的目的，只有将现金收回后才能用来进行再投资。因此，在投资决策中要重视现金流量的分析。

②从整个投资有效年限角度看，利润总计与现金净流量总计是相等的。所以，现金净流量可以取代利润评价投资效益。

③现金流量大小的确认较为客观，而利润大小核算结果依赖于不同会计程序的选择，例如在计提折旧时，可以选用直线折旧法或加速折旧法，对于存货计价，可以选用先进先出法或其他方法等；而且有关项目数据依赖人为估计，如固定资产使用年限、报废清理时的残值等项目。

第三节　长期投资决策的指标分析方法

一个投资项目是否可行，要把技术上的先进性与经济上的合理性结合起来。从经济上来看，要着重搞好投资项目经济效益的评价工作，减少决策中的失误。对长期投资决策进行评价时，按是否考虑资金的时间价值，投资决策指标可以分为两类：一类是非贴现指标，即没有考虑货币时间价值因素的指标；另一类是贴现指标，即考虑了货币时间价值因素的指标。根据评价指标的类别不同，可以将长期投资决策评价分析的方法，也分为非贴现的决策分析方法和贴现的决策分析方法两种。

一、非贴现的投资决策分析方法

非贴现的方法不考虑时间价值，把不同时间的货币收支看成是等效的。这些方法在选择长期投资方案时起到辅助作用。

（一）投资回收期法

用于衡量投资项目初始投资回收速度的评价指标称为投资回收期（Payback Period，PP），它是指投资引起的现金净流量累计至与投资额相等所需要的时间。投资者通常期望所投入的资金能够在较短的时期内足额收回。投资回收期代表收回投资所需要的年限。回收年限越短,方案越有利。

投资回收期的计算可以分为每年现金净流量相等和不相等两种情况：

①当全部投资在第1年初一次性投入,且每年的营业净现金流量(NCF)相等时：

$$回收期(PP) = 原始投资额/每年 NCF$$

②每年 NCF 不相等,原始投资是分几年投入的,则要根据列表法加以确定。

【例5.20】 设某企业现有两个投资方案,其相关数据见表5.3。

表5.3 投资方案相关数据   万元

时间/年	0	1	2	3	4
$NCF(A)$	-10 000	4 000	4 000	4 000	
$NCF(B)$	-20 000	7 000	7 000	6 500	6 500

要求:分别计算 A、B 这两个方案的回收期。

解 方案 A:$PP = 10\ 000/4\ 000 = 2.5$(年)

方案 B:列表计算,见表5.4。

表5.4 方案B回收期计算   元

时间/年	净现金流量	未回收数
0	-20 000	20 000
1	7 000	13 000
2	7 000	6 000
3	6 500	—

$$PP = 2 + 6\ 000/6\ 500 = 2.92(年)$$

对于相互独立的备选方案进行决策,当投资方案的回收期小于期望回收期时,应接受该投资方案;当投资方案的回收期大于期望回收期时,应拒绝该方案。如果从相互排斥的备选方案进行选择决策时,则在满足回收期小于期望回收期的备选方案中,选择投资回收期最短的备选方案。

在例5.20中,A方案回收期最短,应优先选择 A 方案。

回收期计算简便,并且容易被决策者正确理解。但其缺点在于忽视了时间价值,并且没有考虑回收期以后的收益。事实上,有战略意义的长期投资往往早期收益较低,而中后期收益较高,回收期优先考虑急功近利的项目,可能导致放弃长期成功的方案,目前作为辅助方法使用。

(二)会计报酬率法

会计报酬率(Accounting Rate of Return,ARR)是指年平均净利润与投资总额之比,即

$$ARR = \frac{年平均净利润}{投资总额}$$

对于相互独立的备选方案决策,利用会计报酬率法进行决策首先需确定一个期望会计报酬率,当投资方案会计报酬率高于期望报酬率时,则接受该投资方案;否则就拒绝该方案。如果要从多个可接受的互斥方案中进行选择时,应该选择会计报酬率最高的方案。

【例 5.21】 某方案的初始投资为 1 000 万元,使用年限为 5 年,预期无残值。各年净利润见表 5.5。

表 5.5 投资方案净利润表　　　　　　　　　　　　　　　　万元

年份	1	2	3	4	5
净利润	100	140	180	160	150

该方案的会计报酬率为

$$ARR = \frac{(100+140+180+160+150)/5}{1\ 000} = 14.6\%$$

如果决策者规定的会计报酬率标准为 10%,则应接受该投资方案。

会计报酬率法主要有以下优点:经济意义易于理解,净利润是会计人员较为熟悉的概念;使用简单、方便;考虑了投资寿命期内所有年份的收益情况。会计报酬率法的主要缺点在于:没有考虑货币时间价值;由于净利润只是会计上通用的概念,与现金流量有较大差异,因此会计报酬率并不能真正反映投资报酬率的高低。

二、贴现的投资决策分析方法

贴现的投资决策分析方法是指考虑货币时间价值的一类决策分析方法,常见的主要有净现值法、获利指数法和内部报酬率法等。

(一)净现值法

净现值法使用净现值作为评价方案优劣的指标。所谓净现值(Net Present Value,NPV),是指在项目计算期内,按设定折现率或基准收益率计算的各年净现金流量现值的代数和。

净现值计算公式为

$$NPV = \sum_{i=0}^{n} NCF_t \times (P/F, i, t)$$

或

$$NPV = \sum_{i=1}^{n} NCF_t \times (P/F, i, t) - P$$

式中,NPV 为净现值;NCF_t 为第 t 年净现金流量;P 为初始投资;n 为投资项目寿命期;i 为贴现率(取资金成本率或投资者要求的报酬率)。

【例 5.22】 根据表 5.3 的资料,假定 $i=10\%$,且 A、B 方案的投资额为 10 000 万元。计算方案 A、B 的净现值。

解 方案 A：

$$NPV_A = \sum_{i=1}^{n} NCF_t \times (P/F, i, t) - P =$$
$$4\,000 \times (P/A, 10\%, 4) - 10\,000 =$$
$$4\,000 \times 3.169\,9 - 10\,000 =$$
$$2\,679.6(万元)$$

方案 B：

$$NPV_B = \sum_{i=1}^{n} NCF_t \times (P/F, i, t) - P =$$
$$7\,000 \times (P/F, 10\%, 1) + 7\,000 \times (P/F, 10\%, 2) +$$
$$6\,500 \times (P/F, 10\%, 3) + 6\,500 \times (P/F, 10\%, 4) - 20\,000 =$$
$$7\,000 \times 0.909\,1 + 7\,000 \times 0.826\,4 + 6\,500 \times 0.751\,3 + 6\,500 \times 0.683 - 20\,000 =$$
$$1\,470.75(万元)$$

利用净现值进行投资决策分析时，在独立备选方案的采纳与否决策中，净现值为正者则采纳，净现值为负者则不采纳。由于 A、B 方案净现值为均大于 0，所以在有多个备选方案的互斥选择中，应采用净现值是正值中的最大者。由于方案 B 的净现值 1 470.75 万元 < 方案 A 的净现值 2 679.6 万元，所以应选择 A 方案。

通过上面的讨论不难看出，净现值决策方法考虑了资金的时间价值，能够反映各种投资方案的净收益，即反映出从事一项投资使企业增值（或减值）数额的大小。因而是一种较好的方法。但净现值法也存在不足，主要表现在：不能揭示各个投资方案本身可能达到的实际报酬率是多少；不能反映投资效率的高低，对投资额不同的项目难以进行优先排序。

（二）获利指数法

获利指数是投资项目投产后未来净现金流量的总现值与初始投资额的现值之比，也称现值指数（Profitability Index, PI）。其计算公式为

$$获利指数(PI) = \frac{投产后各年净现金流量的现值合计}{原始投资的现值合计}$$

【例 5.23】 根据表 5.3 的资料，假定 $i = 10\%$，计算方案 A、B 的获利指数。

解
$$PI(A) = 12\,679.6/10\,000 = 1.27$$
$$PI(B) = 21\,470.75/20\,000 = 1.07$$

利用获利指数进行决策在对独立备选方案的采纳与否决策进行评价时，获利指数大于 1 的方案应该采纳；获利指数小于 1 的方案应该拒绝。由于方案 A 的获利指数 1.27 > 1，因此 A 方案可行。此时利用净现值法与获利指数法得到同样的决策结论。在有多个方案的互斥选择决策中，应采用获利指数超过 1 最多的投资项目。由于方案 B 获利指数 1.07 > 1，且在这两个方案中获利指数最小，因此应选择 A 方案。

可见,获利指数法的优点主要体现在:考虑了资金的时间价值;能够真实地反映投资项目的盈亏程度;获利指数是用相对数表示的,所以有利于在初始投资额不同的投资方案之间进行优先排序。同时,它也具有自身的缺点,比如获利指数这一概念不易理解,而且不能反映项目本身的真实报酬率。

(三)内部报酬率法

内部报酬率法是根据方案本身内部报酬率来评价方案优劣的一种方法。所谓内部报酬率(Internal Rate of Return,IRR)是指项目投资实际可望达到的报酬率,即能够使未来现金流入量现值等于未来现金流出量现值的贴现率,或者说是使投资方案净现值为零的贴现率。

在计算内部报酬率时,贴现率是未知的,需要经过多次试算,使得净现金流量现值累计等于零。因此内部报酬率的计算比较麻烦,在实务中通常需要利用电子计算机程序或有特定功能的计算器完成。例如可以使用EXCEL程序"函数"功能中的"财务"类别的函数"IRR"进行运算。如果采用手工计算,可以分为以下两种情况:

(1)当项目投产后的净现金流量表现为年金的形式时,可以直接利用年金现值系数计算内部报酬率。

例如:对于表5.3中的A方案,由于其各年现金净流量相等,可直接求贴现率为 IRR 的年金现值系数:

① $\qquad 0 = NPV = 4\,000 \times (P/A, IRR, 4) - 10\,000$

求得:
$$(P/A, IRR, 4) = 2.5$$

②查4年的年金现值系数表,若恰好能找到等于上述数值的年金现值系数,则该系数所对应的折现率 i 即为所求的内部报酬率 IRR;

在年金现值系数表查期限为2年相应的系数,则找出与所计算系数2.5相邻的一大一小两个系数并找出相应的两个贴现率:

$$21\% \text{——} 2.540\,4; 22\% \text{——} 2.493\,6$$

③根据求得资料,可使用内插法进行计算,依据公式为

$$IRR = 21\% + \frac{2.540\,4 - 2.5}{2.540\,4 - 2.493\,6} \times (22\% - 21\%)$$

$$IRR(A) = 21.86\%$$

(2)若投资项目的现金净流量不表现为年金形式时,需要采取"逐步测试法"。

【例5.24】 设某公司拟投资甲方案,初始投资额均为200 000元,现金流量见表5.6,假定投资项目的资金成本为10%。要求:计算甲方案内部报酬率。

表5.6 甲方案现金流量表 元

年份	NCF
0	-200 000
1	0
2	50 000
3	50 000
4	100 000
5	200 000
合计	400 000

解 首先估计一个贴现率,用它来计算方案的净现值;如果净现值为正数,说明方案本身的报酬率超过估计的贴现率。应提高贴现率后进一步测试。如果净现值为负数,说明方案本身的报酬率低于估计的贴现率,应降低贴现率后进一步测试。经过多次测试寻找出使净现值接近于零的贴现率。过程见表5.7。

表5.7 甲方案净现值测算 元

年份	贴现率 14%			贴现率 18%			贴现率 20%		
	净现金流量	折现系数	现值	净现金流量	折现系数	现值	净现金流量	折现系数	现值
1	0	0.877 2	0	0	0.847 5	0	0	0.833 3	0
2	50 000	0.769 5	38 475	50 000	0.718 2	35 910	50 000	0.694 4	34 720
3	50 000	0.675 0	33 750	50 000	0.608 6	30 430	50 000	0.578 7	28 935
4	100 000	0.592 1	59 210	100 000	0.515 8	51 580	100 000	0.482 3	48 230
5	200 000	0.519 4	103 880	200 000	0.437 1	87 420	200 000	0.401 9	80 383
现值合计			235 315			205 340			192 265
投资支出			200 000			200 000			200 000
净现值			35 315			5 340			-7 735

最接近于零的两个净现值 NPV_m 和 NPV_{m+1} 分别为 5 430 和 -7 735,相应的贴现率 i_m 和 i_{m+1} 分别为 18% 和 20%,且 18% < IRR < 20%,应用内插法:

$$IRR = 18\% + \frac{5\ 430}{5\ 430 - (-7\ 735)} \times (20\% - 18\%) = 18.82\%$$

在独立备选方案的采纳与否决策中,如果计算出的内部报酬率大于企业的资金成本或必要报酬率就采纳;反之,如果计算出的内部报酬率小于企业的资金成本或必要报酬率则拒绝。

通过分析可以看出,内部报酬率考虑了货币时间价值,反映了投资项目的真实报酬率,能够对投资不同的项目进行优先排序,概念也易于理解。

三、投资决策方法的比较分析

在一般情况下,同一投资方案的净现值 NPV、获利指数 PI 和内部报酬率 IRR 之间存在以下数量关系:

当 $NPV > 0$ 时,$PI > 1$,$IRR > K$;
当 $NPV = 0$ 时,$PI = 1$,$IRR = K$;
当 $NPV < 0$ 时,$PI < 1$,$IRR < K$。

根据上述关系可得出:在一般情况下,就同一投资方案,无论是运用净现值法还是内部报酬率法,都可以得出相同的接受或拒绝的结论。但是当在互斥投资方案进行选择时,用净现值法和内部报酬率法进行评价,结果有可能正好相反。造成净现值法与内部报酬率法发生矛盾的最基本原因,是这两种方法对再投资的报酬率(即再投资率)的假设不相同。隐含在净现值法中的一个假设是,公司将投资方案所产生的净现金流量再投资后所能得到的收益率等于该方案的资金成本,即隐含的再投资利率——必要报酬率对每个项目都是一样的;而隐含在内部报酬率法下的假设则是,公司能够按照投资方案的内部报酬率将该方案所产生的净现金流量予以再投资。因此隐含的再投资利率将随着项目的现金流模式的不同而不同。对于一个有较高内部收益率的项目,假设的再投资利率也较高;对于内部收益率较低的项目,假设的再投资利率也较低。只有当两个投资项目的内部收益率相等时,它们才会有相同的再投资利率。但对大多数企业而言,它们通常按照投资方案的资金成本而非内部报酬率将净现金流量进行再投资。从本质上来说,这个再投资利率反映了公司存在的投资机会的最低收益率。因此,这个利率更准确地反映了公司增加投资预期能赚取的边际收益率。因此,一般认为净现值法的再投资收益率假设比内部报酬率法更为合理。当互斥项目因为现金流量模式上的差异而产生排序困难时,应该选择按净现值排序。因为,它能帮助我们找到能最大限度地增加股东财富的项目。

在过去几十年里,贴现和非贴现投资决策方法各领风骚。20 世纪 50 ~ 60 年代回收期法占主导地位,70 ~ 80 年代又盛行内部报酬率法和净现值法。目前,几乎所有大公司在投资决策中都使用内部报酬率法和净现值法。《财富》杂志 500 强公司中内部报酬率法和净现值法最受欢迎,而且把回收期法作为辅助的投资决策方法。从某种意义上说,是利用回收期法来控制项目投资的风险。因为回收期法强调了项目早期的现金流,相对后期发生的现金流比较确定,风险较小。公司管理者往往认为回收期法可以保证投资于一些有可靠现金流量的项目。同时,回收期在短期、小型的项目中应用得更为广泛。

第四节 长期投资决策方案的经济性分析

一、扩充型投资方案的决策分析

扩充型投资方案(Expansion Projects)是指一个需要企业投入新资产才能增加销售的投资方案。扩充型投资方案的决策通常包括增加现有产品的产量或扩大现有的销售渠道所作的投资决策,以及生产新产品或打入新的市场所作的投资决策。

【例 5.25】 某企业准备在计划年度内添置一台大型设备,以增加产量,扩大现有销售量。预计该设备购置成本为 50 万元,运输、安装、调试等方面费用共计 5 万元。该设备寿命期为 5 年,期满有净残值 2 万元,按直线法计提折旧。使用该设备可使企业每年增加销售收入 40 万元,每年增加的营业付现成本为 24 万元,所得税率为 25%,该企业的资金成本为 12%。

要求:用净现值法作出该项投资方案是否可行的决策分析。

解 分析过程如下:

(1)计算各年的净现金流量 NCF

$$设备原值 = 500\,000 + 50\,000 = 550\,000(元)$$

则

$$NCF_0 = -550\,000(元)$$

$$每年计提折旧 = \frac{550\,000 - 20\,000}{5} = 106\,000(元)$$

每年税前利润 $= 400\,000 - (240\,000 + 106\,000) = 54\,000$(元)

每年所得税 $= 54\,000 \times 25\% = 13\,500$(元)

每年税后净利润 $= 54\,000 - 13\,500 = 40\,500$(元)

每年营业 $NCF = 400\,000 - 240\,000 - 13\,500 = 146\,500$(元)

或

$$每年营业 NCF = 40\,500 + 106\,000 = 146\,500(元)$$

项目期末净残值收入(回收额)20 000 元,则

$$NCF_{1-4} = 146\,500(元)$$

$$NCF_5 = 146\,500 + 20\,000 = 166\,500(元)$$

(2)计算净现值 NPV

$$NPV = 146\,500 \cdot (P/A, 12\%, 4) + 166\,500 \cdot (P/F, 12\%, 5) - 550\,000 =$$
$$146\,500 \times 3.037\,3 + 166\,500 \times 0.567\,4 - 550\,000 =$$
$$444\,964.45 + 94\,472.1 - 550\,000 =$$
$$-10\,563.45(元)$$

所以,由于该方案的净现值为负数,故方案不可行。

【例 5.26】 某家具销售公司目前正在考虑同一家具制造厂签订在本地区专卖该厂新产品的合同。该项专卖权的期限为 5 年,专卖权的取得成本为 50 000 元。该家具销售公司经过调查分析,有关专营此项新产品的资料如下:

固定资产投资(按直线法提折旧)	60 000 元
流动资产投资	70 000 元
5 年后固定资产残值	10 000 元
5 年后清理固定资产支出	5 000 元

每年预计销售收入和成本:

销售收入	240 000 元
销售成本	120 000 元
营业费用支出(工资、广告、公用事业费)	20 000 元

第 5 年末专卖权终止,全部流动资产可以转化为现金,该家具销售公司的资本成本为 12%,所得税率为 25%。

问:该家具销售公司应否签订专卖合同?

解 分析过程如下:

(1) 计算每年净现金流量

$$原始投资 = 50\,000 + 60\,000 + 70\,000 = 180\,000(元)$$

则

$$NCF_0 = -180\,000(元)$$

$$每年固定资产折旧 = \frac{60\,000 - (10\,000 - 5\,000)}{5} = 11\,000(元)$$

$$每年专卖权摊销 = \frac{50\,000}{5} = 10\,000(元)$$

销售收入	240 000 元
减:销售成本	120 000 元
销售毛利	120 000 元
减:固定资产折旧	11 000 元
专卖权摊销	10 000 元
营业费用	25 000 元
营业利润	74 000 元
减:所得税(25%)	18 500 元
净利润	55 500 元

$$营业净现金流量 = 销售收入 - 付现成本 - 所得税 =$$

$$240\,000 - (120\,000 + 25\,000) - 18\,500 = 76\,500(元)$$

或

营业净现金流量 = 净利润 + 折旧 + 摊销额 = 55 500 + 11 000 + 10 000 = 76 500(元)

则

$$NCF_{1\sim4} = 76\,500(元)$$

项目期末回收额 = 70 000 + (10 000 - 5 000) = 75 000(元)

$$NCF_5 = 76\,500 + 75\,000 = 151\,500(元)$$

(2) 计算净现值

$$\begin{aligned}NPV &= 76\,500 \times (P/A, 12\%, 4) + 151\,500 \times (P/F, 12\%, 5) - 180\,000 \\ &= 76\,500 \times 3.037\,3 + 151\,500 \times 0.567\,4 - 180\,000 \\ &= 232\,353.45 + 85\,961.1 - 180\,000 \\ &= 138\,344.55(元)\end{aligned}$$

净现值为正数,故此项专卖权合同可以签订。

二、重置型投资方案的决策分析

重置型投资方案(Replacement Projects)通常是指设备更新决策。随着科学技术的不断发展,固定资产更新周期大大缩短。这是因为旧设备往往消耗大,维修费用多,而新设备往往效率高,可以节约原材料、燃料、动力的消耗,尽管旧设备还能继续使用,但企业也会对固定资产进行更新。因此,固定资产更新决策是企业长期投资决策的一项重要内容。由于新设备需要大量投资支出,所以设备更新在经济上是否有利,必须进行投资决策的分析评价。下面举例说明。

【例 5.27】 某企业考虑购置一台新设备替换旧设备,以降低其生产成本。旧设备原值为 97 000 元,预计使用年限为 9 年,已使用 5 年,按直线法计提折旧,账面净值为 47 000 元。该设备还可使用 4 年,期满后残值为 7 000 元。使用该设备所生产产品每年营业收入为 100 000 元,年经营成本为 70 000 元,若现在变卖可获 35 000 元。新设备买价、运费及安装费共 130 000 元,预计使用 8 年,期满时残值为 10 000 元。使用新设备不会增加收入,但可使年经营成本降至 54 000 元。设备替换不会影响生产计划,企业所得税率为 40%,资本成本为 10%。

要求:确定更新方案是否可行。

分析过程如下:

(1) 计算两个方案的净现金流量

旧设备:$NCF_0 = -35\,000(元)$

解 $NCF_{1\sim3} = (100\,000 - 70\,000 - \dfrac{97\,000 - 7\,000}{9}) \times (1 - 40\%) + \dfrac{97\,000 - 7\,000}{9} =$
   $22\,000(元)$

$NCF_4 = 22\,000 + 7\,000 = 29\,000(元)$

新设备: $NCF_0 = -130\,000(元)$

$NCF_{1\sim3} = (100\,000 - 54\,000 - \dfrac{130\,000 - 10\,000}{8}) \times (1 - 40\%) + \dfrac{130\,000 - 10\,000}{8} =$
   $33\,600(元)$

$NCF_4 = 33\,600 + 10\,000 = 43\,600(元)$

(2) 计算两个方案的净现值

$NPV_{旧} = 22\,000 \times (P/A, 10\%, 3) + 29\,000 \times (P/F, 12\%, 4) - 35\,000 =$
   $22\,000 \times 2.487 + 29\,000 \times 0.683 - 35\,000 =$
   $39\,521(元)$

$NPV_{新} = 33\,600 \times (P/A, 10\%, 7) + 43\,600 \times (P/F, 12\%, 8) - 130\,000 =$
   $33\,600 \times 4.868 + 43\,600 \times 0.467 - 130\,000 =$
   $53\,926(元)$

从净现值来看,购置新设备的净现值大于继续使用旧设备的净现值,似乎应该购置新设备。但由于两个方案的寿命期不同,不能直接比较,故不能用净现值法作出判断。

(3) 计算两个方案的年回收额

$$使用旧设备的年回收额 = \dfrac{39\,521}{(P/A, 10\%, 4)} = \dfrac{39\,521}{3.170} = 12\,467(元)$$

$$使用新设备的年回收额 = \dfrac{53\,926}{(P/A, 10\%, 8)} = \dfrac{53\,926}{5.335} = 10\,108(元)$$

计算结果表明,继续使用旧设备的年回收额12 467元大于新设备的年回收额10 108元,故应当继续使用旧设备。

第五节　长期投资决策方案的敏感性分析

前面对于投资方案的评价都是在确定的情况下进行的。所谓确定情况,是指在评价投资项目时,对投资项目所涉及的现金流量的估计是准确的,这样可以根据要求的收益率和现金流量,对投资方案进行较为可靠的评价。

但是在实际经济生活中,未来的现金流量是受多种因素影响的,事先很难准确地确定,因此任何投资项目都带有一定的不确定性,投资方案的选择,都承担不同程度的风险。

一、长期投资决策敏感性分析的含义

在长期投资决策中,敏感性分析是用来研究当投资方案的关键因素变动、产品售价或经营成本发生变化时,对该投资方案的净现值和内部报酬率所产生的影响程度。如果上述某变量的较小变化将对目标值产生较大的影响,即表明该因素的敏感性强;反之则表明该因素的敏感性弱。进行长期投资决策的敏感性分析,有助于揭示有关因素变动对投资决策评价指标的影响程度,从而确定敏感因素,抓住主要矛盾。同时了解方案可行所允许的有关因素的变动范围,在可行方案的选择中,通常选择允许变动范围较大的投资方案,即敏感性较差的方案。对于敏感性很强的投资方案,由于受未来因素变动的影响较大,既使现实预测的各项评价指标较优,通常也不宜采用。

下面结合例题说明如何进行投资决策的敏感性分析。

【例5.28】 某公司长期投资项目原始投资为900 000元,当年投产,生产经营期为15年,按直线法折旧,期末无残值。该项目投产后每年可生产新产品10 000件,产品售价为50元,单位变动成本为20元,固定成本为120 000元,所得税率为33%,贴现率为9%。

经计算,该项目经营期每年折旧为60 000元,年经营成本为260 000元,年净利润为120 600元。建设起点 NCF_0 为 $-900\ 000$ 元,经营期每年 $NCF_{1\sim15}$ 为180 600元,净现值为555 760.61元,内部收益率 IRR 为18.52%。

假定该项目的售价、产销量分别变动 -10%,经营成本、原始投资分别增长10%。

要求:(1)分别计算售价、产销量、经营成本和原始投资变动后达到的水平及变动量;

(2)计算上述因素分别变动对项目计算期净现金流量的影响;

(3)对净现值和内部收益率指标进行投资敏感性分析。

根据上述资料,可以从以下几个方面进行敏感性分析。

二、产品售价下降的敏感性分析

产品售价是影响建设项目经济效果的最敏感因素之一。通过对项目进行售价方面的考察,可以分析投资项目的预期销售价格与实际不同时会发生的情况。

资料如例5.28,当售价下降10%时:

(1)变动后的售价 $= 50 \times (1 - 10\%) = 45$(元/件)

售价的变动量 $= 50 \times (-10\%) = -5$(元/件)

(2)对经营期 $NCF_{1\sim15}$ 的影响 $= -5 \times 10\ 000 \times (1 - 33\%) = -33\ 500$(元)

(3)对 NPV 变动量的影响 $= -33\ 500 \times (P/A, 9\%, 15) = -335\ 00 \times 8.060\ 7 = -270\ 033.12$(元)

对 NPV 变动率的影响 $= -270\ 033.12 \div NPV = -270\ 033.12 \div 555\ 760.61 = -48.59\%$

变动后 $IRR = 14.08\%$。按 $NCF_0 = -900\ 000$,$NCF_{1\sim15} = 180\ 600 - 33\ 500 = 147\ 100$,应用

内插法计算。

上述分析过程可帮助我们对未来售价作出估计和抉择,并了解这些估计和抉择对净现值及内部报酬率的影响。用各种影子价格来测定其对项目价值的影响程度,是价格敏感性分析常用的一种方法。

三、产销量下降的敏感性分析

投资项目未来的产销量是根据项目设计的生产能力和一般经验预估出来的。实际生产中,产销量要受许多因素的影响。因此,分析者有必要了解拟建项目对产销量的敏感性反应。

资料如例5.28,当产销量下降10%时:
(1)变动后的销售量 = $10\,000 \times (1-10\%) = 9\,000$(件)
　　销售量的变动量 = $10\,000 \times (-10\%) = -1\,000$(件)
(2)对经营期 $NCF_{1\sim15}$ 的影响 = $(50-20) \times (-1\,000) \times (1-33\%) = -20\,100$(元)
(3)对 NPV 变动量的影响 = $-20\,100 \times (P/A,9\%,15) = -33\,500 \times 8.060\,7 =$
　　　　　　　　　　　　 $-162\,019.87$(元)

对 NPV 变动率的影响 = $-162\,019.87 \div NPV = -162\,019.87 \div 555\,760.61 = -29.15\%$

变动后 $IRR = 15.89\%$。按 $NCF_0 = -900\,000$,$NCF_{1\sim15} = 180\,600 - 20\,100 = 160\,500$,应用内插法计算。

预期的产销量越高,项目就越敏感,特别是项目的产销量是基于某种新技术或新工艺的发展趋势所作出的情况下,尤为如此。考察项目的净现值和内部报酬率对低产销量的敏感程度,不仅可以在决定是否实施该项目方面提供有价值的资料,而且在项目具有合理的高产出量时,也可以及时采取措施,充分延长其使用年限,降低产品的生产成本。

四、经营成本增加的敏感性分析

在投资项目完成后,生产过程中所需的原材料、燃料、动力、劳动力等价格的变动对项目的效益影响虽然不及产品售价那么敏感,但也是一项较为敏感的因素,需要进行上述经营成本的敏感性分析。

资料如例5.28,当经营成本增加10%时:
(1)变动后的经营成本 = $260\,000 \times (1+10\%) = 286\,000$(元)
　　经营成本的变动量 = $260\,000 \times 10\% = +26\,000$(元)
(2)对经营期 $NCF_{1\sim15}$ 的影响 = $-26\,000 \times (1-33\%) = -17\,420$(元)
(3)对 NPV 变动量的影响 = $-17\,420 \times (P/A,9\%,15) = -17\,420 \times 8.060\,7 =$
　　　　　　　　　　　　 $-140\,417.22$(元)

对 NPV 变动率的影响 = $-140\,417.22 \div NPV = -140\,417.22 \div 555\,760.61 = -25.27\%$

变动后 $IRR = 16.25\%$。按 $NCF_0 = -900\,000$,$NCF_{1\sim15} = 180\,600 - 17\,420 = 163\,180$,应用

内插法计算。

在测试各变动因素变化幅度对项目效益影响的同时,要特别注意生产过程中所需原材料是否受制于人。如果原材料来源渠道不畅,则应在项目研究过程中予以充分考虑,并采取必要的措施,如与原材料供应商联营或事先签订长期的购销合作合同等加以解决。

五、初始投资增加的敏感性分析

在项目建设过程中,建筑材料价格、机器设备价格、劳动力价格等都可能随时间而改变。一般说来,任何项目对这些投资增加因素都具有异常敏感的倾向。

资料如例5.28,当初始投资增加10%时:

(1)变动后的初始投资 = 900 000 × (1 + 10%) = 990 000(元)

初始投资的变动量 = 900 000 × 10% = 90 000(元)

(2)对年折旧的影响 = +90 000 ÷ 15 = 6 000(元)

对经营期 $NCF_{1\sim15}$ 的影响 = 6 000 − 6 000 × (1 − 33%) = 1 980(元)

(3)对 NPV 变动量的影响 = +1 980 × 8.060 69 − 90 000 = −74 039.83(元)

对 NPV 变动率的影响 = −140 417.22 ÷ NPV = −140 417.22 ÷ 555 760.61 = −25.27%

变动后 IRR = 16.63%。按 NCF_0 = −990 000,$NCF_{1\sim15}$ = 180 600 + 1 980 = 182 580,应用内插法计算。

与生产期价格变动因素相比,项目对存在于施工早期的投资增加因素,较之于发生在生产期的价格变动因素,其敏感性要强得多。项目竣工之前,常常很容易将项目的计划支出费用全部花完,以至于必须追加投资才能发挥效益,否则就前功尽弃。如果在项目实施早期,项目成本就出现了巨大的上升迹象,那么,项目就不能为人所接受。

由上题可见,售价因素的变动对净现值 NPV 和内部收益率 IRR 指标的影响最大,其次是销售量因素,再次是经营成本因素,对净现值影响最小的是原始投资因素。通过敏感性分析,可以确定出哪些变量为敏感变量,哪些变量为非敏感变量。利用敏感性分析可以帮助我们在估计投资项目现金流量时,抓住重点因素,减少净现值和内部报酬率受估计误差产生的影响,从而降低投资风险。

本章小结

本章首先阐述了长期投资决策的基本内容,介绍了长期投资决策的类型及其特点,重点分析长期投资决策的影响因素,主要包括货币时间价值的概念和基本原理,资金成本的概念和内容,投资的风险价值,现金流量的定义与计算,分别从时间、数量、风险、成本投放的角度研究了长期投资决策需要考虑的重要因素;其次,分析了长期投资决策的分析方法,主要包括非贴现的投资决策分析方法和贴现的投资决策分析方法,分别讲述了各方法下的主要决策指标的概念、计算和使用,并对各投资方法进行了比较分析;再次,介绍了长期投资决策分析的两种类型,即扩充型投资方案的决策分析和重置型投资方案的决策分析;最后,讲述了长期投资决策的敏感性分析的含义,并分别研究了产品售价下降、产销量下降、经营成本增加、初始投资增加情况下的敏感性分析情况,以帮助决策者根据企业的具体情况在各种不同的方案中进行选择。

自测题

一、概念题

长期投资决策　货币时间价值　现金流量　资金成本　贴现的投资决策方法　净现值　获利指数　内部报酬率　扩张型投资方案　重置型投资方案　敏感性分析

二、分析思考题

1. 长期投资决策中应特别考虑哪些因素?
2. 什么是货币时间价值?长期投资决策为什么要考虑货币时间价值?如何计算?
3. 项目计算期不同阶段上的净现金流量各有什么特征?
4. 回收期的计算公式及具体计算过程?
5. 长期投资决策分析中,折现的现金流量法为什么优于非折现的现金流量法?
6. 比较净现值、获利指数、内部报酬率,它们各有什么特点?
7. 贴现的投资决策方法指标之间存在什么样的数量关系?
8. 长期投资决策敏感性分析的含义及基本内容是什么?

三、计算题

1. 某企业拟建造一项生产设备。预计建设期为1年,所需原始投资为300万元,于建设起点一次投入。该设备预计使用寿命为6年,使用期满报废清理时无残值。该设备折旧方法采用直线法。该设备投产后每年增加净利润80万元。假定适用的行业基准折现率为10%。

要求:计算项目计算期内各年净现金流量。

2. 甲公司拟采用分期付款方式从乙公司购买设备一台,双方在合同上约定:甲公司分10年向乙公司支付全部价款,前5年每年年末支付200万元,后5年每年年末支付300万元,假设企业的预期报酬率为12%,试计算该公司所购设备的现值。

3. 某公司计划投资某一项目,原始投资额为200万元,在建设起点一次投入,并于当年完工并投产。投产后每年增加收入90万元,付现成本为21万元。预计使用10年,直线法提取折旧,预计残值为10万元。资金成本率为12%。所得税税率为34%。

要求:(1)用净现值法、现值指数法、内部报酬率法判断是否可行。

(2)计算项目净现值,并评价其财务可行性。

4. 某机器厂准备明年添置一台数控机床,购入成本为117万元,安装费为1万元;预计该机床可使用10年,企业拟采用直线法计提折旧,期满残值为18万元。使用该机床后每年可使该厂增加税后净利20万元。假设企业预期的最低报酬率为20%。要求:采用内部报酬率法对该投资项目进行评价。

5. 公司拟对其拥有的某条生产线进行技术改造,预计改造开始时需支付现金200万元。改造完成后,该生产线仍维持原有10年的尚可使用年限不变,但由于性能大幅提高,预计每年可增加企业净利润15万元。公司固定资产均按直线法计提折旧,改造后固定资产使用期满变现残值净收入增加额为10万元。且公司所在行业的基准利率为8%,生产线改造在短期内完成。

要求:

(1)计算生产线改造完成投入使用后公司每年增加的现金流量净额;

(2)计算公司改造生产线方案的内部报酬率;

(3)评价公司改造生产线方案的财务可行性。

6. 某公司拟投产一种新产品,需要购置一套专用设备,预计价款900 000元,追加流动资金145 822元。公司的会计政策与税法规定相同,设备按5年折旧,采用直线法计提,净残值率为零。该新产品预计销售单价为20元,单位变动成本为12元,每年增加固定付现成本500 000元。该公司所得税税率为40%;投资的最低报酬率为10%。

要求:计算净现值为零的销售量水平(计算结果保留整数)。

【案例分析】

企业新投资项目决策
——健民葡萄酒厂新建生产线可行吗?

健民葡萄酒厂是生产葡萄酒的中型企业,该厂生产的葡萄酒酒香纯正,价格合理。长期以来供不应求。为了扩大生产能力,健民葡萄酒厂准备新建一条生产线。

张剑是该厂的助理会计师,主要负责筹资和投资工作。总会计师王利要求张剑搜集建设新生产线的有关资料,并对投资项目进行财务评价,以供厂领导决策考虑。

张剑经过十几天的调查研究,得到以下有关资料:

(1)投资新的生产线需一次性投入1 000万元,建设期为1年,预计可使用10年,报废时无残值收入;按税法要求该生产线的折旧年限为8年,使用直线法提折旧,残值率为10%。

(2)购置设备所需的资金通过银行借款筹措,借款期限为4年,每年年末支付利息100万元,第4年年末用税后利润偿付本金。

(3)该生产线投入使用后,预计可使工厂第1～5年的销售收入每年增长1 000万元,第6～10年的销售收入每年增长800万元,耗用的人工和原材料等成本为收入的60%。

(4)生产线建设期满后,工厂还需垫支流动资金200万元。

(5)所得税税率为30%。

(6)银行借款的资金成本率为10%。

思考与讨论的问题：
(1) 预测新的生产线投入使用后,该厂未来10年增加的净利润。
(2) 预测该项目各年的现金流量。
(3) 计算该项目的净现值,以评价项目是否可行。

必要提示：
(1) 净利增加 = (增加的收入 - 增加的成本) × (1 - 所得税税率)
(2) NCF = 净利 + 折旧 + 利息(年初、年末除外)
(3) $NCF > 0$ 时还应考虑相关因素进行决策。

【阅读资料】

宇弛公司的"双加"工程

企业概况

宇弛机械制造公司是我国机械制造行业的大型骨干企业,曾是以生产高科技产品为主的生产企业。它始建于20世纪40年代,1982年开始生产微型汽车发动机,并成为中国汽车工业公司定点的全国4个微型汽车发动机生产厂家之一。

宇弛公司现占地面积为264.96万平方米,其中生产区占地110万平方米,房屋建筑面积96万平方米。公司现有职工15 860人,其中工程技术人员8 320人;现有各种设备6 650多台(套),其中金属切削设备2 580台;目前固定资产投资原值为83 837万元,净值为45 895万元。

改革开放以来,该公司引进开发了支柱产品微型汽车发动机,其产值占总产值的75%左右,公司主产品AHDⅠ型曾先后获省部级优质称号。1991年行检中被定为质量信得过免检产品,1992年又被评为一级品。现已形成年生产能力5.8万台,公司实现工业总产值123 005万元,销售收入1 444 671万元,利税18 261万元,经济效益在总公司所属企业中处于上游水平。

项目概况

一、项目必要性

该公司目前正准备上一工程项目——"双加"工程,其主产品为AHDⅡ发动机。这既是一、二期技术改造工程的继续,又是提高产品质量和数量的重要环节。

1. 上项目的基础条件

该项目已得到上级主管部门的正式批示,前期工程进展顺利,一是生产AHDⅡ型发动机和变速箱壳体厂房已建成;二是汽缸盖加工生产线的设备即将安装调试完毕;三是曲轴加工生产线的设备正在安装;四是包括变速箱壳体在内的四大机械加工生产线均已安装调试完毕,并可正式投入生产。

2. 该项目可推动技术进步

AHD Ⅱ型发动机适用于加宽、加长型及加空调设施的微型客车和轿车；采用 AHD Ⅱ型发动机可提高微型汽车档次，提高产品的附加值。

3. 该项目可提高经济效益

该项目建设完工，投入运营，可使微型汽车年产量由 5 万台提高到 15 万台，新增利税 37 177.64 万元；使产品系列化，达到全国领先的规模，更具有竞争力。该项目符合国家目前的产业政策，不仅可以提高自身经济效益，还可带动地方其他相关产业的发展。

二、项目内容

1. 新建铸铁二车间和锻造二车间。

2. 新增设备 334 台（套）。

三、劳动定员和人员培训

项目所需新增加的 831 人，在公司现有人员中调配解决，可在公司职工培训学校给予培训。

市场预测

当今世界，汽车已成为人们不可缺少的交通运输工具，微型汽车发动机的发展前景取决于各类微型汽车工业的发展。市场预测的有关情况如下：

一、国际市场

近年来，该公司市场的发动机随整车已向十多个国家出口 1 000 多台。现正与乌克兰、委内瑞拉等国商谈出口发动机变速箱总成业务。经本次"双加"工程技术改造，宇弛公司出口的产品批量和销往的国家（地区）将会增加。

二、国内市场

据国家信息中心预测：国内微型汽车市场将继续保持旺盛的增长势头，目前我国微型汽车年产量 20 万辆，2000 年我国微型汽车产量将达到 60 万辆左右。目前国内已形成规模市场微型车发动机的厂家共有 4 家。当前宇弛公司市场覆盖率为四家总计的 30%，预测需求量为 35.5 万辆，供不应求，市场前景很好。

投资计划

一、项目总投资

本次技改项目总投资 63 240 万元。其中新增固定资产投资 26 573.4 万元，新增流动资金 36 666.6 万元。

二、固定资产投资来源

工商银行技术改造贷款 23 940 万元，企业用折旧和利润自筹资金 2 633.4 万元。

财务预测

一、财务评价参数

1. 固定资产形成率 90%，本项目新增固定资产 23 916 万元。

2. 本项目市场计划期(财务分析期限)为 10 年,综合折旧率为 8%,本项目新增折旧 1 913.28 万元。

二、本项目年初投资,年末达产(建设期可视为零)。

三、产品成本预测

达产年全厂总成本为 207 265.4 万元。其中固定成本为 69 665.4 万元,可变成本为 137 600 万元,年综合折旧 2 869.92 万元。

四、销售收入和利润预测

预计 1997 年底达产新增发动机 10 万台,新增销售收入为 160 002.14 万元,产品销售税金及附加税为 11 147.5 万元,利润总额 26 030.14 万元,年总成本为 122 824.5 万元。达产后公司全部产品销售收入为 258 570 万元,产品销售税金及附加税为 21 079.5 万元,利润总额为 30 225.1 万元。

五、财务效益指标

财务效益计算相关指标:该项目新增年折旧额为 1 913.28 万元;初始投资总额为 63 240 万元;新增年净现金流量为 19 353.47 万元;利税总额为 37 177.64 万元;生产计划期为 10 年。

六、不确定性分析

1. 以生产能力利用率表示的保本点

生产能力利用率 = 64.13%,即生产销售微型汽车发动机 64 130 台,可以保本。

2. 敏感性分析($I = 12\%, n = 10$)

敏感因素变化数见表 5.8。

表 5.8　敏感因素变化数

	变化	IRR/%	+ 或 −/(%)
基本方案	—	28.16%	?
投资增加	10%	?	?
建设期延长	一年	?	?
总成本提高	5%	?	?
销售收入减少	5%	?	?

上述各项敏感因素的变化,无疑将对内部报酬率产生影响。

七、贷款偿还期(静态和动态)

宇弛公司可用两种途径来偿还贷款。

1. 用本项目效益偿还新增技改贷款。

(1)用本项目实现的税后利润的 100%,年偿还新增贷款 17 440.19 万元。用本项目年增折旧100%,年偿还贷款1 913.28万元。

2.用全公司的效益偿还新增技改贷款。

(1)用全公司综合税后利润的90%归还贷款,年可归还新增贷款18 225.74万元。

(2)用公司年综合折旧70%归还贷款,年可归还新增贷款2 008.94万元。宇弛公司在此之前,分别投资在洗衣机、家用燃气器具上,都以失败告终。该项目是宇弛公司第三次尝试的大型投资项目。该项目是否可行呢?这的确是值得宇弛公司三思的一个问题。

要求:

(1)运用此案例提供的有关数据资料,从静态和动态两个方面对该项目作出财务评价。

(2)该公司可用新增效益和综合效益偿还新增贷款,评价这两种途径的可靠性。

(3)假如你是公司的经理,你认为此项目是否可行?

第六章
Chapter 6

预算控制

【学习要点及目标】

通过本章的学习,应该了解预算的含义、特征及作用;掌握全面预算体系及编制程序。掌握全面预算的编制方法并能予以应用;掌握固定预算、增减预算、定期预算、确定预算的编制方法及运用,同时理解这些预算方法的局限性;掌握弹性预算、零基预算、滚动预算、概率预算的编制方法及运用,并能发挥这些预算方法的优越性与先进性。掌握责任预算控制的基本思想与控制方式,并能结合实际予以应用。

【导入案例】

贝塔电脑正在经历筹资的困难,起因是主干机销售额的滑坡。几年前,公司从"中地州立银行"得到一大笔贷款。贷款协议严格地规定了:如果贝塔公司不能保持其流动比率为3:1,速动比率为1:1,资产回报率为12%的话,银行将行使其权力,清理公司的资产以偿还银行的贷款。为了监督公司的业绩,银行要求公司每季报告其财务报表,并经过 CPA 的审计。

尼克·普赖斯是贝塔公司的首席执行官,刚审阅了公司全面预算对当年头两个季度的预计。他看到的令人不安。如果销售趋势继续,贝塔将会在第二季度末就达不到贷款协议的规定。如果这个预计是正确的,银行可能会强迫关闭公司。其结果是,贝塔的750名雇员将会失业。

当年的2月份,伦姆莱特国际公司曾与贝塔公司接触,商谈购买一套客户自己构造的主干机系统。这笔业务不仅会产生超过百万的销售收入,它也会使贝塔回到符合银行协议的状况。不幸的是,伦姆莱特国际公司处在一个极端糟糕的信用状况,销售款的回收是微乎其微的。不过,尼克还是在2月1日同意了这笔销售,这导致了140万美元应收账款的增加。

在3月31日,注册会计师爱德加·根姆来到了贝塔的总部。按根姆的意见,这140万美元的应收账款,应立即作为坏账注销。当然如果这笔账注销了,贝塔将会违反贷款的协议,银行将会很快封存资产。根姆告诉普赖斯,他的职业职责是防止任何对公司资产的重大误报。

普赖斯提醒根姆,如果这笔账注销了,750名职工将会失去工作,同时根姆的会计师事务所也收不到他们在这次工作上的费用。普赖斯然后再对根姆展示了公司当年第三季度和第四季度的全面预算。预算表明了公司的一个完整的转机。然而,根姆怀疑预算大部分的估计都是过于乐观了。

第一节 预算与全面预算体系

一、预算的含义及其特征与作用

（一）预算的含义

预算是以实物指标或财务指标或两者兼有的方式将短期目标进行量化的一种表现形式,它确定企业在预算期内为实现企业目标所需要的资源和应进行的活动,是企业经营计划的具体化和数量化。

（二）预算的特征

①预算是决策的延续。企业编制预算是为了更好地实现企业目标,把决策具体化,为控制提供依据。

②预算是一种财务计划,需要用量化形式表述。企业各部门在编制分预算时,可以依据部门特点采用不同的数量单位计量,但全面预算必须使用统一的货币单位来计量。

③预算是对未来的预测,全面预算直接或间接反映企业全部生产经营活动的各个方面。它以企业总目标为前提,以销售预算为起点,依次对供应、生产、销售及现金收支等方面进行预测并编制出预计现金流量表、预计资产负债表和预计利润表。

（三）预算在管理中的作用

预算和预算编制的过程涉及管理的各个方面,主要具有下列作用：

①预算编制要求管理者认真研究公司可能面临的问题和存在的潜力,以及可能存在的瓶颈,借以合理配置和最经济、合理地利用企业资源。

②预算是指导企业员工从事经营活动的准绳,也是加强企业内部沟通和协调的重要工具。通过预算,高层管理者可以将计划和目标传达到企业内部的各个层次,每个部门由此确定需要做什么工作来履行在完成企业总体目标中应尽的责任,企业高级管理层也可借此来协调不同部门的活动。

③预算可以提供管理、控制活动的标准并进行授权。由于预算是以每个责任中心为基础编制的,因此,预算明确了各个责任中心管理者的责任,同时也授权各责任中心的管理者可以

自由支配的一定数量的资源,做到权、责、利相结合。

④预算可以作为企业业绩评价的基础。预算代表了在预算期内对企业员工和部门行为结果的期望和要求,可以用来评价实际经营成果的业绩,并激励员工向预算目标努力。

二、全面预算体系

(一)全面预算的内容

全面预算也称总预算,它是企业销售、生产、采购、费用、投资、筹资、现金流量等相关预算的集合,是用以表现未来特定期间内企业的经营状况、财务状况以及投融资状况的一个综合计划体系。对于企业的经营目标与财务计划,全面预算既是战略概要又是具体结果。由全面预算可以导出一套预计财务报表,帮助描述企业业务活动的财务细节。因此,全面预算涵盖经营预算与财务预算两大部分,经营预算是明确所有的日常经营活动,财务预算是确定经营活动所需资金的来源以及在预算期内如何将资金用于预算活动的计划,销售、生产、采购、费用等预算属于业务预算,而资本支出预算、预计利润表、预计资产负债表及现金预算属于财务预算。

全面预算是各种经营预算与财务预算的集合体,是经营计划与财务计划的具体化和数量化。根据企业经营活动的内在逻辑关系以及相应财务关系,可以得到以下的全面预算体系,如图6.1所示。

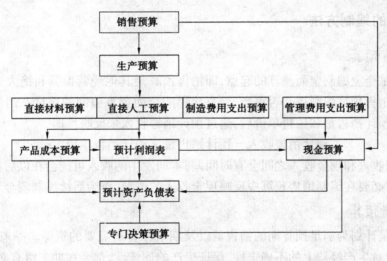

图6.1 全面预算体系

(二)全面预算编制程序

全面预算涉及企业的方方面面,它的编制是一项系统性很强的工作,所以应当按一定的逻辑有序进行。一般全面预算的编制应遵循以下基本程序:

①设立预算委员会。全面预算的编制工作涉及企业内部各个职能部门,因而有必要设立由企业的总经理和分管各职能部门的副总经理组成的预算委员会,可以更好地领导和协调各职能部门的预算编制工作。

②确定预算目标。企业预算委员会根据企业发展战略对未来经济形势进行预测并制定出短期或年度的预算目标。

③各部门编制预算草案。预算目标为预算编制明确了方向,但还要将预算编制目标进一步具体化,制定出预算编制的方针政策。企业内部各职能部门的管理者依据预算的方针政策编制各部门的业务预算草案,提交预算委员会等进行审查。

④汇编初步的全面预算。预算委员会根据各部门提交的业务预算,对其进行审查、分析并寻找出可能存在的问题,确定合理的解决方案,并在此基础上汇总编制企业的全面预算。

⑤审议评价预算方案。企业各部门根据预算委员会提出的不同意见,对预算作出进一步修正,再提交给预算委员会,由预算委员会再次进行全面审查分析,对全面预算作出进一步修正,最终形成正式预算下达给各职能部门。

第二节 全面预算的编制及其示例

一、全面预算的编制方法

(一)销售预算

销售预算是企业编制全面预算的起点,即销售预算是其他经营预算和绝大多数财务预算的基础。所以销售预算编制得是否得当,会直接影响全面预算编制的质量。销售预算在确定了未来期间的预计销售量和销售单价后,通过预计销售收入来反映。即

$$预计销售收入 = 预计销售量 \times 预计销售单价$$

通常,销售收入和现金收入之间会有时间差,本期发生的收入可能会在以后期间实现现金的收回,所以有必要在编制销售预算中反映现金收入的情况,作为后续编制现金预算的基础。

(二)生产预算

生产预算是计划为满足预算期的销售量以及期末存货所需要的资源。一般企业,除了适时企业,为了应对生产经营上的不确定性、保证生产的连续性,都会在期末留有必要的存货,作为缓冲储备。所以,一般的,某期生产量的确定应以预测期产品期初、期末存货为依据。预测期企业预计生产量可以根据下面公式计算:

$$预计生产量 = 预计销售量 + 预计期末产成品存货量 - 预计期初产成品存货量$$

在这里为了确定合适的生产预算还要考虑最优存储量和生产能力两方面因素,供读者思考。

(三)直接材料预算

直接材料预算是在生产预算的基础上,对预算期内直接材料的耗用量、采购量及采购成本的规划。其编制原理与生产预算相同,具体的表达式为

直接材料预计采购量 = 预计生产需用量 + 预计期末库存量 − 预计期初库存量

直接材料的预计耗用量取决于产品的生产需求量,预计期初、期末直接材料存货的数量取决于企业的存货政策,通常根据所用的存货控制模型加以确定。

另外,在编制直接材料预算的同时,还要考虑现金的支付情况,以编制现金预算表。

(四)直接人工预算

直接人工预算是为确定满足生产所需要的人工资源而编制的预算。编制直接工资支出预算要以直接人工需要量的预测为基础,通过确定单位产品所需要的人工数量以及单位人工的工资支出数额,再结合生产预算进行编制。

(五)制造费用预算

制造费用预算按成本习性分为变动制造费用预算和固定制造费用预算两部分。两者编制时依据的基础不同,变动制造费用以预算期的业务量为基础,固定制造费用与生产量无直接关系,其编制通常以基期的数据为依据做适当的调整计量。

预计制造费用 = 预计变动制造费用 + 预计固定制造费用

为了给编制现金预算提供必要的信息,在制作费用预算中,通常包括费用方面预算的现金支出。需要注意的是,由于固定资产折旧在预算期内不需用现金支出,所以在编制预计现金支出时,应将折旧一项予以扣除。

(六)产品成本预算

产品成本预算是以生产预算、直接材料预算、直接人工预算和制造费用预算为基础编制的。它不仅提供了编制预计资产负债表所需的信息,同时也为编制预计损益表提供了产品销售成本的数据。

(七)销售及管理费用预算

销售及管理费用预算是指对企业预算期内日常销售和经营活动所发生的各项费用的预算。它的编制方法有两种,一种方法是与制造费用的分类相似,根据成本形态将其分为变动部分和固定部分两种。另一种方法是分别编制销售预算和管理预算。以后将以第二种方法为例编制销售及管理费用预算。

(八)专门决策预算

专门决策预算是指企业为不经常发生的长期投资决策项目或一次性专门业务所编制的预算,应属于财务预算的范畴。通常在业务预算编制完成后,编制专门决策预算,并作为编制财务预算的基础。专门决策预算包括资本支出预算和一次性专门业务预算两类。资本支出预算

是反映企业审核批准的预算年度的各项长期投资决策所编制的预算,编制时需要详细列出该项目在寿命周期内各个年度的现金流出量和现金流入量的详细资料。一次性专门预算是指财务部门在日常理财活动中为提高资金的使用效果而进行的筹措资金和投放资金等财务决策的预算。

(九)现金预算

为了保证企业生产经营的正常进行,经常持有足额现金是非常必要的。现金预算是反映预算期内有关现金收支、现金余缺和资金融通等情况的预算。通过现金预算,企业管理者能够加强对预算期内现金流量的控制,适时投融资,使企业的现金能发挥较好的效益。现金预算通常由现金收入、现金支出、现金多余或不足以及资金的筹集与运用等四个部分构成。其基本关系为

期初现金余额 + 本期现金收入总额 = 可动用现金总额 - 支出总额 = 本期现金盈余或不足

1. 现金收入

现金收入主要包括期初现金余额、当期的销售收入以及当期收回的应收款项。现金收入的数据主要来源于销售预算表。

2. 现金支出

现金支出包括预算期内可能发生的各项现金支出,具体有:材料采购款、直接人工支出、制造费用、销售及管理费用、支付股利、资本性支出等。

3. 现金盈余或不足

现金盈余或不足是指预算期内企业现金收入与现金支出的差额,若收入大于支出,盈余的现金可归还以前所欠借款或进行短期投资;若收入小于支出,为现金短缺,应及时向外取得借款。

4. 资金的筹集和运用

资金的筹集和运用是指预算期末现金存量低于最低库存金额而引起的资金借入,或是期末现金存量高于最低库存现金余额时归还借款或进行短期投放的行为。

(十)预计利润表

预计利润表主要通过销售预算、生产成本预算、销售及管理费用预算和有关的专门决策预算编制而成。它反映预算期内企业的经营成果,是经营预算的一个重要环节,它可以揭示企业预期的盈利情况,有助于管理人员及时调整经营决策。

(十一)预计资产负债表

预计资产负债表是反映企业预算期期末财务状况的总括性预算,它是依据当前的实际资产负债表和全面预算中的其他预算所提供的资料来编制的。预计资产负债表可以为企业提供会计期末企业预期财务状况的信息,因此,有助于企业预测未来期间的经营状况,并采取适当的改进措施。

二、全面预算编制举例

以晟曼实业股份有限公司的示例说明全面预算编制的内容与方法。

晟曼实业股份有限公司(以下简称晟曼公司)是一家生产和销售一种高科产品的公司,该公司 2010 年 4 个季度的预计销售量分别为 1 000 件、1 500 件、2 000 件和 1 500 件。销售单价为 60 元,每季度收到的销售货款中本季度收回 60%,其余 40% 在下一季度收讫。2009 年末应收账款余额为 9 000 元。根据以上资料编制的晟曼公司预算年度的销售预算,见表 6.1。

表 6.1　2010 年销售预算

时间 项目	一季度	二季度	三季度	四季度	全年
预计销售量/件	1 000	1 500	2 000	1 500	6 000
销售单价/元	60	60	60	60	60
预计销售金额/元	60 000	90 000	120 000	90 000	360 000
年初应收账款/元	9 000				9 000
第一季度销售收入/元	36 000	24 000			60 000
第二季度销售收入/元		54 000	36 000		90 000
第三季度销售收入/元			72 000	48 000	120 000
第四季度销售收入/元				54 000	
现金收入合计/元	45 000	78 000	108 000	102 000	333 000

晟曼公司预计年度年初产品的库存量为 120 件,预计年度年末的库存量为 150 件,其他各期期末存货量为下期销售量的 10%。现在我们可以编制该公司预算年度的生产预算,见表 6.2。

表 6.2　2010 年生产预算　　　　　　　　　　　　　　　　　　单位:件

时间 项目	一季度	二季度	三季度	四季度	全年
预计销售量	1 000	1 500	2 000	1 500	6 000
加:预计期末产品存货量	150	200	150	150	150
减:预计期初产品存货量	120	150	200	150	120
预计生产量	1 030	1 550	1 950	1 500	6 030

晟曼公司单位产品耗用量为 3 千克,每千克材料价格为 2 元。预计期初应付账款为 3 000 元,预计各季度的材料库存量为下季度生产需用量的 20%,预计年初材料库存量为 850 千克,预计年末库存量为 800 千克,每季度购料款于当季度支付 50%,下季度支付 50%。我们可以

编制晟曼公司预算年度的直接材料采购预算,见表6.3。

表6.3 2010年直接材料预算

时间 项目	一季度	二季度	三季度	四季度	全年
预计生产量/件	1 030	1 550	1 950	1500	6 030
单位产品耗用量/千克	3	3	3	3	
预计材料需用量/千克	3 090	4 650	5 850	4 500	18 090
加:期末库存量/千克	930	1 170	900	800	800
预计材料需求量/千克	4 020	5 820	6 750	5 300	21 890
减:期初库存量/千克	850	930	1 170	900	850
预计材料采购量/千克	3 170	4 890	5 580	4 400	18 040
单位材料价格/(元/千克)	2	2	2	2	
预计购料金额/元	6 340	9 780	11 160	8 800	36 080
期初应付账款金额/元	3 000				
第一季度购料款/元	3 170	3 170			
第二季度购料款/元		4 890	4 890		
第三季度购料款/元			5 580	5 580	
第四季度购料款/元				4 400	
现金支出合计	6 170	8 060	10 470	9 980	34 680

晟曼公司生产产品所需人工工时为2小时,单位工时的工资率为每小时5元。可以编制晟曼公司预算年度的直接人工预算,见表6.4。

表6.4 2010年直接人工预算

时间 项目	一季度	二季度	三季度	四季度	全年
预计生产量/件	1 030	1 550	1 950	1500	6 030
单位产品人工工时/小时	2	2	2	2	
人工总工时/小时	2 060	3 100	3 900	3 000	12 060
单位工时工资率/元	5	5	5	5	
预计直接人工成本总额/元	10 300	15 500	19 500	15 000	60 300

晟曼公司制造费用分为变动制造费用和固定制造费用。固定制造费用中含折旧费 5 600 元。据此可以编制晟曼公司预算年度的制造费用预算，见表 6.5，制造费用预计现金支出见表 6.6。

表 6.5　2010 年制造费用预算

成本明细项目		金额/元	费用分配率/(元/小时)
变动制造费用	间接人工	6 116	变动制造费用分配率 = 变动费用预算合计 预计产量工时总额 = 14 472/12 060 = 1.2
	间接材料	2 640	
	修护费	2890	
	水电费	2826	
	合计	14 472	
固定制造费用	修护费	5 540	固定费用分配率 = 固定费用预算合计 预计产量工时总额 = 18 090/12 060 = 1.5
	折旧	5 600	
	管理费	4 420	
	保险费	2 530	
	合计	18 090	

表 6.6　2010 年制造费用预计现金支出　　　　　　　　　　　　　元

	时间 项目	一季度	二季度	三季度	四季度	全年
变动制造费用	预计直接人工工时	2 060	3 100	3 900	3 000	12 060
	变动制造费用分配率	1.2	1.2	1.2	1.2	1.2
	小计	2 472	3 720	4 680	3 600	14 472
固定制造费用	固定费用	3 090	4 650	5 850	4 500	18 090
	减：折旧	1 400	1 400	1 400	1 400	5 600
	小计	1 690	3 250	4 450	3 100	12 490
	现金支出合计	4 162	6 970	9 130	6 700	26 962

根据公司的直接材料、直接人工以及制造费用预算进一步编制产品成本预算，见表 6.7。

表6.7 2010年产品成本预算

成本项目		单价	消耗数量	单位成本/元
单位生产成本	直接材料	2元/千克	3千克	6
	直接人工	5元/时	2工时	10
	变动制造费用	1.2元/时	2工时	2.4
	合计	—	—	18.4
期末产成品存货预算	期末存货数量			150件
	单位变动成本			18.4元
	期末存货金额			2 760元

再根据公司的有关销售及管理数据,编制公司的销售及管理费用预算,见表6.8。

表6.8 2010年销售及管理费用预算 元

销售费用:	
销售人员工资	11 000
广告费	5 000
运输费	5 400
管理费用:	
管理人员工资	14 000
福利费	5 000
保险费	3 000
合　计	43 400
每季度支付现金	10 850

晟曼公司规定计划期间最低现金余额为7 000元,借款及还款金额为1 000元的倍数,贷款利率为10%。季初借款,季末还款,利息在还本时支付。现综合以上各预算编制公司年度现金预算,见表6.9。

表 6.9　2010 年现金预算　　　　　　　　　　　　　　　　　　元

项目	一季度	二季度	三季度	四季度	全年
期初现金余额	7 000	7 045.5	29 093	8 220.5	8 220.5
加：本期现金收入	45 000	78 000	108 000	102 000	333 000
可动用现金合计	52 000	85 045.5	137 093	110 220.5	384 359
现金支出					
直接材料	6 170	8 060	10 470	9 980	34 680
直接人工	10 300	15 500	19 500	15 000	60 300
制造费用	4 162	6 970	9 130	6 700	26 962
销售及管理费用	10 850	10 850	10 850	10 850	43 400
购置固定设备	9 000		60 000		69 000
支付所得税	11 722.5	11 722.5	11 722.5	11 722.5	46 890
支付股利	750	750	750	750	3 000
现金支出合计	52 954.5	53 852.5	122 422.5	55 002.5	284 232
现金结余	-954.5	31 193	14 670.5	55 218	55 218
资金的筹集与运用					
向银行借款	8 000				8 000
归还借款	—	2 000	6 000		8 000
支付利息	—	100	450		550
融通资金合计	8 000	2 100	6 450		550
期末现金余额	7 045.5	29 093	8 220.5	55 218	55 218

最后编制晟曼公司的年度预计财务报表，见表 6.10 及表 6.11。

表 6.10　2010 年预计损益表　　　　　　　　　　　　　　　元

销售收入	360 000
销售产品成本	128 490
毛利	231 510
销售及管理费用	
销售费用	21 400
管理费用	22 000
税前营业利润	188 110
减:利息	550
税前利润	187 560
减:所得税	46 890
净利润	140 670

注:销售产品成本计算如下:

	期初存货	
	产成品	2 208
	直接材料	1 700
	直接材料采购	36 080
	直接人工	60 300
	制造费用	32 562
	合计	132 850
	减:期末存货	
	产成品	(150×18.4) 2 760
	直接材料	1 600
	销售产品成本	128 490

表 6.11 2010 年预计资产负债表   元

项目	2010 年	2009 年	项目	2010 年	2009 年
现金	55 218	7 000	应付购料款	4 400	3 000
应收账款	36 000	9 000	负债合计	4 400	3 000
材料存货	1 600	1 700			
产成品存货	2 760	2 208			
流动资产合计	95 578	19 908			
土地	3 000	3 000			
设备	79 000	10 000	普通股股本	20 900	20 900
累计折旧	9 000	3 400	留存收益	143 278	5 608
固定资产合计	73 000	9 600	所有者权益合计	167 278	25 800
资产合计	168 578	29 508	合计	171 678	29 508

注：留存收益计算过程如下：

    留存收益期初余额   5 608
    加：税后净利   140 670
    小计   146 278
    减：支付股利   3 000
    留存收益期末余额   143 278

第三节 其他预算编制方法及应用

一、固定预算与弹性预算

（一）固定预算与弹性预算的概念

弹性预算是和固定预算相对应的概念。固定预算就是以预算期某个预计的业务量水平为基础编制的成本、费用、收入、利润、资金预算，又称"静态预算"。弹性预算则是指企业按照可以预见的多种业务量水平分别确定相应数额的预算。它可以适应不同的生产能力利用情况,反映不同业务量水平的预算额。由于这种预算随着业务量水平的变化做出相应的调整,具有伸缩弹性,故称弹性预算,也称"变动预算"或"滑动预算"。

(二)弹性预算的特点

弹性预算与固定预算相比有如下两个显著特点:

(1)弹性预算是按预算期内某一相关范围内的可预见的多种业务量水平确定相应的预算额,从而扩大了预算的适用范围,便于预算指标的调整。

(2)弹性预算是按成本的不同性态分类列示的,便于在预算期终了时将实际指标与实际业务量相应的预算额进行比较,使预算执行情况的评价与考核建立在更加客观和可比的基础上,能更好地发挥预算的控制作用。

(三)弹性成本预算的编制程序与方法

弹性成本预算主要是针对制造费用、销售费用及管理费用等项目编制的弹性预算。至于直接材料、直接人工等直接成本可采用标准成本进行控制,故通常无需编制弹性预算。弹性成本预算的编制程序如下:

(1)确定某一相关范围(即业务量的数量界限)

弹性预算的业务量范围,应视企业或部门的业务量变化情况而定,一般来说,可定在正常生产能力的70%~110%之间,或以历史上最高和最低业务量为其上下限。

(2)选择业务量的计量标准

编制弹性预算要选择一个最能代表本部门生产经营活动水平的业务量计量标准。如以手工操作为主的车间,就应选人工工时;制造单一产品或零件的部门,可选用实物数量;制造多种产品或零部件的部门,可以选用人工工时或机器工时;修理部门可以选用直接修理工时等。

(3)弹性预算的成本分类

按照成本性态分析的方法,将为之编制弹性预算的成本划分为固定成本和变动成本两类,确定该项成本中的固定成本总额和单位变动成本。

(4)根据某项成本中的固定成本和单位变动成本数计算确定其在相关范围内多种业务量水平下的预算额。

(四)弹性预算编制方法应用示例

【例6.1】 某公司管理人员为该公司编制一份弹性预算表,变动成本项目如下:直接材料0.30元/块,直接人工0.15元/块,变动制造费用0.10元/块。第一季度预算固定制造费用为320万元,表6.12是按照三种产量水平编制的生产成本弹性预算。

表 6.12　弹性生产预算

生产成本		单位变动成本(元/块)	产量/万块		
			2 400	3 000	3 600
变动成本	直接材料	0.30	720	900	1 080
	直接人工	0.15	360	450	540
	变动制造费用	0.10	240	300	360
变动成本合计		0.55	1 320	1 650	1 980
固定制造费用	监管		100	100	100
	折旧		200	200	200
	租金		20	20	20
固定成本合计			320	320	320
生产成本合计			1 640	1 970	2 300

由表 6.12 可见,由于变动成本的存在,预计生产成本随着产量提高而增加。弹性预算是按照不同业务量水平编制的,所以是管理当局用以掌握不同业务量水平下成本发生情况并据以控制的一种有利工具。第一季度实际产量为 3 000 万块,现在管理当局可以编制一份有用的业绩报告,见表 6.13,比较实际产量下的实际成本与预算成本,进而分析其成本差异。

表 6.13　第一季度实际与弹性业绩报告

项目		实际	预算	差异
产量/万块		3 000	3 000	
生产成本/元	直接材料	1 000	900	100
	直接人工	450	450	0
	变动制造费用	280	300	−20
变动成本合计		1 730	1 650	80
固定制造费用/元	监管	90	100	−10
	折旧	200	200	0
	租金	30	20	10
固定成本合计/元		320	320	0
生产成本合计/元		2 050	1 970	80

由表 6.13 可知,编制弹性预算可以直接根据实际业务量与对应的预算业务量比较实际成本与预算成本,找出差异,进而找出问题所在。

二、零基预算与增减预算

(一)零基预算与增减预算的概念

预算按其编制是否以基期水平为基础可分为零基预算和增减预算。

增减预算,就是企业在编制费用支出项目的预算时,以基期的实际支出金额和预算为基础,然后结合预算期可能影响该项目支出的有关因素(如业务量的增减、上级规定的成本降低指标等),对其加以一定比例的增减,从而确定出该项费用支出的预算金额的一种预算编制方法。此法的优点是简便易行,但过分受基期实际发生的费用支出和预算的约束,不能使企业有限的资金得到有效的使用,结果往往隐藏着很大的浪费。

零基预算是与传统的增减预算相对应的概念。所谓零基预算,简单而言,就是以零为基数编制的预算。由于它不受既成事实和不合理因素的影响,所以编制的预算切合实际,能够合理并有效地使用资金,提高资金的使用效率。

(二)零基预算的基本假定

①企业现在的每项活动都是企业不断发展所必需的;

②在未来预算期内企业至少必须以现有的费用水平继续存在;

③现有费用已得到有效的利用。因此,这种方法在指导思想上是以承认现实的基本合理性作为出发点,如果不合理的费用开支也可能继续存在下去,就可能造成资金的浪费。

(三)零基预算的编制程序与方法

第一步,划分基层预算单位;

第二步,对基层预算单位的业务活动提出计划,说明每项活动计划的目的性及需要开支的费用;

第三步,由基层单位对本身的业务活动作详细分析,并提出"一揽子业务方案";

第四步,对每项业务活动计划进行"费用-效益分析"权衡得失,排出优先顺序,并把它们分成等级;

第五步,按照上述优先顺序,结合企业自身的资金状况安排具体业务项目,汇总形成预算。

(四)零基预算的优点

零基预算由于冲破了传统预算方法框架的限制,以零为起点,观察分析一切费用开支项目,确定预算金额,因而具有以下优点:

①合理、有效地进行资源分析;
②有助于企业内部的沟通、协调,激励各基层单位参与预算编制的积极性和主动性;
③目标明确,可区别方案的轻重缓急;
④有助于提高管理人员的投入产出意识;
⑤特别有助于产生较难辨认的服务性部门克服资金浪费的缺点。

(五)零基预算编制方法应用示例

【例6.2】 某公司拟采用零基预算法编制下年度销售及管理费用预算。

该公司销售部门根据企业总目标,拟定本部门的具体目标是确保实现200万元的销售收入,并扩大市场占有率,使销售业务涉及更多的地区。经研究分析,确认本部门在预算期间将发生如下费用:

广告宣传费	80 000元
工资	20 000元
办公费	8 000元
差旅费	12 000元。

经研究认为,工资、差旅费、办公费为预算期间不可或缺的费用开支,必须全额予以保证。对于广告宣传费项目,初步提出了以下三种备选方案。

甲方案:利用电视、广播做广告宣传。
乙方案:利用报纸、杂志做广告宣传。
丙方案:利用广告牌、推销员做广告宣传。

经分析评价,决定采用甲方案,并为该方案拟定了下列具体措施。

措施一:以较高的频率在国家级电台、电视台与本省电台、电视台播放广告。预计预算期间需支付国家级电台、电视台广告费380 000元,支付本省电台、电视台广告费180 000元,可减少其他推销费用120 000元,增加销售收入10 000 000元,销售收入利润率为10%。

措施二:以较低的频率在国家级电台、电视台做广告;以较高的频率在本省电台、电视台做广告。预计在预算期间需支付国家级电台、电视台广告费150 000元,支付本省电台、电视台广告费180 000元,可减少其他推销费用100 000元,增加销售收入6 000 000元。

措施三:以较高的频率在本省电台、电视台做广告,需支付广告费180 000元,减少其他推销费用60 000元,增加销售收入2 000 000元。

对比各措施的成本与效益以及广告费的资金分配额,可见第二措施较合适。

据此分析结果,编制广告宣传费的零基预算,见表6.14。

表 6.14　广告宣传费零基预算

项　目	金额/元
预计实施本方案可获收益	
因增加销售收入而增加的利润	6 000 000
减少其他推销费用	100 000
预计实施本方案所需要的资金	
国家级电台、电视台广告费	150 000
本省电台、电视台广告费	180 000
实施本方案后的净收益	5 770 000

三、滚动预算与定期预算

(一)滚动预算与定期预算的概念

编制预算按预算期是否连续可分为定期预算和滚动预算。定期预算一般在其执行年度开始前的两三个月进行编制，执行到最后两三个月再编制下一年度的预算，一年一次定期进行预算的编制。所谓滚动预算，则是指随着时间的推移和预算的执行，及时补充修订未来的预算，使预算期始终保持一个固定的期间。其主要特点是使预算期永远保持 12 个月，即当年度预算每执行一个月(或一个季度)后，便立即在先前的预算期后面增列一个月(或一个季度)的预算，逐期如此向后滚动，因而在任何一个时期都能使预算保持有 12 个月的时间幅度，故称为滚动预算，又称为连续预算或永续预算。

(二)滚动预算与定期预算的比较

定期预算随着预算的不断执行，其预算期逐步缩短，例如当全年的预算已执行完三个季度后，整个预算只剩下第四季度的三个月了，而不像滚动预算那样不断续编预算。定期预算的缺陷在于：

①定期预算多是在其执行年度开始前的三个月进行，在编制时，难于预测预算期的某些活动，特别是对预算期的后半阶段，往往只能提出一个较为笼统的预算，从而给预算的执行带来种种困难。

②预算中所规划的各种经营活动在预算期内往往发生变化，而定期预算却不能及时调整，从而使原有的预算显得不相适应。

③在预算执行过程中，由于受到预算期的限制，使管理人员的决策视野局限于剩余的预算

期间的活动,从而不利于企业长期稳定的发展。为了克服定期预算的缺陷,在实践中可采用滚动预算的方法编制预算。

滚动预算如下的优点恰好可以克服定期预算的缺陷。

①由于随着预算的执行不断续编预算,不需等到原四个季度预算全部执行快结束时再编新的预算,这样有利于保持预算的完整性、连续性,从动态预算中把握企业的未来。

②能使各级管理人员始终保持对未来12个月的生产经营活动做周详的考虑和全盘规划,保证企业的各项工作有条不紊地进行。

③由于预算的不断调整与修订,使预算与实际相适应,有利于充分发挥预算的指导和控制作用。

④便于外界对企业经营状况的一贯了解。

(三) 滚动预算的编制程序与方法

滚动预算的编制程序如图6.2所示。

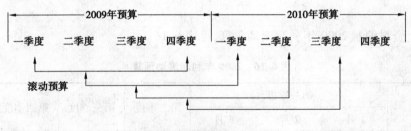

图6.2　滚动预算示意图

滚动预算的编制方法如下:

①滚动预算随着时间的推移,不断续编预算,使整个预算始终保持四个季度的预算期。当原预算执行完一个季度后,就将其去掉,然后在余下的三个季度预算的后面再补充上一个季度的预算。

②滚动预算中越是近期的预算越详细、越具体。因为远离执行期的预算,很难准确预测各种因素的影响,只能提供比较粗略的预计数字;而正处于执行期的预算,容易把握各影响因素,分析较准确,预测的数据相对较具体、详细。一般地,年度预算要有分季度的数据,其中正在执行的预算还要有分月的数据。当正在执行的预算季度即将过去,后一个季度来临时,又要将后一个临近季度的预算数据按月分解,提出下一季度各月份的预算数,如此顺序推进。

③当执行预算的季度终了时,根据该季度预算的执行结果,以及客观条件和企业经营方针

的变化对原定的各季度预算进行必要的调整和修订。

（四）滚动预算编制方法应用示例

【例6.3】 某公司经营甲商品,2009年预计销售量见表6.15。甲商品单位售价为50元,单位变动性商品流通费为30元,每月固定性商品流通费总额为24 000元,所得税税率为25%。

表6.15 2009年预计销售量

月份	销售量/件	月份	销售量/件	月份	销售量/件
1月	6 000	5月	6 400	9月	6 400
2月	5 000	6月	6 600	10月	6 600
3月	5 000	7月	6 400	11月	6 600
4月	6 000	8月	6 200	12月	6 800

依据以上资料编制2009年利润滚动预算,见表6.16。

表6.16 2009年利润滚动预算　　　　　　　　　　元

项目	第一季度			第二季度	第三季度	第四季度	合计
	1月	2月	3月				
销售收入	300 000	250 000	250 000	950 000	950 000	1 000 000	3 700 000
减:变动费用	180 000	150 000	150 000	570 000	570 000	600 000	2 220 000
贡献边际	120 000	100 000	100 000	380 000	380 000	400 000	1 480 000
减:固定费用	24 000	24 000	24 000	72 000	72 000	72 000	288 000
税前利润	96 000	76 000	76 000	308 000	308 000	328 000	1 192 000
减:所得税	24 000	19 000	19 000	77 000	77 000	82 000	298 000
税后利润	72 000	57 000	57 000	231 000	231 000	246 000	894 000

如果2009年第一季度利润的实际实现数与预算的差异较小,则可按月编制2009年第二

季度的利润预算,并按季编制 2009 年第三季度、第四季度和 2010 年第一季度的利润预算;如果 2009 年第一季度利润的实际实现数与预算的差异较大,则应作相应调整后再编制以后的预算。

四、概率预算与确定预算

(一)概率预算与确定预算的概念

预算按构成预算的各个变量在预算期内是否确定分为确定性预算和概率预算。如果构成预算的各个变量都是确定的,则所编制的预算称为确定性预算。在生产和销售正常的情况下,确定性预算与实际结果相差不会太大,但在市场波动较大的情况下,这种预算就可能偏离实际较大。所谓概率预算则是为了反映企业在实际经营过程中各预定指标可能发生的变化而编制的预算。它不仅考虑了各因素可能发生变化的水平范围,而且还考虑到在此范围内有关数据可能出现的概率情况。因此,在预算的编制过程中,不仅要对有关变量可能发生的数值进行加工,而且还需对有关变量每种可能发生数值的概率进行分析。用该方法编制出来的预算由于在其编制过程中,考虑到了各种可能性,因而更接近于实际情况,同时还能帮助企业管理当局事先对各种经营情况及其结果出现的可能性做到心中有数,有备无患。

(二)概率预算编制的程序与方法

运用概率预算法编制预算的基本步骤及方法如下:
(1)预测估计各种预算因素或变量可能发生的各种水平数值;
(2)确定可能发生的各种数值的概率;
(3)将各种预算因素或变量可能发生的数值按照预算因素或变量之间的关系进行组合,计算各种组合条件下的预算指标数值并求出不同组合条件下的联合概率;
(4)以各种组合条件下的预算指标数值乘以联合概率,计算每种组合预算指标值的期望值,然后将各种组合预算指标值的期望值汇总合计作为预算指标的最终预算结果。

(三)概率预算编制方法应用示例

【例 6.4】 某企业生产经营甲产品,单位价格为 10 元。经预测该产品在预算期内产销量可能为 90 000 件或 100 000 件或 110 000 件,概率分布为 0.3、0.2 和 0.5;单位产品的变动性成本可能是 5 元、6 元或 7 元,概率分布为 0.3、0.4 和 0.3;单位变动性销售费用为 0.5 元;约束性固定成本为 100 000 元,产销量为 90 000 件或 100 000 件或 110 000 件时的酌量性固定成本分别为 60 000 元、70 000 元和 90 000 元。根据以上资料,为该企业编制的预算期内的利润概率预算见表 6.17。

表 6.17 利润概率预算(2009 年度)

组合	销量	销量概率	单位变动制造成本	单位变动销售费用	酌量固定成本	约束固定成本	利润	联合概率	期望利润
1	110 000	0.3	5($p=0.3$)	0.5	90 000	100 000	305 000	0.09	27 450
2	110 000	0.3	6($p=0.4$)	0.5	90 000	100 000	195 000	0.12	23 400
3	110 000	0.3	7($p=0.3$)	0.5	90 000	100 000	85 000	0.09	7 650
4	90 000	0.2	5($p=0.3$)	0.5	60 000	100 000	245 000	0.06	14 700
5	90 000	0.2	6($p=0.4$)	0.5	60 000	100 000	155 000	0.08	12 400
6	90 000	0.2	7($p=0.3$)	0.5	60 000	100 000	65 000	0.06	3 900
7	100 000	0.5	5($p=0.3$)	0.5	70 000	100 000	280 000	0.15	44 000
8	100 000	0.5	6($p=0.4$)	0.5	70 000	100 000	180 000	0.2	36 000
9	100 000	0.5	7($p=0.3$)	0.5	70 000	100 000	80 000	0.15	12 000
合计								1	181 500

第四节 责任预算控制及应用案例

一、责任预算控制的含义

当企业生产经营各个方面总的、全面的目标和任务用数字来确定时,就是所谓的总预算。预算控制的实施是通过在企业建立责任中心,将企业的全面预算或称总预算分解为各个责任中心的责任预算,并利用责任预算指标对各个责任中心的预算执行过程进行前馈与反馈控制。为此先要在适合的预算控制模式下将总预算分解为各个责任中心的责任预算,在预算的执行过程中适时地对各个责任中心责任预算执行情况进行分析,以指导与监控预算的有效执行。

责任预算则是指以责任中心为主体,以其可控成本、收入和利润为内容编制的预算。确切地说,责任预算实际上是一种把总预算中确定的目标,按照企业内部各责任中心进行划分,落实到各部门和每层组织,以调动它们的积极性,从而保证实现整个企业总目标的预算体系。通过责任预算的编制与考评可以实现对责任中心的责任预算控制。

二、责任预算的种类

责任预算是以责任主体为对象,因此应当根据责任主体的不同类型,按照责任主体的责任范围及控制区域来编制各种不同的责任预算。一般可分为以下几类:

(一)责任资金预算

企业各责任中心发生的成本、费用都是通过对资金的使用体现出来的,因此已经存在成本责任中心则不需要再设立资金责任中心。由于资金的使用存在潜在的机会成本,各责任中心要对所占用的资金承担责任,因此为了更有效地使用和节约资金,即产生了关于资金的责任预算。责任资金预算是在正常情况下,各责任中心应占用的资金数量。对于这部分的预算应结合企业的发展战略和经营目标综合考察,根据预算期间内的目标利润及目标成本确定适合责任中心的资金限额。

值得关注的是,各责任中心在使用资金时,不可避免的会产生潜在的使用成本。每个责任中心依其产生的贡献不同,资金使用成本会存在差异。因此在确定各责任中心资金使用限额时,不但要考虑资金使用成本,而且需要关注使用资金所产生的短期及长期的利益。

(二)责任成本预算

责任成本是各责任中心在一定期间内所耗费的资源,是可计量的可控成本。责任成本预算则是责任中心在预计期间应达到的责任成本水平。成本、费用对企业的经营发展有着非常重要的意义,是一个项目是否能在市场中立足的关键,因而企业应十分重视对成本的控制。凡是能作为责任成本中心的都可以对其编制责任成本预算。企业内部各责任中心几乎都会产生一定的成本、费用支出,涉及范围最广,因此责任成本预算的编制是责任会计实务中一项非常复杂和重要的工作。在编制成本预算时,应根据各责任中心自身的特点并参照以往的计量手段采取适当的计量方法,按照有关标准,定期地分产品、分项目编制本责任中心的责任成本预算,通过与实际发生的成本、费用作比较,评价它们之间的差异,对各责任中心成本、费用的支出情况进行考核。需要注意的是,企业的职能部门往往仅仅发生一些费用支出,而且不能以费用支出的绝对额的大小作为评价其工作业绩的唯一标准。因此,各职能部门(一般定为成本中心)应当根据各自可控费用支出的详细项目,最好采用零基预算的编制方法,定期编制各自的责任成本预算。

(三)责任利润预算

责任利润是将利润中心的可控收入减去可控成本后的可控净收入。责任利润预算就是各利润中心在未来期间的技术水平下,应实现的责任利润水平。利润中心按实现的时间可分为自然利润中心和人为利润中心。其中,自然利润中心的责任利润是指可在会计报表中体现,为实际实现的利润。销售收入受多种因素影响,随着时间的推移影响因素也会不同。因而在预算编制后,也应考虑环境的变化对预算作适当的调整。人为利润中心的责任利润则是已创造出来但尚未真正实现的内部利润。由于这两种方法的内涵不同,因而应根据它们自身的特点采用不同的编制方法。在编制这部分预算利润时,考虑与其相关的因素应遵循适度原则,横向联系过少会减少其实用性,联系过多会使利润预算过于复杂。

随着责任预算被越来越多企业所关注,对责任预算体系的设计也应进行更深入的研究,模式不能是单一的,应该是多样化的。我国企业过去所推行的内部经济核算制在这个问题上有着丰富的经验,我们还应在此基础上借鉴西方责任会计的有关理论和实践经验,建立起符合我国企业特点的责任预算体系。

三、责任预算执行结果的考评

对责任预算执行结果的分析,实际上就是对责任预算数与实际完成数之间的差异进行分析。对责任中心责任预算执行结果进行正确的分析,是对各责任中心预算执行进行有效控制的前提,是对各责任中心业绩进行合理的评价与奖惩的依据,同时也可为编制下期责任预算提供依据。责任预算执行与完成情况分析,主要包括责任成本与责任利润的分析两方面。

按照重要性原则,责任成本与责任利润的分析均应侧重于重点差异的分析。重点差异可分为不利差异和有利差异两类。分析不利差异,可使企业找出存在问题的原因,对症下药,为实现总体目标扫清障碍。分析有利差异,可使企业总结经验,发扬成绩,为进一步提高企业经济效益打下基础。在分析过程中,要特别注意那些明为有利因素实为隐性不利因素的差异,以防止盲目乐观,忽视了潜在隐患。例如,成本责任中心由于减少对机器设备的正常维修而节约了修理费用,表面看来其责任成本降低了,是有利差异,但有可能因此而缩短机器设备的使用寿命,加大将来的成本支出,从长远观点看是得不偿失的。

1. 责任成本预算执行与完成情况的分析

进行责任成本预算执行情况的分析,主要是分析责任成本节约或超支的具体原因。分析责任成本预算完成情况的方法,与责任成本核算的内容与方法密切相关。各职能管理部门主要核算期间费用,因而主要采用差异分析法确定当期期间费用支出总额和各项费用支出的节约或超支额,并分析其具体原因。供应部门主要核算材料采购成本,因而主要采用差异分析法确定当期材料采购成本支出总额和各种材料采购成本支出的节约或超支额,并分析具体原因。生产部门则主要核算产品成本,并采用差异分析法确定当期产品成本支出总额和单位产品成本的节约或超支额,并分析具体原因。

2. 责任利润预算完成情况的分析

进行责任利润预算完成情况的分析,主要是将各利润中心的实际责任利润与责任利润预算进行比较,确定责任利润的增收或减收,并进一步分析增收或减收的具体原因。分析责任利润预算完成情况的方法,与责任利润核算的内容密切相关。自然利润中心责任利润的核算可能与现实利润核算方法相同,也可能是扣除了各项不可控因素影响的利润。由于责任利润按照预计的价格、销量、销售税金及附加等确定,所以分析时在剔除了销售税率变动对责任利润的影响外,应逐一考虑销售数量、销售价格、销售品种结构以及销售费用的变动等因素对责任利润变动的影响。特别是人为利润中心的责任利润是生产过程中创造的利润,其内部销售收入按内部结算价格计价,因而影响责任利润变动的因素主要是内部销售数量、销售成本的变动以及品种结构的变动。

四、责任预算控制案例

CF 公司采取分权组织结构形式,下设 A、B 两个分公司,每个分公司下设销售部、制造部和行政部三个部门,该公司各成本中心发生的成本费用均为可控成本。该公司会计部门编制的总公司和 A 公司 2009 年度责任预算(简略形式)见表 6.18~表 6.22。

表 6.18　CF 公司 2009 年度责任预算　　　　　万元

责任中心类型	项目	责任预算	责任人
利润中心	A 公司营业利润	6 000	A 公司经理
利润中心	B 公司营业利润	4 000	B 公司经理
利润中心	合计	10 000	公司总经理

表 6.19　A 公司制造部 2009 年度成本责任预算　　　　　万元

成本中心	项目	责任预算	责任人
一车间	变动成本		一车间负责人
一车间	直接材料	1 300	一车间负责人
一车间	直接人工	1 200	一车间负责人
一车间	变动制造费用	300	一车间负责人
一车间	小　计	2 800	一车间负责人
一车间	固定成本		一车间负责人
一车间	固定制造费用	350	一车间负责人
一车间	成本合计	3 150	一车间负责人
二车间	变动成本		二车间负责人
二车间	直接材料	1 400	二车间负责人
二车间	直接人工	800	二车间负责人
二车间	变动制造费用	300	二车间负责人
二车间	小　计	2 500	二车间负责人
二车间	固定成本		二车间负责人
二车间	固定制造费用	350	二车间负责人
二车间	成本合计	2 850	二车间负责人
制造部	制造部其他费用	200	制造部经理
制造部	成本费用总计	6 200	制造部经理

表 6.20　A 公司销售部 2009 年度收入责任预算　　　　　　　　万元

责任中心类型	项目	责任预算	责任人
收入中心	东北地区收入	2 100	甲
收入中心	中南地区收入	2 500	乙
收入中心	西北地区收入	1 500	丙
收入中心	东南地区收入	4 600	丁
收入中心	西南地区收入	1 800	戊
收入中心	出口销售收入	2 500	己
收入中心	收入合计	15 000	销售部经理

表 6.21　A 公司行政部及销售部 2009 年度费用责任预算　　　　万元

成本中心	项目	责任预算	责任人
行政部	工资费用	350	行政部经理
行政部	折旧	250	行政部经理
行政部	办公费	290	行政部经理
行政部	保险费	110	行政部经理
行政部	合计	1 000	行政部经理
销售部	工资费用	970	销售部经理
销售部	办公费	550	销售部经理
销售部	广告费	280	销售部经理
销售部	合计	1 800	销售部经理

表 6.22　A 公司 2009 年度责任预算　　　　　　　　　　　　　万元

责任中心类型	项目	责任预算	责任人
收入中心	销售部收入	15 000	销售部经理
成本中心	制造部可控成本	6 200	制造部经理
成本中心	行政部可控成本	1 000	行政部经理
成本中心	销售部可控成本	1 800	销售部经理
成本中心	合计	9 000	A 公司经理
利润中心	营业利润	6 000	A 公司经理

上述各表的预算数据之间存在着以下钩稽关系,即表6.18中的营业利润6 000万元与表6.22中A公司营业利润相等;表6.20中收入合计15 000万元与表6.22中的销售部收入相等;表6.22的成本合计为表6.19、6.21的成本与费用之总和。

根据A公司2009年责任预算的实际执行情况,编制的A公司和总公司该年度的部分责任报告(简略形式)见表6.23~表6.25。

表6.23 A公司成本中心2009年度责任报告(部分) 万元

项　　目	实　际	预　算	差　异
A公司第一车间			
变动成本			
直接材料	1 360	1 300	60
直接人工	1 140	1 200	(60)
变动制造费用	320	300	20
变动成本合计	2 820	2 800	20
固定成本			
固定制造费用	360	350	10
成本合计	3 180	3 150	30
A公司制造部可控成本			
第一车间			
变动成本	2 820	2 800	20
固定成本	360	350	10
小　计	3 180	3 150	30
第二车间			
变动成本	2 520	2 500	20
固定成本	340	350	(10)
小　计	2 860	2 850	10
制造部其他费用	220	200	20
可控成本合计	6 260	6 200	60
A公司可控成本			
制造部	6 260	6 200	60
行政部	950	1 000	(50)
销售部	1 950	1 800	150
总　计	9 160	9 000	160

表6.24 A公司利润中心2009年度责任报告 万元

项　目	实际	预算	差异
A公司销售收入			
东北地区	2 200	2 100	100
中南地区	3 000	2 500	500
西北地区	1 480	1 500	(20)
东南地区	4 500	4 600	(100)
西南地区	1 820	1 800	20
出口销售	2 800	2 500	300
小计	15 800	15 000	800
A公司变动成本			
第一车间	2 820	2 800	20
第二车间	2 520	2 500	20
小计	5 340	5 300	40
A公司边际贡献总额	10 460	9 700	760
A公司固定成本			
制造部			
第一车间	360	350	10
第二车间	340	350	(10)
制造部其他费用	220	200	20
小计	920	900	20
行政部	950	1 000	(50)
销售部	1 950	1 800	150
固定成本总计	3 820	3 700	120
A公司利润	6 640	6 000	640
总公司利润			
A公司利润	6 640	6 000	640
B公司利润	4 200	4 000	200
合计	10 840	10 000	840

表 6.25　CF 公司公司投资中心 2009 年度责任报告　　　　　　万元

项目	实际	预算	差异
A 公司利润	6 640	6 000	640
B 公司利润	4 200	4 000	200
小计	10 880	10 000	840
总公司所得税(25%)	2 720	2 500	220
净利润	8 160	7 500	660
净资产平均占用额	32 640	37 500	(4 860)
投资利润率	25%	20%	5%
行业平均最低收益率	18%	15%	3%
剩余收益	2 284.80	1 875	409.80

本章小结

全面预算是以经营决策和目标规划为依据，用货币金额和数量单位说明，以表格形式反映未来一定期间内企业盈利状况、财务状况、现金状况等的一个计划体系。全面预算用以明确各责任部门的工作目标，协调各责任部门的相互关系，为企业日常控制提供依据，考评业绩提供标准。

为克服传统的预算编制方法(固定预算法、增减预算法、定期预算法等)的局限性，可以结合企业经营管理与控制的实际需要，采用先进的预算方法，如弹性预算法、零基预算法、滚动预算法以及概率预算方法。

责任预算则是指以责任中心为主体，以其可控成本、收入和利润为内容编制的预算，是一种把总预算所确定的目标，按照企业内部各责任中心进行划分，落实到各责任单位以保证实现企业总目标的预算体系。通过责任预算的编制与考评可以有效实现对责任中心的预算控制。

自测题

一、概念题

预算　全面预算　责任预算　预算控制　固定预算　增减预算　定期预算　确定预算
弹性预算　零基预算　滚动预算　概率预算

二、分析思考题

1. 分析弹性预算和零基预算的适用对象？
2. 全面预算如何针对企业内部的各个责任中心进行分解？
3. 如何以责任预算为依据进行各个责任中心的运行控制？

【案例分析】

舒柏公司是一家全国性的零售商,该公司获得一款新型打火机的独家经销权。过去数年间,此打火机的销路急剧上升,故舒柏公司不得不增聘管理人员。假定你应公司之聘,负责有关预算制度的推行。公司总经理交付你的第一项任务,是要编制一份从4月1日起的3个月的总预算。你极盼能做好该项工作。因此,你先收集了如下的各项资料:

公司对于每月的期末现金额,希望能保持至少10 000元。该打火机的售价将为每只8元。最近数月以及预测今后数月的打火机销售量如下:

1月份(实际销售量)20 000只

2月份(实际销售量)24 000只

3月份(实际销售量)28 000只

4月份(预计销售量)35 000只

5月份(预计销售量)45 000只

6月份(预计销售量)60 000只

7月份(预计销售量)40 000只

8月份(预计销售量)36 000只

9月份(预计销售量)32 000只

各月份的期末存货,应为下个月销售量的90%。该打火机的进货成本为每只5元。

该公司进货付款方法如下:

进货当月份付款50%,其余50%于次月份付清。该公司的销货,全部为记账,无折扣。销售当月底前能收得货款25%,次月份收得50%,再次一个月收得其余的25%。坏账很少,可以不计。

表6.26为该公司每月之营业费用。

表6.26 营业费用

变动费用:	
销货佣金	1元/每只打火机
固定费用:	
工资	36 000元
水电	1 000元
应摊保险费	1 200元
折旧	1 500元
其他	2 000元

在上述各项营业费用中,除折旧及保险费外,均需于费用发生的当月以现金付清。该公司预计5月份将需购置固定资产25 000元,以现金支付。该公司宣布其上交税利为每季12 000元,于下一季度第1个月内上交。表6.27为该公司3月31日资产负债表。

表6.27　资产负债表　　　　　　　20××年3月31日　元

项目	金额	项目	金额
现金	14 000	应付账款-进货	85 750
应收账款	216 000	应付税利	12 000
存货(打火机31 500只)	157 500	实收资本	300 000
预付保险费	14 400	留存收益	176 850
固定资产(减折旧)	172 700		
资产合计	574 600	负债及权益合计	574 600

该公司能向其往来银行借款,年利10%。该公司于月初借款,于月底还款。利息计算及付息,与还本时一并办理。借款之还本,以1 000为单位,但借款可为任何金额。

现总经理要求你编制该公司迄至6月30日为止3个月的总预算,并应包括下列各分项预算:

①各种预算:
a. 按月及全季合计的销货预算。
b. 销货及应收账的分月及全季现金收账预算表。
c. 按月及全季合计的进货预算。
d. 按月及全季总额的进货现金支出预算表。
②编制一份总预算,列明分月预算及全季预算。
③编制该公司迄至6月30日止三个月期间的预计收益表。
④编制该公司6月30日预计资产负债表。

【阅读资料】

西部某钢业集团属于我国有色金属领域的重要大型企业集团,该集团是1996年应当时中国有色金属工业总公司组建大型企业集团的要求而组建的,其主体企业主要是大型矿山和冶炼厂,其中冶炼厂是集团核心企业。

1998年初,经中国有色金属工业总公司和当地省政府同意、中国证券会批准、由集团公司独家发起,以冶炼厂的主要经营性资产评估折为国有法人股28 000万股,以社会募集方式设立股份公司,并公开发行A股12 000万股,发行价6.26元/股,于1998年6月在深圳证券交易所上市。该上市公司以生产和销售电解铜及其加工品为主,工业硫酸、黄金、白银等为其附加产品,它是目前中国冶炼和铜加工规模最大的企业之一。

集团公司成立初期,国际铜市场价格开始大幅度下滑,铜价从 32 000 元/吨的高价一直下滑,其中虽然有过短暂的小幅度反弹,但大市和总体趋势并无根本改变。至 1998 年底、1999 年初时,交易所电铜现货价已降至 15 000 元/吨左右。铜价的持续下跌给铜生产企业以极大的挑战。为了让企业在严峻的市场形势下保住竞争优势,在残酷的市场竞争中立于不败之地,集团公司从长远出发,于 1999 年开始在集体内部推行全面预算管理。

通过实施全面预算管理,集团公司在内部挖掘、发挥集团公司的整体调控能力,帮助公司顺利渡过难关,同时保证了上市公司年均净资产收益率 10% 的配股资格。特别是 1999 年,是铜价较为低迷的一年,公司不仅顶住了残酷的市场压力,而且超额完成了预算目标,股份公司净利润增长 17%,应该说全面预算管理功不可没。

第七章
Chapter 7

成本控制

【学习要点及目标】

通过本章的学习,应该掌握标准成本系统和质量成本的概念与内容;理解质量成本的传统观念与现代观念;掌握成本差异的分类与成本差异计算的通用模式;掌握标准成本制定的方法及应用;掌握成本差异计算与分析方法及应用;掌握质量成本报告的编制和质量成本控制方法及应用。

【导入案例】

永兴公司是一家生产塑料用品的企业,去年公司研制的采用新型塑料材料制成的家用品,为企业赢得了一个业绩优异的会计年度。事实上,永兴公司在全国塑料用品市场一直居于主导地位,占据较大的市场份额。十多年前,当中国塑料用品行业刚刚兴起之时,永兴公司就以其先进的技术成为市场的主导。但是,当专利期满后,其他塑料产品加工企业也能够掌握并使用同样的技术生产同等水平的塑料用品,市场竞争变得尤为激烈,产品价格被迫下降,公司盈利水平也越来越低。

这一次,公司经理层清醒地意识到,随着公司新型塑料材料的问世,历史可能还会重演。过去,由于一直居于行业的主导地位,公司不是很注意对产品成本的控制管理。然而,当价格战役再次打响时,成本控制将变得至关重要,很可能决定公司未来的成败。为此,公司经理层认为,通过对成本项目实施控制管理,几年之后当价格竞争重演时,公司产品在价格上将更具竞争力。

下面是公司内部会议上相关人员的发言。

财务总监说:"过去,公司的盈利一直很好,资源也比较充足。也许正是因为我们一直比较成功,所以才忽视了对成本的控制管理。我们从未认真地确定过成本应该是多少,也没有要求部门经理对成本控制负责。"

总经理说:"如果我们现在不采取行动对成本项目实施控制管理,那么未来我们的资源就会发生短缺。我希望各部门经理能够意识到你们对成本控制的责任,对成本控制的结果将决定你们的年终奖金。"

财务总监说:"为了实现对成本实施控制管理的目的,我们需要首先明确成本应当是多少,而不是一直是多少。各部门经理要参与确定有效的成本水平,公司将在此基础上编制预算。经理人员的奖金和晋级将与对成本实施控制管理的结果相关联,以使经理人员树立成本控制意识。"

第一节 标准成本系统

标准成本系统产生于20世纪20年代的美国,是泰罗制与会计相结合的产物,是最早的管理会计方法之一。当时它仅是一种比较简单的统计分析方法,配合泰罗制的实施来应用,目的在于向管理者及时提供实际成本脱离标准的情况,以便使管理者及时采取措施,消除偏差,实现对成本的有效控制。第二次世界大战后,随着管理会计的发展,标准成本制度在成本预算和控制方面得到广泛的应用,并发展成为包括标准成本的制定、差异的分析、差异的处理等三个组成部分的完整成本控制系统,对企业管理模式产生了重大影响。长期以来,标准成本系统一直作为一种行之有效的成本控制手段被世界各国广泛采用。

一、标准成本系统与标准成本控制

(一)标准成本系统

标准成本系统(Standard Cost System),又称标准成本控制系统、标准成本制度或标准成本会计,是指以标准成本为核心,通过标准成本的制定、执行、核算、控制、差异分析等一系列有机结合的环节,将成本的核算、控制、考核、分析融为一体,实现成本管理目的的一种成本管理制度、一种成本管理系统。

标准成本控制系统与一般的成本计算方法的不同,主要表现在:以目标成本(标准成本)为基础,把实际发生的成本与标准成本进行比较,揭示出成本差异,使差异成为向人们发出的一种"信号";以此为线索,企业可进一步查明形成差异的原因和责任,并据以采取相应的措施,奖优罚劣,以实现有效的激励,促使企业员工巩固成绩,克服缺点,从而实现对成本的有效控制。标准成本系统以标准成本为核心,将一系列成本管理环节有机联系在一起,不仅实现了成本的事前、事中控制和事后分析,而且还将日常核算与差异分析相结合、成本管理与核算有机地结合起来,不仅大大提高了成本核算速度,最大限度地发挥了成本核算的功能,而且还大大提高了成本管理的效率,的确不失为一种科学、完善的成本管理手段。

(二)标准成本控制

标准成本控制是指利用标准成本控制系统所进行的成本控制。具体指通过将实际报告成本与标准成本控制系统制定的成本进行比较分析,即以成本差异分析为核心,并利用成本差异分析所得到的信息进行成本控制的方式。标准成本控制事先明确了在正常状态下预计应当发生的成本限额,由于实际生产经营过程中各种情况都在发生变化,成本发生的实际结果不可能与之完全一致,两者存在的偏差,就形成了成本差异。对于成本差异,应在发生时及时进行计算分析,寻找出不同种类的差异产生的原因,从而在明确责任的基础上,及时给予合理的纠正,以达到降低成本、提高经济效益的目的。

二、实行标准成本控制的意义与前提条件

(一)标准成本控制的意义

采用标准成本控制系统,进行标准成本控制对加强企业成本管理有着重要的意义,其主要表现在以下几个方面:

1. 事前成本控制能为成本管理确定激励性目标

标准成本是在实际生产经营活动发生之前,以产品的设计和工艺方案、企业的技术装备水平、员工技术能力为基础,再结合经营者的成本理念和意图而制定的。它不仅事先就剔除了过去存在的一切浪费的或不合理的支出,而且还对未来可预见的影响成本变化的因素进行研究,充分考虑了未来可以采取的一切积极措施,并采用相应的激励机制,促使员工自觉地挖掘潜力,降低成本,实现成本管理的目标。

2. 事中成本控制能为成本控制提供客观依据

标准成本提供了一个具体衡量成本水平的适当尺度,可用来明确生产经营各有关方面、各相关部门在正常生产经营条件下应当达到的成本目标,明确其在成本管理工作中的职责、权利范围,并将标准成本作为评价和考核其成本管理工作绩效的重要依据,及时修正和改进生产经营活动规程,合理地分配和消耗资源,以达到各自的成本目标。

3. 有利于简化成本计算工作

标准成本法是传统成本核算体系的一大改变。它在日常的成本核算和计算中,将标准成本和成本差异分别列示,原材料、在产品、产成品和产品销售成本均以事先统一制定的标准成本计价入账,只要有了实际发生的业务量(如产品产量、工时等),就可立即计算出上述账户的入账金额,测算出相应的产品标准成本。整个成本计算与核算过程均按标准成本来进行,对实际脱离标准的差异平时单独列示为产品成本差异,期末汇总后一次性地对确定出的产品标准成本进行调整,以求得一定期间产品生产的实际成本,从而简化成本计算的手续,加快成本核算速度。

4. 实行预算管理必不可少的工具

企业生产经营全面预算,为企业的未来发展提供了总体规划,其中相当多的内容与成本费

用相关。所以，全面预算在实际执行过程中，离不开有效的成本管理系统的支持。标准成本系统能有效地支持成本费用预算的执行。这是因为，标准成本系统可以使成本费用预算得以具体落实，并且符合客观实际。成本费用预算执行得好坏，可以通过标准成本及相关的差异分析进行检验、控制。所以，全面预算的有效实施，离不开标准成本系统的配合。

5. 为正确地进行经营决策提供有用数据

差量分析法是决策分析的重要方法，其中差量成本分析占据重要地位。在制定产品价格或评价有关方案的经济效益时，利用标准成本便于进行具体、客观、科学的差量成本分析。不仅产品定价决策中的产品成本可以依据标准成本来确定，还可以以标准成本为基础预计新产品的市场价格，向后推算出目标成本，以此作为设计和生产人员在成本上必须达到的目标。

6. 有利于责任会计的全面实施

责任会计是以责任中心为主体的、责权利密切结合的企业内部控制制度；责任会计是推行经济责任制时所采取的有效的会计管理措施，其核心是责任中心的合理划分及其业绩考评。借助于标准成本的制定和推行，有利于划分经济责任，加强各部门管理人员和职工的成本意识，促进成本管理和其他各项经济管理工作的进一步开展。成本是各项管理工作的综合表现，标准成本可为企业内部的业绩考评提供客观标准。实际成本脱离标准成本的差异汇总及其原因分析是标准成本系统的重要内容之一，其可使管理者明确企业的有关成本责任者在从事成本管理工作中的工作成效，从而在促使其改善成本管理的同时，也为考核和评价经营业绩提供了有力的凭据。所以，标准成本系统是推行责任会计的重要前提。

（二）实行标准成本控制的前提条件

标准成本控制的实施依托于明确的战略目标、健全的组织结构、合理的奖惩机制以及完善的成本管理的基础工作等，只有在这些条件下标准成本法的实施才能取得预期的效果。企业如果采用标准成本法，就必须创造其实施所需要的这些必要条件。

1. 完善各项成本管理基础工作

首先研究构成产品的零部件、半成品、生产工艺等因素，确定产品的标准成本；然后要对生产作业进行时间研究和动作分析，以正确确定工时定额；最后要建立健全原始记录以及计量、检验制度。

2. 健全成本管理组织

为了有效地实行标准成本法，必须相应地确定成本责任中心，把标准成本法作为各成本中心的成本目标并据以进行成本控制，分析成本差异原因，查明责任者。

3. 确立明确的战略目标

成本管理系统作为企业管理的一个子系统是为实现企业总体战略目标服务的。一个企业只有明确其战略目标，才能针对其战略目标提出与之相应的成本管理措施。

4. 建立有效的成本控制监督与奖惩机制

标准成本制度的实施需要一种实时的监督机制来保证。有效的成本控制、监督机制能及时发现和纠正制度实施过程中出现的偏差,还能及时反映实际状况的改变,以修正某些制度。奖惩机制则是对在成本控制方面作出的贡献的员工进行奖励,使造成成本浪费的员工承担相应责任的机制。监督与奖惩机制的协调运用,能确保标准成本控制制度落到实处。

5. 必要的技术保障与职工的成本意识

必要的技术手段是一项措施得以实施的基本保证,如,先进的企业 ERP 系统将为标准成本控制目标的实现提供优质而高效的平台。提高全体职工的成本意识才能够在工作中具有节约成本的主动性;此外,高层经营者的大力支持也是标准成本计算实行的重要保证。

三、标准成本控制系统的内容

标准成本控制系统包括三部分内容。

(一)标准成本制定

制定标准成本,即根据企业已经达到的生产技术水平,各项成本标准和与此相关的业务量之间的关系,通过精密调查、分析和技术测定,分别确定出相应的标准成本内容,经汇总后再确定出产品标准成本的一系列行为过程。其基本内容为依据材料、人工、费用消耗数量标准和价格标准,制订各产品成本项目的标准成本,并应用于成本管理的全过程。在企业内部,它是各生产部门实现"等价补偿"的价格尺度;在企业外部,它是制订产品销售价格的最低界限,对赢得市场竞争胜利,具有重要意义。标准成本的制定,既利于分清成本责任,为成本控制与考核提供客观依据,又能为成本决策提供依据,在简化成本核算等方面发挥重要作用。

标准成本制定的指导思想是从现实出发,立足于先进,并指明一种激励性的目标。因此,它必须是在消除一些不利的条件下,制定出先进可行的考评尺度,通过制定过程,实现事前成本控制的目的。

(二)成本差异计算分析

计算分析成本差异,即通过记录当期发生的实际成本,并根据成本项目的标准开支数和当期实际业务量,计算出当前产品各项标准成本,在产品生产过程中随时将实际成本同标准成本进行比较,评价、分析实际成本与标准成本之间的差异性质及其原因,并及时提醒有关责任者,尽早采取有效措施,达到降低成本的目的的一系列行为过程。通过这一过程,不仅可以及时发现实际工作同目标要求之间的差距,促使其不断改进工作,避免今后工作中重复出现相同的不必要的耗费,达到事中控制的目的,而且还可为成本管理工作的绩效考核提供充足的资料和依据。

(三)成本差异处理

处理成本差异,即对各成本项目在成本核算中以标准成本为基础,结合相应的成本计算方法及时地进行核算反映和账务处理,并利用差异分析的数据,将产品的标准成本调整为符合要求的产品实际成本的一系列行为过程。通过这一过程,不仅在加快成本计算与核算速度的基础上满足了实际成本核算的需要,而且还可明确各种成本差异对产品成本高低的影响程度,为成本管理提供反馈信息,实现事后成本控制的目的。

标准成本控制系统中的三个内容是相互联系、相互影响的,第一个内容不仅实现了事前控制,而且为后两个内容提供了客观依据;第二个内容不仅实现了事中纠正,而且还使第一个内容的目的进一步得到落实,并为第三个内容提供了客观依据;第三个内容不仅实现了事后控制,而且通过成本计算反映,为前两个部分的工作进行了客观总结,同时也为下期标准成本控制系统的形成收集和整理了非常有用的素材。

这三个内容如果能够实现相互有机结合,将可以充分体现出标准成本控制系统的科学性和先进性,大大提高企业成本管理水平。

四、标准成本的种类

在标准成本控制系统中,首先要明确的一个重要概念是标准成本。一般的解释,标准成本就是指对产品的生产经营过程进行仔细调查分析后,根据产品和工艺方案的要求、企业技术装备状况及企业员工技能所确定的,在本企业有效经营条件下应该达到的成本。由此可见,标准成本是一种预定的目标成本。根据制定者的出发点和意愿的不同,通常有以下三种有代表性的标准成本可供采用。

(一)理想标准成本

理想标准成本是以现有的生产技术和经营管理条件均处于最佳的理想状态为基础所制定的一种标准成本。这种标准成本是在排除机器故障、工作停顿等一切失误、浪费和耽搁的基础上,技术最熟练、工作效率最高的工作人员在最佳状态下尽最大努力才能实现的生产成本,是企业一定技术条件下生产成本的极限水平,为成本管理提供极为理想的目标。但是,这种理想成本目标往往是可望而不可即的,从而将严重挫伤员工的积极性。按此所揭示的成本差异也没有实际意义,难于进行日常成本控制与考核。所以,这种标准成本很少被采用。

(二)基本标准成本

基本标准成本是以某一会计期间发生的成本作为标准,根据其发生的实际成本制定的标准成本。这种标准成本立足于历史基础,不仅承认过去的存在是合理的,而且将现在和未来看做历史的继续和延伸。即使某一历史基础或许是先进的,但随着时间的延续,各种因素如计划年度价格、生产技术、产品质量、经营环境等都会发生变化,过去先进的成本也会变得不再先进,因而这种标准成本难于在当前生产经营中直接发挥应有的作用。另外,基本标准成本在实际生产过程中很容易达到,很难激励员工主观能动性,因此在实际工作中很少被采用。

(三)现实标准成本

现实标准成本,也称现实可达到的标准成本,是指依据已达到的正常生产技术条件和经营管理水平,以有效的经营条件为基础,并考虑一些先进因素所确定的,经过一定的努力应达到的标准成本。一般是在先进的历史成本基础上,剔除所发现的异常因素,并考虑今后的变化趋势、企业可采取的积极措施所制定的,具有较长适应性的标准成本。其所揭示的成本差异,代表了常态情况下多次出现的低效率的偏差,值得管理当局的密切重视。所以,现实标准成本在实际工作中被广泛采用。

需要指出的是,在任何标准成本系统中,并不是仅采用一种标准观念。通常根据管理的目标,可以将基本标准成本作为比较基础,以理想标准成本作为远大目标,经过适当调整和放宽,从而形成科学合理的现实标准成本。

五、标准成本的制定与修订

标准成本的制定按成本项目分别进行,制定时必须对企业生产经营的具体条件进行认真分析,要充分认识企业的装备水平、管理人员的整体素质、和一线操作员工的工作技能及企业的文化环境,使之符合实际。标准成本定得过高或过低都不能起到控制成本的作用。

1. 直接材料的标准成本

制定直接材料的标准成本时主要考虑两个因素:材料的数量标准和材料的价格标准。

(1)材料的数量标准

制定材料的数量标准,要以正常生产条件下形成产品实体的材料数量和正常范围内允许发生的消耗及不可避免的废品所消耗的材料数量为依据。一般在工艺部门在生产人员的帮助下,经过分析测算,确定用于产品生产的材料品种、标准数量。

(2)材料的价格标准

材料的价格标准是指获取某种材料应支付的单位材料价格,包括买价和采购费。

直接材料的标准成本可以按下式计算:

$$某产品直接材料标准成本 = 直接材料标准数量 \times 直接材料标准价格$$

制定标准价格时应充分研究市场环境及其变化趋势,供应商的报价和最佳采购批量等因素。企业不但要求采购部门对采购的材料价格负责,还要对采购材料的质量负责,借以避免采购部门只追求最低的采购价格,而对采购物品的质量要求有所忽视的现象。

2. 直接工资的标准成本

制定直接工资时,主要考虑两个因素:直接人工数量标准和直接人工工资标准。

(1)直接人工数量标准

直接人工数量标准是指在正常的生产技术条件下生产某单位产品所需的标准工作时间,一般包括加工过程所需的时间、必要的停工时间和不可避免的废品损失所耗用的时间等。一般通过以下方式确定产品所需的标准人工工时:

①生产记录。过去的生产记录揭示了用于各种作业的工作小时,在充分研究考虑了各种改进因素后可以作为确定产品标准人工工时的基础。

②动作与时间研究。将工人的操作分解为最基本的动作要素,并通过改进操作方法尽可

能消除一切不必要的动作因素,再考虑必不可少的追加时间所得到的时间就是完成操作所需的必要时间。

(2) 直接人工工资标准

在计件工资制下,它表现为单位产品应支付的计件单价,在计时工资之下,它表现为每一标准工时应分配的工资,可以按合同规定的工资标准计算。企业管理部门应考虑企业所采取的工资制度、企业的管理水平、直接人工操作技能综合确定直接人工工资标准。

直接工资的标准成本可以按下式计算:

$$某产品直接人工工资标准 = 直接人工数量标准 \times 直接人工工资率标准$$

3. 制造费用的标准成本

制造费用的标准成本是按照在正常的生产条件下生产某种单位产品所需的标准工作时间确定的除直接材料、直接人工之外的其他制造成本。按照成本性态可分为固定制造费用和变动制造费用。制造费用分配率标准是指每标准工时应负担的制造费用。制造费用分配率标准可以按下式计算:

$$固定制造费用标准分配率 = \frac{固定制造费用预算}{标准总工时}$$

$$变动制造费用标准分配率 = \frac{变动制造费用预算}{标准总工时}$$

某产品制造费的标准成本可以根据标准工时和费用分配率标准计算求得。其计算公式为

$$固定制造费用标准成本 = 固定制造费用标准分配率 \times 标准工时$$

$$变动制造费用标准成本 = 变动制造费用标准分配率 \times 标准工时$$

4. 单位产品的标准成本

单位产品的标准成本为单位产品的标准直接材料、标准直接人工和标准的制造费用综合而成,其计算公式如下:

$$单位产品标准成本 = 直接材料成本 + 直接人工标准成本 + 制造费用标准成本$$

5. 标准成本的修订

多数公司在年度当中不愿意改变标准。一旦在年初制定一个标准,在年中就很少被修订。只有在一项标准发生大的预料外的变化时才在年度中改变标准。例如,在生产塑料工程中石油是重要的原料。如果油价突然上升居高不下,原来制定的标准成本则显然太低了。如果管理人员让公司沿用旧的标准成本,并作为内部制定运营决策的依据,则不能对相关价格的变化做出迅速反应,决策管理也将受到影响。然而,如果标准在一年当中频频变动,不利差异将可能由于标准的变化被消除,如果这样,基层的管理人员将没有动力控制成本开支,导致成本管理的激励机制扭曲;另外也会使成本管理费用增加,甚至会带来成本管理的紊乱。因而在一年当中是否修订标准的决策也与决策管理者和决策控制的抉择相关。经常修订标准有利于提高决策管理水平,却不利于决策控制。

第二节 标准成本的差异分析与账务处理

一、标准成本差异及种类

所谓标准成本差异是指产品实际成本与标准成本之间的差额。标准成本事先明确了在正常状态下预计应当发生的成本限额,由于实际生产经营过程中各种情况都在发生变化,成本发生的实际结果不可能与之完全一致,两者存在着偏差,就形成了成本差异。对于成本差异,应在发生时及时进行计算分析,寻找出不同种类差异产生的原因,从而在明确责任的基础上,及时给予合理的纠正,以达到降低成本、提高经济效益的目的。因此,在利用成本差异进行分析与控制时,首先应对成本差异进行分类认识。成本差异有以下四种分类:

1. 直接材料成本差异、直接人工成本差异与制造费用成本差异

对于成本差异,最基本的分类是按照具体的产品成本项目,将其划分为直接材料成本差异、直接人工成本差异与制造费用成本差异。

(1) 直接材料成本差异

直接材料成本差异即产品生产过程中应消耗的直接材料的实际耗用额与标准耗用额之间的差额。

(2) 直接人工成本差异

直接人工成本差异即产品生产过程中应消耗的生产工人工资费用的实际耗用额与标准耗用额之间的差额。

(3) 制造费用成本差异

制造费用成本差异即产品生产过程中应由产品成本负担的各种间接费用的实际支出额与标准制造费用之间的差额。

2. 有利差异和不利差异

对于成本差异,可按其与经营之间的利弊关系分为以下两种:

(1) 有利差异

有利差异即指实际成本小于标准成本的差额。这种差异表明了实际成本的节约,因此也将其称为节约差异或顺差。通常用字母 F 表示,也可以用负值表示节约差。

(2) 不利差异

不利差异即指实际成本大于标准成本的差额。这种差异表明了实际成本的超支,因此也将其称为超支差异或逆差。通常用字母 U 表示,也可用正值表示超支差。

3. 数量差异与价格差异

（1）数量差异

数量差异即构成成本的各种实际耗用量脱离标准耗用量的差额按标准价格计算的成本差异。

（2）价格差异

价格差异即在各种实际耗用量下因各种实际价格水平（或费用分配率）脱离标准价格水平而产生的成本差异。

4. 客观差异与主观差异

（1）客观差异

客观差异即由于企业在实际生产经营过程中，各种客观条件的实际变化与原标准成本制定时所预计的不同而引起的实际成本脱离标准成本的差异。

（2）主观差异

主观差异即由于企业在实际生产经营过程中，因有关责任者的主观因素导致实际成本脱离标准成本的差异。

二、成本差异计算的通用模式

如果实际成本超过标准成本，所形成的差异为不利差异（Unfavorable Variance），通常用字母 U 表示；如果实际成本小于标准成本，所形成的差异为有利差异（Favorable Variance），通常用字母 F 表示。采用标准成本制度设立账户，不利的差异可以反映在有关账户的借方，有利的差异可以反映在有关账户的贷方。

成本差异对管理者而言，是一种重要的"信号"，可据此发现问题，具体分析差异形成的原因和责任，进而采取相应的措施，实现对成本的控制，促进成本的降低。

成本差异计算的通用模式如以下公式所示：

（1）表示实际数量×实际价格；
（2）表示实际数量×标准价格；
（3）表示标准数量×标准价格。

$$价格差异 = (1) - (2)$$
$$数量差异 = (2) - (3)$$

无论直接材料、直接人工，还是变动制造费用，都可利用成本差异计算的通用模式进行价格差异与数量差异的分析。由于固定制造费用预算额不随产量的变动而变动，使固定制造费用的差异分析对比上述通用模式又有不同特点。

三、直接材料差异的计算与分析

（一）直接材料差异的计算

直接材料差异，包括材料用量差异和材料价格差异，它们的计算公式分别为

材料价格差异 = 实际数量 × 实际价格 − 实际数量 × 标准价格

材料用量差异 = 实际数量 × 标准价格 − 标准数量 × 标准价格

【例 7.1】 设某公司的有关数据见表 7.1。

表 7.1 某公司的有关数据　　　　　　　　元

	标准成本			实际成本		
	用量/千克	单价	金额	用量/千克	单价	金额
直接材料	330(11 件 ×30)	1.00	330	400	0.8	320
直接人工	11(11 件 ×1)	8	88	13	8.1	105.3
合计			418			425.3

根据上述公式，结合表 7.1 中的有关数据，可计算直接材料差异如下：

材料用量差异 = 1.00 × (400 − 330) = 70(元)(U)

材料价格差异 = 400 × (0.8 − 1.00) = −80(元)(F)

直接材料差异合计 = 70 − 80 = −10(元)(F)

为了及时获得差异信息，进行有效的成本控制，材料价格差异应在购买原材料时计算，材料用量差异应在材料被领用投入生产时计算。在这种情况下，由于材料的购买数量往往不等于使用数量，所以预算材料的总差异就不会等于材料价格差异和材料用量差异之和，但这并不影响直接材料差异的分析。

（二）直接材料差异的分析

直接材料用量差异表明制造过程中已使用的直接材料量与原来预计使用材料量的不同，该种差异可能源于直接材料质量标准的差别、生产工作缺乏训练或经验、工作上的粗心大意造成过量耗费或其他因素。直接材料价格差异则可能源于没有享受采购折扣、材料价格的异常变化、运费的变化、采购项目等级的差异或其他因素。实际工作中，应谨慎对待价格差异。例如，低成本的材料如果在质量上存在差异，则有利的直接材料价格差异可能会导致从总体上提高制造成本。

在本例中，材料价格出现有利差异而材料用量出现不利差异，若这项不利差异数额较大，

则应在排除由于材料质量导致用量不利差异的原因后,具体分析形成差异的原因。

四、直接人工差异的计算与分析

(一)直接人工差异的计算

直接人工差异由直接人工效率差异(即"数量"差异)和直接人工工资率差异(即"价格"差异)构成。按照成本差异计算的通用模式,其计算方法与直接材料差异的计算方法相同,仅需将其中的"数量"代之以"人工小时","价格"代之以"工资率"即可,其计算公式为:

直接人工工资率差异 = 实际人工小时数 × 实际工资率 − 实际人工小时数 × 标准工资率

直接人工效率差异 = 实际人工小时 × 标准工资率 − 标准工时 × 标准工资率

现仍以表7.1的数据为例,计算直接人工差异如下:

直接人工工资率差异 = 13 × (8.10 − 8) = 1.3 元(U)

直接人工效率差异 = 8.00 × (13 − 11) = 16 元(U)

直接人工差异合计 = 1.3 + 16 = 17.3 元(U)

(二)直接人工差异的分析

直接人工工资率差异反映了实际工资率与标准成本中指定的工资率之差对经营收益的影响。直接人工工资率差异可能源于公司没有按标准成本单的指定工资支付,或者没有雇用标准成本单指定的同等技能的工人。人力资源管理部门通常对直接人工工资率差异负责。直接人工效率差异反映了制造产品实际工时与所需标准工时之差对经营收益的影响,应由生产部门对此负责。

五、变动制造费用差异的计算与分析

(一)变动制造费用差异的计算

变动制造费用差异,由变动制造费用效率差异(即"数量"差异)和变动制造费用耗费差异(即"价格"差异)构成。其中,变动制造费用效率差异是指按生产上实际耗用工时计算的变动制造费用与按标准工时计算的变动制造费用之间的差额;而变动制造费用耗费差异是指实际发生的变动制造费用和按实际工时计算的标准变动制造费用之间的差额。按照成本差异计算的通用模式,两种差异的计算公式分别为

变动制造费效率 = 实际工时 × 标准分配率 − 标准工时 × 标准分配率

变动制造费用耗费差异 = 实际工时 × 实际分配率 − 实际工时 × 标准分配率

【例7.2】 设某企业2008年11月的制造费用预算见表7.2。

表 7.2　2008 年 11 月的制造费用预算

	每小时耗费	预计产量的预算(1)	按实际产量调整后的预算(2)	实际成本(3)	成本差异 (4)=(3)-(2)
产量		9 000	8 000	8 000	
变动制造费用：					
动力	0.03	270	240	250	10(U)
维修	0.05	450	400	420	20(U)
管理人员工资	0.07	6 300	5 600	5 680	80(U)
其他	0.10	900	800	8 500	50(U)
合计	0.88	7 920	7 040	7 200	160(U)
固定制造费用：					
管理人员工资		800		850	50(U)
厂房租金		1 000		1 000	0
维护		300		250	−50(F)
间接人工		500		520	20(U)
厂房设备维修		1 200		120	0
其他		400		430	30(U)
合计		4 200		4 250	500(U)
制造费用合计		12 120		11 450	210(U)

设该部门预算月份正常工作应完成直接人工小时为 2 250 工时，应完成产量 9 000 件，单位产品需用直接人工小时为 9 000÷2 250=0.25 小时。

预算执行结果：

(1) 实际完成产量 8 000 件；

(2) 实际完成产量的标准人工小时 2 000 小时(8 000×0.25)；

(3) 实际完成直接人工小时 2 050 小时。

根据上述公式，结合本例所提供的数据，变动制造费用差异可计算如下。

先计算变动制造费用的实际分配率和标准分配率，见表 7.3、表 7.4。

表 7.3　实际分配率

变动制造费用	实际成本	实际直接人工小时	实际分配率
动力	250		0.121 9
维修	420		0.204 8
管理人员工资	5 680		2.770 7
其他	850		0.414 6
合计	7 200	2 050	3.512 1

表 7.4 标准分配率

变动制造费用	标准成本	标准直接人工小时	标准分配率
动力	240		0.12
维修	400		0.20
管理人员工资	5 600		2.80
其他	800		0.40
合计	7040	2000	3.52

据此,可得

变动制造费用效率差异 = (2 050 − 2 000) × 3.52 = 176(U)
变动制造费用耗费差异 = 2 050 × (3.512 − 3.52) = −16(F)
变动制造费用差异合计 = 160(U)

(二) 变动性制造成本差异的分析

变动制造费用不是由同类的投入组成的,而是由大量的个别项目组成的,如间接材料、间接人工、电力费、维护费等。标准间接费用分配率表示每一工时所发生的所有变动制造费用项目的成本。如果变动制造费用项目的价格变动很小,超支差异就很有可能是生产中制造费用使用效率的问题,而这个问题是生产管理者可以控制的。相应地,变动制造费用的耗费差异责任通常会分派给生产部门。

变动制造费用效率差异与直接人工效率差异直接相连。如果变动制造费用是由直接人工工时的消耗引起的,那么变动制造费用效率差异就会和直接人工用量差异一样,也是由于无效或比预期有效地使用直接人工引起的。如果实际工时比标准工时多(或少),那么总变动制造费用就会增加(或减少)。

六、固定制造费用差异的计算与分析

(一) 固定制造费用差异的计算

根据固定制造费用差异细分程度,把固定制造费用差异的计算方法分为二差异法和三差异法。

1. 二差异法

固定制造费用在一定相关范围内不会受生产活动水平变动的影响,因此,固定制造费用是通过固定预算进行控制的。在二差异法下,固定制造费用差异由固定制造费用预算差异和固定制造费用能量差异两部分组成。其中,固定制造费用的预算差异也称为固定制造费用耗费差异,是指实际固定制造费用与预算固定制造费用之间的差额。其计算公式为

固定制造费用预算差异 = 实际固定制造费用 − 固定制造费用预算

固定制造费用的能量差异也称为固定制造费用数量差异,是指固定制造费用按应耗的标准小时数、预定分配率计算的分配数与固定制造费用预算数之间的差额。其计算公式如下:

固定制造费用能量差异 = 固定制造费用预算数 – 按实际产量调整后的预算 =
（预算产量 – 实际产量）× 固定制造费用单位工时标准分配率 × 单位产品标准工时

现设例 7.2 中 2008 年企业全年固定制造费用预算总额为 50 400 元,预计直接人工小时为 224 000 工时,据此可以确定固定制造费用分配率为

$$固定制造费用单位工时标准分配率 = \frac{50\ 400}{224\ 000} = 0.225\ 元/工时$$

结合表 7.2 所提供的有关数据,固定制造费用差异计算如下:

固定制造费用预算差异 = 4 250 – 4 200 = 50(U)

固定制造费用能量差异 = (9 000 – 8 000) × 0.225 × 0.25 = 56.25(U)

2. 三差异法

在三差异法下,固定制造费用差异可进一步分解为以下三种差异:一是实际固定制造费用脱离预算而形成的预算差异;二是由于实际工时未能达到生产能量而形成的生产能力利用差异;三是实际工时脱离标准工时而形成的效率差异。计算公式如下:

固定制造费用预算差异 =
实际产量下实际固定制造费用 – 预算产量下的标准固定制造费用

固定制造费用效率差异 =
固定制造费用标准分配率 ×（实际产量下实际工时 – 实际产量下标准工时）

固定制造费用生产能力差异 =
固定制造费用标准分配率 ×（预算产量下标准工时 – 实际产量下实际工时）

在三差异法中的预算差异与二差异法中预算差异相同,能力差异和效率差异之和等于二差异法中能量差异。沿用二差法的数据可得

固定制造费用效率差异 = (2 050 – 8 000 × 0.25) × 0.225 = 11.25(U)

固定制造费用生产能力差异 = (2 250 – 2 050) × 0.225 = 45(U)

（二）固定制造费用预算差异的分析

固定制造费用预算差异表示固定制造费用实际支付额与预算额之差,由于固定制造费用由许多个项目组成,所以要实际和预算固定制造费用进行逐个项目的比较,可以提供更多的有关预算差异的信息。

固定制造费用生产能力利用差异反映了企业在一定时期内经营目标实现的效果,而不是其在成本控制中的效率。如本例中,该部门预计生产 9 000 件,实际完成 8 000 件,由此导致的结果是固定制造费用生产能力利用差异出现了 56.25 元不利差异。固定制造费用数量差异产生的原因有管理决策或者生产中的其他诸多问题。

七、标准成本差异分析应注意的问题

企业在进行差异分析时，要注意以下几点：

①要排除成本管理部门的不可控因素，比如企业产品由于技术落后导致销售量减少，进而生产数量减少所导致的成本升高，就不应由车间生产管理部门负责。

②对于可控的具体成本项目的成本差异，要具体情况具体分析，分清责任部门和责任人。比如，车间近期雇用了很多经验较少的操作工人，导致直接材料消耗的增加。这种情况就不应追究车间管理部门的成本责任，以免挫伤相关人员的积极性。

③根据企业现有的不完全资料计算得出的成本差异，不一定能完全反映真实情况，企业管理当局不宜单纯依靠成本差异作为奖惩的依据或改善经营管理的标准，不能就差异论差异。企业相关管理部门应结合定性资料和其他定量数据在深入基层、调查研究的基础上，有效利用成本差异信息。

八、成本差异的会计处理

为了在日常核算中能够同时反映标准成本、实际成本和成本差异三项内容。标准成本系统中，需要把实际发生的各项成本进行归集，期末时再分别调整有关的各项成本差异，使其能够反映实际成本的有关情况。

1. 账户设置

会计核算工作有赖于账户的合理设置，成本核算工作同样如此。在标准成本系统下，企业应设置的账户除相关账户之外，直接应设置的账户有生产成本、产成品等账户和各种差异账户两大类。

生产成本和产成品账户在标准成本系统下所列计的入账及出账金额均以标准成本为基础。

各种差异账户的设置方法可以按大的成本项目分别设置总账账户，如"直接材料成本差异"、"直接人工成本差异"、"制造费用成本差异"等账户，然后在各账户下再按具体成本差异内容分别设置相应的明细分类账户；也可以直接按各个具体的成本差异的内容分设为总账账户，这种方法可以使成本差异反映得更为直接、清晰。各种差异账户在核算中，借方登记不利差异，贷方登记有利差异，它们与"生产成本"账户之间的关系应是附加或抵消调整与被调整的关系，但在具体应用时，视对成本差异的处理方法不同而有所不同。

2. 会计处理程序

采用标准成本进行核算时，首先，应将日常发生的各项生产要素的实际消耗分别计入"生产成本"账户的各个成本项目中，实际成本脱离标准成本的差异分别列入事先所设置的各成本差异账户中予以单独反映。其次，采用相应的成本计算方法计算出完工产品和期末在产品的标准成本，就是依据完工产品数量和单位产品标准成本计算出完工产品标准成本，本期汇总的全部标准生产成本减去完工产品应负担的标准成本即为期末在产品标准成本。具体计算时

可以结合不同的成本计算方法，或按产品品种计算，或按生产步骤计算，或按产品批量或订单计算等。再次，将计算出的完工产品标准成本在期末一次转入"产成品"账户。最后，将各种成本差异分账户汇总后，在会计期末根据各项成本差异的性质和对此的处理方法，分别采用当期转销法或分配递延法等进行有关处理。

3. 成本差异的处理方法

(1) 当期转销法

当期转销法也称直接处理法或损益法，即在每个会计期末将汇总的各项成本差异一次全部转入当期损益的一种会计处理方法。这种方法认为，成本差异都是由于各期经营管理的成功与否等主客观因素所致，并非成品的功过，成品成本应当负担的是生产过程中应该发生的成本，不应该发生的成本即脱离标准成本的差异，也不应由成品来负担，因而，不能用来调整成品存货的价值，而使当期的经营功过递延转移到以后各期，这样更符合权责发生制的要求。在这种方法下，生产成本和产成品存货成本均以标准成本反映，由此所产生的信息，也更有利于成品定价决策的选择。

采用这种方法在标准成本与实际成本出现较大背离，且又主要是由于各种客观因素所致时，应及时调整各项成本标准，使之尽可能接近于实际。

(2) 分配递延法

分配递延法就是指在每个会计期末，将汇总的各项成本差异，分别采用相应的方法分配转入成品成本中，随着成品的转移而将其递延的一种会计处理方法。这种方法认为，会计原则要求存货应以实际成本反映，因此，不能因为会计核算方法的改变而改变会计原则；并且许多成本差异并非都是与企业经营相关，客观因素导致成本差异的现象大量存在，如市场因素、国家政策的调整、不可抗拒的闲置损失或浪费等，这些都将体现在成品成本中，这种方法所产生的成本信息才更符合实际情况。

在具体应用分配递延法时，还可采用两种方法处理：一种方法是将各项成本差异分别在完工成品和在成品之间分配，将完工成品负担部分随着完工成品标准成本的结转而转入"产成品"账户或单独设立的"成品成本差异"账户；在成品负担部分仍保留在各成本差异账中，随同下期再做分配处理。这种方法，可以使实际成本计算更为准确，但分配的工作量较大，有时分配还较困难。另一种方法是将各项成本差异在期末汇总后一次转入完工产品的"产成品"账户或"产品成本差异"账户中，在产品成本将不负担各项成本差异。这种方法比第一种方法简便，并且在期末在产品数额不大或不存在期末在产品时，产品成本也基本符合实际要求。但是如果在某一会计期间完工产品较少，期末在产品比例较大时，这种方法所产生的成本就不符合实际情况。具体应采用哪种方法应结合企业或相关部门的具体情况合理确定。

采用分配递延法存在两个困难：一是在成本差异种类和产成品类别较多时，成本差异分配的工作量很大，这将会部分丧失标准成本系统的优越性；二是详细正确划分各种成本差异的性质也是不易的事情，常常会出现一些模棱两可的现象，从而给成本差异的处理带来许多随意性的机会,致使存货价值仍然不实。

成本差异会计处理流程如图7.1所示。

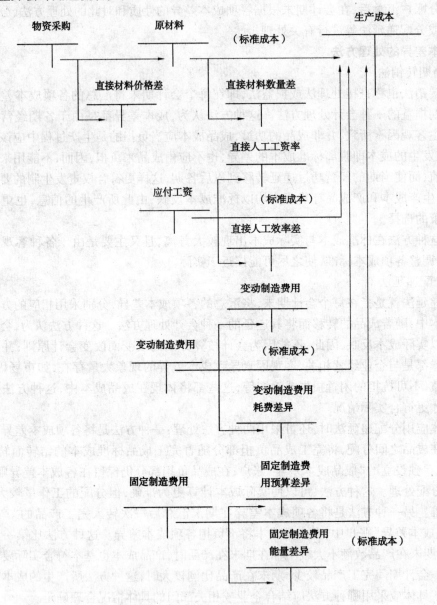

图7.1 成本差异会计处理流程

第三节 质量成本控制

一、质量成本及其内容

(一) 质量成本

所谓质量成本,就是为了使产品能够满足顾客的期望而必须付出的各项费用。

质量成本有显性与隐性两种表现形式,按其表现形式可将其进一步划分为显性质量成本和隐性质量成本两类。

1. 显性质量成本

显性质量成本是指直接可从企业会计记录中获取数据的成本,如生产过程中的废品损失等。

2. 隐性质量成本

隐性质量成本则是指由不良质量而形成的机会成本,如因不良质量而失去的销售和市场份额、导致顾客不满意等,这些机会成本往往不反映在会计记录中。

(二) 质量成本的内容

质量成本包括预防成本、鉴定成本、内部失败损失与外部失败损失四部分内容。质量成本中的预防和鉴定成本与内、外部失败成本是两类具有不同性质的成本。预防和鉴定成本称为控制成本,属于不可避免成本,它随着产品质量的不断提高而逐渐提高;而内外部失败成本称为损失成本,属于可避免成本,它随着产品质量的不断提高而逐渐降低。

1. 预防成本

预防成本是指为保证产品达到一定水平、预防不合格产品而发生的各种费用。预防成本可以防止或减少不合格产品,减少因产品不符合质量而产生的损失。一般来说,如果预防成本增加,则损失成本就会减少。预防成本的内容主要包括:

①质量计划工作费:为制定质量政策、目标及质量计划、质量体系文件的费用。

②培训费用:对企业人员进行的正式或临时培训费。

③工资及福利基金:从事质量管理人员的工资总额及提取的福利基金。

④设计评审费用:设计各阶段所进行的设计评审、实验和试验所支付的费用。

⑤质量管理活动费用:质量管理协会经费、质量管理咨询诊断费、质量奖励费。

⑥质量改进措施费:制订和贯彻质量改进计划费用。

⑦质量审核费:对质量体系、工序质量、产品质量、供方保证能力所支付的费用。

2. 鉴定成本

鉴定成本是指评估和检验产品是否满足规定的质量要求所支付的费用,主要内容包括:

①进货检验费:对原材料、外购件、外协件进厂检验费用。

②工序检验费:对制造过程的产品进行检验所发生的费用。

③成品检验费:对完工产品进行检验所发生的费用。

④质检部门办公费:质检部门为开展日常检验工作所支付的办公费用。

⑤试验设备的维护费:试验设备、检验工具、计量器具仪表的日常维护、校正所支付的费用。

⑥工资及福利基金:从事质量、试验、检验人员的工资总额及提取的福利基金。

3. 内部失败成本

内部失败成本是指生产过程中因质量问题而发生的损失,包括产品在生产过程中出现的某些缺陷所造成的损失以及为弥补这些缺陷而发生的费用。主要内容包括:

①废品损失:因产品无法修复的缺陷或在经济上不值得修复而报废所造成的损失。

②返工损失:为使不合格品适合使用而进行修复所发生的费用。

③质量降级损失:产品质量达不到原有质量要求而降低等级所造成的损失。

④停工损失:由于各种缺陷而引起的设备停工所造成的损失。

⑤质量故障处理费:由于处理内部故障而发生的费用。

4. 外部失败成本

外部失败成本指产品销售后,因产品质量缺陷而引起的一切费用支出。主要内容包括:

①索赔费:由于产品质量缺陷经用户提出申诉而进行索赔处理所支付的一切费用。

②退货损失:由于产品缺陷而造成用户退货、换货而支付的一切费用。

③折价损失:由于产品质量低于标准,经与用户协商同意折价出售的损失和由此发生的费用。

④保修费用:在保修期间或根据合同规定对用户提供修理服务的一切费用。

二、质量成本控制

(一)质量成本控制的含义

质量成本控制就是依据质量成本目标,对质量成本形成过程中的一切耗费进行严格的控制和审核,揭示偏差,及时采取措施予以纠正,不断降低质量成本,实现预期的质量成本目标。质量成本具有两层含义:

1. 对质量成本目标本身的控制

质量成本控制,不是将实际质量成本消极地限制在质量成本目标的范围之内,而是必须从人力、物力、财力的使用情况和工作效果等方面全面分析、考核各项质量成本支出是否符合以最小的投入获得最大的经济效益的原则。当质量成本不能体现上述原则时,质量成本控制就具有重新审定和修正质量成本目标的积极作用,使质量成本目标始终保持先进的水平。

2. 对质量成本目标控制和实现过程的监督

质量成本控制是在质量成本形成过程中对生产经营活动的各种耗费进行指导、限制和监督,以及时发现偏差,并采取有效措施予以纠正,使各项费用被控制在预先规定的范围内,并不断推广质量成本的先进经验,改进控制措施,降低质量成本,实现预定的质量成本目标。

(二) 质量成本控制的意义

现代社会所需的产品结构日趋复杂,对产品精度和可靠性的要求越来越高,由此产生的质量成本将占销售额的 7% ~ 10%。企业要在激烈的竞争中求得生存与发展,必须在质量和成本两个方面取得优势,高质量的产品和服务能提高顾客的满意程度、扩大市场占有率、提高企业声誉和形象,从而增加销售和利润。但质量过高,成本就会提高,使得产品价格因成本的大幅度提高而上升,可能会引起产品需求量的降低,使企业遭受不必要的损失,反而得不偿失。因此,对产品质量成本问题进行控制是非常重要的。

(三) 质量标准选择的观念

令人满意的产品具有令人满意的产品质量与价格的双重特性,而产品的质量与企业对产品质量管理力度、质量成本高低密不可分;产品的价格高低又与该产品的成本息息相关。有人认为,取得较好的质量需要更高的成本,质量和成本不能两全。事实上并非如此。由于低质量的产品同样消耗资源,从而引起原材料、动力、劳动力和设备的浪费,其结果使得合格产品的成本相应提高。相反,生产出高质量的产品就是对资源的合理利用,其结果使得产品成本相应降低。由此将质量与成本相结合而开展的质量成本控制逐渐成为管理会计领域较新而又非常重要的内容。

既要提高产品质量,又要降低成本是质量控制的核心,为此企业应选择合理的质量标准。在选择质量标准时,有传统质量观和现代质量观两种不同的观念。

1. 传统质量观

传统质量观又称可接受的质量水平模式,是美国学者提出的质量标准。他们认为,恰当的质量标准,应是可接受的质量水平(Acceptable Quality Level, AQL),AQL 允许生产并销售一定数量的缺陷产品。如果在实际工作中对质量的要求超过"可接受的质量水平"就必然要增大成本,企业往往会得不偿失。因此,对产品的瑕疵率应采取这种被动的态度。如采用 AQL 标准,只有当产品未能达到设计要求时才会发生损失成本,而且预防和检验成本与损失成本之间存在一个最优的选择问题。

AQL允许生产一定数量的缺陷性产品,如果一个产品质量超出质量特征的容忍范围,则可以断定该产品是有瑕疵的或有缺陷的。AQL是根据数理统计方法制定出来的,并以此作为控制质量的标准。在20世纪70年代,质量控制中较多地应用AQL模式。由于AQL模式不利于企业改进经营缺点,到20世纪70年代后期,AQL受到零缺陷模式的挑战。

2. 现代质量观

现代质量观是日本学者提出的质量标准。这种观念又包括"零缺陷"模式和健全质量模式两种模式。

零缺陷模式要求将不符合质量要求的产品降到零。"企业管理之神"松下幸之助先生曾提出"1% = 100%"的著名公式,即从企业的角度来看,生产1%的次品不算多,但从消费者角度来看,买到任何一件次品就会感到沮丧,因为它就是100%的次品。因此,日本企业提倡"零瑕疵、高质量"。虽然企业为减少瑕疵,会引起近期成本增加,但其竞争能力和生产效率却会因此提高,从而促进企业长期效益大幅度提高。

进入20世纪80年代后,人们又在零缺陷模式的基础上,提出了健全质量管理模式。该模式认为即使实际产品与设计要求之间的偏差在设计允许范围内,仍会因产品的生产而产生损失。生产不符合目标价值的产品会招致损失,偏离理想的目标就要付出代价。因此,零缺陷模式低估了质量成本。采用零缺陷模式仍有通过努力改进质量以形成节约的潜力,而健全质量模式更新了人们的质量成本观念,为企业经营带来了更大的竞争优势。在健全质量模式下,企业应进一步减少缺陷性产品的数量,以便降低其质量成本总水平。

三、质量成本函数

质量成本的几个组成部分占总质量成本的比例,在不同行业、不同时期和不同产品方面都可能不同。但其变化趋势与产品质量之间的关系却有一定的规律性。企业如果希望改善和控制质量成本的话,就必须了解目前实际的质量成本各类别的分布情况,以帮助管理部门评价每一类质量成本的相对性,并结合其规律性来降低总的质量成本。

(一)传统观的质量成本函数

传统观的质量成本函数与传统质量标准观对应,认为控制成本与损失成本之间存在此消彼长的关系。随着控制成本的增加,损失成本将会减少。因此只要损失成本的减少额超过相对应的控制成本的增加额,企业就应进一步增加在预防和鉴定作业上的投入,以避免不合格产品的出现,直到这种投入所带来的控制成本的增加将超过相对应的损失成本的减少所带来的收益那一点为止。该点就代表了总质量成本的最低水平。所以,最优的质量水平不是要求产品100%的合格,而是使控制成本与故障成本处于最优均衡的水平,也就是所谓的可接受质量水平(Acceptable Quality Level, AQL)。这是一种静态的质量成本决策观点,如图7.2所示。

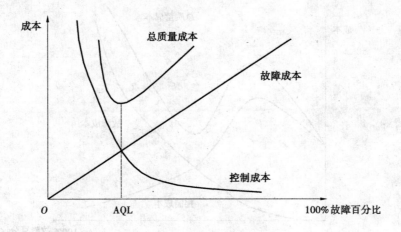

图7.2 传统观质量成本函数

从图7.2中可以看出,控制成本和故障成本之间存在此消彼长的关系,控制成本的提高将导致故障成本的减少。AQL点就是可接受的质量水平。假如AQL为3%,则在任何总量的产品中,总有不超过3%的缺陷产品销售给顾客。可见,AQL允许生产并销售一定数量的缺陷性产品。因此,AQL具有不利于改善经营缺点的弊端。

(二)现代观的质量成本函数

现代质量成本观基于质量成本的动态性质,即各类质量成本的关系并不是传统观点下的此消彼长,当企业增加了预防和鉴定成本并降低了损失成本后,又能进一步降低预防和鉴定成本,这导致总成本水平的永久性减少。现代观的质量成本函数与传统观的质量成本函数的不同:一是在不合格产品接近于零时,控制成本并非无限地增加;二是随着不合格品接近于零,控制成本是先增后减;三是损失成本可降至零。现代观的质量成本函数如图7.3所示。

从图7.3可看出,它有如下规律:

①在一定的范围内,随着预防和检验成本的增加,产品质量水平在提高,当达到某一质量水平时(如实际产品与设计要求偏差在设计允许的范围内),即使适当减少预防和检验成本,仍会提高质量水平;

②即使在较高的质量水平下,只要实际产品偏离理想目标,仍会存在损失成本;

③质量总成本的最优水平存在于所生产的产品达到目标价值之处;

④损失成本可以为零。

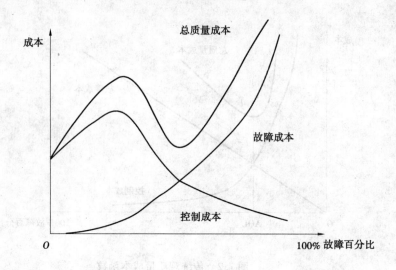

图 7.3 现代观质量成本函数

四、质量成本的计量与报告

(一) 质量成本的计量

要对质量成本进行控制,就要将质量成本数字化,质量成本的核算正确与否,关系着质量控制的成败。根据质量成本的不同表现形式需要采用不同的方法予以计量。

1. 显性质量成本的计量

显性质量成本主要由预防成本、评估成本和内部失败成本等构成,其计量方法结合示例说明如下。

【例 7.3】 某生产公司生产并销售打印机,其基本生产流程为:首先生产打印机钢铁框架,然后将打印机零部件安装到框架上。这些零部件包括打印机械装置、控制电子件、色带供给系统、进纸装置和供电装置等,最后配上打印机外罩。

质量对该公司的客户非常重要,其中主要有两个关键因素:

①减少打印机故障的停机时间;

②保持较高的打印质量。

由于打印机包括多个零部件,所以,打印机的次品率远高于 0.3%,这是因为确保打印机零次品的方法只有一个,即保证打印机的所有主要零部件无次品。

尽管公司在质量上花费很多,但这些成本掩盖在传统会计中的原材料、工资、设备、租金、公用事业费等项目上。公司会计账簿上,组装部门的实际成本见表 7.5 所示。

表7.5 某技术公司组装部门实际成本   元

项目	成本
原材料	8 124 000
管理人员工资	64 000
监管人员工资	102 000
组装工工资	3 360 000
设备	675 000
租金	270 000
公用事业费	90 000
合计	12 685 000

为确定与质量有关的成本,会计人员通过与组装部门的有关人员进行座谈,并观察其工作情况,经分析得到的结论见表7.6。

表7.6 组装部门与质量有关的成本

1. 原材料

(1) 所有花费中,约有 194 940 元用于损坏和返工零部件

(2) 这 194 940 元中,大约又有 40% 用于企业内部发现的废次品

(3) 剩余的 60% 属于顾客发现的废次品的花费

2. 管理人员工资

管理人员在下列质量关联作业所花时间:

(1) 出席预防质量问题研讨会 15 天

(2) 分析质量检查结果 2 小时/周

(3) 查找问题原因 10 小时/周

(4) 会同销售经理人员解决顾客发现质量问题 1 小时/周

3. 监管人员工资

监管人员用于质量相关作业上的时间:

(1) 质量培训 3 小时/周

续表 7.6

(2)监督对企业内部发现的废次品返工 5 小时/周

(3)监督对顾客发现的次品的返工 7 小时/周

4. 组装工人工资

企业共有 120 名组装工人,平均每小时支付 14 元工资,其质量作业有:

(1)每年每人质量培训 8 小时/年

(2)检查外购零部件 28 800 小时/年

(3)检查部门内组装打印机 18 000 小时/年

(4)21 名组装工人的全部时间用于对部门内发现的不合格品的返工

(5)24 名组装工人的全部时间用于对顾客退货的不合格品的返工

5. 设备

组装部门设备相关费用共计 675 000 元。包括下列质量项目:

(1)用于测试设备 8 500 元

(2)用于改正企业内部所发现问题的设备折旧 45 000 元

(3)用于改正顾客所发现问题的设备折旧 38 000 元

6. 租金

组装部门分担的工厂租金 270 000 元,分析显示:

(1)组装部门占用约 10% 的场所用于检查

(2)组装部门占用约 30% 的场所用于对不合格品的返工,其中,60% 的返工产品为企业内部发现,其余 40% 为顾客发现

7. 公用事业费

年度公用事业费 90 000 元,按返工和检查所占场所进行分配

利用表 7.6 所列示的数据,将该公司组装部门的质量成本分为四类。其基本步骤为:

(1)对表 7.6 所列各项进行逐项分析,并确定它们是否属于预防成本、鉴定成本、内部失败成本或外部失败成本,见表 7.7。

表7.7 组装部门成本分类

	质量成本要素	质量成本类别
1	原材料	
	(1)内部发现的不合格品	内部失败成本
	(2)顾客发现的不合格品	外部失败成本
2	管理人员工资	
	(1)参加预防质量问题会议	预防成本
	(2)分析质量检查结果	鉴定成本
	(3)查找问题原因	
	(4)解决顾客发现的质量问题	外部失败成本
3	监管人员工资	
	(1)质量培训	预防成本
	(2)监督内部发现的不合格品的返工	内部失败成本
	(3)监督顾客发现的不合格品的返工	外部失败成本
4	组装工人工资	
	(1)质量培训	预防成本
	(2)检查外购零部件	鉴定成本
	(3)检查所组装的打印机	鉴定成本
	(4)对部门发现的不合格品返工	内部失败成本
	(5)对顾客退回不合格品返工	外部失败成本
5	设备	
	(1)用于测试的设备	鉴定成本
	(2)折旧——内部发现的问题	内部失败成本
	(3)折旧——顾客发现的问题	外部失败成本
6	租金	
	(1)用于检查的工厂场所	鉴定成本
	(2)用于不合格品返工的工厂场所	
	——60% 内部	内部失败成本(60%)
	——40% 顾客	外部失败成本(40%)
7	公用事业费	
	(1)用于检查的工厂场所	鉴定成本
	(2)用于不合格品返工的工厂场所	
	——60% 内部	内部失败成本(60%)
	——40% 顾客	外部失败成本(40%)

(2)将表7.7所列各项重新区分为预防成本、鉴定成本、内部失败成本和外部失败成本四

类,并将所列成本分配给上述各成本项目,见表7.8。

表7.8 组装部门质量成本　　　　　　　　　　　　　　　　　　元

表7.6所列项目	成本要素	计算过程	金额
	预防成本		
2(1)	管理人员工资——参加会议	3÷50×64 000	3 840
3(1)	监管人员工资——质量培训	3×50×3÷6 000×102 000	7 650
4(1)	组装工人工资——质量培训	8×120×14	13 440
	预防成本合计		24 930
	鉴定成本		
	组装工人工资		
4(2)	——外购零部件检查	28 800×14	403 200
4(3)	——组装打印机检查	18 000×14	252 000
2(2)	管理人员工资	2÷40×64 000	3 200
5(1)	设备——测试		8 500
6(1)	租金——检查场所	0.10×270 000	27 000
7(1)	公用事业费——检查场所	0.10×90 000	9 000
	鉴定成本合计		702 900
	内部失败成本		
1(1)	原材料——内部不合格品	0.40×194 940	77 976
2(3)	管理人员工资——查找原因	10÷40×64 000	16 000
3(2)	监管人员工资——监督返工	5×50×3÷6 000×102 000	12 750
4(4)	组装工人工资——次品返工	21×2 000×14	588 000
5(2)	设备——内部问题		45 000
6(2)	租金——返工	0.30×270 000×0.6	48 600
7(2)	公用事业费——返工	0.30×90 000×0.6	16 200
	内部缺陷成本合计		804 526
	外部失败成本		
1(1)	原材料——外部次品	0.6×194 940	116 964
2(4)	管理人员工资——销售人员工资	1÷40×64 000	1 600
3(3)	监管人员工资——次品返工	7×50×3÷6 000×102 000	17 850
4(5)	组装工人工资——返工	24×2 000×14	672 000
5(3)	设备——外部问题		38 000
6(2)	租金——返工	0.30×270 000×0.40	32 400
7(2)	公用事业费——返工	0.30×90 000×0.40	10 800
	外部失败成本合计		889 614
	质量成本总计		2 421 970

2. 隐性质量成本计量

尽管隐性质量成本的计量比较不容易，但通过适当的方法还是可以作出相应的估计。比较常用的方法有乘数法、田口成本法等。

（1）乘数法

乘数法简单地假定全部失败成本是已计量缺陷成本的某一倍数。其计算公式为

$$外部缺陷成本总额 = K \times 已计量外部缺陷成本$$

式中，K 值为乘数效应，可根据经验确定。

将隐性成本计算到外部缺陷成本的估计数中，有助于管理当局更准确地确定用于防止和评估质量作业所耗资源的水平。尤其是当缺陷成本增高时，它有助于管理当局做出增加对控制成本方面的投资等决策。

【例 7.4】 某公司已经计量的外部缺陷成本为 1 000 000 元，最小 K 值为 3，最大 K 值为 4。则

$$最小的实际外部缺陷成本 = 1\ 000\ 000 \times 3 = 3\ 000\ 000(元)$$
$$最大的实际外部缺陷成本 = 1\ 000\ 000 \times 4 = 4\ 000\ 000(元)$$

（2）田口成本法

田口成本法是由日本学者提出的，是指质量成本计算的变化。田口观察的结果是：没有达到目标功能价值的产品带来了质量损失，质量损失是按实际偏离目标的差额的平方增加的，例如，假定一台机器加工的螺栓直径为 2 cm，那么一台始终加工 1.8 cm 螺栓的机器要比一台平均加工直径为 2 cm 但有 4 mm 误差的机器带来更少的质量损失。

田口认为有三种质量损失函数：

①当偏离目标即为不利事件时，质量损失函数为 $L(y) = K(y-T)^2$，其中，K 为参数，反映顾客与加工过程的特征；y 为产品功能的实际价值；T 为产品功能的目标价值；L 为质量损失。如图 7.4 所示。

②当目标是使特征尽可能小时，质量损失函数为 $L(y) = K(y)^2$。

③当目标是使特征尽可能大时，质量损失函数为 $L(y) = K(1/y)^2$。

要想用田口成本函数，K 必须提前估算，可以利用公式 $K = c/d^2$，其中，c 为下限或者上限处的质量成本估计值，d 为上限或者下限偏离目标价值的距离。这就意味着我们必须估算给定偏离目标价值时的质量损失，可借助于市场研究法和乘数法来进行。一旦知道了 K，就可算出隐性质量成本。

（二）质量成本报告

质量成本报告制度对公司改善和控制质量成本是必要的。建立这样一种制度第一个也是最简单的步骤是报告当期实际质量成本情况。按类别详细列示实际质量成本可以提供两种重

要线索:一是显示各类质量成本的支出情况及其对利润的财务影响;二是显示各类质量成本的分布情况,以利于管理当局对各类质量成本的重要性做出判断。

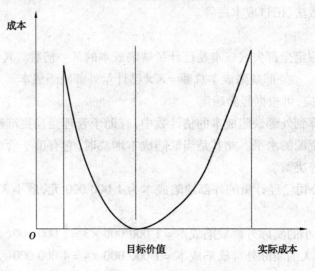

图 7.4 田口成本示意图

1. 单期质量成本报告

单期质量成本报告可按构成及其所占百分比进行编制。

【例 7.5】 续例 7.3,该技术公司组装部门某年 12 月 31 日的质量成本报告见表 7.9 和表 7.10。

表 7.9 组装部门质量成本报告   元

成本项目	预防	鉴定	内部失败	外部失败	质量成本合计	部门总成本
原材料			77 976	116 964	194 940	8 124 000
管理人员工资	3 840	3 200	16 000	1 600	24 640	64 000
监管人员工资	7 650		12 750	17 850	38 250	102 000
组装工人工资	13 440	403 200	588 000	672 000	1 928 640	3 360 000
		252 000				
设备		8 500	45 000	38 000	91 500	675 000
租金		27 000	48 600	32 400	108 000	270 000
公用事业费		9 000	16 200	10 800	36 000	90 000
合计	24 930	702 900	804 526	889 614	2 421 970	12 685 000

表 7.10 某技术公司质量成本报告 元

项目	工程部	采购部	组装部	其他部门	合 计	占总质量成本%
预防	505 900	8 400	24 930	248 520	787 750	13
鉴定	46 000	40 600	702 900	184 700	974 200	16
内部失败	320 800	260 200	804 526	841 124	2 226 650	38
外部失败	476 500	295 400	889 614	299 886	1 961 400	33
合 计	1 349 200	604 600	2 421 970	1 574 230	5 950 000	100

2. 多期质量趋势报告

多期质量趋势报告是将期内质量改进项目的进展程度以图表的形式加以表达的报告。以横坐标表示年份,纵坐标表示相应时间内的销售百分比,将多年质量成本占销售百分比描述在图上,即可反映质量改进项目的执行情况。

【例 7.6】 设某企业有关资料见表 7.11。

表 7.11 某企业有关资料

年份 \ 项目	质量成本/元	实际销售/元	成本占销售百分比/%
2005	440 000	2 200 000	20.0
2006	423 000	2 350 000	18.0
2007	412 500	2 750 000	15.0
2008	406 000	2 800 000	14.5
2009	280 000	2 800 000	10.0

以 2005 年为起点,设目标值为 2.5%,根据上述数据作图。如图 7.5 所示。

由图 7.5 可以看出,以成本占销售百分比表示的质量成本有持续下降的趋势,企业尚有朝长期目标百分比不断改进质量的空间。

本章小结

标准成本系统以标准成本为中心,通过标准成本的制定、执行、核算、控制、差异分析等一系列有机结合的环节,将成本的核算、控制、考核分析融为一体,以实现成本管理目标。运用标准成本系统进行成本控制、成本差异分析是重要工作,通过将实际成本与标准成本进行比较分析，并利用所获得的成本差异信息，寻找差异产生的原因，在明确责任的基础上及时合理纠正，才能达到降低成本，提高经济效益的目的。

质量成本控制是成本控制的重要方面。质量成本控制依据质量成本目标，对质量成本形成过程中的一切耗费进行严格的控制和审核，揭示偏差，及时采取措施予以纠正。

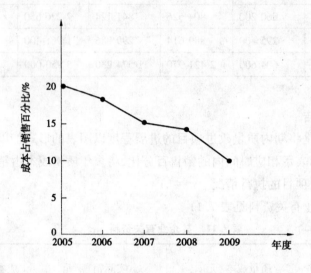

图 7.5　质量成本趋势图

自测题

一、概念题

标准成本　标准成本系统　标准成本控制　成本差异　质量成本　质量成本函数　质量成本控制

二、分析思考题

1. 如何发挥标准成本系统的成本核算与成本控制功能？
2. 质量成本函数在质量成本控制中有何用途？
3. 如何认识现代质量成本观？

三、计算分析题

实达工厂是一家生产某产品的中型企业，企业产品在市场上的销售一直不错，但近几年由于成本较高，企业效益低于行业的平均水平，为了改变该厂的现状，企业领导决定实行严格的成本管理，成立了由厂长直接领导，由会计部门牵头，其他部门负责直接参与的成本控制领导小组,动员全体职工从一点一滴入手,严格控制损失浪费现象,严把质量关,实施全厂、全员、全过程的全面成本控制体系。厂领导采纳了会计部门的建议,提出建立一套标准成本控制系统,实施标准成本控制。

会计部门在认真分析的基础上,统计出 2009 年甲产品直接材料、直接人工、制造费用等资料见表 7.12 ~ 表 7.14。

表 7.12 甲产品消耗的直接材料资料

标准	品种	
	A 材料	B 材料
预计发票单价	40	50
装卸检验等成本	2	3
直接材料价格标准/(元/千克)	42	53
材料设计用量	400	600
允许损耗量	1	2
直接材料用量标准/(千克/件)	401	602

表 7.13 甲产品消耗的直接人工资料

标准	工序	
	第一工序	第二工序
每人月工时(8 小时/天×22 天)	176	176
生产工人人数	100	80
每月总工时	17 600	14 080
每月工资总额	1 408 000	1 408 000
工资率标准(元/小时)	80	100
应付福利费提取率(%)	14	14
直接人工价格标准(元/小时)	91.2	114
加工时间(人工小时/件)	40	30
休息时间(人工小时/件)	4	3
其他时间(人工小时/件)	1	2
直接人工用量标准(工时/件)	45	35

表7.14 甲产品消耗的制造费用资料   元

标准	部门	
	第一车间	第二车间
制造费用预算		
变动制造费用预算	336 000	392 000
间接材料费用	200 000	260 000
间接人工费用	80 000	70 000
水电费用	36 800	64 240
固定制造费用预算	420 000	616 000
管理人员工资	60 000	180 000
折旧费	28 000	31 200
其他费用	334 400	408 320
预算标准工时/台时	21 000	28 000
用量标准/(台时/件)	50	70

根据以上资料制定2009年该产品的标准成本。

若实达工厂2009年10月份实际生产资料如下：

(1) 生产该产品500件。

(2) 实际耗用A材料201 000千克，其实际单价为40元/千克；实际耗用B材料300 000千克，其实际单价为55元/千克。

(3) 生产某产品由两道工序完成，第一工序和第二工序实际耗用的人工小时分别为22 495小时和17 660小时，两道工序实际发生的直接人工成本（包括直接工资和计提的应付福利费）分别为2 069 540元和1 942 600元。

(4) 第一车间和第二车间的实际耗用的机器小时分别为26 900小时和32 790小时，两个车间的实际工时变动制造费用分配率均为15元/小时。

(5) 2009年1月份该产品的预计生产能力为450件。为生产该产品，两个车间实际发生的固定制造费用总额分别为428 750元和663 750元。

根据2009年10月份的实际资料，进行该产品的成本差异计算与分析。

【案例分析】

金石公司是一家生产汽车配件模具的制造类企业。虽然公司在规模上称不上大企业，但是由于业务范围日益扩大并且市场竞争日益激烈,公司决定以标准成本系统取代原有的实际成本计算法,从而为公司的控制管理决策提供更多的相关信息,在各会计期末使用结转本期损益法处理各项成本差异。

王健是某大学的应届毕业生,刚刚到金石公司从事成本会计工作。在经历了一个月的培训期之后,成本会计部主管要求他对公司上一个季度的成本差异进行分析。为此,王健从其他相关部门获得的信息资料如下:

(1)单位产品标准成本见表 7.15。

表 7.15 单位产品标准成本

成本项目	标准成本/元
直接材料(6 千克×1.5 元/千克)	9
直接人工(4 小时×4 元/小时)	16
变动制造费用(4 小时×3 元/小时)	12
固定制造费用(6 小时×2 元/小时)	8
单位产品的标准成本	45

(2)原材料:公司期初没有原材料存货,本期以 1.6 元/千克的价格购入 3 500 千克,生产过程中实际使用了 3 250 千克。原材料在生产过程中一次投入。

(3)在产品:期初在产品存货 40 件,完工程度为 50%;本月投产 450 件,期末完工入库 430 件;期末在产品 60 件,完工进度为 50%。

(4)产成品:期初公司仓库中有产成品存货 30 件,本月对外销售 440 件。

(5)其他:本月生产过程中消耗直接人工 2 100 小时,支付直接人工工资总额为 8 820 元,支付变动制造费用 6 480 元,支付固定制造费用 3 900 元;公司当月的生产能力为 2 000 小时。

要求:

(1)计算确定金石公司产品的标准成本差异(以采购量计算直接材料价格差异,以三因素分析法计算固定制造费用成本差异),并分析产生差异的可能原因。

(2)计算确定金石公司期末"存货"会计科目的成本数额。

【阅读资料】

美心公司的成本控制

美心公司与大多数高速发展的企业一样,开始面临增长瓶颈。掌门人夏明宪毅然采取以利润换市场的策略,大幅降低产品价格。然而,降价不久,风险不期而至,原材料钢材的价格突然飚升。继续低价销售——卖得越多,亏得越多;涨价销售——信誉扫地,再难立足。面对两难抉择,降低成本,尤其是原材料的采购成本就成了美心生死攸关的"救命稻草"!

夏明宪向采购部下达指令:从现在开始的三年内,企业的综合采购成本,必须以每年平均10%的速度递减。

这让美心的采购部的员工们有点傻眼,甚至不服气:此前美心公司的"开架式采购招投标制度"属国内首创,既有效降低成本,又杜绝暗箱操作,中央电视台都为此做过专题报道。而且此举已经为美心节约了15%的采购成本,还有什么魔法能够让青蛙变得更苗条?

在夏明宪的带动下,美心员工开始走出去,从习惯坐办公室到习惯上路,超越经验桎梏,于不知不觉中形成了一套降低成本管理模式。

联合采购,分别加工

针对中小供应商,美心将这些配套企业联合起来,统一由其出面采购原材料。由于采购规模的扩大,综合成本减少了20%!配套企业从美心领回原材料进行加工,生产出来的半成品直接提供给美心,然后凭验收单到美心的财务部领取加工费。同时随着原材料成本的降低,配套企业也更具竞争力,规模扩大,价格更低,形成良性循环。

原材料供应,战略伙伴

针对上游的特大供应商即国内外大型钢铁企业,美心的做法是收缩采购线,率先成为其中一两家钢厂的大客户乃至于战略合作伙伴。而钢厂面向战略合作伙伴的价格比普通经销商低5%~8%,比市场零售价低15%。于是仅2002年的一次采购,美心就比同行节约成本近1 000万元。

随着采购规模的与日俱增,美心人开始有了和钢厂进一步谈判的砝码。应美心要求,钢厂定期向其提供钢材的价格动态,并为美心定制采购品种。比如过去钢板的标准尺寸是一米,而门板尺寸是90厘米,其中10厘米就只能裁下来扔掉。现在钢厂为美心量身定制生产90厘米钢板,就大大减少了浪费,节约了成本。又比如他们还专门为美心开发了一种新材料门框,品质相同,价格每吨可节约600元。

新品配套,合作共赢

对于新配套品种的生产,由于配套企业需要增加大量投资,导致新配套产品与其他配套产品相比,价格大幅增加。美心就以品牌、设备、技术、管理等软硬件向生产方入股,形成合作;合作条件为,美心公司自己使用的产品,价格只能略高于生产成本。这样一来,合作方在新品的生产上减少了投入,降低了风险;同时,美心也降低了配套产品的采购成本,增加了收入。于是各方受益,皆大欢喜。

循环取货,优化物流

解决了原材料和配套产品的采购问题,美心还与配套企业携手合作,从物流方面进行优化。由于不同配套企业的送货缺乏统一的标准化的管理,在信息交流、运输安全等方面,都会带来各种各样的问题,必须花费双方很大的时间和人力资源成本。美心明白,配套企业物流成本的提高,将直接转嫁到配套产品的价格上。于是美心就聘请一家第三方物流供应商,由他们来设计配送路线,然后到不同的配套企业取货,再直接送到美心的生产车间。这样一来,不仅节约了配套企业的运送成本,提高了物流效率,更重要的是,把这些配套产品直接拉到生产车间,保持了自身很低的库存,省去了大量的库存资金占用。

美心通过与原材料供应商及配套企业的携手合作,使原材料厂商拥有了稳定的大客户,配套企业降低了生产风险,而自身则在大大降低成本的同时,扩大了产销量,形成了各方皆大欢喜的共赢局面。

年末,美心门的产销量同比翻了一番,美心的综合采购成本下降了17%,同比全行业的平均水平低23%!美心公司成为唯一在原材料价格暴涨时期维持低价政策的企业,企业形象如日中天,渠道建设终于根深叶茂。

第八章
Chapter 8

责任会计

【学习要点及目标】

通过本章的学习,应该理解责任会计的含义,了解责任会计的作用,重点掌握建立责任会计制度的原则、基本内容,掌握责任中心的划分依据和考核标准以及方式。通过本章的学习掌握责任中心、成本中心、利润中心及投资中心的含义及其特征,掌握成本中心、利润中心及投资中心业绩的考核方法;同时理解内部转移价格的含义,掌握制定内部转移价格的原则与方法。

【导入案例】

泰德·穆森的烦恼

泰德·穆森是一家大型集团公司的总经理,最近为公司的发展他有了新的担忧。他于20世纪80年代中期创立了泰格诺克公司,该公司专门生产清除工业烟囱污染物的净化器,当时,这家公司的人员仅有泰德和其他几位年轻的工程师。他们对这种净化器的前景充满了希望,为了让希望成为现实,他们夜以继日地工作。几分付出,几分收获。他们研制的净化器高效实用,而公司的利润也逐年倍增。后来,泰德和他的伙伴们陆续收购了一些与污染治理有关的公司并发展成为一家跨国公司。现在,泰德作为公司的总经理,正面临着新的问题。他找来了史蒂夫·斯科里——美国分部的经理。

"史蒂夫,你瞧瞧这些预算财务报表,我们的净利润勉强增长,而投资报酬率实际上自去年起已开始下降,分部的经理们本应相互合作,而现在却在为转移价格争论不休。究竟是怎么回事?我还记得以前那段十分有意义的日子。我们都有一个共同的信念。我们不仅仅为了自己而工作,还为了大家都能有一个更好的生活环境。这听起来像老掉牙的故事,可我们确实是靠着那个信念才熬过了最苦的日子。"

史蒂夫轻声笑道,"苦日子是不能忘。可是,想想吧,泰德,我们都老了,公司也大了。当你是集团公司的总经理时,要保持那种精神就不容易了。我连一些新任的经理都不认识,更不能确定他们与我们的价值观是否一样。你能怎么做呢?我们只能接受最终不可避免的事实,降低成本或削减一些开支。"

"其实,我们可以制定一套激励方案,促使经理们目标一致。而且,我想这件事会比较有趣。我想让你来做些这方面的研究。看看这方面的资料,也许某些别的公司也遇上了类似问题并解决了。我们过两周再碰面讨论这件事。"

两周以后……

"泰德,我有一个办法可能管用。我和一个朋友谈了我们的问题,他在热电子公司工作。他们生产的是高技术产品,比如高灵敏度的地雷探测器和毒品探测仪,还有专门清除渗入土壤中的汽油的设备等。他们的情况与我们十分相像,也是从小公司迅速发展起来的。同样,他们也面临着如何保持创业精神的问题。他们为此给经理们认股权——但似乎不起作用。他们的研究开发投入直接关系到公司的长远发展,但却拖了利润的后腿。不管怎么说,他们试着将公司的股份分散化。1983年,他们将一个分部——热电仪器公司的股份出售了16%。该分部的经理们获得了3%的股份。这样一来,这些经理真正体验到了创业精神。同时,该公司的利润增加了500万美元以上。"

"不错,挺不错。但投资报酬率怎样呢?还有其他分部的情况呢?它们对热电仪器公司得到的优惠是否感到不满呢?"

"不,其他分部的经理同样有机会。他们要竞争,才能获得股份。前提条件是他们的公司要有潜力每年增长30%。目前热电子公司已分散股权的分部的年平均投资回报率是20%。"

"听起来是不错。让我们研究一下这些分部的财务报表,看看我们的情况。也许我们能采用热电子公司的办法来解决自己的问题。"

第一节 责任会计概述

一、责任会计产生与发展

与现代管理会计的形成与发展相一致,责任会计的产生与发展既受到企业管理实践的推动,又适应了企业管理理论的发展趋势,并且得到管理理论与技术的不断滋养与促进。

(一)责任会计的发展沿革

责任会计产生于20世纪20年代的西方国家,是现代管理会计的重要分支,是西方企业将庞大的组织机构分而治之的一种内部控制会计。它的产生和发展是与西方企业管理理论的演变密切相关的。

1. 经验管理阶段萌生了责任会计思想

从18世纪下半叶到19世纪末期，西方国家相继开始了工业革命。在这一期间，企业间的竞争日趋激烈，扩大企业规模成了这一时代的特色。然而，由于管理方法的落后和管理人才的匮乏，企业规模的扩大受到了阻碍。当时的管理人员大多是从工人队伍中选拔出来的，他们通常掌握了较高的技术，但是没有系统地学习过管理知识，对于需要解决的问题，主要是依靠经验办事，因此称之为经验管理阶段。尽管如此，已有一些企业管理者意识到科学管理的重要性。例如，19世纪中期，美国的丹尼尔·C·麦卡勒姆（Daniel. C. McCallum），在担任伊利铁路公司总监这一职务期间，倡导责任管理。他所倡导的管理原则是：①适当的职责划分；②授予充分的权力，以便能够充分履行其责任，使责任名副其实；③能够了解是否切实承担起责任；④迅速报告一切玩忽职守的情况，以便立即纠正这些错误行为；⑤通过每日报告和检查制度所了解到的这些情况，既不会使主要负责人为难，也不会削弱他们对下属的影响；⑥采用一项制度不仅能使总监立即发现错误，而且还能指出失职者。虽然麦卡勒姆的责任管理原则在当时并未得到普遍关注，也没有得到推广应用，但是仍对西方企业管理思想的演变产生了一定的影响。因而，可以说在西方企业经验管理阶段，已经萌生了属于科学管理的责任会计思想。

2. 科学管理阶段形成了责任会计原始形态

从19世纪末期开始，西方国家的科学技术得到了进一步发展，生产社会化程度也越来越高，传统的经验管理方式已经不能适应生产力发展的要求。在这样的历史背景下，以泰罗（Taylor）为代表的一批管理工程师提出要用科学管理方法代替传统的经验管理方法，创立了科学管理理论，使西方国家的企业管理进入了科学管理阶段，这一阶段一直延续到20世纪初期。泰罗所倡导的科学管理，其核心就是如何使工人提高劳动效率，泰罗的管理思想在他所管理企业的会计工作中也得到了体现。他要求对费用进行严格分类，对每项费用都制定出计划，并将计划落实到工人；他还要求将实际执行结果与计划进行对比，并且按照例外管理原则做出成本报告。泰罗认为事后的会计报告制度无助于对存在问题的解决。他将成本会计职能划归计划部门执行，要求每天提供成本报告，同时也提出业务报告，使成本会计成为成本计划与控制的重要组成部分。上述做法与责任会计的要求是吻合的。尽管当时这些做法仍局限于成本管理，只要求反映成本责任，但是仍然可以看出，在科学管理阶段已经形成了责任会计的原始形态。

3. 现代管理阶段发展并完善了责任会计

泰罗的科学管理理论对责任会计的形成产生了一定的影响。但是，他的科学管理理论只是把人看做"经济人"，只看到工人对物质利益追求的一面，没有看到工人内在的能动作用。泰罗制的实施，使劳动效率有了大幅度提高，但也使工人的劳动变得非常紧张和乏味，整天在机器旁疲于奔命，使工人变成机器的附属品，引起了工人的不满。尤其在20世纪20年代末期，工人和资本家的矛盾日趋尖锐，加之企业规模的逐渐扩大以及分权制的实施，泰罗的科学管理理论已经不再适应西方企业管理的要求。在这样的历史背景下，西方企业管理者只能另辟蹊径,寻求新的管理方法,于是行为科学理论应运而生。

行为科学产生于20世纪20年代,当时,资本家为了缓和劳资矛盾,需要寻找新的理论来代替科学管理理论。于是,产生了一种旨在调动人的内在能动性的理论——人际关系学说。这种学说是行为科学的前身,主要是通过对人的动机、需求等原因进行分析,以便调节企业中的人际关系,进一步增加生产。人际关系学说的出现,将社会学、心理学引进了企业管理领域。人际关系学说对企业管理的影响在20世纪40年代末至50年代初达到顶峰。1949年在美国芝加哥召开的一次讨论会上,第一次提出了"行为科学"的概念;1953年在美国福特基金会召开的、有哈佛等大学的科学家参加的大会上,正式将人际关系学说定名为"行为科学"。行为科学的产生与发展,使西方企业管理思想发生了变化,同时也对责任会计产生了很大的影响。例如,根据"需要层次理论",责任会计不仅要明确各级管理部门应负的职责,同时还要赋予其相应的权力,使其不是被动地去履行责任,而是有效地行使权力,去完成既定目标,并在责任考评中,从物质及精神多方面给予奖惩,以满足各级管理部门高层次的需要。又如,根据"双因素理论"要建立公平的奖惩制度,使奖惩与各部门的工作业绩紧密结合起来,有功必奖,有过必罚,使奖励成为激励因素,避免成为保健因素。再如,根据"X-Y理论",在确定各级管理部门应负的责任时,应使各级管理部门参与责任的制定,以便更好地发挥其主动性,使履行责任成为实现自我的良好愿望。此外,根据"期望理论",要制定切实可行的目标,并使目标具有高度的吸引力。总之,行为科学理论使责任会计趋于完善。

(二)分权管理为责任会计提供了组织基础

二次世界大战后,随着经济发展的日益国际化和企业竞争越来越激烈,企业经营呈现多元化和复杂化的趋势,规模越来越大,管理层次繁多,组织机构复杂,分支机构遍布世界各地。在这种情况下,传统的集中管理模式已无法满足迅速变化的市场需求,而逐渐被现代分权管理模式所替代。实行分权管理,是指将生产经营决策权在不同层次的管理人员之间进行适当的划分,并将决策权随同相应的经济责任下放给不同层次的管理人员,使其能对日常的经营活动及时做出有效的决策,以迅速适应市场变化的需求。

在分权管理体制下,企业越是下放经营管理权,越要加强内部控制。于是很多大型企业将所属各级、各部门按其权力和责任的大小划分为各种成本中心、利润中心和投资中心等责任中心,实行分权管理,其结果是各分权单位之间既有自身利益,又不允许各分权单位在所有方面像一个独立的组织那样进行经营。因为分权单位的行为不仅会影响其自身的经营业绩,而且会影响其他分权单位的经营业绩甚至是企业整体的利益。因此,在实行分权管理的情况下,如何协调各分权单位之间的关系,使各分权单位之间以及企业与分权单位之间在工作和目标上达成一致;如何对分权单位的经营业绩进行计量、评价和考核,就显得尤为重要。责任会计制度正是顺应这种管理要求而不断发展和完善起来的一种行之有效的控制制度。为了对分权管理制度兴利除弊,必须建立有效的制度作为保证。这种制度根据授予各分权单位的权利、责任以及对其业绩的评价方式,将企业划分为各种不同的责任中心,建立起以各责任中心为主体,以权、责、利相统一为特征，以责任预算、责任控制、责任考核为内容，通过信息的积累、加工和反馈而形成的企业内部控制系统。

（三）管理科学理论的发展为责任会计提供了工具

管理科学理论也称数量管理理论，是西方现代管理理论的一个重要分支，也可以说是泰罗科学管理理论的重要发展。管理科学理论认为，管理就是通过建立数学模型和系统程序，并采用运筹学等方法确定企业的目标、组织、控制、决策等，使之达到最优组合，以实现企业总体目标。管理科学的产生，使西方企业管理进入了计算机时代，而将计算机引入管理领域，又促使企业管理更为科学化。同时，管理科学理论的出现，使责任会计体系得到了进一步完善。责任会计在制定企业总体目标和各级管理部门目标的过程中，能够运用先进的科学理论和科学工具，使影响企业目标的各因素达到最优组合，使责任考评科学化、合理化，进一步调动企业内部各级管理部门的积极性。

综上所述，可以看出，西方责任会计的产生与发展是与西方企业管理思想的发展以及企业组织形式的变迁密切相关的。行为科学理论的产生和发展，分权管理的产生，促使责任会计注重人的因素的管理，使责任会计得到不断的完善，而管理科学理论将先进的科学理论和电子计算机引入管理领域，使责任会计体系得到了进一步完善。

二、责任会计的作用

（一）有利于改革和完善公司的经营机制

责任会计应用于公司经营中有利于落实经济责任制，明确职工在公司经营中各自的责任，独立核算成本，自我监督，自我激励，实现公司资本的有效的增值。

责任会计通过划分责任单位、核算责任过程并将责任业绩与经济利益挂钩，从而把责、权、利、效有机地结合起来，把公司向国家承担的经济责任和企业资本经营总目标，层层分解落实到部门、车间、工段、班组和个人，使每个单位和个人都明确本单位自身的经营目标、利益关系和经济责任。这样，公司内部就能形成自我激励、自我约束、自我发展的机制。把广大职工的积极性和创造性充分调动起来。实践已经证明责任会计是一种改革和完善资本经营机制的有效管理方法。

（二）有利于强化公司经营的内部管理

现代化大生产的社会化程度不断提高，大大增强了管理的复杂性。企业的经营管理必须适应这种变化，在加强外向管理的同时，必须强化内部管理，强调内部的分层次责任管理。要改变过去那种集权管理形式下的"大锅饭"现象，使公司内部各部门、各单位直至个人能够对公司负责，充分发挥各自的主观能动性，为提高公司总体效益而共同努力。实现这种转变，必须以会计管理上的相应转变为基础，而这种转变的标志，就是责任会计的实施。通过责任会计建立各级各类责任单位并对各级责任资金、成本、效益的核算、控制、分析、考核，彻底改变长期以来公司会计管理上的责任不清、与公司其他管理脱节的状况,使会计管理渗透到公司内部的资本经营管理中去,从而强化内部管理。

(三)有利于加强公司经营过程中的基础工作

实行责任会计,要求各责任单位对其在资本经营中责任范围内的资产数量、质量和使用情况做到心中有数,为此要求有良好的基础管理工作。例如,为了核定和考核有关责任指标,需要搞好劳动定额、资本消耗定额、费用开支定额的制订和调整工作;为明确各类责任单位的责任,各责任单位之间发生的资产、半成品转移,必须制订合理的内部结算价格;为了记录、计算和考核经济责任履行情况,必须做好计量、检测和原始记录工作。总之这些公司管理基础工作既是实施责任会计的前提条件;反过来,责任会计的实施也有利于加强这些基础工作。

三、责任会计的内容

所谓责任会计的内容,就是指企业为了建立和推行责任会计必须具备的基础和条件。责任会计的主要内容包括六个方面,如图 8.1 所示。

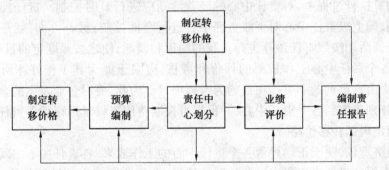

图 8.1 责任会计制度设计内容关联图

1. 合理划分责任单位(责任中心),明确规定权责范围

企业实行责任会计,首先需要在内部划分若干责任单位。只有确定责任单位,才能明确划分职责,做到分工协作、职责分明。其次必须依据各个责任单位资本经营的具体特点,明确规定其权、责的范围,使其能在权限范围内,独立自主地履行职责。

西方责任会计将责任单位称为责任中心,并根据其责任范围,将责任中心进一步划分为成本中心、利润中心和投资中心。

成本中心是指对成本负责的责任中心。

一个责任中心既可以是成本中心也可以是利润中心,既可以是利润中心也可以是投资中心。

利润中心是对利润指标负责的责任中心。由于利润 = 收入 – 成本 – 费用,所以利润中心实际上既要对收入负责,也要对成本负责。

投资中心是指对投资负责的责任中心,其特点是既要对成本、收入和利润负责,又要对投资的效果负责。投资中心在责任中心中处于最高层次,具有最大的决策权,也承担最大的责任。它是分权管理模式的最突出表现,大型集团公司所属的分公司、子公司往往都是投资中心。

2. 编制责任预算,确定各责任中心的业绩考核标准

责任预算是指根据全面预算所确立的目标和任务进行层层分解,为各个责任中心编制责任预算,明确每个责任中心在实现企业总体目标过程中所应完成的具体工作任务。

按照规定的指标,各责任单位一般都要编制责任预算。编制责任预算,使企业生产经营总体目标按责任中心进行分解、落实和具体化,作为开展日常资本经营活动和评价工作成果的基本标准。业绩考核标准应当具有可控性、可计量性和协调性等特征。

责任预算有的只包括资金预算,有的还要包括成本预算和利润预算。

3. 开展责任控制,区分各责任中心的可控与不可控费用

在责任预算执行过程中,对责任中心的经营活动应进行及时控制。责任控制一方面是自上而下的控制,即上级责任中心对下级责任中心进行全面控制;另一方面,就是各责任中心对各自的生产经营活动按照责任预算进行自我的约束和调剂,使之按照既定的目标进行。

另外,对各个责任中心工作成果的评价和考核,应限于能为其工作好坏所影响的可控项目,不能把不应由它负责的不可控项目列为考核项目。为此,要对企业发生的全部费用——判别责任归属,分别落实到各个责任中心,并根据可控费用来科学地评价各责任中心的成绩。

4. 合理制定内部转移价格

为分清经济责任,便于正确评价各个责任中心的工作成果,各责任中心之间相互提供的产品和劳务,应根据各责任中心资本经营活动的特点,合理地制定内部转移价格,并据以计价结算。所制定的内部转移价格,必须既有助于调动各个方面资本经营的主动性、积极性,又有助于实现局部和整体之间的目标一致。

5. 进行业绩评价,落实责任奖惩

通过对各责任中心可控指标的实际值和预算值的比较来考核业绩,计算并区分出有利差异和不利差异,作为奖惩的依据。在生产经营中根据责任预算控制成本费用开支,考核责任指标。通过考核责任单位的责任指标完成情况,对责任单位的工作业绩做出准确的评价。一般根据责任核算资料,对照责任预算采取差异分析的方法,检查各项任务的完成情况,发现生产和经营管理中的薄弱环节,从而明确各责任单位应当承担的经济责任。

把实际完成责任指标与责任预算进行对比分析,编制业绩报告,考核责任业绩。在各责任单位业绩考核的基础上,对责任单位的利益分配,采取与责任业绩挂钩的办法,以便计发工资奖金;对完不成责任指标和预算的单位,实行经济惩罚,从而更好地调动单位和职工生产经营的积极性,提高企业经济效益。

6. 建立和健全信息跟踪与反馈系统,定期编制业绩报告

责任中心及其责任预算一经确定,就要按责任中心建立相应的一套完整的日常记录、计算和考核有关责任预算执行情况的信息跟踪系统,对实际执行情况进行跟踪反映,并定期编制"业绩报告",找出实际执行情况与预算之间的差异,便于对各责任中心的工作成果进行全面的分析、评价。健全的信息跟踪及报告反馈系统必须具备相关性、及时性和准确性三个特征。

通过定期编制业绩报告,对各个责任中心的工作成果进行全面的分析、评价,并以成果的好坏进行奖惩,以促使各个责任中心相互协调并卓有成就地开展有关活动,共同为最大限度地提高企业资本经营的总体的经济效益而努力。

四、责任会计的职能

责任会计的任务是通过责任会计的职能来实现的。责任会计的职能可以归纳为以下几个方面。

1. 预算职能

责任会计的预算职能,就是合理地编制各责任中心的责任预算,作为各责任中心努力的目标以及衡量各责任中心工作成果的标准。在编制责任预算时需要注意:第一,责任预算的合理性,要与责任中心的管理权限相适应;第二,责任预算与企业预算的目标一致性,责任预算应是企业预算的科学分解;第三,责任预算的完整性,为了全面反映责任中心的工作成果,责任预算应以价值指标为主,但也应包括一部分非价值指标,既要有定量指标,也要有定性指标。

2. 控制职能

责任会计的控制职能,也可称为监督职能,就是对责任中心的生产经营活动按照事前制定的责任预算进行检验,对发现的差异及时进行调整。责任会计控制,一方面是企业或上级责任中心对所属责任中心的控制;另一方面,更为重要的是各责任中心由责权利相结合所引发的自我控制。责任会计的控制职能是一项重要的职能,它是各责任中心的生产经营活动按照既定目标顺利进行的重要保证。

3. 核算职能

责任会计的核算职能,就是对责任中心已经发生的经济业务采用会计核算方法进行记录、计算,并通过一定方式向责任中心负责人和企业领导者反映责任中心责任预算的完成情况。责任会计核算是责任会计的基础,核算职能也是责任会计的一项重要职能。

4. 考核职能

责任会计的考核职能,就是以责任中心的责任预算为依据,根据责任会计核算提供的信息和资料,对责任中心的工作成果进行分析和评价,并使其工作成果与物质利益紧密结合起来。正确、合理的考核,对于充分调动企业广大职工的积极性和主观能动性有着重要意义。考核职能是责任会计赖以巩固和发展的重要保证。

上述责任会计的四项职能是相互联系的有机整体。预算职能提供责任中心的工作目标和考核标准;控制职能促使责任中心的工作按照既定目标进行;核算职能反映责任中心对责任预算的执行结果;考核职能充分调动各责任中心完成责任预算和企业预算的积极性,并保证责任会计的巩固和发展,还能为编制新的责任预算提供参考数据。通过责任会计各项职能的实现,责任会计在加强企业内部经济管理方面发挥重要作用。

第二节 责任中心及其业绩考评

责任中心是企业内部责权利相结合的基本责任单位,是责任会计的主体。责任中心的建立是履行责任会计的前提。责任中心按照控制范围来划分,一般分为成本中心、利润中心和投资中心。这种划分方法可以使各责任中心的责任范围和责任程度一目了然,能够突出重点控制目标。

责任会计的分析与考评是保证责任会计体系能够贯彻实施的重要条件,也是调动各责任中心及全体职工的积极性,不断提高企业经济效益的重要保证。

责任会计的考评就是对各个责任中心的责任预算实施结果的考评。考评工作包括利用责任中心编制的责任报告,对责任中心各项责任预算执行结果进行分析与评价,总结成功的经验,揭示存在问题与不足,并给予合理的奖惩,以利于进一步加强管理,提高经济效益。

本节将从各责任中心的职责、分类入手,进而介绍责任中心的业绩考评方法。

一、成本中心及其业绩考评

(一)成本中心的职责

所谓成本中心,是指只发生成本而不取得收入的责任中心。实行责任会计,应将成本划分为可控成本和不可控成本两大类。可控成本和不可控成本都是对某一个特定的成本中心而言的。就一项成本来讲,如果它对于某一个成本中心是可控成本,则其对另外一个同级成本中心必然是不可控成本。

具体而言,可控成本应同时具备以下三个条件:
①责任中心能够通过一定的方式了解将要发生的成本;
②责任中心能够对发生的成本进行计量;
③责任中心能够通过自己的行为对成本加以调节和控制。

凡是不能同时具备上述三个条件的成本通常为不可控成本,一般不在成本中心的责任范围之内。但是,有些成本虽然成本中心无法进行调节和控制,假如能够准确地加以计量,并按此制定责任预算,即实际发生的成本与预算数能够保持一致,不会产生差异,那么这样的成本也可以视为可控成本。例如,从企业的某些劳务部门按预算数转入的固定劳务费等。

成本的可控与不可控是相对而言的,这与责任中心所处管理层次的高低、管理权限的大小以及控制范围的大小有直接关系。成本的可控性是就特定的责任中心、特定的期间和特定权限而言。责任中心当期发生的各项可控成本之和就是它的责任成本。对成本中心的工作业绩进行考核,主要是通过将成本中心实际发生的责任成本与其责任成本预算进行比较而实现的。成本中心实际发生的责任成本与责任成本预算之间的差异,反映了成本中心对责任成本进行控制的效果,将考核与奖惩结合起来,可以强化对成本中心的责任约束,还可以进一步调动其降低成本的积极性。

(二)成本中心的分类

建立成本中心在责任会计体系中的地位十分重要,因为几乎企业的任何一个部门,都有各自可以控制的费用支出,都可以作为一个成本中心。成本中心的规模在实践中可大可小,大的可以是一个分厂,小的可以是一个班组甚至是个人。一般来说,成本中心可按以下标准进行分类。

1. 按管理范围划分

企业内部的各个单位负责不同的业务,因而拥有各自的管理范围,成本中心可以据此分为以下几种:

(1)生产车间或分厂

生产车间包括基本生产车间和辅助生产车间。在不同的企业中,生产车间的设置原则可能有所不同,管理权限也会有所差别,因此生产车间定为何种责任中心,应根据具体情况来确定。不过生产车间通常只发生生产耗费,不取得收入,而且不拥有供、产、销等方面的管理权限,因而一般可以定为成本中心,即只对其可控的生产耗费及所占用的资金承担责任。从这个意义上讲,车间可以说是一种"天然的"成本中心,而且在成本中心体系中居于核心地位。有些企业设有分厂,如果分厂的管理权限与生产车间相同,则分厂也应定为成本中心。

(2)仓库

仓库包括材料仓库、半成品仓库和产成品仓库。这些仓库分别负责各自对象的收、发、保管业务。其共同的特点是既要占用一定的资金(包括储备资金、半成品资金及成品资金),也会发生一些费用(如占用资金支付的利息费用、各项仓库经费以及由于保管不善造成的各项存货的盘亏、毁损等)。一般来说,仓库的资金占用量较大,应对其承担责任,但可以通过控制利息费用来控制资金占用量,因此可以将仓库定为成本中心。

(3)管理部门

这里所说的管理部门是指企业的大多数职能部门,包括供应部门、生产部门、会计部门等等。其共同特点是既要对职能履行的结果负责,又要为自身的经费支出负责。就供应部门来说,其责任成本包括两方面的内容:一是材料采购成本;二是本部门的可控经费支出。就生产部门来说,其责任成本一般为本部门的各项可控经费支出。此外,生产部门还应对生产计划、调度工作的好坏承担责任。会计部门的责任成本是其可以控制的本部门各项经费开支。至于销售部门,虽然也要对本部门可控经费的支出承担责任,但由于还要对收入承担责任,因此一一般不将其定为成本中心。其他职能部门一般没有供、产、销方面的业务,其责任成本就是各自的可控经费支出。从考核的角度讲,对上述职能部门(包括前面的仓库)通常只是考核其费用支出的数额,因而它们往往也被称为费用中心。

2. 按管理层级划分

成本中心只对可控成本负责,按管理层级的大小,成本中心有两种分类。一种是基本成本中心,一种是复合成本中心。基本成本中心没有下属成本中心,如一个班组是一个成本中心,如果该班组不再进一步分解了,那么它就是一个基本成本中心。复合成本中心有若干个下属成本中心,如一个车间是一个成本中心,在它的下面有若干个工段,如果这些工段也都被划定为成本中心,那么该车间就是一个复合成本中心。基本成本中心对其可控成本向上一级责任中心负责。复合成本中心不仅就本中心的可控成本向上一级责任中心负责,而且还就其下属成本中心的可控成本向上一级责任中心负责。由成本中心负责的成本叫做责任成本。基本成本中心的责任成本就是其可控成本;复合成本中心的责任成本既包括本中心的可控成本,也包括下属成本中心的责任成本。对于复合成本中心而言,按管理层级划分是在横向划分的基础上,对成本中心进行纵向的划分。可以划分为以下几种类型:

(1)车间—班组(工段)—个人三级成本中心

如前所述,车间一般应定为成本中心,企业在成本方面的目标能否完成,主要取决于企业内部各车间的工作情况。由于车间与车间、车间与有关职能科室之间往往存在着一定的衔接或协作关系,因此在建立车间成本中心时,必须划清车间与车间、车间与有关职能科室之间的经济责任。需要注意的是,车间在计算转来的材料成本和半成品成本时,必须按计划成本计算。材料价格的变化以及其他车间半成品成本的升降等因素不应影响本车间责任成本的计算。

班组是车间的基层组织机构,客观上存在着可控成本,因而一般也应作为成本中心。建立班组成本中心可以弥补车间成本核算的不足,从而建立起完整的成本核算体系。班组作为工业企业的基层生产环节,产品产量的高低、质量的好坏、消耗的大小等都是其从事生产的直接结果。从成本管理的角度讲,班组工作的效能对产品成本的高低有着最直接、最为重要的影响。因此,车间成本中心应该将其责任成本按纵向分解落实到所属的各个班组,使之成为下一级的成本中心。

各个生产班组所承担的责任成本可以进一步分解落实到每个生产工人,建立以个人为单位的成本中心。一般来说,只要生产工人个人的工作成果能够单独地进行确认和计算,就可以将其作为一个成本中心。如果生产工人个人的工作成果无法单独核算,但能够单独核算某一生产机台若干个工人的工作成果,也可以将生产机台定为一个成本中心。

(2)仓库—保管人员两级成本中心

企业的各种仓库分别从属于不同的管理系统:材料仓库属于供应管理系统;半成品仓库属于生产管理系统;产成品仓库属于销售管理系统。从责任会计的角度来看,各类仓库在核算与考核上的特点相近:既要占用大量的资金,也要发生一些费用,还可能由于种种原因而导致存货账实不符。一般来说,仓库应对自身资金占用量以及所发生的费用和由于保管不善而导致的各项财产物资的盘亏、毁损承担责任。

仓库保管人员个人的工作成果如果能够单独确认,也应该作为一个成本中心。一般来说,仓库保管人员个人主要是要对所负责的财产物资的保全承担责任。对仓库保管人员工作情况进行考核的主要手段是对存货进行盘点。对于盘点中出现的问题应区别情况进行处理:存货的盘盈如果是量具、衡具等出现偏误所致,应责成仓库管理人员及时进行修理;对存货的盘亏应及时查明原因,除定额内损耗或自然灾害所致以外,应由有关仓库保管人员负责赔偿。从责任会计的角度讲,盘盈与盘亏均属仓库管理人员的工作失误,仓库管理人员均应承担责任。

(3)管理部门—管理人员两级成本中心

如前所述,除了销售部门以外,职能管理部门一般不对外提供产品,不取得收入,而只是发生一些管理性费用。这些职能管理部门只在各自的管理权限内对发生的可控费用承担责任。建立成本中心是解决职能管理部门量化考核问题的一种较好方法,也是责任会计中采用较多的一种方法。具体来说,就是要根据各职能部门的具体情况和不同特点,建立采用不同方法进行管理控制的成本中心。一般的职能管理部门应采用费用总额控制的方法。期初根据各职能部门的工作目标制定各自的费用预算总额,期末考核费用预算总额的执行情况并以此作为奖惩的主要依据。对于那些创造性强的职能科室(如产品开发部、技术革新办公室等)以及其他一些费用发生额的大小与其工作量的大小、工作质量的高低有明显相关性的职能部门,则应采用以弹性费用预算考核为主、以费用预算总额作为参考的考核办法,以促使其完成和超额完成任务。

对管理部门成本中心的管理人员来说,只要能划清其各自的责任成本,也可以定为一个成本中心。以供应部门为例,供应部门是企业的材料供应管理职能部门,其材料采购人员负责材料采购业务。如果能够分清采购人员材料采购的成本责任,就应定为成本中心。如果单个材料采购人员的采购成本责任不能明确划分,也可以将若干采购人员组成的材料采购小组定为成本中心。与对职能管理部门进行考核一样,对管理人员除了进行定量考核以外,还应该进行一定的定性考核,以全面评价其工作业绩。

(三)成本中心的业绩考评

对成本中心的评价与考核应以责任成本为重点,以业绩报告为依据,衡量责任成本与实际成本的差异,并分析差异产生的原因。由于责任中心逐级设置,责任报告也应当自下而上,逐级报告,直到最高管理层。除最基层外,每一层都应包括本身的可控成本和下属单位转来的责任成本,即形成一条"责任链"。

成本中心的业绩报告(表8.1),通常只需按该中心可控成本的各明细项目列示预算数、实际数和差异数三个项目,指标可以用时间、金额或实物量等。如果需要,还可以加上差异原因分析,使报告更一目了然。各成本中心的不可控成本可以省略不报,以便重点突出,但也可以作为报告的辅助参考资料,以便管理当局掌握成本全貌。

表8.1 成本中心业绩报告(20××年7月) 元

项 目	预 算	实 际	差 异
本车间的可控成本			
间接材料	1 920	1 960	40(不利差异)
间接人工	1 360	1 376	16(不利差异)
管理人员工资	1 248	1 184	64(有利差异)
设备折旧费	2 400	2 400	0
设备维修费	1 520	1 760	240(不利差异)
物料费	672	712	40(不利差异)
小计	9 120	9 392	272(不利差异)
下属单位转来的责任			
一工段成本	7 168	7 208	40(不利差异)
二工段成本	8 360	8 712	352(不利差异)
小计	15 528	15 920	392(不利差异)
本车间责任成本合计	24 648	25 312	664(不利差异)

二、利润中心及其业绩考评

(一)利润中心的职责

利润中心是其责任人既能控制成本,又能控制收入的责任中心,是层次较高的责任中心。一个利润中心通常包含若干个不同层次的下属成本中心。利润中心要对收入和成本负责。其中成本是指其责任成本,既包括利润中心发生的可控成本,也包括利润中心的下属成本中心发生的责任成本。这里所说的不论是成本还是收入,对利润中心来说都必须是可控的。以可控收入减去可控成本后的可控净收入就是利润中心的可控利润,亦即责任利润。一般来说,企业内部的各个单位都有自己的可控成本(费用),因而建立利润中心的关键在于是否存在可控收入。从责任会计的角度讲,可控收入可以有三种含义:

①对外销售产品而取得的实际收入;
②按照包含利润的内部结算价格转出本中心的完工产品而取得的"内部销售收入";
③按照成本型内部结算价格转出本中心的完工产品而取得的收入。

建立利润中心,其主要目的是通过授予必要的经营权和确立利润这一综合性指标来推动和促进各责任中心扩大销售、节约成本,努力实现自己的利润目标,使企业有限的资金得到最有效的利用。同时,通过利润这一综合性指标的考核,将各利润中心的经营业绩与其经济利益紧密挂钩,有效地调动全体职工的积极性,从而形成从上到下、群策群力、为实现企业目标而共同努力的风气。

（二）利润中心的分类

利润中心有自然的利润中心和人为的利润中心两种类型。向市场销售产品、提供劳务的利润中心是自然的利润中心;企业内部各责任中心之间,按照企业内部的转移价格相互提供产品和劳务所形成的利润中心是人为的利润中心。事实上,一般的成本中心都可以根据管理的需要划定为人为的利润中心。

1. 自然利润中心

为了保证自然利润中心对其实现利润的可控性,应赋予其相应的价格制定权、材料采购权和生产决策权,按照利润中心拥有的上述权利的大小,自然利润中心又可以进一步分为完全的和不完全的自然利润中心。

首先,自然利润中心必须拥有产品销售权,能够根据市场需求决定销售什么产品,销售多少产品,在哪个地区销售以及以什么方式进行销售等。自然利润中心拥有价格制定权,就可以对所售产品的市场供求状况做出灵敏反应,通过调节产品价格的作用,从一个方面确保利润计划的实现。具有完全的价格制定权的自然利润中心称为完全的自然利润中心;只有部分价格制定权或只有价格执行权的自然利润中心称为不完全的自然利润中心。必须强调的是,这里所说的自然利润中心价格制定权的大小是以企业内部职能如何划分为转移的,而对一个企业来说,理应完全拥有价格制定权。

其次,完全的自然利润中心还应拥有材料采购权,它可以根据材料的市场价格进行选择,从而降低材料的采购成本,增加利润;反之,如果材料只能由供应部门提供,则无法控制材料采购成本,这样的自然利润中心就只能属于不完全的自然利润中心。

再次,完全的自然利润中心还应具有生产决策权,这样它就可以根据自己对市场的判断来决定生产什么产品,生产多少产品,以保证产品销售收入的取得。否则,就只能销售根据他人的指令而生产的产品,这样的自然利润中心也只能属于不完全的自然利润中心。

综上所述,企业的内部单位只要具有产品销售权,能够直接对外销售产品,通常即可定为自然利润中心。但是,只有兼有产品定价权、材料采购权和生产决策权的自然利润中心才是完全的自然利润中心,否则就是不完全的自然利润中心。一般来说,只有独立核算的企业才具备作为完全的自然利润中心的条件,企业内部的自然利润中心应属于不完全的自然利润中心。

2. 人为利润中心

人为利润中心的特点是其产品只在企业内部流转,因而只能取得"企业内部收入"。人为利润中心有两种,它们在收入的计算上采用了不同的计价基础:一种是包含利润在内的内部结算价格(即前述可控收入的第二种含义);另一种是成本型内部结算价格(即前述可控收入的第三种含义)。这两类人为利润中心的差别是明显的,前者的利润是在生产过程中业已创造但尚未实现的利润;后者的利润其实只是产品成本差异。为使责任中心能够更明确地体现其特点,我们只把前者称为人为利润中心,而把后者仍称为成本中心。

一个部门是否能成为人为利润中心,应根据该部门是否拥有独立进行经营管理的权力来确定。人为利润中心的负责人应拥有决定本利润中心的产品品种、产品产量、作业方法、人员调配、资金使用、与其他责任中心签订"供销合同"以及向上级部门提出建议或正当要求等权力。这样才可以保证利润中心内部利润计划的完成,同时也是为企业利润计划的完成提供保证。如果该部门完全是根据企业安排的生产计划进行生产,并无决策权,核算内部利润也就没有实际意义,这样的部门就应定义为成本中心。

(三)利润中心的业绩考评

利润中心的责任预算包括销售收入、成本和利润三部分,重点是对利润负责。利润中心的责任成本当中,大部分是下属成本中心的责任成本,只有管理费用和销售费用是其可控成本。利润中心业绩考核的重点是边际贡献和利润。考核指标有边际贡献、利润、销售利润率等。公式为

$$边际贡献 = 销售收入 - 变动成本$$

$$利润 = 边际贡献 - (固定制造费用 + 固定销售及管理费用)$$

$$销售利润率 = 利润 \div 销售收入 \times 100\%$$

利润中心的业绩考核报告参见表8.2。

表8.2 利润中心业绩报告(20××年7月)　　　　　　元

项　　目	实际	预算	差异
销售收入	120 000	113 600	6 400(有利差异)
变动成本			
变动生产成本	44 000	40 000	4 000(不利差异)
变动销售成本	21 000	21 800	800(有利差异)
变动成本合计	65 000	61 800	3 200(不利差异)
边际贡献额	55 000	51 800	3 200(有利差异)
期间费用			
直接发生的固定费用	6 000	5 600	400(有利差异)
上级分配的固定费用	1 080	1 160	80(有利差异)
期间费用合计	7 080	6 760	320(不利差异)
营业毛利	47 920	45 040	2 880(有利差异)

三、投资中心及其业绩考评

(一)投资中心的职责

所谓投资中心是指既要发生成本又能取得收入、获得利润,并且具有投资权利的责任中心。该种责任中心不仅要对责任成本、责任利润负责,还要对投资的收益负责。一般来说,投资中心具有以下几个显著的特点:

(1)投资中心在责任中心体系中处于最高层次,它具有最大的决策权,也承担最大的责任

投资中心拥有投资决策权,即当总公司或企业总部将一部分资金或技术等形式的资源交给投资中心后,该中心有权利决定将这些资源投资于什么行业、哪个地区生产什么样的产品、投资多长时间等。总公司一般不直接干涉其投资取向,也不对其投资进行直接的管理和监控,而只是提供一些技术和信息方面的支持。但是投资中心必须对其投资的收益负责,即对其使用公司的这部分资源的效果负责。

(2)投资中心是拥有投资权利的利润中心

基于谁负责谁承担的原则,投资中心对整个投资的决策和执行过程负责,因而投资的成本和收益必然纳入其可控范围之内,而企业投资的目的就是为了最大限度地获得利润,因而投资中心必然是利润中心,但是利润中心却不一定是投资中心。二者差别的关键之处在于利润中心没有投资决策权,它只是在企业决定投资方向后对企业投资决策的具体执行过程。

(3)在组织形式上,投资中心也有其自身的特色

一般而言,成本中心和利润中心既不是独立的法人主体,也不是财务会计主体。而投资中心可能是独立的法人,也是财务会计主体。在当今世界各国,大型集团公司下面的子公司、分公司和拥有较大自主权的事业部往往都是投资中心,在跨国集团中,投资中心尤其普遍。

投资中心、利润中心和成本中心之间的关系是:基本成本中心对其可控成本向复合成本中心或利润中心负责;复合成本中心就其责任成本向利润中心或投资中心负责;利润中心就其利润向投资中心负责。同时,投资中心就其投资和利润向董事会负责。

(二)投资中心的分类

随着现代企业经营领域和经营范围的扩展,大型企业集团往往需要跨行业、跨地区甚至跨国家经营,由此产生了企业组织形式上的重大变革,出现了子公司、分公司和事业部等大型企业集团下的二级单位。这些企业内部单位拥有极大的自主权,可以被确立为投资中心。

1. 事业部

所谓的事业部,就是按照企业所经营的事业,包括按照产品、按地区、按顾客和市场等标准来划分和设立的二级经营单位。事业部拥有自己的产品和独立的市场,拥有极大的经营自主权,实行独立经营、独立核算,既有生产和管理的职能,又是产品责任单位或市场责任单位,对产品设计、生产制造及销售活动负有统一领导的职能。因此,企业集团内的各个事业部至少都

273

可以建立利润中心。但是对于其中一部分事业部而言,不仅拥有上述生产经营决策权,可以自主决定产、供、销,还拥有一定的投资决策权,可以自主决定一部分资金的投放领域、投放时间和投放方式。因此,这种情况下的事业部也应该建立起投资中心,以使其更好地对其所使用的资源承担起责任,从而有利于整个企业的资源配置和使用达到最优。

2. 分公司

分公司从事业部发展而来,其权限比事业部要大得多,同属一家公司的各个业务领域都能像一个独立的公司那样运营。除充分的生产经营决策权之外,分公司还分得了一部分资金,可以自主决定其投放与回收,因此分公司不仅对责任利润负责,同时也承担了提高资本收益的责任。按各个不同行业或地区分别设立为分公司,可以根据各个行业或地区的不同情况和特点进行投资决策和生产经营决策,易于在其下属单位根据收入或是成本的接近程度划分为不同的利润中心和成本中心,同时也便于根据特定行业或地区的情况制定收入和成本以及投资预算。

需要说明的是,投资中心的出现是现代企业管理中分权思想产生和发展并运用于实践的直接产物。从集权管理思想发展到分权在很大程度上是由于技术层面的限制而导致的。地理空间的局限,通信技术的局限等,使企业总部很难在需要立刻决策的时点适时地做出决策,因而不得不将一部分权限下放,以求在第一时刻对外部环境及自身状况的改变做出反应。一旦技术层面的问题解决了,多数企业还是会愿意将权力再集中到总部,从而更有利于企业的决策统一性和在整体层面上的长远战略规划。

(三)投资中心的业绩考评

对投资中心的业绩的评价包括单个投资项目本身效果的评价和投资中心的经营业绩的评价两个方面。就单个项目而言,由于是考虑一些新的投资项目或是新的投资中心,因而在决策时需要对投资项目本身的投资效果进行预测与评价,以确定其可行性。对单个投资项目的评价一般采用投资回收期、净现值、内部报酬率以及获利指数等指标。由于我们在此讨论的主要是投资中心作为一个责任中心其整体责任的履行程度如何,因而主要对投资中心经营业绩进行评价与考核。对于投资中心的业绩评价,主要采用投资报酬率和剩余利润两个指标。

1. 投资报酬率

所谓投资报酬率是投资中心所获得的利润与投资额之间的比率,其计算公式如下:

$$投资报酬率 = 利润 \div 投资额 \times 100\%$$

上式中,投资额及其对应的利润额可以有两种理解:一种是指投资者权益,它包括投入资本加上经营过程中形成的留存收益。这种情况下,由于投资中心举债经营的职责和收益都属投资中心,所以考核的利润是扣除贷款利息的税后净利润。另外一种是指投资总额,它包括投资者投入的资本和借入的资本,它反映了企业的生产规模,往往由企业的资产总额来反映。这种情况下,主要是考核资产的利用效率,因而在利润的计算中,不能扣除贷款的利息,也就是说,要用税后净利润加上利息费用。

从上式可看出,为了提高投资报酬率,企业不仅要尽可能降低成本、增加销售额,同时也要经济有效地利用现有经营资产,努力提高资产周转率。投资报酬率是广泛用来评价投资中心业绩的综合性指标,通过这个指标可以在同一企业不同投资中心之间或者在同一行业不同企业之间进行比较,从而做出最优投资决策。但这一指标也有严重的缺陷。有的企业为了单纯追求提高投资报酬率,可能坚持不进行或少进行新投资,会损害企业整体长远利益,造成投资中心近期目标与远期目标相偏离。

2. 剩余利润

为了避免投资报酬率的某些不足,评价投资中心时,还可以同时采用剩余利润指标。

剩余利润也叫剩余收益,是指投资中心利润减去按规定的最低报酬率计算的经营资产收益额之后的余额,最低报酬率一般等于或大于资金成本。计算公式为

$$剩余利润 = 净利润 - 所有者权益 \times 资金成本$$

剩余利润指标基于经济利润而不是会计利润。剩余收益作为业绩度量指标,它与其他业绩度量指标的不同之处在于剩余收益考虑了资金的成本。

投资中心的业绩报告参见表8.3。

表8.3 投资中心业绩报告(20××年7月) 元

项　　目	预算	实际	差异
销售收入	488 750	495 000	6 250(有利差异)
减:变动成本			
变动制造成本	158 750	156 250	2 500(有利差异)
变动销售费用	85 000	87 500	2 500(不利差异)
变动管理费用	6 250	7 500	1 250(不利差异)
边际贡献	218 750	223 750	5 000(有利差异)
减:固定成本			
固定制造费用	92 500	95 000	2 500(不利差异)
固定销售费用	17 500	18 750	1 250(不利差异)
固定管理费用	15 000	13 750	1 250(有利差异)
经营净收益	93 750	96 250	2 500(有利差异)
经营资产平均占用额	625 000	625 000	0
经营资产周转率	0.782	0.792	0.01
销售利润率	19.1%	19.44%	0.34%
投资报酬率	14.9%	15.39%	0.49%
剩余利润(最低报酬率10%)	31 250	3 750	2 500

比较投资报酬率和剩余收益两个指标,可以看出,若采用投资报酬率作为业绩评价的标准,则可能导致企业下属投资中心由于追求高的投资报酬率而放弃那些虽然低于本中心投资报酬率但却高于资金成本的投资项目,从而使企业集团整体的资源优势没有得到充分的发挥,企业整体价值未能达到最优。而采用剩余收益,就可以避免这种情况的出现。但是剩余收益是一个绝对数指标,不利于不同规模投资中心的比较,从而也大大削弱了其作为业绩评价指标的功能。总之,不同的指标各有利弊,企业在实践中应根据实际情况慎重选择。

第三节 内部转移价格

一、内部转移价格的含义及作用

(一) 内部转移价格的含义

内部转移价格又称内部转让价格,是指企业内部有关部门之间相互提供中间产品和劳务的价格。在各个企业或公司中,不同部门之间相互提供产品或劳务的现象是很普遍的,一个部门的产成品或半成品有时会成为另一个部门的半成品或原材料,而某些部门就是专门为其他别的部门提供劳务的,因此产品和劳务就在各部门之间转移、流动。当产品或劳务由一个部门转移到另一个不同的部门时,这个部门的收入就会成为另外一个部门的成本。因此,为了合理准确地评价不同部门的经营业绩,对转移的产品和劳务确定一个合理的价格是十分必要的。对转移的产品和劳务所制定的价格就是转移价格,制定的过程就是转移定价。

(二) 内部转移价格的作用

在确定利润中心可控收入时,企业可控收入不但包括对外销售取得的收入,而且还包括内部转移价格决定的内部收入,由此可见,内部转移价格在衡量利润中心业绩过程中起着极其重要的作用。首先,内部转移价格利用其调节手段,通过内部交易的形式在各责任中心之间调节彼此的收入和负担,使得各责任中心的经济责任合理,从而使这些经济责任易于落实。其次,内部转移价格提供了反映责任中心综合成果的内部利润额,也便于具体利益的计算和分配。再次,制定内部转移价格,再结合最优化生产计划,可使企业资源得到最佳利用,使企业整体取得最好的经济效益。最后,内部转移价格还为制定新产品价格和今后调整产成品的外部销售价格等工作提供必要的信息。

二、内部转移价格的制定原则

内部转移价格的制定应遵循以下的定价原则:

1. 等价交换原则

责任会计主要是以价值指标来反映和评价责任单位工作业绩的。价值指标的计算必须以数量和价格为基础,它是数量指标和价格标准的乘积。数量的确定是通过直接计量和记录来完成的,要保证反映责任中心业绩的数量指标真实可靠,就要完善计量检测和统计工作。而价格更多地反映了人们之间的劳动交换关系,需要在对劳动计量的基础上确定。在商品经济条件下,商品交换根据等价原则进行。因为商品所含价值量的大小,由生产商品所需的社会必要劳动量确定,劳动量可用劳动时间来衡量,不同性质的劳动对时间单位的比例不同,即复杂劳动要按简单劳动的倍数来计算,高质量劳动要按低质量劳动的倍数来计算。商品价格根据这样的要求确定,才能如实地反映价值,企业内部"商品"价值的实现很直接,影响价格的因素较少,劳动量与价格之间的关系容易确定,价格制定的难度较小。因此,企业可以自觉遵从价值规律的要求,根据劳动量来制定价格,做到各个内部责任单位之间的"等价交换"和"按劳分配"。

2. 整体效益最大化原则

整体效益最大化原则,既是责任会计的一般原则,也是制定企业内部价格的具体原则。各责任中心实行单独核算,各中心不可避免地都要追求本中心的最大经济利益,但是,某个局部单位的最大利益并不一定会带来整个企业的最大利益,甚至有时还会妨碍实现整体的最大利益。因此,制定企业内部价格时要从企业全局出发,使之有助于实现企业的最大利益。为了保证责、权、利相称,合理配置内部资源,就应该把企业内部转移价格作为一种联系利益和明确责任的手段,围绕提高企业整体经济效益的目标,相对提高企业重要部门的内部转移价格,引导劳动力和劳动量的合理流动和分布。这样做有可能损害个别责任中心的既得利益,但只要实现了整体最大利益,就可以利用一定的手段和方式给予受损害的个别责任中心以应有的补偿。

3. 重要性原则

企业制定内部转移价格的具体对象往往成千上万,对每一个具体对象的价格都要细致、全面地考虑和严格确定在当前是很难做到的,这就需要根据具体对象的重要程度来定价。对于那些品种比重虽小,但价高量大,耗用较多的具体对象,应考虑细致、全面,从严定价;对于其他品种比重虽大,但却价低量小,不常耗用的具体对象,可以从简定价,不必繁琐计算。

4. 稳定性与实用性相结合的原则

制定企业内部转移价格,有利于划清不同责任中心之间的经济责任和简化成本核算工作。如果不对原材料、零配件、半成品、劳务和产成品制定统一的内部转移价格并保持相对稳定,各责任中心的成本和效益就会相互影响。制定企业内部转移价格,应该将影响不同责任中心成本升降的不可控的价格因素加以剔除;同时,各责任中心的成本核算工作无需相互等待,各自根据预先制定的价格和实际耗用的各种实物量或工作量,便可及时算出当期成本。正因为如此,内部转移价格一经制定,就要保持相对稳定,在考核期内不做调整。内部转移价格,尤其是成本中心和人为利润中心之间的内部转移价格,是一种计划价格,如果调整频繁,将会失去其原有的功效,等于变相地按实际价格进行核算,责任中心之间的责任将很难分清。但是,如果长期不调整,又将会给企业带来两个方面的不利影响:一方面,价格脱离价值,不能做到等价交换、按劳分配和有效调节内部资源配置;另一方面,形成较大的价格差异,会影响成本信息的准确程度。所以,必须定期对企业内部转移价格进行调整。调整工作应该在期末进行,以便在新一轮考核期开始时实行。

三、内部转移价格的类型

为适应各个利润中心之间内部交易的需要,为保证内部转移价格制定对各个利润中心的公平合理,应从实际出发选择交易双方都可以接受的内部转移价格。内部转移价格具有以下的不同类型。

(一) 市场价格

以市场价格作为内部转移价格的责任中心,应该是独立经营核算的利润中心,因为它们有权决定生产的数量、出售(或购买)的对象及其相应的价格。在西方国家,通常认为市场价格是制定内部转移价格的最好依据,因为市场价格最能体现责任中心的基本要求,即在企业内部引进市场机制,造成一种竞争气氛,使其中的每个利润中心实质上都成为独立的机构,各自经营,相互竞争,最终通过利润指标来考核和评价其工作成果。

以市场价格作为内部转移价格时,应注意以下两个问题:

第一,以市场价格作为内部转移价格并不等于直接将市场价格用做结算。当中间产品有外部市场,可向外部单位销售或从外部单位购买时,内部转移价格并不等于市场价格,而应在此基础上对外部价格做一些必要的调整。外部销售价格一般包括销售费、广告费以及运费等,这些费用在产品内部转移时,一般可避免发生。若企业各责任中心不是独立核算的分厂而是车间或部门时,产品的内部转移还不必支付销售税金,而这些税金一般也是外部销售价格的组成部分。若直接用外部销售价格作为内部转移价格,这两方面的好处都将被制造方所得,而使用者却一无所获。为使利益分配更加公平,这些可避免的费用应从市场价格中扣除,即市场价格减去对外的销售费、广告费等费用后的余额,才是目前尚未销售的中间产品价格。以市场价格为基础的内部转移价格通常会低于市场价格,两者之间的差额反映了与外部销售有关的销售费、广告费等。因此,如果不考虑其他更复杂的因素,应当从企业的整体利益出发,鼓励中间产品的内部转移,即购买部门应当选择从内部取得产品,而不是从外部购买。

第二,以市场价格为依据制定内部转移价格时,通常以中间产品有完全竞争的市场和中间产品提供部门无闲置生产能力两个条件为前提。以正常的市场价格作为内部转移价格时,购入方的责任中心可以将内部转移价格同外部购入价格相比较,如果内部转移价格高于现行的市价,则可舍内而求外,不必为此支付更多的代价。出售方的责任中心也是如此,应使它从内部单位转移不能比向外界出售得到更多的收入。这是正常评价各个利润(投资)中心的经营成果并更多地发挥其生产经营主动性的一个重要条件。

(二) 以市场价格为基础的协商价格

市场价格往往变动较大,直接以市场价格作为内部转移价格,实行起来也可能会碰到一些实际困难。企业内部有关单位或部门也可以以正常的市场价格为基础,定期进行协商,确定一个双方都可以接受的价格。此价格为以市场价格为基础的协商价格,可作为内部计价、结算的依据。

成功的协商价格取决于企业各方面的实际条件:首先,要有一个特定形式的外部市场,两个部门的经理可以自由地选择接受或是拒绝某一价格。如果根本没有可能从外部取得(或销售)中间产品,就会使一方或双方处于垄断状态,这样的谈判结果不是协商价格而是垄断价格。在垄断的情况下,最终价格的确定受谈判人员的实力和技巧的影响。其次,谈判者之间应掌握对称的信息。这个条件能使协商价格接近一方的机会成本。如果双方都接近机会成本,则更为理想。最后,最高管理层的必要干预。虽然尽可能让谈判双方自己来解决大多数问题,以发挥分散经营的优点,但是,对于双方的谈判可能导致企业非最优决策时,最高管理层要进行干预,对于双方不能自行解决的争论有必要进行调节。当然,这种干预必须是有限的、得体的,不能使整个谈判变成由上级领导裁决一切问题。

协商价格往往浪费时间和精力,可能会导致部门之间的矛盾。部门获利能力的大小与谈判人员的谈判技巧有很大关系是这种转移价格的缺陷。尽管协商转移价格有上述不足之处,但仍被广泛采用。它的好处是有一定的弹性,可以照顾双方利益并得到双方认可。

(三)双重内部转移价格

所谓双重内部转移价格,是指对产品的供需双方分别采用不同的转移价格。例如,对产品的出售部门,可按协商的市场价格计价;而对购买部门,则按出售部门的单位变动成本计价。其差额由会计部门进行调整。这样区别对待,有利于产品接受部门正确地进行经营决策,避免因内部定价高于外部市场价格,接受部门从外部进货而不从内部购买的现象出现,使企业内部的产品供应部门的生产能力得到充分利用;同时,也有利于供应单位在生产经营过程中充分发挥其主动性和积极性。这种方法通常在中间产品有外界市场,生产部门生产能力不受限制,且变动成本低于市场价格的情况下才会行之有效,才能提高企业的整体效益。

(四)以产品成本作为内部转移价格

以产品成本作为内部转移价格是制定转移价格的最简单的方法。在成本管理中经常使用不同的成本概念,如实际成本、标准成本、变动成本等,它们对转移价格的制定、业绩的评价将产生不同的影响。

1. 实际成本法

以中间产品生产时发生的生产成本作为其内部转移价格,称为实际成本法。这种方法尽管很简便,但严格地说只是一个实际成本的计算转让过程,还不能作为一种内部价格发挥其在各部门之间划清经济责任和调节企业内部利润的作用。在这种方法下,提供产品或劳务的部门将其工作的成绩与缺陷全都转给了使用部门,而使用部门本不应对这些成绩和缺陷承担责任。也就是说,接受产品或劳务的部门要承担不受它控制而由其他部门造成的工作效率上的责任。因此,这种方法对于产品或劳务的提供部门降低成本缺乏激励作用。

2. 实际成本加成法

实际成本加成法主要适用于各成本中心相互转移产品或劳务时价格的确定。如果产品或劳务的转移涉及的是利润中心或投资中心,为了让提供部门取得一定的利润,也可在实际成本的基础上加上一定的利润作为内部转移价格,即实际成本加成法。由于这种价格包含了实际成本,成绩和缺陷的转嫁现象不能消除,无助于调动提供部门降低成本和增加利润的积极性。此外,所加的利润带有一定的主观随意性,而利润的偏低或偏高又会影响双方经营业绩的正确评价。

3. 标准成本法

以各中间产品的标准成本作为其内部转移价格,即为标准成本法。这种方法适用于成本中心产品的转移。标准成本法的最大优点是将管理和核算工作结合起来,可以避免功过转嫁之患,收到责任分明之效果,能调动双方降低成本的积极性。

4. 标准成本加成法

如果产品的转移涉及利润中心或投资中心时,可将标准成本加利润作为转移价格,以分清双方责任。但是,确定利润的高低,仍需管理当局慎重斟酌。

5. 变动成本法

以变动成本作为内部转移价格的方法适用于采用变动成本法计算产品成本的成本中心之间的往来结算。这种方法的优点是符合成本性态,能够明确揭示成本与产量的关系,便于考核各责任中心的工作业绩,有利于企业和各责任中心进行生产经营决策。但是,这种方法也存在一定的不足。由于产品成本中不包含固定成本,不能反映劳动生产率的变化对单位固定成本的影响,从而割裂了固定成本与产量之间的关系,也不利于调动各责任中心增加产量的积极性。

6. 服务成本分配法

服务成本,又称共同成本,它是由服务部门(如动力部门、维修部门等)为生产部门提供服务所发生的成本。由于这些服务使各生产部门共同受益,其服务成本需要各受益部门共同负担,故称之为共同成本。服务成本的分配,可以看成是内部转移价格的一种转换形式,是一种"广义的转移价格"。服务成本的分配主要可按固定比例分配全部服务成本、按受益部门实用劳务量和实际单位成本分配全部实际服务成本和按受益部门实用劳务量和预算单位成本分配服务成本等方法进行分配。

本章小结

责任会计是现代管理会计的重要分支,是将庞大的企业组织分而治之的一种内部控制会计。责任会计的主体是企业内部的各个责任中心。责任会计的目的是为企业管理者提供各责任中心履行其经济责任的会计信息,以帮助对各责任中心的激励与控制。

责任会计体系中,责任中心是企业整体的有机组成部分,责任中心建立的原则有总体性原则、适应性原则、责权利匹配原则、可控性原则与反馈性原则;责任中心按照控制范围来划分,一般分为成本中心、利润中心和投资中心。

责任中心的责任预算是企业预算的有机组成部分,是企业总预算的合理分解。实行责任会计,就是要充分调动各责任中心的积极性,保证各责任中心的责任预算的顺利完成,从而保证企业总预算的顺利完成。

内部转移价格在衡量责任中心业绩过程中起着极其重要的作用。内部转移价格的运用为客观反映责任中心综合成果,为准确提供责任中心的内部利润额,为企业资源的最佳利用以及各责任中心的经济责任的落实奠定了基础。内部转移价格还可为制定新产品价格和今后调整产成品的外部销售价格提供必要的信息。内部转移价格的制定应遵循等价交换、整体效益最大化、重要性以及稳定性与实用性相结合的原则。内部转移价格的类型有市场价格、以市场价格为基础的协商价格、双重内部转移价格以及以产品成本为基础的内部转移价格。

在责任会计的考评体系中,对成本中心的评价与考核以责任成本为重点,以业绩报告为依据;利润中心业绩评价与考核的重点是边际贡献和利润;而投资中心的业绩评价与考核,则主要采用投资报酬率和剩余利润两个指标。

自测题

1. 简述责任会计的职能。
2. 简述责任中心建立的原则。
3. 简述内部转移价格的种类和制定原则。
4. 简述投资中心业绩考评指标及其优缺点。

【案例分析】

华北公司准备按照分权管理的要求建立责任会计制度,设立内部责任中心。该企业是一个规模较大的机器制造行业,主要有五个生产制造车间和三个辅助性部门,三个辅助性部门分别是维修部门、供电供暖部门和行政管理部门。以上各部门都具有较大的独立性。该公司在建立责任会计制度的过程中,业务经理提出以下主要设想供参考:

①董事长主持讨论责任会计制度的建立方案,责成总经理具体实施。

②建立责任会计制度的宗旨是把它看做企业全面质量管理的有效途径。

③该企业内部各机构、部门都可以被确认成为一个责任中心,指定专人承担相应的经济责任。

④根据分权的原则,企业只要求在执行预算过程中将信息迅速地反馈给各责任中心,而无须再向上级报告。

⑤内部转移价格属于短期决策中的价格决策内容,可由企业的业务部门具体操作,与责任

中心无关。

⑥在确保原有组织机构的基础上,可以根据责任会计的要求对企业机构进行适当的调整。

⑦各成本中心为有效地管理该中心而发生的成本应被确定为责任成本。

⑧在未来五年的长远计划中,该公司准备再设立三个分部,并将它们设计成利润中心和投资中心,以加大管理力度。

⑨对于利润中心的考核,可以采用投资报酬率和剩余收益两种指标来衡量,但要注意前一指标可能导致职能失调的行为。

⑩要求责任中心进行系统的记录和计量,并定期编制业绩报告。

要求:根据建立责任会计制度和责任中心的原则,指出以上的设想在实际中是否可操作?哪些设想有明显的错误?

【阅读资料】

一年前,嘉华公司因业务发展的需要,将原有的公司拆成三个子公司,并将财权下放到各子公司,林平也由原来的总公司归到了现在的嘉华电子公司,任财务部总经理。

嘉华电子公司是原嘉华公司的一个事业部,当时并没有独立的财务部,只有一个经营管理部负责报表分析和预算工作。应该说,这是一个很好的发展机会。"终于可以独当一面了!"林平有些暗自庆幸。嘉华电子公司显然对他也很重视,公司老总亲自找他谈话,欢迎他加入电子公司,并谦逊地表示:电子公司没有财务上的经验,也没有财务方面的专业人才,希望林平能带着所有分到电子公司的原总公司财务部人员搭建一个运作良好的财务平台,为电子公司的二次创业提供决策信息保障。

财务部的职责是及时、准确地提供经营决策信息,具体地说,就是在保证核算准确的基础上,于每月8日出具报表,并作分析。这些在林平看来是"不费吹灰之力"就能干好的事,在总部不就是这样要求的吗?

一切都在按规划进行着,财务部2月8日赶在过年前出了1月份的报表,并且受到了各方的好评。过完春节回来后,财务部要对1月份的报表进行分析,林平很快将这次工作安排好了,可也就在那天,经营管理部总经理找到他要1月份的报表数据,并告诉林平,经营管理部要做财务分析。

林平并不以为然,他的想法是,经营管理部原来就是电子公司的一个部门,比财务部更了解电子公司的产品及市场情况,让他们来做经营分析(指从非财务角度,如产品、市场等对经营数据的解释)还是比较合理的。它做经营分析,财务部做财务分析(指主要依赖财务指标对经营数据进行阐述),两个部门倒是可以各尽所能,相辅相成。

可在几天后召开的1月份经营情况汇报会上,林平感到有些不妙,财务部被要求只汇报报表数据,而经营管理部却从财务的角度对报表数据进行了深入的分析。经营管理部并没有从产品及市场角度进行分析,而同样是运用了财务分析手段。

此时，摆在林平面前最迫切需要解决的问题是，财务分析还要不要做？林平不希望财务部与其他部门之间出现职能重复的状况，这样一来会增加工作中的摩擦、降低公司管理效率；二来也会影响财务部员工的情绪。找老总询问此事，老总认为分工年初已经定下来了，挺明确的，经营管理部多年来一直负责电子公司的财务分析，他们对电子公司的经营状况已很了解，分析起来会更有的放矢。财务部主要职责还是保证报表数据及时、准确，至于分析可以慢慢来。看来还是林平自己没有领会老总的"精神"，在老总眼中，财务部也就是会计部，搞好核算就可以了。

在总部时，财务部虽然一直提服务的口号，但那只局限于出纳及审核会计（审核会计指对公司各种报销单据进行审核的员工），而作为核算会计（指根据已审单据做记账凭证、明细账和总账的员工）及责任会计（根据总账、明细账出具各事业部合并报表并做分析的员工，是财务部与事业部的接口人，一般是一对一的关系），对于下属事业部更突出的是管理监控。

总部规定对账项数据进行更改需要经过一长串的签字审批手续，不仅事业部总经理要签字，还需总部相关领导签字。比如对于当月回佣必须是在实际收到现金后才能入账；对应收账款准备金的计提按应收账款发生时间分为四挡：3～4个月计提20%，4～6个月50%，7～9个月80%，9个月以上100%。如有特殊情况，需由嘉华公司总经理批准，而这种情况少之又少。正因为这种惯性，到了嘉华电子公司后，财务部也一直按照这种规定来执行，只是最高审批权限改为嘉华电子公司的总经理。但没想到仅3月份一个月，财务部就因此类事情与事业部发生了多次冲突。

3月份由于市场整体状况的影响，电子公司多种产品的销售很不景气，收入一直超低空飞行，按这种趋势，将有多个部门完成不了年初定下的月度、甚至是季度指标。按照嘉华电子公司的考核方案，销售人员工资按40%浮动，即每月现发岗位工资的60%，每季考核一次，如完成季度指标，发放另外的40%，如未完成另外的40%递延到下期，如超额完成，超额部分按20%提成。于是一些事业部提出：①预提一季度回佣，理由是后期退回的一部分回佣是由于本期销售引起的，理应计入当期业绩中；②延长坏账准备金的计提时间，理由是总部制定的坏账准备金的计提政策并不适合电子公司的业务，电子公司有些事业部按项目运作，收款期较长。

回佣一直是事业部的黑箱，财务部向来无法介入，因此在总部时为防止事业部任意调节每期利润，遂对此作了限制；只有在实际收到时才能计入事业部业绩。林平深知这个口子一开将无法收拾，事业部的业绩将完全失控。而应收账款坏账准备金计提政策作为会计政策，在会计年度内应保持其一致性，如在此时调整，今年事业部的业绩将不具可比性，既无法与上年业绩对比，也无法与年初预算对比，最终会导致考核失效，事业部的业绩将不是经营情况的真实反映，而是"算账业绩"。

因为上面的原因，林平极力反对这件事，他认为回佣的政策不能更改，坏账准备金的计提政策即使要改也应等到会计年度结束后。矛盾交到了总裁室，总裁室一致认为事业部是利润的主要来源，一切应以销售为重。于是林平争辩地问，财务部是管理部门还是服务部门，以后公司各事业部的业绩由谁来监控？总裁室明确表示：当前财务部应以服务为主，其目标是为事业部在前方的冲锋陷阵作好后勤保障服务。结果自然是事业部预提回佣及延长坏账准备金计提时间的提议得到批准。

在又一次以失败告终之后，林平有些懊恼且开始怀疑自己当初的选择。接下来的日子里，财务部又不断接到事业部的一些无理要求，一些事业部在遭到拒绝后，开始向总裁室反映财务部核算不准、经常出错，致使事业部的报表数据无法反映真实的业绩，无法为经营决策提供信息。总裁室再一次向林平提出了保证报表数据准确及时的首要任务，及提高财务部服务意识的问题。

林平觉得很冤，看着财务部员工忙碌的身影，他心里一阵酸疼。这些员工都是好员工，他们一天到晚钻在成堆的票据和数字中，总要比别人晚几个小时下班，更不用说节假日加班了。而他们的待遇相对销售人员来说又低得多。林平很想为他们争取更多的实际利益。

职能部门（指除了销售部门以外的管理服务部门）也是每季考核一次，考核成绩由总裁室及客户分别进行打分，权重各为50%。财务部的客户涉及公司的每一个人，于是财务部的业绩考评表发到公司的每一个部门，结果是财务部一季度的考核分为70分，这就意味着财务部所有的员工只能拿70%的岗位工资（职能部门采用10%的浮动工资制，每月先发90%的工资，再根据每季的考核分数，在季末多退少补）。林平认为此分不够公平，许多事业部存有"公报私仇"之嫌。

林平做事一向有个原则：即只对事，不对人，他认为工作中磕磕碰碰是难免的，但不能因为这些影响今后的工作。林平自认为财务部一季度很努力，及时准确地完成了报表的编报工作，至于服务意识，财务人员毕竟不同于销售人员，不能为客户一味地开绿灯，否则后果将无法收拾。

林平找老总说了自己的想法，老总肯定了财务部一季度的工作，但同时他也表示：电子公司正处于二次创业期，创业期的公司较适用粗放型的管理，因为要依靠销售的力量占领市场、贡献利润，才有生存机会，所以就现阶段而言，还谈不上管理，财务部只能以服务为主。

接下来的几个月是财务部历史上最忙碌的一段时间，由于嘉华电子公司要分拆上市，财务部承担了财务数据整理与提供的任务。分拆共分三个组：财务组、业务组及法务组，财务组成员为财务组员工及经营管理部的两名员工，业务组为经营管理部员工；法务组为法务部员工。财务组负责财务基础数据的提供；业务组负责与券商联系并解答券商提出的一系列问题；法务组负责法律文件的提供。那是一段不眠夜，财务组没有额外加人，却要在完成原本就已经繁重的核算工作的基础上，对前三年的财务数据进行拆分，因为前几年的财务数据是嘉华公司三个子公司合在一起的数据，需要根据业务情况将电子公司财务数据单拆出来。财务部每个人都处于超负荷工作状态。经过几个月的奋战，数据总算出来了，财务部员工的兴奋之情溢于言表，毕竟经过努力得来的果实最甜。

分拆工作得到了券商、电子公司总裁室的一致表扬，公司还为此召开了一个庆功会，整个公司都洋溢着幸福的气氛。可谁也没想到,也就是这件喜事而最终导致了财务部员工的大量流失。按惯例,嘉华电子公司年终都要举行一个表彰大会,有员工个人奖,也有部门奖。部门奖共两名,一般是销售及职能部门各选一名。最终职能部门先进集体奖颁给了经营管理部,奖励其在拆分中对财务数据组织与提供及回答券商一连串轰炸式提问中的良好表现。

本来不得奖对林平来说是无所谓的事,但对于拆分工作,林平有着深厚的感情,因为财务部上下毕竟为此奋战过。不是自吹自擂,林平觉得若要论拆分中的功臣,财务部应该当之无愧,哪个部门能比财务部付出的心血更多,经营管理部虽然也有着不可磨灭的作用,但他们毕竟投入的精力太少,只是在财务部大量工作的基础上对外报送了一下材料,他们只是分拆中公司内外(即券商与公司内部各部门)之间的一个纽带。财务部员工也普遍存在着一种"被欺骗、被剽窃"的情绪,有几个人甚至找到林平表露他们的不满情绪。作为财务部总经理,林平只能稳定大家的情绪。而最令人惋惜的是几个骨干员工因这种不满情绪而最终辞职,让林平深深感到内忧外患的痛苦。

去年的风风雨雨毕竟已走过,可林平预感到今年将有更大的风雨,规划就是个头疼的事,一想到临近年底的部门规划汇报会,他心里就犯愁,虽然这个规划已经过了多次讨论和修改,他还是有些不放心。老板不信任的眼神,让他既有点愤愤不平,又有些上下不安。而今年的考核新规定又将引起财务部更大的动荡。按今年考核规定,财务部中责任会计部门每位员工50%的考核将放到对应的事业部,理由是对责任会计而言,其客户是事业部,这样就更意味着责任会计只能为事业部服务,而不可能预防和监督事业部调节利润的行为。这在财务部员工中引起了极大的反响。

"林总,对不起,我想辞职。"一位员工的辞职申请打断了林平的思绪。看着他忧郁的眼神,什么都不用问,林平也明白是怎么回事,林平不会阻挡他们的离去,但这么多优秀员工流失后,财务部今后又将何去何从?林平又一次陷入了沉思。

第九章 Chapter 9

作业成本法与战略成本控制

【学习要点及目标】

通过本章的学习，应该了解作业成本法产生的背景，理解作业成本法的假设与原理，掌握作业成本法的要素与程序，能够运用作业成本法进行作业成本及产品核算；同时理解战略成本控制的基本思想，掌握目标成本控制方法与作业成本控制方法，并能运用于企业战略成本控制的实际。

【导入案例】

莫科公司位于墨尔本，是工程零件制造商，它是唯一生产这种零件的澳大利亚厂商，近年来受到海外制造商的强烈冲击。莫科公司是一个大集团公司的一部分，只有100多人，它的会计部门有6人，包括一名财务控制员，他的职责特定为把作业成本法导入企业。财务控制员的前一家工作单位是位于墨尔本的汽车零部件生产商，由于那家公司高层对于作业成本法带来的效益不能认同，他在那家企业导入作业成本法失败了。

这一家集团公司内部以前从未使用过作业成本法，莫科公司是这个集团内第一家成功应用作业成本法的企业。它以前的成本核算系统是传统成本核算系统，其中制造费用按照人工小时分配。莫科公司的客户广泛，产品系列很多，生产过程既有高度复杂的自动化生产也有部分手工生产。为了满足客户的特殊需求，订单都非常小，因此市场要求公司具有高度的柔性和快速反应能力。

莫科公司早在五年之前就开始在现代制造技术方面投资，包括自动焊接机器人等，这导致莫科公司产品的成本结构发生了显著的变化。现在的人力资源成本仅仅是以前的人力资源成本的一小部分，但是由新技术带来的成本节约并没有使顾客获得好处，也没有使企业的产品在市场商获得价格优势。许多客户转向从国外供应商进货，虽然他们还是希望能够采用莫科公司的产品。

尽管公司的边际利润在增长,但客户还是慢慢地向海外供应商流失。公司不清楚到底是那一部分导致了边际利润的增长。只是他们很清楚,目前的会计系统存在不足。因为信息不足,高层无法据此做出诸如价格之类正确的决策。

他们从一个前高层经理那里了解到作业成本法,但是他们自己没有关于作业成本法的任何经验,既不知道这个系统是如何运作的,也不知道该如何来建立一个作业成本法系统,但是他们认为作业成本法是解决莫科公司目前面临问题的一个方案。后来,财务控制员被指定为专门在莫科公司导入作业成本法的负责人。接受到这项任务后,财务控制员建立了一个包括他自己、一个制造部门的工程师和一个成本会计师的项目组,在之后的三个月时间里,作业成本法项目小组与公司内部其他部门的人员进行了大量的非正式交流。工程师和财务控制员都全职参与 ABC 实施工作,成本会计师大约把 2/3 的时间投入到这个项目上。

作业成本法系统最初计划在 40~50 个产品上试运行,这些产品覆盖了公司产品的所有系列。当他们分析了产品的同质性后,品种数量降低到 25 个。老的成本核算系统仍旧在使用,主要是为了存货估价、差异分析、评估劳动生产率。

作业成本法系统能够计算出真实的成本并用于定价,自动计算出业绩计量和产品的利润率,能给管理上提供很多决策相关的信息,当前年度的预算也将基于作业成本法提供的信息和建立的作业成本核算模型做出。

根据财务控制员的消息,莫科公司实施作业成本法带来了多方面的效益,包括:
(1)获得了更准确的成本信息和定价信息,由此改变公司在市场中的地位;
(2)建立针对进口的有竞争力的产品的基准;
(3)更好的成本信息使得管理层把一些内部低效率的制造转向外包;
(4)由于针对不同方面更好的衡量,公司作出了更好的资本投资决策;
(5)一些消耗成本较高的问题区域被明确,其中包括数控加工段,现在,它的成本已经降下来了;
(6)建立了对改进状况进行评价的业绩评价标准;
(7)建立了详细而精确的年度预算。

尽管实施作业成本法需要花费 12 个月时间,但是公司获得的效益明显超过投入。简单地说,作业成本法带来的效益在于管理层可以使用更精确和更具有相关性的信息,作业成本法为管理层的商业决策提供了一个好的工具。

第一节 作业成本法及其产生的背景

作业成本法是一种以作业为间接成本的分配中介、以成本动因为间接成本分配基础的成本计算方法;是一种通过对作业活动的追踪发现成本产生的作业动因,对成本的发生追根溯源和动态反映的成本计量系统。

作业成本法是继变动成本法之后,管理会计所采用的区别于财务会计完全成本法的另一种成本计量方法。变动成本法以成本性态分析为基础,回避固定生产成本在产品成本中的分摊,以变动成本计量产品成本,为产品贡献毛益测算提供条件的一种成本计量方法。作业成本法则适应新的生产经营环境下成本构成的变化以及信息需求的变化,适应战略管理和作业管理的需要,以作业作为间接成本向产品成本归依的中介,以成本动因作为间接成本归集的依据的一种产品成本计量方式。

作业成本计量方法的出现对管理会计信息质量的提高、成本控制功能的发挥、战略管理支持作用的实施产生重要的影响与作用。

一、作业成本法的产生

1971年,乔治·斯托布斯教授出版了具有重大影响的《作业成本计算和投入产出会计》一书,从理论上和学术上探讨了"作业成本计算"问题,但当时人们已习惯于传统的成本会计系统,作业成本计算未得到推广。到了20世纪80年代,高新制造技术蓬勃发展并广泛应用于各类制造企业,使得传统成本会计的缺陷暴露无遗。美国芝加哥大学的青年学者罗宾·库珀和哈佛大学的罗伯特·卡普兰教授在对公司调查研究之后,进一步发展了斯托布斯的思想,通过发表多篇文章明确地解释了作业成本法,奠定了作业成本法研究的基石。

以微电子技术为核心的高新技术革命对科技、经济、社会各个领域的辐射力和渗透力都是空前的,极大地促进了生产力的发展。这场革命不仅仅改变了生产结构、产业结构、劳动结构和社会结构,而且也改变了人们的工作方式、生活方式和思维方式。作业法产生和应用于一个科学技术不断发展、管理实践不断创新,企业生产经营条件与市场消费需求发生了巨大变化的时代环境之中。

(一)消费需求的变化

时代在变迁,社会在发展,消费需求也随之发生着深刻的变化。首先,随着社会生产力的飞跃发展,社会财富的快速增长,人们有了选择余地,消费者的行为变得更具有挑剔性,他们希望购买多样化、标新立异、能体现个性的产品。其次,卖方市场向买方市场的转变,厂商之间的竞争愈加激烈。在激烈的市场竞争中,企业必须以顾客需求为导向,关注市场的动态及消费者的消费倾向。竞争的结果使大量的传统产品不得不退出市场,新的产品不断投放市场,而这些产品又很快被更加新型的、独特的新产品所取代。产品的生命周期越来越短,有些产品在未达到成熟期就开始衰退。企业经济由单一品种、通过大规模来达到专业化生产的规模经济向多品种、小批量生产、满足顾客不同需求的范围经济方向发展;由传统的降低产品成本的单一做法向低成本、高质量、交货速度快、售后服务完善的方向发展。

(二)生产方式与经营管理的变化

现代社会需求的多样性、多变性及市场竞争的激烈性,给企业提出了更高的要求,要求企业以市场为导向,将传统的以追求规模经济为目标的大批量生产方式,转变为能对顾客多样化、日新月异的需求迅速做出反应的顾客化生产方式,以保证能在较短的时间内生产出不同的新产品,及时满足消费者的需求。高新技术革命以电子数控机床和机器人、计算机辅助设计与制造、弹性制造系统的形成和应用为主要特征,企业将生产过程中所使用的各种自动化系统综合成一个整体,由计算机统一进行调控,从而为生产经营管理进行革命性的变革提供了技术上的可能。

传统生产系统是一种生产程序由前向后的推动式生产系统,这种生产系统使前面的生产程序居于主导地位,后面的生产程序只是被动地接受前一程序转移下来的加工对象,继续完成其未了的加工程序。推行这种生产系统,在生产经营的各个环节形成原材料、在产品、半成品、库存产成品等的大量存在,就具有不可避免性。适时生产系统于20世纪70年代在日本首先创建,随后在西方经济发达国家得到广泛应用的一种新的生产管理系统。与传统生产系统相反,新的适时生产系统采取由后向前的拉动式生产方式。这就意味着企业要根据顾客,以最终满足顾客需求为起点,由后向前进行逐步推移,来全面安排生产任务。在这种新的生产系统中,前、后生产程序中的主、客位置颠倒过来,以后面的生产程序为主导,前面的生产程序只能被动地同时极为严格地按时、按质、按量地完成后面生产程序所提出的生产任务。适时生产系统实施生产系统的目标就是消除一切不必要的作业。只有有效地实施作业成本法和作业管理,才能使整个企业的生产经营的各个环节能像钟表一样互相协调,准确无误地运转,使之达到很高的效率和效益。由于作业账户的设置方法是从最底层、最具体、最详细的作业开始,逐级向上设置的,操作比较复杂,因而需要较为精确而高效的成本统计和计算手段,需要严格而科学的控制和管理体系,适时生产系统的出现增强了对作业成本进行核算的需求。

(三) 传统成本计算的局限性

技术的进步必然伴随着生产过程的资本密集程度的提高。随着大量先进的制造设备的投入使用,企业中的产品成本构成发生了很大的变化。直接成本在总成本中所占的比例越来越低,而间接成本在总成本中的比重却大大提高,并且逐渐成为产成品的主体。在20世纪70年代以前,间接费用仅是直接人工费用的50%~60%,而今天却高达500%甚至于1 000%。于是再以现在占比例很低的直接人工费用作为占绝大比例的间接成本分配的基础和依据,所得到的成本信息就没有多大的有用性了。因此引致作业成本法产生的主要原因是由于传统成本计算系统的局限性,其具体表现为:

第一,采用产品成本中比重越来越小的直接人工分配比重越来越大的制造费用。在先进制造环境下,许多人工已被机器取代,因此直接人工成本比例大大下降,固定制造费用比例大大上升。产品成本结构如此重大的变化,使得传统的"数量基础成本计算"不能正确反映产品的消耗,从而不能正确核算企业自动化的效益,不能为企业决策和控制提供正确有用的会计信息。

第二,无法分配越来越多与工时不相关的作业费用,如质量检验、试验和机器调整准备费用等。

第三，忽略不同批量产品实际耗费的差异。

另外顾客需求的变化又使得新产品的开发和定价对成本信息的准确性要求更高，因此采用新思路和方法更客观、更合理、更有依据地分配间接成本、确定产品成本信息就成为管理会计的迫切任务了。

企业管理当局想用完全成本法取代变动成本法也是作业成本法产生的动因之一。在成本计量发展史上，先有完全成本法，后有变动成本法，用变动成本法取代完全成本法曾经是成本计量的进步。然而，在当今的制造环境中，变动成本法主要存在以下两方面的缺陷：

第一，设计变动成本法的初衷在于适应企业短期决策的需要。随着以网络经济为首的信息经济和知识经济的到来，以计算机为主导的智能化、自动化日益普遍，技术密集型产业占据主导地位，导致直接成本投入比例大大降低，许多企业的间接成本占绝大部分，这导致模型 $y = a + bx$ 即使在短期内和一定业务量下也失去了相关性。在变动成本法下，产品成本包括直接材料、直接人工和变动制造费用。而在完全成本法下，产品成本不仅包括直接材料、直接人工、变动制造费用，还包括固定制造费用。在新的制造环境下，变动成本的比重越来越小，而且把固定费用作为期间费用归集处理，并不能为控制日益增长的固定费用提供良策。

第二，在变动成本法的存在基础——成本形态分析中，把成本习性划分为变动成本和固定成本，并且建立模型 $y = a + bx$，而这种成本的划分和模型的相关性是立足于短期经营、业务量无显著变化的假设上的。然而，20世纪70年代以后，企业要应对多变的市场风险，强调长远的可持续发展，而从长期经营的角度来看，绝大部分成本都是变动的；兼并浪潮、生产规模化、经营全球化，导致企业的业务量急剧上升，突破了模型 $y = a + bx$ 的业务量假定。管理人员通常以产品数量为基础划分固定成本和变动成本。这种分析方法使管理当局难以确认该项成本到底是如何变动的，从而在决策时无法考虑它所定义的固定成本和变动成本的界限，难以实现决策的科学化。

无论传统成本计算法将导致产品成本信息的严重扭曲，还是用变动成本法取代完全成本法无法逾越的障碍，都对原有的完全成本法和变动成本法提出了质疑。以这些成本计算法确定的成本信息为导向的成本控制、经营决策必将造成企业错误选择经营方向甚至失去扩大市场份额、提高竞争优势的机会。时代的发展需要一种能针对上述传统成本核算不适应新的制造环境的局面，解决传统信息失真问题的成本核算、管理方法，作业成本法应运而生。作业成本法把直接成本和间接成本（包括期间费用）作为产品（服务）消耗作业的成本同等对待，拓宽了成本的计算范围；分配依据是作业的耗用数量，即对每种作业都单独计算其分配率，从而把该作业的成本分配到每一种产品，使产品成本更准确、更真实。

二、作业成本法的原理与特征

作业成本系统是一个以作业为基础的管理信息系统和成本控制及作业管理系统。作业成本计算通过对作业及作业成本的确认、计量,最终取得和提供相对真实、准确的产品成本信息。

(一) 作业成本法的基本原理

作业成本法的基本理论是成本动因理论,该方法强调按照作业对资源、成本对象对作业的消耗的实际情况及因果关系进行费用的分配,找到最合适的成本动因,并尽可能直接分配,也就是充分贯彻"谁受益谁承担"的分配原则。

作业成本法建立在"作业消耗资源,产品消耗作业"的基本假设之下,基于这样的假设,作业成本法的核算原理可以概括为:按照"产品消耗作业,作业消耗资源"的基本逻辑在资源和成本对象之间增加作业这个分配中介;依据"产品消耗作业,作业消耗资源"的不同方式及属性分别确定不同的成本动因及设置成本库;按照各种产品所耗费的作业量分摊其在作业成本库中的作业成本;汇总各种产品的作业成本,形成各种产品的总成本及单位成本。

作业成本计算将着眼点放在作业上,以作业为核心,依据作业对资源的消耗情况将所消耗的资源成本分配到作业,再由作业依据成本动因追踪产品成本的形成和积累过程,由此得出最终产品成本,如图9.1所示。

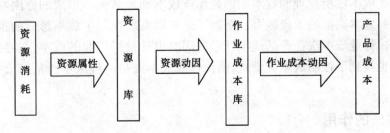

图9.1　耗费资源计入产品的依据与程序

作业成本计算在成本核算上突破了产品界限,把作业作为资源和产品的中间环节,把着眼点放在作业上,以作业为核算对象,依据作业对资源的消耗情况将资源的成本分配到作业,再由作业成本依据作业成本动因追踪到产品成本的形成和积累过程,由此得出最终产品成本。作业成本计算法通过选择多样化的作业动因进行制造费用分配,使成本计算特别是比重日益增长的制造费用比按产品对象化的过程大大明晰化了,从而使成本的可归属性、可追溯性大大提高了,而将按照人为的标准间接分配于有关产品的成本比重缩减到最低限度,从而提高了成本核算信息的准确性。

(二) 作业成本法的主要特征

与单一的、直接的间接成本分配的传统成本计算方法相比,作业成本法具有以下的一些特征:

1. 作业成本法是一种间接的间接成本分配方法

作业成本法在间接成本分配的过程中引入了"作业"这个分配中介,设计了先将消耗的资源分配给作业这个中间分配环节,再将作业成本库中的成本分配给产品的二阶段间接成本分配程序,改变了传统成本法直接将间接成本分配给产品的作法。

2. 作业成本法是一种求本溯源的间接成本分配方法

作业成本法根据作业的资源消耗动因将作业所消耗的资源计入作业成本库,再根据产品的作业成本动因将产品所消耗的作业成本计入产品。也就是说,在被消耗的资源不能直接追溯于产品时,要寻找影响其消耗数量变化的关键因素作为分配基础,而作业和产品则需要根据它们所引起的动因数量来承担相应的间接成本。从而克服了传统的间接成本分配人为地与产品所消耗的间接成本无关的产品的直接人工成本分配的主观性。

3. 作业成本法是一种成本计算与成本管理紧密结合的方法

当企业管理深入到作业时就形成了作业管理,作业管理需要作业成本的信息,作业成本法由于其间接成本分配的中间环节是以作业为对象进行成本归集的,因此可以提供作业管理所需要的成本信息。作业管理对作业链上的作业进行分析、改进与调整,尽可能消除非增值作业,同时尽可能减少增值作业的资源消耗,由此促进企业价值链的价值增值,提高企业整体的经济效益。作业成本法所发现的成本动因是作业成本和产品成本形成的原因与方式,是决定作业成本和产品成本高低的关键因素。把握了这些因素就控制了成本形成的根源,找到了成本控制的方式。作业成本法在产品成本计量的同时也计量了作业的成本,在寻找间接成本分配依据的同时也找到了控制成本的措施,因此作业成本法是一种成本计量与成本管理相结合的方法。

三、作业成本法的作用

从作业成本法产生的背景和作业成本法基本特征的分析中,可以看到作业成本对于企业经营管理的重要作用。

(一)作业成本计算可为适时生产和全面质量管理提供经济依据

作业成本法支持作业管理,而作业管理的目标是尽可能地消除非增值作业和提高增值作业的效率。这就要求采用适时生产系统和全面质量管理。适时生产系统要求零库存,消除与库存有关的作业,减少库存上的资源耗费。零库存的基本条件是生产运行畅通无阻,不能有任何质量问题,因此需要进行全面质量管理。这样作业成本计算、适时生产与全面质量管理三者同步进行,才能相辅相成,达到提高企业经济效益的目的。

(二)作业成本法有利于完善企业的预算控制与业绩评价

传统的费用分配方式单一而直接,使得以标准成本和费用计划为基础的预算控制和业绩评价缺乏客观性,使得相应的费用分析和业绩报告缺乏可信性,因此削弱了预算控制与业绩评价的作用与效果。采用作业成本法可以依据作业成本信息为作业和产品制定合理的成本费用标准,可以从多种成本动因出发分析成本费用节约或超支的真实原因,结合多种成本动因的形成数量和责任中心的作业成本与效率评价责任中心的业绩,可以为作业活动的改进和产品成本的降低提供思路和措施。

(三)作业成本法满足战略管理的需要

战略管理的核心是使企业适应自身的经营条件与外部的经营环境,使企业具有竞争优势,保持长久的生存和持续的发展。迈克尔·波特在其著名的《竞争优势》一书中所提出的"价值链"理论认为,不断改进和优化"价值链",尽可能提高"顾客价值"是提高企业竞争优势的关键。"价值链"理论把企业看作为最终满足顾客需要而设计成的一系列作业,所形成的一个由此及彼、由内到外的作业链。每完成一项作业都要消耗一定的资源,而作业的产出又会形成一定的价值,再转移到下一个作业,按此逐步推移,直到最终把产品提供给企业外部的顾客,以满足他们的需要。作业成本法将通过提供作业信息,改进作业管理,来提升企业价值链的价值,从而提升企业的竞争力,实现战略管理的预期目标。战略管理的基础是作业管理,企业作业链与价值链的观念贯穿于作业管理的全过程之中。作业成本计算过程实际上是成本动因的分析过程。因此,不能单纯地将作业成本法看做一种成本计算方法,必须深刻理解其给管理领域带来的变革与创新,作业成本计算的深远意义就在于它探索了成本的动因以及由此引起的作业链与价值链的改进与优化。

第二节 作业成本法的要素与程序

作业成本法通过耗费资源的分类归库、作业划分、成本动因识别等程序对其资源、作业、成本对象和成本动因四大要素进行处理,以达到对作业成本与产品成本计量的目的。

一、作业成本法的要素

资源、作业、成本对象和成本动因构成了作业成本法的核算要素体系,如图9.2所示。其中资源是被消耗的对象,作业是资源的消耗者又被成本对象所消耗,成本对象是资源的最终消耗者、成本的最终承担者,而成本动因能够揭示执行作业的原因和作业消耗资源的程度,是被消耗的资源向作业与成本对象归集的依据。

(一)资源

资源是支持作业的成本、费用来源,是一定期间为了生产产品或提供服务而发生的各类成本、费用项目,或者是作业执行过程中需要花费的代价。如果把整个企业看做一个与外界进行物质交换的投入产出系统,则所有进入该系统的人力、物力、财力等都属于资源范畴。一个企业的资源包括直接人工、直接材料、生产维持成本(如采购人员的工资成本)、间接制造费用以及生产过程以外的成本(如广告费用)。通常在企业财务部门编制的预算中可以比较清楚地得到各个资源项目,如原材料、辅助材料、动力、工资、折旧等。企业的各种资源确定以后,要为

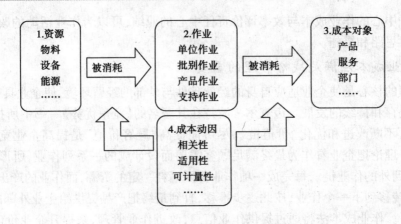

图9.2 作业成本法核算要素体系

每类资源设立资源库,将一定会计期间所消耗的各类资源成本归集到各相应的资源库中。

作业成本法下的资源是指为了产出作业或产品而发生的费用支出,即资源就是指各项费用的总和。制造行业中典型的资源项目有:原材料、辅助材料、燃料与动力费用、工资及福利费、折旧费、办公费、修理费、运输费等。在作业成本核算中,与某项作业直接相关的资源应该直接计入该项作业,但若某一资源支持多种作业,就应当使用资源动因将资源分配计入各项相应的作业中。

(二)作业

作业是企业为某一目的而进行的耗费资源的活动,是企业生产经营过程中相互联系、各自独立的活动,也可以作为企业划分控制和管理的单元。企业经营过程中的每个环节,或者生产过程的每道工序都可以视为一项作业。

根据企业业务的层次和范围,可将作业分为单位水平作业、批别水平作业、产品水平作业和支持水平作业四类。

1. 单位水平作业

单位水平作业即单位产品收益的作业。此种作业的成本一般与产品产量或销量成正比例变动,每生产一个单位产品执行一次,而且各个单位所消耗的资源数量大致相同,如直接人工成本、直接材料成本等成本项目。单位水平作业是使单位产品或服务受益的作业,该类常见的作业如加工零件、对每件产品进行的检验等。

2. 批别水平作业

批别水平作业是使一批产品受益的作业。批别水平作业的资源消耗往往与产品或劳务数量没有直接关系,而是取决于产品的批数,如整备过程的成本、批检验成本和运送成本等成本项目。批别水平作业是使一批产品受益的作业,作业的成本与产品的批次数量成正比。该类常见的作业如设备调试作业、生产准备作业等。

3. 产品水平作业

产品水平作业是使某种产品的每个单位都受益的作业。这种作业中成本与产品的种类成正比例变动,如对每一种产品进行工艺设计、编制材料清单、为个别产品提供技术支持等。例如产品工艺设计作业、零件数控代码编制等,都是产品水平的作业。

4. 支持水平作业

支持水平作业,也称过程作业是为了支持和管理生产经营活动而进行的作业。支持水平作业是为维持企业正常生产而使所有产品都受益的作业,作业的成本与产品数量无关。这类作业与个别产品严重脱离,只取决于组织规模与结构。因而,其成本的分配具有主观性,如工厂管理、生产协调、如厂房维修作业等。

(三)成本对象

成本对象是企业需要进行计量成本的对象,通常是企业生产经营的产品。根据企业的需要,可以把每一个生产批次作为成本对象,也可以把一个品种作为成本对象。

成本对象可以分为市场类成本对象和生产类成本对象。市场类成本对象的确定主要是按照不同的市场渠道和不同的顾客确定的成本对象,它主要衡量不同渠道和顾客带来的实际收益,核算结果主要用于市场决策,并支持企业的产品决策。生产类成本对象是企业内部的成本对象,包括各种产品和半成品,用于计量企业内部的生产成果。

(四)成本动因

成本动因即成本驱动因素,是对导致成本发生及增加的某一类重要的事项的度量,是对作业的量化表现。成本动因通常选择作业活动耗用资源的计量标准来进行度量。如研究开发费用的支出与研究计划的数量、研究计划上所费的工时或者研究计划的技术复杂性相关,那么它们就是研究开发费用的成本动因。按作业成本法的原理可将成本动因分为资源动因和作业动因两类。资源动因是衡量资源消耗量与作业之间关系的某种计量标准,它反映了消耗资源的动因,是资源费用归集到作业的依据;作业动因是作业发生的原因,就是将作业成本库中的成本分配到成本对象的依据,也是将资源消耗与最终产出沟通的中介。一个企业成本动因的数量多少与企业生产经营过程的复杂程度密切相关。企业生产经营过程越复杂,其成本动因就越多。在高新技术蓬勃发展的今天,成本动因的数量也日趋增加。但是,并非所有的产品或劳务都耗用同样数量的作业量,而且它们的成本动因也各不相同。这样,进行产品成本计算,如果忽视这一点,简单地以直接人工成本等作为制造费用分配标准,将导致成本信息的失真。

成本动因是成本对象与其直接关联的作业和最终关联的资源之间的中介因素,具有以下基本特征:

(1)隐蔽性

成本动因是隐蔽在成本之后的驱动因素,一般不易直接识别。这种隐蔽性的特性要求对成本行为进行深入的分析,才能把隐蔽在其后的驱动因素识别出来。

(2)相关性

成本动因与引发成本发生和变动的价值活动高度相关,价值活动是引起资源耗费的直接原因,只有通过作业链分析其相关性,才能正确选择成本动因。

(3)适用性

成本动因寓于各种类型作业、各种资源流动和各类成本领域之中,它具有较强的适用性,它适用于分析各类作业、资源流动和成本领域的因果关系。

(4)可计量性

成本动因是成本驱动因素,是分配和分析成本的基础,一般易于量化。在作业成本法下,一切成本动因都可计量,因而可作为分配成本的标准。

二、作业成本法的计算程序

与传统的完全成本核算方法相比,作业成本法增加了作业层次,把间接成本的一次分配变为两次分配,将单一的数量分配标准改变为按照实际消耗情况确定的多种成本动因的分配标准,因而能够非常精细地核算产品成本,能够比较真实地反映产品和作业对于企业资源的实际消耗情况。

在作业成本法下产品成本形成过程如图9.3所示。

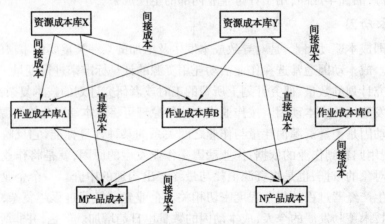

图9.3 产品成本的形成过程

第一步,确认和计量各类资源耗费,将资源耗费归集到各资源库。为企业每类资源都设立资源库,将一定会计期间所消耗的各类资源成本归集到各相应的资源库中。有关各类资源消耗的信息可从企业的总分类账得到。作业成本计算法并不改变企业所耗资源的总额,它改变的只是资源总额在各种产品之间的分配额以及资源总额在存货和销售成本之间的分配额。

第二步,确认主要作业和作业中心。作业中心划分正确与否,是整个作业成本系统设计成功与否的关键。在一个生产部门可能有几十个,甚至几百个作业。因此应按照成本-效益原则来进行作业的划分。作业的划分不一定和企业传统职能部门相一致。有的作业中心可能是跨部门的,有的部门可能完成几项不同作业。按照作业中心披露成本信息,便于管理当局控制成本,评估业绩。

第三步,确定资源动因,建立作业成本库。资源动因反映了作业对资源的消耗情况,作业量的多少决定了资源的耗用量,资源的耗用量和最终的产出量没有直接关系。企业的资源耗费有以下几种情况:

①某项资源耗费如直观地确定为某一特定产品所消耗,则直接计入该特定产品成本,该资源动因也就是作业动因,如产品的设计图纸成本。

②如某项作业可以从发生领域上划分为作业消耗,则可以直接计入各作业成本库,此时资源动因可以认为是作业专属耗费,如各作业中心按实际支付的工资额来归集工资费用。

③如某项资源耗费从最初的消耗上呈混合耗费形态,则需要选择合适的量化依据。将资源耗费到各作业,这个量化的依据就是资源动因。例如企业车辆的折旧、维修费通过车辆行驶的里程来分配。根据各项作业所消耗的资源动因是,将各资源库汇集的价值分配到各作业成本库。

第四步,确认各作业动因,分配作业成本。作业动因是作业成本库和产品或劳务联系的中介。选择作业动因要考虑作业动因的数据是否易于获得。为了便于分析成本动因可以按照前述的作业层次来进行分析。作业成本计算中最难的部分是确定和选择合适的成本动因。原因之一是作业动因并不是很明显。例如,电话联系客户这一作业动因可能是过期的发票数、电话次数,或其他的度量。进一步说,明显的动因可能是过期发票数,但根本原因可能是质次的货物,是客户延迟付款。另一潜在的陷阱是,动因是明显且重要的,但这个动因的数据却不容易取得。数据在任何地方都没有被记录,或是没有可以利用的资源,从现有的数据系统中无法提取这个动因数据,所以可能需要使用别的成本动因。选择作业动因应尽量限制动因数量,从10个或20个成本较大的作业中选择最合适的作业动因。对于一些低成本作业,花费大量时间和精力来获取这几个复杂的动因,其收益与麻烦相比是不值得的。对于这些作业,从作业列表的其他作业中选个"最合适"的动因给他们,或者认为这些作业与客户或产品没有关系,并把他们作为不分配的作业成本来对待。

三、作业成本计算示例

【例9.1】 例如,某企业生产A、B两种产品,有关产量、机器小时、直接成本、间接成本数据见表9.1,生产经营A、B两种产品的相关作业及其动因的数据见表9.2。

表 9.1　A、B 两种产品的产量及成本资料

项目	A 产品	B 产品
产量	100 件	8 200 件
单位产品机器小时	3 小时/件	2 小时/件
单位产品人工成本	50 元/件	55 元/件
单位产品材料成本	95 元/件	90 元/件
制造费用总额	395 800 元	

表 9.2　制造费用作业资料

作业	作业动因	作业成本	成本动因 A	成本动因 B	合计
机器调试	调试次数	16 000 元	10 次	6 次	16 次
签订订单	订单份数	62 000 元	15 份	10 份	25 份
机器运行	机器小时	233 800 元	300 小时	16 400 小时	16 700 小时
质量检查	检验次数	84 000 元	30 次	20 次	50 次
合计	—	395 800 元	—	—	—

表 9.3 采用作业成本法对 A、B 两种产品进行制造费用的分配,其具体计算如下,

表 9.3　A、B 两种产品作业成本法的制造费用分配

作业	作业动因分配率	作业动因量 A	作业动因量 B	制造费用分配/元 A	制造费用分配/元 B	合计
机器调试	1 000 元/次	10 次	6 次	10 000	6 000	16 000 元
签订订单	2 480 元/份	15 份	10 份	37 200	24 800	62 000 元
机器运行	14 元/小时	300 小时	16 400 小时	4 200	229 600	233 800 元
质量检查	1 680 元/次	30 次	20 次	50 400	33 600	84 000 元
合计	—	—	—	101 800	294 000	395 800 元

机器调试作业动因分配率 = 16 000 ÷ (10 + 6) = 1 000(元/次)

分配给 A 产品的机器调试成本 = 1 000 × 10 = 10 000(元)

分配给 B 产品的机器调试成本 = 1 000 × 6 = 6 000(元)

签订订单作业动因分配率 = 62 000 ÷ (15 + 10) = 2 480(元/份)

分配给 A 产品的签订订单成本 = 2 480 × 15 = 37 200(元)
分配给 B 产品的签订订单成本 = 2 480 × 10 = 24 800(元)
机器运行作业动因分配率 = 233 800 ÷ (300 + 16 400) = 14(元/小时)
分配给 A 产品的机器运行成本 = 14 × 300 = 4 200(元)
分配给 B 产品的机器运行成本 = 14 × 16 400 = 229 600(元)
质量检查作业动因分配率 = 84 000 ÷ (30 + 20) = 1 680(元/次)
分配给 A 产品的质量检查成本 = 1 680 × 30 = 50 400(元)
分配给 B 产品的质量检查成本 = 1 680 × 20 = 33 600(元)
A 产品最终承担制造费用 = 10 000 + 37 200 + 4 200 + 50 400 = 101 800(元)
B 产品最终承担制造费用 = 6 000 + 24 800 + 229 600 + 33 600 = 294 000(元)
单位 A 产品承担制造费用 = 101 800 ÷ 100 = 1 018(元)
单位 B 产品承担制造费用 = 294 000 ÷ 8 200 = 35.85(元)
传统制造费用以机器小时为数量基础将制造费用在 A、B 两种产品中分配：
传统制造费用分配率 = 395 800 ÷ (3 × 100 + 2 × 8 200) = 23.7(元/小时)
分配给 A 产品的制造费用 = 23.7 × (3 × 100) = 7 110(元)
分配给 B 产品的制造费用 = 23.7 × (2 × 8 200) = 388 680(元)
单位 A 产品承担制造费用 = 7 110 ÷ 100 = 71.1(元)
单位 B 产品承担制造费用 = 388 680 ÷ 8 200 = 47.4(元)
于是作业成本法下，
A 产品的单位成本 = 95 + 50 + 1 018 = 1 163(元)
B 产品的单位成本 = 90 + 55 + 35.85 = 180.89 元 ≈ 181(元)
而传统成本法下，
A 产品的单位成本 = 95 + 50 + 71.1 = 216.1 元 ≈ 216(元)
B 产品的单位成本 = 90 + 55 + 47.4 = 192.5 元 ≈ 193(元)

从例 9.1 可看出，不同的成本计算方法下小批量生产产品的产品成本相差悬殊。人为地按照单一的数量化分配基础进行间接制造费用的分配会造成严重的产品成本扭曲。

【例 9.2】 某企业生产 L、M、N 三种产品，有关的间接成本按照资源属性分别计入不同的资源成本库，见表 9.4。

表 9.4 资源库与资源动因

资源库名称	电费	保险费	折旧费	一般管理
耗费资源金额/元	56 000	4 000	27 000	8 700
资源动因	用电度数	工资额	设备价值	作业成本

与 L、M、N 有关的作业见表 9.5。

表 9.5 资源库与资源动因

资源动因 \ 作业	备料	加工	组装	检验	合计
用电度数/度	5 000	54 000	17 000	4 000	80 000
工资额/元	3 000	5 000	11 000	1 000	20 000
设备价值/元	10 000	60 000	15 000	5 000	90 000

根据以上二表的数据可以确定各项资源动因率如下：
电费资源库的资源动因率 = 56 000 ÷ 80 000 = 0.7(元/度)
保险费资源库的资源动因率 = 4 000 ÷ 20 000 = 0.2(元/元)
折旧费资源库的资源动因率 = 27 000 ÷ 90 000 = 0.3(元/元)
再结合各作业消耗的资源动因数量可确定各作业成本库的成本,见表 9.6。

表 9.6 作业成本库的成本   元

作业成本/元 \ 作业	备料	加工	组装	检验	合计
电费	3 500	37 800	11 900	2 800	56 000
保险费	600	1 000	2 200	200	4 000
折旧费	3 000	18 000	4 500	1 500	27 000
合计	7 100	56 800	18 600	4 500	87 000

再将一般管理费用按照各项作业的成本总额分配计入各项作业,见表 9.7。

表 9.7 资源库与资源动因

作业	备料	加工	组装	检验
作业成本/元	7 100	56 800	18 600	4 500
一般管理动因率	8 700 ÷ 87 000 = 0.1(元/元)			
一般管理分配	710	5 680	1 860	450
作业成本合计	7 810	62 480	20 460	4 950

又已知各项作业的成本动因及各种产品的作业成本动因量,见表9.8。

表9.8 各项作业成本动因及各种产品的成本动因率

产品 \ 成本动因	备料 材料成本/元	加工 机器小时/小时	组装 产品数量/件	检验 抽样件数/件
L产品	55 000	2 800	700	33
M产品	65 000	3 200	900	36
N产品	36 200	1 810	446	30
合计	156 200	7 810	2 046	99
成本动因率	0.05(元/元)	8(元/小时)	10(元/件)	50(元/件)

由表9.8的成本动因率及各产品的成本动因数量最后计算出各产品应承担的间接成本,见表9.9。

表9.9 各产品间接成本分担   元

产品 \ 间接成本	备料	加工	组装	检验	合计
	7 810	62 480	20 460	4 950	95 700
L产品	2 750	22 400	7 000	1 650	33 800
M产品	3 250	25 600	9 000	1 800	39 650
N产品	1 810	14 480	4 460	1 500	22 250

第三节 战略成本控制

成本管理历来是管理会计的重要内容之一,但是原来的管理会计立足于短期的成本管理,未从长远的持续降低成本的策略上考虑,属于战术性的成本管理;而战略管理会计的战略成本管理主要从战略的角度来研究影响成本的各个环节和因素,追求的是在不损害企业竞争地位前提下的成本降低,如果成本降低的同时削弱了企业的竞争地位,这种成本降低的策略就是不可取的。如果成本的增加有助于增强企业的竞争地位,则这种成本增加是可以被接受的,即成本的控制是以提高企业的竞争能力为基本前提的。

战略成本管理主要采用目标成本控制、作业成本控制等方式。

一、目标成本控制

（一）目标成本控制的概念

目标成本控制是以目标成本作为管理对象，是目标管理的一种具体形式，是企业目标管理的重要内容。它具体指企业在生产经营活动中，把成本目标从企业目标体系中抽取和突出出来，围绕成本的降低开展各项成本经营活动和其他相关管理活动，用它来指导、规划和控制成本的发生和费用的支出，借以达到提高资本增值效益的目的。目标成本控制是一种有效降低成本、提高盈利的手段，是一种科学的现代成本管理方法。

（二）目标成本控制的应用条件

第一，企业的产品价格由市场决定，企业控制产品价格的能力低。

第二，相对来说，企业对成本的操纵空间大，特别是通过采用新技术降低成本的潜力较大。

第三，产品成本在产品研究、开发和设计阶段，大部分已经被锁定，生产阶段的产品成本的调控能力相对较少。成本计划和控制重点应该在产品的研究、开发和设计阶段而不是产品的生产阶段，所以研究开发和设计阶段的产品成本控制应采用目标成本法。

（三）目标成本控制的步骤

1. 确定市场价格

一般说来，企业产品的价格是由市场决定的，但由于产品价格不可能一成不变，因此，企业应做市场研究并对竞争者产品进行分析，最终确定企业产品价格。

2. 确定目标利润

目标利润的确定一方面要同企业发展战略和中长期目标相结合，另一方面要考虑投资报酬、销售、现金流量等因素。企业在具体确定目标利润时，可参照本行业中与本企业生产经营条件相当，经营效果较好的企业的利润水平，充分考虑企业的具体情况后研究制定。

3. 用市场价格减目标利润计算目标成本

这个阶段获得的目标成本同企业通用成本之间有一定差距，而且经常是前者比后者低。这就需要企业采取措施仔细研究各成本支出项目，考虑可采取的降低成本的有效方法，并组织力量实施相应的成本控制措施来降低产品成本。

4. 运用价值工程等方法鉴别并降低成本

消除目标成本与现行成本之间差额的方法有"价值工程"(Value Engineering)、"逆向拆装工程"(Reverse Engineering)、"解剖拆碎法"(Tear-Down)、"对优秀实践的标杆法"(Beat-Practice)。

5. 运用改善成本控制和经营控制进一步降低成本

在生产阶段，价值工程和改进设计的影响已不存在，只有应用新的管理控制技术来降低成本,如改善成本控制、约束理论经营控制、全面质量管理等方法来降低产品成本。

二、作业成本控制

企业的成本控制经历了从"标准成本控制—责任成本控制—目标成本控制—作业基础的成本控制"的变迁历程。成本控制每到一个发展阶段都会诞生一个标志性的成本概念,而"作业基础的成本控制"阶段的标志性成本概念是"作业成本",这一概念来自于作业成本法和作业成本管理,它们是先进的成本核算方法和管理理念,能为成本控制提供准确的信息。作业成本计算方法的基本原理立足于全面成本管理与控制,着眼于成本费用产生的原因分析,从分析原因出发去寻找降低成本、节约资源的途径。因此,它是一种科学的成本计算和控制方法,可以在企业的成本控制中发挥重要作用。

(一)作业成本控制的内涵与概念框架

作业成本控制是指为了实现组织竞争战略,增加顾客价值,在对作业及作业链全面分析的基础上,利用作业成本核算提供的信息,面向企业全流程的系统化、动态化和前瞻性的成本控制方法。作业成本控制是基于作业的全方位的成本管理,也可将其称为作业成本管理。作业成本管理实际上是价值链分析在企业内部成本管理中的应用,主要是根据产品消耗作业,作业消耗资源的原理,对企业的每项作业进行分析。通过考察作业变动与顾客价值变动的关系,将作业区分为增值作业和非增值作业,并将非增值作业剔除。

作业成本控制最初是作为一种正确分配制造费用、准确计算产品成本的方法被提出来的。运用这种成本控制方法,要求摆脱传统会计核算体系的束缚,对企业所需要的资源和活动进行规划和管理。借助于作业成本计算法对产品成本形成的新认识,以企业的各种活动为控制对象,可以减少企业资源的耗费,对企业进行全面成本控制。

作业成本控制的基本概念框架如图9.4所示。

(二)作业成本控制的基本原理

作业成本控制通过对作业及作业成本的确认、计量,最终计算产品成本,同时,将成本计算深入到作业层次,对企业所有作业活动进行追踪并动态反映,进行成本链分析,包括动因分析、作业分析等,为企业决策提供准确信息,指导企业有效地执行必要的作业,消除和精简不能创造价值的作业,从而达到降低成本,提高效率的目的。作业成本控制不是直接考虑产品成本或工时成本,而是首先确定间接费用分配的合理基础——作业,然后找出成本动因,具有相同性质的成本动因组成若干个成本库,一个成本库所汇集的成本可以按其具有代表性的成本动因来进行间接费用的分配,使之归属于各个相关产品。

要实现作业成本控制的基本思想,就必须借助于作业分析,进行作业分析时,成本分配就不能仅限于产品这一层次,而是深入到每一作业。要降低成本首要的是消除不必要作业;对于

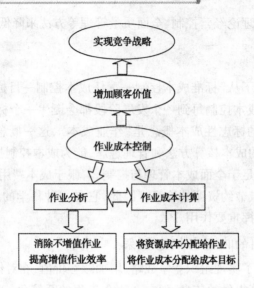

图 9.4 作业成本控制基本概念框架图

那些能为最终商品或劳务增加价值的作业,要进一步分析该类作业是否有改进的可能,其所消耗资源能否节约。作业成本控制的核心在于确定了"成本动因"概念,主张以成本动因作为分配间接成本的基础,利用成本动因来解释成本理念。这样作业成本控制就将间接成本与隐藏其后的推动力相联系,通过确定较为合适的成本动因,进而能够合理地分配间接成本,有效地提高成本的归属性、计算的准确性、定价决策的科学性和灵活性。

作业成本管理的基本方法是价值链分析法。作业成本控制将成本看做"增值作业"和"不增值作业"的函数,并以"顾客价值"作为衡量增值与否的最高标准。价值链分析作为作业成本控制的基本方法,其主要作用在于:一是找出无效和低效的作业,为持续降低商品成本,提高企业竞争能力提供途径。二是协调组织企业内部的各种作业,使各种作业之间环环相扣,形成较为理想的"作业链",以保证每项必要作业都以最高效率完成,保证企业的竞争优势,进而为改善成本构成和提高作业的质量及效率指明方向。

(三)作业成本控制实施的基础与前提

1. 进行作业过程的价值分析

进行作业过程的价值分即在对企业生产经营过程的资源耗费和管理活动进行有效分析的基础上,将该过程划分为增加价值的作业和不增加价值的作业。这样做可以准确掌握成本发生的具体情况,为寻找有效手段降低成本提供依据。在成本管理过程中,可以据此尽量减少不增加价值的活动,增加能增加价值的活动,以达到优化企业资源配置,从根本上降低成本的目的。

2. 建立以作业为基础的责任成本核算体系

在作业成本计算体系中,可将汇集各类不同作业的活动中心作为责任成本中心。这样,就把成本责任与从事某种活动的责任中心结合在一起,并与服务、管理等部门紧密结合,有效地对各项活动的作业成本进行责任控制,并进一步对作业责任成本控制的效果进行分析与考核。

3. 将作业成本控制与企业的竞争战略相联系

进行作业成本控制的目的是要通过成本控制提高顾客价值,实现企业的成本领先或差异化的竞争战略。将作业过程的成本控制与作业管理密切结合,使作业活动与企业的竞争目标相联系,利用作业成本控制,强化作业管理,实现企业的竞争目标,同时也通过竞争战略在作业层次的实施,有效地控制作业成本,才能达成全面成本管理的目标,形成企业的竞争优势。

(四) 作业成本控制的内容

按照产品从研发到生产的整个过程进行各个作业环节的成本控制,形成以下的作业成本控制内容:

1. 产品开发阶段的作业成本控制

产品开发阶段是对企业资源进行规划、安排的阶段,应进行认真、周密的市场调查。具体包括:市场需要量调查、原材料来源及价格调查、厂址的选择以及相应交通运输条件的调查。在掌握以上情况的基础上,就能够合理利用企业的有限资源,产品成本才能得到事前的初步控制。规划、分配资源的原则是,应该首先保证需求潜力大,边际贡献率高的产品对资源的需要。要合理分配资源,充分利用生产能力,达到降低成本、提高资本增值效益的目的。

2. 产品设计阶段的作业成本控制

产品设计阶段是降低成本的重要环节,应根据已确定的目标成本和技术经济条件,通过产品设计,确定该产品的最优生产方案。在设计过程中,应考虑以下四个问题:

第一,企业有限资源的利用是否能创造价值,有没有无效消耗和不增加价值的活动。在成本决策中,要尽量减少那些不增加价值的活动,增加那些创造价值的活动,以优化企业资源的配置。

第二,设计方案能否保证用户对产品必要功能的要求,同时剔除过剩功能,以节约资源,降低成本。

第三,设计方案的成本水平如何,是否能够达到该种或该类产品的社会成本水平。

第四,设计方案的盈利水平如何,是否能够达到改种或该类产品的平均盈利水平。

在研究以上四个问题的基础上,还应具体计算各种方案对资源的需求,以选择最优方案,对将要投产的产品成本进行有效的控制。

3. 产品生产阶段的作业成本控制

在生产过程中,根据作业成本设计的基本做法可以将生产过程划分为生产准备阶段和生产两个阶段进行控制。

生产准备阶段有两项任务,即原材料的采购和工艺准备。原材料采购阶段是生产的物资准备阶段。在这一阶段,应采用作业成本计算法,分批次单独计算每批的采购成本,按采购材料的活动量汇集和分配费用,并按采购员的采购活动和采购批次研究如何节约资金,降低采购成本。具体做法是将材料采购任务分配给每个采购员,每人负责若干种主要原材料的采购。为了节约采购资金,降低采购成本,应为各种原材料制定标准成本,按照标准成本考核每个采购员经济责任的完成情况。在工艺准备阶段主要是做好技术准备,在这一阶段,应按成本驱动因素理论认真研究产品设计的各种要求,进行工艺设计,以最有效、最合理、最经济的先进工艺,生产出用户满意的产品。这个阶段的准备工作对产品投产后的质量和成本水平都有着重要意义。

生产过程中以成本驱动因素理论为依据,按照费用、成本产生的原因,分部门、分地点地进行成本控制,分别按作业或数量进行费用的汇集和分配。因此,在生产过程中可以建立两种成本中心,一种是以作业为基础的成本中心,另一种是以数量为基础的成本中心,分别汇集、分配费用。

（五）作业成本控制的过程

1. 作业链管理

从作业成本管理体现为对作业链(Activity Chain)的管理,其管理的主要目标有两个:一是从外部顾客的角度出发,尽量通过作业为顾客提供更多的价值,二是从企业自身角度出发,尽量从顾客提供的价值来获取更多的利润。为实现上述两个目标,企业必须将成本的管理深入到作业水平,进行作业分析。具体包括以下四个步骤:

(1)区别增值作业与非增值作业;

(2)区别高效作业和低效作业;

(3)分析各作业之间或作业链的内在联系,从而优化或改进作业链,理想的作业链应该是使作业完成的时间最短或重复次数最少;

(4)最终目标是消除非增值作业、提高增值作业的效率,使作业链达到最优。

2. 建立基于作业链的责任中心

传统责任中心主要是依据组织机构的职能权限、目标和任务来划分的,并据此进行责任预算、责任控制和责任考核。通常,纵的方面以厂部、车间、班组三级建立责任中心,横的方面以职能科室建立责任中心,它忽略了许多不属于单一职能部门但又具有联系和同质性的费用责任归属。作业成本管理体系冲破了职能部门的限制,以同质作业合并形成的作业中心作为责任中心,这就使更多的费用纳入责任管理,且规范责任、权利和利益之间的对等关系。划分责任中心的目的是为了更好地管理和控制每一个责任中心,因此必须先按流程划分一级责任中心,然后在一级责任中心下细分二级责任中心和三级责任中心。同时,以作业中心为责任中心使责任成本核算和作业成本核算的口径一致,使责任成本的评价和考核落到实处。

3. 进行责任中心的成本控制

当按照第二步骤建立若干个基于作业链的责任中心后,就要对每一个责任中心制订相应的考核标准,当战略改变、作业链或价值链变动等变革性因素出现时,标准也必须相应变化。所以标准在本质上是动态的,它们通过变革反映新的条件和新的任务,帮助维持已实施的流程。当标准制定出以后,需要将实际成本与标准成本进行比较,计算出差异值,分析差异产生的原因并寻找措施控制不良差异。

4. 业绩评价与持续改进

结合上述差异分析的结果对责任中心进行评价,评价主要有两个目的:

①对过去的业绩进行相应的奖惩。

②要分析未来的取向。如果是由于资源的问题而导致作业成本上升,那么就需要优化与供应商的作业链和价值链;如果是由于市场份额减少或与顾客相关的其他原因而导致未利用作业能力差异的产生或其他后果,就必须优化与顾客的作业链和价值链;如果是由于企业内部流程出现问题,就必须优化内部作业链和价值链。

5. 作业成本控制与战略管理及其他成本管理的结合

战略管理是企业提高竞争能力、获得长久发展的根本方式。企业获得高于同行的利润率的三种基本战略是:成本领先战略、差异化战略和聚焦战略。作业成本控制与这些战略密切配合,成为企业生存和发展的原动力。

作业成本控制不仅能提供相对准确的成本信息,而且还能从"动因"层面发掘成本产生的根本原因,这样必将导致企业基于成本的相关决策发生变革。决策支持是作业成本管理系统价值的体现。基于作业成本控制的生产决策、营销决策、资本预算决策以及供应链决策等内容,将为企业管理者进行决策时提供全新视角。在企业的所有生产经营活动中,成本活动是最基本的业务活动,成本管理支撑着企业的其他业务管理,因此成本管理构成了企业整体管理的基础。基于作业分析法的作业成本管理系统通过对"资源—动因—作业"的细致分析,使产品和服务的成本合理化,及时提供准确的成本信息,并对企业内部作业链进行管理,这一切都为决策提供相关信息,从而成为"决策支持"的基础。多维选择是作业成本管理系统功能的延伸。作业成本管理本身是一个管理信息系统,其自身功能也在于为企业提供决策相关的信息,基于成本信息的多维选择可以充分完善企业管理模式,提高管理能力。

各种不同的成本管理方法并不是相互排斥的,它们之间可以相互借鉴、相互融合,通过取长补短发挥更佳的管理效果。例如,作业成本法和标准成本法可结合成作业标准成本法。具体做法是,首先对于直接材料和直接人工可采用标准成本法的计算和控制方法;其次对于制造费用可以按各个作业制定各自的标准化成本,同时计算各作业的生产能力和服务量标准,最后根据各作业实际成本、实际利用生产能力或实际利用服务量进行成本差异和生产能力或服务量差异的分析、控制、考核。这样既能充分发挥标准成本法的功能,又能体现作业成本法的优势,取得较好的管理效果。

本章小结

作业成本法是一种以作业为间接成本的分配中介、以成本动因为间接成本分配基础的成本计算方法;是一种通过对作业活动的追踪发现成本产生的作业动因,对成本的发生追根溯源和动态反映的成本计量系统。引致作业成本法产生的主要原因是传统成本计算系统对产品成本信息严重扭曲的局限性。作业成本计算不仅能够克服这种局限性,还可以为适时生产和全面质量管理提供经济依据,并且有利于完善企业的预算控制与业绩评价。

作业成本法建立在"作业消耗资源,产品消耗作业"的基本假设之下。作业成本法的基本理论强调按照作业对资源、成本对象对作业消耗的实际情况,找到最合适的作为分配依据的成本动因,并尽可能直接分配。

按照成本分配的层次成本动因可分为资源动因与作业动因,按照成本发生的特点成本动因可分为交易性成本动因、延续性成本动因与精确性成本动因。作业成本计算中最困难的工作是确定成本动因。进行成本动因的选择可以结合成本动因的分类和影响因素,采用合适的方法进行成本动因的选择,可供选择的方法有经验法和回归分析法。

作业成本计算法虽然起源于正确计算产品成本的动机,但是其意义已经深入到企业作业链及价值链的重构,深入到企业的作业管理,而作业管理又使企业的战略管理深入到作业层面,因此作业成本计算直接支持企业的战略管理,是战略管理会计的主要方法。

自测题

一、概念题

作业成本法　作业　成本动因　目标成本控制　作业成本控制

二、简答题

1. 什么叫作业成本计算?它与传统成本计算有何不同?
2. 如何理解从作业成本计算发展到作业管理是历史的必然?
你如何理解技术、经济、管理之间的关系?

三、计算题

1. 某公司生产 A、B 两种产品,当月全部完工,有关资料见表 9.10。其中制造费用是由四种作业所发生的,具体资料见表 9.11。

表 9.10　A、B 两种产品的生产及成本资料

项目	A 产品	B 产品
产量	1 000 件	500 件
单位产品机器工时	3 小时/件	6 小时/件
单位产品直接人工成本	50 元/件	40 元/件
单位产品直接材料成本	100 元/件	90 元/件
制造费用总额	300 000 元	

表 9.11　制造费用作业资料

作业	成本动因	作业成本/元	成本动因数 A 产品	成本动因数 B 产品	成本动因数 合计
机器调整准备	调整准备次数	12 000	8 次	4 次	12 次
生产订单	订单份数	8 000	6 次	2 次	8 次
机器运行	机器小时数	250 000	6 000 小时	4 000 小时	10 000 小时
质量检验	检验次数	30 000	20 次	30 次	50 次
合计	—	300 000	—	—	—

要求：根据上述资料，分别采用作业成本法及传统完全成本法计算 A、B 两种产品的单位成本和总成本并比较说明它们的差异及其原因。

2. 某超市应用作业成本法核算三大系列产品：食品、服装、家电。2009 年该三大系列产品的销售收入、销售成本、服务成本及作业中心资料见表 9.12。

表 9.12　某超市 2009 年三大系列产品有关资料

产品类别 财务数据	食品	服装	家电
销售收入/元	100 000	60 000	40 000
购货成本/元	60 000	40 000	20 000
作业中心(成本动因)			
订购(订单数)/次	50	20	10
运输(运输次数)/次	50	30	20
上架/小时	100	50	50
客户服务(销售件数)/件	2 000	500	80

若每张订单成本为100元,每次运输成本为20元,每小时上架费10元,每件产品客户服务费1元。

要求:根据上述资料,采用作业成本法计算各产品系列的盈利能力。

【案例分析】

ALTEC公司是一家生产多媒体音箱的美资企业,占有全球35%的市场份额,主要生产12喇叭电脑音箱、10喇叭电脑音箱、5喇叭电脑音箱等三个系列产品,2003年销售额分别为:2 178万美元(6 200台)、5 421万美元(18 000台)、3 719万美元(14 000台),合计11 318万美元。由于市场竞争日趋激烈,估计2004年上述音箱市场价格会下跌25%,在销售量不变的前提下,2004年上述音箱的销售额分别为:1 633万美元(6 200台)、4 066万美元(18 000台)、2 789万美元(14 000台),合计8 488万美元。2004年其实行目标成本控制,具体如下:

1. 确定市场价格

由于市场竞争日趋激烈,ALTEC公司估计2004年音箱市场价格会下跌25%。

2. 确定目标利润

确定目标利润的目的是要确保企业长期利润计划的完成,设置目标利润的通常方式是紧紧依托于旧产品的实际利润,然后根据市场的波动情况进行调整。ALTEC公司经董事会决定,在全公司实行目标成本制,努力降低成本,确保2004年利润总额不低于2003年(2003年利润额为964万美元),2004年目标利润定为978万美元。

3. 确定目标成本

以目标售价减去目标利润就初定了目标成本,在初定目标成本之后,要发动群众讨论匡算目标成本指标,提出降低成本的措施,根据降低成本的主要措施对未来成本进行预测,寻求降低成本的方向和途径,经过目标成本的综合平衡,即可确定企业为之奋斗的目标成本。

ALTEC公司2004年目标成本=8 488万美元-978万美元=7 510万美元。为将成本控制在该目标之内,2004年生产成本(直接材料、直接人工、制造费用)要比2003年降低30%,期间费用(管理费用、销售费用、财务费用)要比2003年降低10%,即,2004年上述六项成本费用目标值为:直接材料4 342万美元(2003年为6 202万美元)、直接人工643万美元(2003年为918万美元)、制造费用1 346万美元(2003年为1 923万美元)、管理费用994万美元(2003年为1 105万美元)、销售费用64万美元(2003年为71万美元)、财务费用121万美元(2003年为135万美元)。

4. 运用价值工程等方法鉴别并降低成本

ALTEC公司实行目标成本制以前都是按部门来归集费用的。这就为目标成本的分解创造了条件。2004年各项目标成本和费用都是以2003年的部门成本费用为基础,考虑到目标

年度各项因素的变化而制定的。即生产成本在2003年的基础上减少30%,期间费用在2003的基础上减少10%。详述如下:

(1) ALTEC公司直接材料目标成本的制定和分解

直接材料成本2003年为6 202万美元,其中:12喇叭电脑音箱为1 193万美元、10喇叭电脑音箱为2 971万美元、5喇叭电脑音箱为2 038万美元。

2004年生产的产品种类与2003年相同,并且产销量相同,则按30%比例降低后,2004年直接材料成本为4 342万美元,其中:12喇叭电脑音箱为835万美元、10喇叭电脑音箱为2 080万美元、5喇叭电脑音箱为1 427万美元。这样就确定了此三款音箱各自的材料总目标成本。然后在此基础上,根据此三款音箱各自的物料构成,分解成各种具体的材料(产品开发部可以提供产品物料构成表)、然后参照2003年的材料成本,总体上减少30%后即可确定2004年各种材料的目标成本。

(2) ALTEC公司直接人工目标成本的制定和分解

ALTEC公司2004年直接人工总目标成本也是在2003年的基础上减少30%。即由2003年的918万美元减少到2004年的643万美元。相应地,12喇叭电脑音箱、10喇叭电脑音箱、5喇叭电脑音箱的直接人工成本应分别由2003年的177万美元、440万美元、301万美元减少到2004年的124万美元、308万美元、211万美元。

(3) ALTEC公司制造费用的制定和分解

2003年制造费用总额为1 923万美元,其中,制造工程部为391万美元、喇叭生产车间为460万美元、音箱生产车间为1 073万美元。

2004年制造费用拟在2003年的基础上下降30%,即2004年制造费用目标总额为1 346万美元,其中,制造工程部为274万美元、喇叭生产车间为322万美元、音箱生产车间为750万美元。在保证实现制造费用目标总额的前提下,上述三个部门有权将各自的制造费用总目标分解给班组和个人,形成班组和个人的目标和责任,并提出保障目标实现的措施。

(4) ALTEC公司期间费用的制定和分解

ALTEC公司的期间费用有销售费用、管理费用、财务费用三种。期间费用在日常核算中是按部门归集的,归集的原则是:哪个部门受益,费用就归集到哪个部门,对于不能直接分清受益对象的费用或者由多个部门共同受益的费用,则归集到有权控制该项费用的部门。依此原则,期间费用的目标分解如下:

销售费用的分解:2003年的销售费用总额为71万美元,且全部是由进出口部发生和控制的。2004年目标销售费用拟在此基础上减少10%,即为64万美元,责任部门是进出口部。

管理费用的分解:2003年的管理费用总额为1 105万美元,其中,物控部为72万美元、采购部为27万美元、人事部为696万美元、财务部为90万美元、电脑部为103万美元、进出口部为12万美元、品质部为38万美元、产品开发部为67万美元。

2004年的管理费用目标值拟在2003年的基础上降低10%,则2004年的管理费用目标总额为994万美元,其中,物控部为65万美元、采购部为25万美元、人事部为627万美元、财务部为81万美元、电脑部为92万美元、进出口部为10万美元、品质部为34万美元、产品开发部为60万美元。这些部门对各自的管理费用目标值负责。

财务费用的分解:财务费用2003总额为135万美元,并且是由财务部控制的,因此它只归集给财务部一个部门。

2004年财务费用目标值拟在此基础上降低10%,即为121万美元,责任部门是财务部。

综上所述,2004年销售额、目标成本、利润之间的关系为:销售额8 488万美元 - 利润978万美元 = 目标成本7 510万美元。ALTEC公司历年的财务核算按部门归集费用,为目标成本的制定和分解创造了条件,并且财务核算和目标成本的实施相辅相成,日常财务核算的基础数据既可用于编制财务报表,又可为目标成本的控制和考核服务,从而节约了信息核算本身的成本。

5. 运用改善成本控制和经营控制进一步降低成本

目标成本控制应从产品设计研制开始,对材料采购,库存,生产,销售直至售后服务整个过程实施全面控制,而不仅是对生产阶段的成本实施控制。目标成本控制是围绕目标的设置、分解、实施、分析和考核进行的,即通过合理设置成本目标及其目标分解,把企业的各部门、各环节直至全体职工连成一个有共同努力方向的纵横协调的指标保证体系,以充分调动各方面的积极性和主动性,全力以赴地去完成企业的目标总成本。

(1)产品开发设计过程的目标成本控制

将12喇叭电脑音箱中27个金属垫片中的21个换成了塑料垫片,使每个垫片成本降低US＄0.11元(合计US＄2.31);用稍低功率的12个喇叭代替现有的12个喇叭,使每个喇叭成本降低US＄3.11元(合计US＄37.32);与PCB板供应商进行了艰苦的谈判,使单台音箱材料成本降低US＄31.5元(3块×10.5元/块);采用通用模具代替专用模具,使单台音箱成本降低US＄4.36元;用0.7 cm的塑料外壳代替0.9 cm的塑料外壳,使单台音箱成本降低US＄6.45元。以上措施使单台音箱成本降低额合计为US＄81.94元。用同样方法,使10喇叭电脑音箱和5喇叭电脑音箱的单位成本分别降低US＄79.7元和US＄77.13元。

(2)材料采购目标成本控制

ALTEC公司将材料成本降低目标向供应商挤压,供应商又将其成本目标向它的供应商挤压,使材料采购成本沿着供应链向后挤压,最终使材料采购成本降低额如下:使12喇叭电脑音箱、10喇叭电脑音箱和5喇叭电脑音箱单台采购成本降低额分别为US＄486.84元、US＄408.03元和US＄353.03元。

(3) 生产过程中材料成本的控制

ALTEC 公司材料报废除生产过程中产生外,还在其他环节产生:由于 ALTEC 公司是根据美国公司下的订单生产的,ALTEC 公司根据这些订单的要求由工程部开发出样机后,采购部根据客户订单的交货期提前 40 天左右下订单给材料供应商。随后不久,有些客户订单由于客户的原因会在外观及功能等方面进行修改,要按新的要求生产出产品,必然需要供应商按新的要求生产材料,原来的部分材料订单必然要取消,取消订单给供应商造成的材料报废损失自然由 ALTEC 公司承担。

ALTEC 通过与供应商协商将订货时间由原来的 40 天缩短为 29 天,同时提高产品开发速度和推行适时生产系统,尽量使库存等于零(但并未完全做到),使取消订单造成的报废明显减少。通过采取以上措施,ALTEC 公司材料废品率由原来的 2.2% 降低为现在的 1.75%,使单台音箱的材料用量减少。单台音箱的材料报废成本降低如下:使 12 喇叭电脑音箱、10 喇叭电脑音箱和 5 喇叭电脑音箱单台材料报废成本降低额分别为 US$8.66 元、US$7.43 元和 US$6.55 元。

通过价值工程,采购管理和生产管理,使直接材料成本降低总额为 1 860 万美元。其中:

12 喇叭电脑音箱材料成本降低额为 358 万美元{6 200 台×(US$81.94 + US$486.84 + US$8.66)};

10 喇叭电脑音箱材料成本降低额为 891 万美元{18 000 台×(US$79.7 + US$408.03 + US$7.43)};

5 喇叭电脑音箱材料成本降低额为 611 万美元{14 000 台×(US$77.13 + US$353.03 + US$6.55)};

(4) 直接人工成本控制

为完成直接人工目标成本,ALTEC 公司组织人力资源部将生产工人每小时工资由 2003 年的 US$5.25 元调减为 2004 年的 US$4.98 元(即目标工资率);同时尽量采用自动化作业,尽量消除非增值作业,减少人工作业和减少加班,使 12 喇叭电脑音箱、10 喇叭电脑音箱、5 喇叭电脑音箱的单位产品生产工时分别由 2003 年的 54.26 小时、46.52 小时、41.03 小时减少为 2004 年的 40.04 小时、34.33 小时、30.28 小时(即目标工时)。然后将此目标工时落实给生产部门,生产部门又将此目标工时分解到产品制造的每一道工序和每一个车间,车间又将目标分解给班组和个人。实际执行结果是:直接人工降低总额为 275 万美元。其中:

12 喇叭电脑音箱降低额为 53 万美元(6 200 台×(54.26 小时×5.25 元/小时 - 40.04 小时×4.98 元/小时));

10 喇叭电脑音箱降低额为 132 万美元(18 000 台×(46.52 小时×5.25 元/小时 - 34.33 小时×4.98 元/小时));

⑤喇叭电脑音箱降低额 90 万美元(14 000 台×(41.03 小时×5.25 元/小时 - 30.28 小时×4.98 元/小时))。

(5)制造费用的控制

ALTEC 公司制造费用中比较大的三项费用是水电费、低值易耗品摊销和厂房租金。过去,生产和生活用电都靠公司自己的两台发电机发电,发电用的柴油是外购的,但柴油价格在不断上涨,昂贵的发电机一年要大修 1~2 次,每修一次都要花费 4~5 万元人民币,有三名机修工专门负责发电机的日常运行和小修理,加上发电机的折旧,每发一度电的成本是人民币 1.36 元,而供电公司的每度电只有人民币 0.78 元,公司决定无论是生产还是生活用电,平时只用供电公司的电,只有停电时才自行发电,三名专职的机修工变为兼职的,此做法同时也减少了发电机的磨损和修理费,这样,使公司 2004 年比 2003 年减少电费 235 万美元。

过去,低值易耗品的申购和使用处于失控状态,特别是生产部门盲目申购生产用小型工具,机修部门盲目申购维修用品及工具,并且丢失和损坏严重。公司决定每个部门设一名兼职的财产管理员,由财务部的一名副主管总负责(兼职),负责登记低值易耗品数量式明细账和进行日常管理,每季度盘点一次,发现账实不符的,管理员要负责查明原因后上报副总经理,由副总经理对责任人进行必要的奖罚。此措施使此项费用 2004 年比 2003 年减少 45 万美元。

ALTEC 公司部分厂房是租赁的,公司人事部组织人员对本市其他镇区的租金情况进行了大量调查,结合交通情况、地理位置、经济发展情况等,发现公司的租金偏高,于是公司与房东进行了卓有成效的谈判,使租金有所降低,与 2003 年相比,2004 年租金减少了 25 万美元。

制造费用的其他项目也有不同程度的降低,使 2004 年制造费用总额比 2003 年降低了 577 万美元,实现了目标。

(6)期间费用的控制

ALTEC 在未实行目标成本控制以前,也一直是把部门作为成本中心来归集费用的,这非常有利于将目标值按部门进行分解和落实。

2004 年,公司对广告费、利息、交际应酬费、售后服务费用、差旅费等实行了重点监控:进出口部对广告效益进行了评估,控制了不必要的广告费支出;财务部对资本结构和资产负债情况进行了分析,寻求最佳债务结构,努力降低资金成本;财务部也制定了交际应酬费的管理办法,杜绝了以交际应酬为名,用公款吃喝的现象;公司为了加强和完善售后服务,着眼企业长远发展目标,增加了售后服务费用;人事部制定了切实可行的差旅费报销标准,使该项费用控制有章可循,比如,通过调查分析,确定了公司不同级别人员,出差不同城市的交通费和住宿费报销标准。

实际运行结果是:2004 年的期间费用比 2003 年降低了 10%,即降低了 131 万美元。其中:销售费用降低额为 7 万美元,管理费用降低额为 110 万美元,财务费用降低额为 14 万美元,实现了期间费用的降低目标。

【阅读资料】

东风汽车公司作业成本法实施案例

一、东风汽车股份公司目前成本管理状况

(一)企业成本管理手段落后,成本信息失真严重

在成本控制和管理方面,仍局限于传统成本管理观念,认为成本管理就是管产品生产成本,只注重产品生产过程的成本管理,忽视对生产经营全过程的成本管理;同时,成本管理的方法落后于市场经济的要求,企业长期偏重于成本的事后核算,忽视事前、事中的成本预测、计划和成本控制,加上企业财务人员素质不高,先进的成本管理方法和手段在企业中应用非常少。

(二)成本核算方法落后

公司主要采用传统的标准成本法进行核算,计算各产品制造成本,并以此为基础进行产品盈利能力分析。

二、作业成本管理问题的提出

随着汽车制造行业的竞争者的日益增多,汽车生产商之间的竞争变得异常激烈,汽车产品的价格也不断下降,汽车行业盈利水平逐渐降低,部分产品已经处于保本点水平,而管理者要求的产品盈利能力尤其是成本分析不能及时准确核算。此时,汽车产品已经从单纯的生产过程转向生产和经营过程,一方面,产品品种多达 200 个,且经常变化,消耗物料品种达上万种,工时或机器台时在各生产车间很难精确界定,传统成本核算无法准确核算成本,也无法为企业生产决策提供准确的成本数据;另一方面,企业中的行政管理、研究开发、物流、采购供应、营销推广和公关宣传等非生产性活动大大增加,由此发生的间接成本在总成本中所占的比重不断提高,而此类成本在传统成本法下又同样难以进行合理的分配;再一方面随着社会分工的精细化,本公司的部分半成品或在制品也直接对外出售,要求对半成品或在制品的成本进行核算才能制定营销价格;随着管理工作的逐步深入,贯穿全员成本管理,公司基层管理部门要求对作业中心、班组及个人就成本项目进行业绩评价,这要求必须有以按作业核算的成本数据作参考制定目标成本。如此一来,以直接人工为基础来分配间接制造费用和非生产成本的传统成本法变得不适用,公司必须寻找其他更为合理的成本核算和成本管理方法。经调研分析选定实施作业成本法。

三、作业成本管理在东风汽车股份公司的应用

(一)作业成本管理在东风汽车股份公司的应用阶段

(1)以车架作业部为试点进行作业成本管理的试用阶段;

(2)对车架作业部的作业成本管理分析与考评;

（3）完善作业成本管理在东风汽车股份公司推广应用的计划；

（4）建立责任成本中心，以责任成本中心为对象推行作业成本管理；

（5）构建以战略成本管理理念为指导，以预算成本为标准成本，作业成本与责任成本相结合，成本管理与价值管理相结合，成本中心与利润中心相统一的新型成本管理体系。

（二）车架作业部推行 ABC 的必要性和可行性分析

车架作业部推行 ABC 的必要性：

（1）通过实施 ABC 提供的及时有效成本信息，可以为产品定价等经营决策问题、成本控制问题提供科学的决策指导。

（2）车架作业部多品种、单件小批量的生产方式，决定了传统成本计算必然导致各种产品成本之间的成本交互补贴，造成产品成本失真现象，ABC 可以较好地解决这一问题。

（3）公司高级管理人员的认同和大力支持以及较高素质的财务会计人员，是实施 ABC 的有利条件，也是实施作业管理的良好基础。

车架作业部推行 ABC 的不利条件：

（1）车架作业部的自动化程度不高，基本上都是人工操作，从而实施 ABC 的效果可能打折扣。

（2）车架作业部的基础数据，尤其是非财务基础数据资料的缺乏，例如设备调整准备次数、调运次数或质量、各产品在各作业中心实际消耗的工时数等缺乏，给 ABC 的实施造成困难。

（三）车架作业部 ABC 设计

（1）车架作业部在股份公司的作业部中其工艺流程较为复杂，但过程非常清晰，对此进行实地调查，绘制车架作业部作业流程图。

（2）编写车架作业部作业成本核算的设计说明。根据作业成本法理论，分析分配资源费用时选择的资源动因，将车架作业部发生的所有资源耗费分配至相关的作业中心，并设计说明书。

（3）划分车架作业部的作业中心。掌握了车架作业部耗费的资源费用后，根据对生产工艺流程的了解，进行了作业的划分。前面对生产工艺流程进行了描述，确定各流程主要任务，接下来将任务归集到作业。每个作业均可细分为许多子作业或子任务，如架冲作业可以进一步细分为天车、钻清、成型等子任务。作业的详尽划分对作业设计和管理应该是有好处的，但是同时也增大了计量成本。因此，定义作业时要防止两种倾向：一是防止定义限定性过于详尽的作业，因为这样不仅不能得到更多的有用信息，反而有可能造成分析的紊乱，于管理不利；二是避免过于宽泛地定义作业，因为这样的定义难以揭示改善的机会，无法达到促进企业降低成本的目的。根据生产工艺流程归集建立作业并确定成本动因后，可以根据作业"质的相似性"

原则作进一步合并,选择主要作业,建立作业中心。建立作业中心时,一般是首先确定一个核心作业,然后将上下游工序中一些次要任务或作业与之合并,归集为一个作业中心。在每个作业中心中,都有一个或多个同质成本动因,应该从中选择一个最具代表性的成本动因作为计算成本动因分配率的基础。选择成本动因时,主要考虑成本动因与作业中心资源消耗的相关程度、计量成本等因素。

经过详尽的分析,可以为车架作业部建立作业中心划分明细表。

(四)车架作业部 ABC 与 ABM 的实施

根据实地调查所掌握的相关资料以及车架作业部的生产工艺特点,我们选取了车架作业部 2002 年 1~7 月份为成本核算期间,选取该期间完成从材料供应、加工生产到形成产品的整个过程的产品为成本核算对象。

(1)资源费用数据的收集、整理。通过资源凭证的填制可实现资源费用的整理和收集,将各项目的具体耗费情况填写在《资源费用一览表》上。

(2)将资源费用在各个作业中心的分配、归集。根据《资源费用一览表》,将车架作业部 7 月份消耗的资源费用仔细归集分配至 7 个作业中心,得到资源费用分配表。

(3)计算成本动因分配率,计算产品作业成本。用作业中心归集的月资源费用除以成本动因量,得到每月的成本动因分配率;根据完工产品计算卡,逐一确定产品经过哪些作业中心;按月把各种产品流经各作业中心成本动因量乘以动因分配率的积相加,便得到各种产品的作业成本,完成作业成本计算表。

(4)计算产品成本和单位产品成本。将产品作业成本加上产品消耗的材料成本,得出产品总成本;产品总成本被产品数量去除得到单位产品成本。

四、对东风汽车股份公司作业成本法实地研究的体会与思考

在历时一年的对东风汽车股份公司应用作业成本法的实地研究中,有以下几个方面需要注意。

(一)规范基础工作

基础工作的完善程度直接体现企业的管理水平,并影响作业成本法的实施效果。作业成本管理是一种先进的成本管理技术,同时也是一种复杂系统。它的实施从资料收集到作业划分,从作业动因、资源动因的确立,到成本的归集与分配,从成本的计算到业绩的评价都需要按照规范科学的步骤与方法来进行。特别是作业的正确划分,既费时又复杂,而且是实施 ABC 与 ABM 的基础。因此,为了顺利实施 ABC 与 ABM,企业必须规范基础工作,有时甚至需要改变经营过程,以提高技术支持度。包括正确划分核算对象,科学工艺流程,优化作业链,消除不增值作业,科学制定定额标准等。例如车间二级计量的不完善,动能消耗资源动因量无法准确统计,则按合理准确的成本动因也不能保证作业成本核算的准确性;工时记录不完善,选择工

时动因率进行分配的相关作业其成本也不能准确分配。

(二)加强复合型专业人员培养,优化实施环境

在推广应用 ABC 与 ABM 的过程中,发现一个非常重要并较难克服的瓶颈就是缺乏具备要求素质的专业技术人员问题。由于在传统的成本核算体系下大多数企业都是采用集中核算的方式,因此财务人员也大多集中在财务部,分散在基层的财会人员大多数只是起到统计员的作用。加上长期的分工协作,许多财会人员只熟悉自己负责的工作。缺乏能够适应 ABC 与 ABM 实施要求的专业人才。这也是 ABC 与 ABM 在我国企业难以推广的一个主要原因。所以,加强专业人员培养,特别是复合型人才的培养,优化实施环境是实施 ABC 与 ABM 的重要保证。复合型专业人才要求不仅是成本核算与管理的行家,而且还要熟悉生产工艺流程、产品设计与性能。特别是生产技术人员、企业管理人员要懂成本。培养全员成本意识,人人身上有成本,人人肩上有指标,成本控制贯穿于企业生产经营的全过程,为 ABC 与 ABM 的顺利实施创造良好环境。

(三)改善业绩评价方法,提高实施效果

传统成本核算体系下,企业大多以产值、利润、销售收入等作为考评指标,往往忽视成本指标,许多管理者缺乏成本意识,所以经常造成成本信息失真,成本失控,企业虚盈实亏,流转困难等现象。而作业成本法下需要改变这种业绩评价方法,作为一种新鲜事物,必然受到来自各方的压力,特别是来自上层管理者与基层实施者的压力。但是,如果评价方法不改善,作业成本管理的实施效果就会大打折扣。这种新的业绩评价体系要求不仅对产品的生产成本进行评价,更重要的是要对生产经营过程中的每个作业进行评价。要求运用价值工程与战略管理相结合、责任成本与目标成本相结合、利润与成本相结合的方法来进行。这样才能保证 ABC 与 ABM 的先进性和实施效果。ABC 与 ABM 在先进汽车制造企业的实施应用是一个漫长而复杂的过程,但是它通过回归分析等模型试图寻找与所有成本耗用均相关的成本动因,但在一个作业中很难将资源耗费与成本动因建立线性关系。通过对作业流程的细分,划分出非常多的作业中心及繁杂的作业点,而实际上有很多作业流程的资源量无法统计。最后我们先选择出相对独立的、对产品的形成影响较大的主要作业,然后再确定作业中与主要的成本消耗相关性较大的成本动因来进行作业成本核算。

(来源:WWW.ITPUB.NET)

第十章
Chapter 10

平衡计分卡与战略绩效管理

【学习要点及目标】

通过本章的学习,应该了解战略绩效评价的特点与功能,掌握战略绩效评价的工具——平衡计分卡。理解平衡计分卡的战略绩效评价思想,掌握平衡计分卡的战略绩效评价的内容;能够进行公司战略目标的选择和战略重点的确定,并能据此进行平衡计分卡目标值、指标值的确定以及相关权重的确定。

【导入案例】

龙运公司是一家制造企业,该企业所处的制造行业竞争激烈。龙运公司制定的远景规划是"我们应向顾客提供最好的服务,并在质量标准方面处于行业领先地位。"该远景规划分解为五个战略目标:实现股东预期利益;超出顾客预期和需要的服务;高水平的顾客满意度;生产效率、设备可靠性、灵敏性的不断提高,成本得到降低;高质量雇员和持续的创新能力。

龙运公司又把远景规划和战略目标转化成平衡计分卡的四套绩效测评指标。

(1)财务指标:包含两个对股东很重要的指标。资本报酬率和现金流反映了对短期结果的偏好。同时龙运公司的管理层增加了两个财务指标:项目盈利性,集中于把项目作为计划和控制的基本单位;销售储备,有助于减少绩效的不确定性。

(2)顾客方面:龙运公司针对根据价格选择供货商的顾客设立了价格指数,把关于竞争位置的可得信息综合起来,以确保当竞争加剧时能保住此类顾客的生意。对于那些不根据价格选择供货商的顾客,则与其保持长期的合作关系,以达到互利共赢的目的。企业还请某组织和顾客对企业的顾客满意度进行调查分析,并统计企业市场份额。另外,企业对以下两方面进行评估:满足顾客需求的时间以及按时提供产品和服务的效率。根据评估结果进一步改善现状,提高企业形象。

(3)内部过程:为了构造出内部程序的测评指标,龙运公司的管理人员界定从认识顾客需求到满足顾客需求所经过的生命周期。企业根据顾客日益增长的需求变化,开发出适应这种变化的创新型产品,将其投入生产并推向市场,从而取得新产品销售收入。同时拓宽销售渠道,形成销售的良好态势。在生产过程中,加强产品的质量检验,提高产品合格率,降低内部和外部损失成本,为顾客提供优质的产品和服务。

(4)学习与成长方面:学习和成长的目的在于加速财务、顾客和内部经营程序的改进。在龙运公司,这类改进除了来自于内部业务程序的不断改善外,还来自于会带来新的收入来源和市场扩展的产品和服务创新。为了同时促进产品、服务创新和业务改进,企业认为有必要为雇员创造一种充满激励气氛的环境。职员态度调查和雇员建议数量的统计指标都可以用来衡量是否创造了这样一种氛围,是否充分调动员工的积极性和创造性。与此同时,加强企业内部的信息交流,提高信息覆盖面,以保证员工能够及时了解关于客户、内部经营方面的信息反馈。

表10.1　龙运公司平衡计分卡主要绩效指标

维度	主要战略目标	关键绩效评价指标
财务维度	提高收入、实现股东预期利益	资本报酬率、现金流、项目盈利性、销售储备等
顾客维度	超出顾客预期和需要的服务、高水平的顾客满意度	价格指数、顾客满意度、市场份额、按时交货率、客户平均响应时间等
内部经营过程维度	建立基于项目生命周期的测评指标、实现优质经营	新产品占营业收入的比重、产品检验时间、产品一次交验合格率等
学习与成长维度	加速财务、顾客和内部程序的改进	员工满意度、雇员建议被采纳数量、信息覆盖比率、员工知识水平提高程度等

龙运公司通过实施平衡计分卡绩效评价体系,加快了产品更新换代,提高了生产效率和产品以及服务的质量,降低了生产、销售与服务的成本,有效地满足了顾客需求。同时也促使企业管理者坚持"创新与发展"的理念,着眼于企业的长远发展,努力做到精益求精,推动实现企业的可持续发展。

第一节 支持战略绩效评价的平衡计分卡

一、战略绩效评价

(一)战略绩效评价的相关概念

绩效不同于一般意义上的效率或效益,它是指利用经济资源实现某种目标的程度。由于经济主体的多元性,导致了目标的多元化,绩效是多元目标的综合反映,是效率和效益两类指标的综合效果,它通过这两类指标的不同关系反映出不同经济主体目标的实现程度。评价是指为了达到一定的目的,运用特定的指标,比照统一的标准,采取规定的方法,对事物作出价值判断的一种认识活动。

企业的绩效评价是指运用数理统计和运筹学等方法,采用特定的指标体系,对照统一的评价标准,按照一定的程序,通过定量定性对比分析,对企业一定经营期间的经营效益和经营者业绩做出客观公正和准确的综合评价。

战略绩效评价是以战略为导向,通过战略引导绩效评价指标的设计,采用财务和非财务指标结合的方法动态地衡量战略目标的满足程度,并提供及时的反馈信息的方法,以便企业形成正确的决策,从而推动企业可持续发展。

一种科学的绩效评价系统是成功实施战略的关键,而传统的绩效评价过于偏重短期的财务指标,难以适应企业可持续发展的需要。战略绩效评价是将已发生的结果与预先确定的评价标准进行对比来判断战略实施状况的好坏,通过绩效评价反馈的信息为战略实施提供控制性信息并适时地修正和调整企业的战略。运用战略绩效评价的各种方法可以促进企业针对现有状况提出建设性的建议,提高生产效率和效益,推动企业的可持续发展。

(二)战略绩效评价的特点

1. 全局性

战略绩效评价是以企业的全局为对象,将视角扩大到企业整体,研究的范围更加广泛,从而能够提供更及时、更有效的信息。战略绩效评价既重视企业的主要活动,也重视企业的辅助活动;既重视生产制造,也重视其他价值链活动,如人力资源管理、技术管理、后勤服务等;同时,它既着眼于现有的活动,即经营范围的活动,又着眼于各种可能的活动,如扩大经营范围的前景分析等。

2. 非财务性

战略绩效评价注重非财务信息的价值。诸如质量、需求量、市场占有份额等非财务信息可以用来衡量企业的业绩，同时也可以使企业管理者看到其长期发展的能力，并能针对企业发展中存在的不足，提出建设性意见，采取相应措施，使企业经营管理者在进行战略决策时从更广阔的视野、更综合的内容上考虑，为企业能够形成长期的竞争优势创造有利条件，利足于长远发展。

3. 长期性

战略绩效评价注重对企业可持续发展能力的评价。在充分考虑企业战略目标的基础上，注重对企业长远发展潜力的评价，侧重衡量企业的长期利益以及未来企业的驱动因素，如用智力资本投资比率（企业总投资中对人力资源投资所占的比重）衡量企业的长远发展潜力，揭示企业对未来成长能力的预先准备情况。

4. 动态性

战略绩效评价是一个动态绩效评价系统，它将企业战略、具体行动和绩效评价不断重新组合，形成一个有效的评价体系。战略需要通过具体行动来实施，而绩效评价则要指导战略的实施，并通过观测实际效果来调整战略和计划。战略绩效评价将绩效评价指标与战略结合起来，主要从提高竞争地位的角度来评价业绩，抓住了绩效评价的本质，能充分促进企业工作质量的提高。

5. 外部相关性

战略绩效评价重视与外部相关利益主体的关系，在注重企业内部经营管理过程的同时，将视野投向企业外部的利益主体，关注如何吸引顾客、如何令股东满意、如何获取政府的支持以及如何赢得公众的好评等。从外部利益相关者那里可以获得企业发展所需要的信息，帮助企业创造未来价值，对企业的长远发展起到重要作用。

（三）战略绩效评价的功能

战略绩效评价在企业的经营过程中发挥着重要的作用，它有利于企业管理者了解企业的现状，克服缺点，引导经营者采取有效措施弥补差距，对企业行为产生深刻影响。企业利益相关者可以借助战略绩效评价的结果综合了解企业经营状况及其发展变化趋势，有利于企业建立和健全激励和约束机制，提高企业经营管理者的综合能力。概括起来，企业战略绩效评价具有衡量、预测和管理三个方面的功能。

1. 衡量功能

衡量是企业战略绩效评价的基本功能。评价的过程就是对企业经营业绩进行价值判断的过程。它通过对各种评价指标的预算,反映企业经营管理的状况,并将测算的指标值与评价标准进行综合比较,对企业的盈利能力、发展能力和综合竞争能力等作出价值判断,从而客观、全面、公正地反映和衡量企业经营管理的水平。

2. 预测功能

了解过去,认识现在是为了预测未来。企业战略绩效评价的重要功能是通过对企业当前业绩的评价去预测和判断企业经营活动的未来发展趋势,从而使企业利益相关者能更好地规划未来,把握企业的发展方向。

3. 管理功能

企业开展战略绩效评价的根本目的在于强化企业管理,提高企业的经营管理能力和综合竞争力,形成竞争优势。企业只有把绩效评价工作与加强管理有机地结合起来,才能使评价工作不流于形式,才能把评价结果转化为企业发展的动力和压力,才能更好地迎接未来的挑战,使企业保持长期的竞争优势。评价的管理功能是现代企业最为主要的功能,在评价中居于核心地位。

二、平衡计分卡——战略绩效评价的工具

(一)平衡计分卡的提出

平衡计分卡是美国哈佛商学院教授罗伯特·卡普兰和复兴全球战略集团总裁大卫·诺顿于1992年最早提出的。平衡计分卡是企业战略实施、战略绩效评价的有力工具。

平衡计分卡要求企业组织应从财务、顾客、内部经营过程、学习与成长等多个层面综合审视自身业绩,它采用了衡量企业未来业绩的驱动因素的方法,在短期与长期目标、财务和非财务指标、滞后和领先指标、外部和内部业绩指标方面,进行全方位衡量。

罗伯特·卡普兰与大卫·诺顿认为,平衡计分卡是把企业及其内部各部门的任务和决策转化为多样的、相互联系的目标,然后再把目标分解成多项指标的多元绩效评价系统。平衡计分卡的作用在于"化战略为行动",支持企业的战略管理,为绩效评价提供工具。

(二)平衡计分卡及其基本思想

平衡计分卡是把企业及其内部各部门的任务和决策转化为多样的、相互联系的目标,然后再把目标分解为多项指标的多元绩效评价系统。平衡计分卡的作用在于"化战略为行动",支持企业的战略管理,为绩效评价提供工具。它采用了衡量企业未来业绩的驱动因素的方法,在短期与长期目标、财务和非财务指标、滞后和领先指标、外部和内部业绩方面,进行全方位的企业战略绩效的衡量。平衡计分卡将企业的远景、使命和发展战略与企业的绩效评价联系起来,

把企业的使命和战略变为具体目标和测评目标,以实现战略和绩效的有机结合。平衡计分卡特别注重员工的满意度、保持率、生产率,对员工的激励、授权和协作,培育员工的知识技能与技术能力,把企业与员工的利益统一起来,以获取和保持企业的可持续发展的动力。

平衡计分卡的框架如图10.1所示。

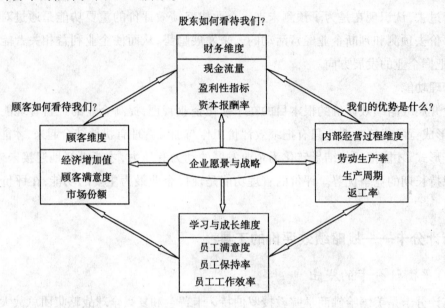

图10.1 平衡计分卡框架示意图

平衡计分卡的思想归根到底体现的是"平衡"的思想,具体表现为
第一,财务指标和非财务指标的平衡;
第二,长期目标和短期目标的平衡;
第三,企业组织内外部不同群体利益的平衡;
第四,结果指标和驱动指标的平衡。

三、平衡计分卡绩效评价体系的内容

平衡计分卡通过建立一整套财务与非财务指标体系,对企业的经营业绩进行综合、全面、系统地评价。这种评价方法克服了单一财务指标体系的不足,既有利于正确评价企业的经营业绩和竞争实力,也有利于企业全体员工对企业战略目标、经营计划的理解,还有利于企业经营决策的正确制定和战略性竞争优势的形成。平衡计分卡绩效评价体系主要由财务、顾客、内部经营和学习与成长四个层面的绩效评价指标组成,在选择了评价指标之后,有必要确定平衡计分卡四个方面及其绩效评价指标的权重,以使绩效评价更加科学合理。

(一)财务角度

企业经营的直接目的和结果是为股东创造价值,所以利润始终是企业所追求的最终目标,提高财务绩效是任何企业生存与发展的基础。公司财务性绩效指标,能够综合地反映公司业绩,可以直接体现股东的利益。因此,平衡计分卡将财务指标作为所有指标评价和衡量的焦点,它一直被广泛地应用于对公司的业绩进行控制和评价,并在平衡计分卡中予以保留。

(二)顾客角度

在现今这个顾客至上的年代,公司只有更好地向顾客提供所需的产品和服务,满足顾客需要,才能拥有更多的顾客,从而提高企业竞争力,创造更好的经济效益。从顾客角度考核管理者业绩,是非财务绩效直接评价中的一个重要方面,要求企业决策层将顾客服务的目标转化为具体可行的措施与测评指标,正确反映与顾客相关的各种因素。平衡计分卡为了解决顾客方面的问题,选择了一套几乎适用于所有企业的评价指标,即"核心评价组"指标,主要包括"市场份额"、"顾客获得率"、"顾客保持率"、"顾客满意程度"、"顾客盈利水平"。这些指标构成了一个因果链,如图10.2所示。

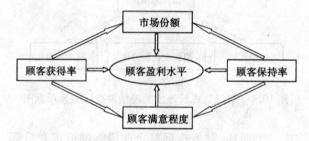

图10.2 核心评价组主要指标因果关系示意图

(三)内部经营角度

公司财务业绩的实现,顾客各种需求的满足,以及股东价值的追求,都需要靠其内部的良好经营来支持。这一过程又可细分为创新、生产经营和售后服务三个具体过程,如图10.3所示,它们对于提高顾客满意度和实现组织的财务目标有重大影响。

(四)学习与成长角度

企业的学习与成长类指标反映的是一个组织为创造和保持长期的成长和发展所必需的基础性投资的状况,主要来自三个方面的资源:人员、信息系统和企业的程序。前面的财务、顾客和内部经营过程目标,通常显示出在现有的人员、系统和程序的能力与实现突破性业绩目标所要求的能力之间的差距。为了弥补这些差距,企业就要投资于培训员工、提高信息系统技术,组织好企业程序,其中提高员工能力、激发员工士气尤为重要。学习与成长维度的关键绩效指标之间的关系如图10.4所示。

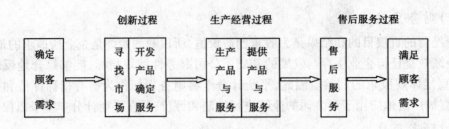

图 10.3　内部生产经营过程示意图

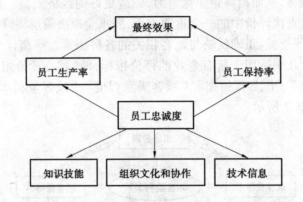

图 10.4　学习与成长维度关键绩效指标关系示意图

以上这四个方面构成一个循环:财务指标是企业最终的追求和目标,也是企业存在的根本物质保证;而要提高企业的利润水平,必须以顾客为中心,要提高准时交付率,满足顾客需求,提高顾客满意度;而要满足顾客,必须加强自身建设,对企业内部经营过程进行一系列的改善,提高企业内部的经营效率;而提高企业内部效率的前提是企业及员工的学习与成长,它包括各种流程的重组与优化,加强质量目标与绩效指标的管理,将其列为员工的工作业绩指标,只有形成员工的自觉行为,企业的长远活力、能力才有保障。在这四个角度中,财务评价是企业的最终目的,顾客评价是关键,内部经营评价是基础,企业学习与成长评价是核心,它囊括了一般企业在发展中所需要满足的几方面的关键因素。

四、平衡计分卡绩效评价体系的优越性

平衡计分卡从创立到现在的实践中,其优越性得到了充分的验证,与传统的绩效评价体系相比,平衡计分卡的优点突出表现在以下几个方面。

(一)实现了财务指标与非财务指标的平衡

财务指标的最大优点在于其可以定量化,便于操作,但其缺点是单纯的数量指标不能反映

企业的全貌，同样数值的指标在不同行业、不同企业和同一行业的不同发展阶段，其意义都不尽相同。非财务指标主要反映的是那些关系企业长远发展的关键因素，因而与企业的战略规划密切相关。非财务指标的运用可以更好地实现战略性绩效评价的目标，推动企业战略上的成功，有效弥补财务绩效评价指标易导致企业短期行为的缺陷。在平衡计分卡中，既包括财务指标，如营业收入、利润率、现金流量等，又包括非财务指标，如顾客满意度、顾客保持程度、创新能力、员工培训次数等。平衡计分卡绩效评价体系将财务指标和非财务指标有机地结合起来，在运用财务指标保持对短期经营业绩关注的同时，又通过非财务指标揭示了企业在保持长期财务业绩和竞争优势方面取得的成果。这种财务指标与非财务指标的综合运用使得绩效评价更合理、更科学。

（二）揭示了企业价值创造的动因

平衡计分卡所包含的财务、顾客、内部经营、学习与成长四个方面之间具有因果关系，其中，财务方面的指标是根本，其他方面的指标是为财务指标服务的。同时，这四个方面又是环环相扣、紧密相连的。根据这一关系，企业在针对不良绩效进行事后分析时，就能够很容易地查找到产生问题的根本原因所在；在事前预算与事中控制时，也能从根本处入手，针对薄弱环节采取有效措施，从而能够保证财务指标的实现，切实提高企业的获利能力。

（三）有助于企业战略管理的实施

战略管理是现代企业管理的需要，是企业管理的高级阶段。平衡计分卡以企业战略为基础，将一整套财务和非财务指标联系在一起，其实质是战略管理系统的一部分。通过建立平衡计分卡，将企业的远景和战略转化为一系列相互联系的衡量指标，确保组织各个层面了解长期战略，促使各级部门采取有利于实现远景和战略的行动，将部门及个人目标与企业长期战略紧密联系在一起，从而加快企业战略目标的实现。

（四）指标间的因果关系增强了企业管理的透明度

平衡计分卡的四个方面之间存在着的紧密的因果关系，使得企业能够很容易地把各个部门的工作具体化，将任务和策略转换成有形的目标，并加以计量和评价。既便于企业进行事前预算，也便于事中控制，更方便了事后查找原因，使企业管理更加透明、有序。

五、平衡计分卡的指标体系设计

平衡计分卡以战略和远景为中心，从财务、顾客、内部经营过程和学习与成长四个维度出发，综合衡量、评价企业的绩效。平衡计分卡注重各维度之间的因果关系和相互作用、相互影响，从影响企业绩效的深层次原因出发，建立能够最终改善和反映企业财务绩效的各项评价指标并在实施评价的过程中不断进行反馈和修正。基于平衡计分卡的四个维度建立的平衡计分卡的指标体系见表10.2。

表10.2　平衡计分卡评价指标体系

维度		主要战略目标	关键绩效指标
财务维度	成长阶段	提高市场占有率、增加销售收入	销售（营业）收入增长率、投资周转率、总资产周转率等
	维持阶段	一定投资下利润最大化	销售利润率、投资报酬率、经济增加值等
	成熟阶段	现金净流量最大化	净现金流量等
顾客维度	产品和服务质量	提高产品和服务质量、提高客户满意度	顾客满意度、市场占有率、按时交货率、顾客平均响应时间等
	企业与顾客的关系	挖掘新顾客、保留老顾客	新顾客开发率、潜在顾客转变率、顾客投诉妥善处理率、合同执行情况等
	组织形象	改善企业形象、提高知名度和美誉度	品牌知名度、品牌美誉度、企业形象综合指标等
内部经营过程维度	创新过程	研制和开发新产品、满足顾客需求	新产品占营业收入的比重、独家产品占营业收入的比重、研发周期等
	生产经营过程	提供高质量的产品和服务、实现优质经营	生产周期、订单需求满足率、产品检验时间、产品一次检验合格率等
	售后服务过程	保护顾客经济权益、维护企业形象和声誉	客诉处理一次成功率、售后瑕疵和退货处理、服务反应时间等
学习与成长维度	员工技能	提高员工满意度、提高劳动生产率、衡量企业对雇员培训效果	员工满意度、员工保持率、员工工作效率、知识水平提高程度、培训费用增长率等
	信息系统能力	加强企业信息沟通、得到及时的信息反馈	信息覆盖比率、信息系统更新成本、信息反馈速度和周期等
	员工积极性和创造性	协调管理者和员工的关系、调动员工积极性	员工建议被采纳比例、雇员提出合理化建议的数量等

第二节　平衡记分卡的编制

平衡记分卡为企业目标的实现提供行动计划和为目标的实现程度提供度量工具，编制平衡记分卡，要依据企业的战略重点，要依次编制企业整体的平衡记分卡、各职能部门的平衡记分卡及各岗位与个人的平衡记分卡。平衡记分卡的编制是按照一定的流程规则来进行的，包括确定战略重点、设定平衡记分卡的战略目标与指标、构建公司各级平衡记分卡和将行动纳入平衡记分卡等。

一、平衡记分卡的编制原则

（一）总体战略导向原则

平衡记分卡是现代战略绩效管理的有效工具，它与传统的绩效管理工具最大的进步在于从战略角度对业绩进行衡量与评价，因此以总体战略导向为原则构建平衡记分卡最基本的一个原则。平衡记分卡的各个指标的设置一定要能体现公司战略的重点，而在有限的计划资源配置上，也要根据其对战略的驱动作用分清主次、轻重和急缓。

（二）侧重关键绩效指标原则

在构建平衡记分卡，进行关键绩效指标设定时，应当突出那些最为关键的绩效关注点，尽量去选择那些与公司价值关联度较大、与部门及职位职责结合更紧密的指标。通常在分配关键指标权重时，如果该指标的权重过低（一般不低于5%），则不纳入平衡记分卡，否则会分散绩效责任人的注意力，影响其将精力集中在最关键的绩效指标上。

（三）关键绩效指标适当原则

在确定指标值时，要注意各个指标应当具有一定的挑战性但又可实现。指标值的确定不能过高，也不能过低，如果指标的值设置过高，无法实现，就不具激励性；如果指标值设置过低，就不利于公司绩效成长。在分解指标时，所设置的关键绩效指标必须是绩效责任人能够控制、能够驱动的，也就是说平衡记分卡关键绩效指标要与部门或员工的职责和权利相一致，否则就会导致目标任务无法实现。

（四）绩效评价体系与其他系统协调化原则

平衡记分卡的编制还必须与公司全面预算、流程优化、组织设计、岗位设置及任职资格体系等紧密相连，配套使用。例如，平衡记分卡的各个指标值的确认依赖于上述全面财务预算提供数据支持，同时在支持计划的资源配置上要将平衡记分卡及各单项行动计划预算相连接。在构建平衡记分卡的过程中，要坚持让绩效责任人、绩效管理者和管理层多方参与，一方面可以使各方的潜在利益冲突暴露出来，便于通过一些政策性程序来解决这些冲突，从而确保绩效计划制订得更加科学合理；另一方面使得责任人对自身的目标充分认同，提高其目标实现的动力。

二、平衡记分卡的编制流程

平衡记分卡的编制是按照一定的流程规则来进行的，主要包括确定战略、确定战略重点、设定平衡记分卡的战略目标与指标以及进一步构建公司各级平衡记分卡和将行动纳入平衡记分卡等几个步骤。

（一）确定战略

确定战略是平衡记分卡编制的第一个步骤。在该步骤要确定公司的使命、价值观及愿景。

1. 使命

在构建平衡记分卡时候，正确地描述使命可以确定平衡记分卡设置的目标与指标是否与公司的使命保持一致。企业的使命有广义和狭义之分。狭义的使命是以产品为导向的，它明晰了公司的基本业务领域，即生存的目的；但同时也限制了公司的活动范围，甚至可能剥夺其发展机会。广义的使命则是从公司实际条件出发，将使命高度提高到更高的角度来看，是以企业目前实际条件为基础而又并不局限于目前的条件的限制。每一个企业从其建立开始，就应当承担相应的责任并履行相应的使命，确定使命是制定公司战略的第一步。一个好的使命应当明确公司生存的目的；应该给公司创造性发展提供广阔的空间；应该明确区别于其他企业并长期有效；应该明晰，易于理解。

2. 核心价值观

在平衡记分卡构建中，正确的价值观引导着公司员工如何去设定实现平衡记分卡目标的行动计划，使自己的行为与核心价值观保持高度的一致。核心价值观是为实现使命而提炼出来并予以倡导的，指导公司员工共同行为的准则。它决定和影响着公司员工的行为，并通过公司员工的行为而表现出来，核心价值观一方面要来自于公司传统的沉淀；另一方面，核心价值观的提炼必须考虑公司的使命，要能使得价值观能够支持公司最为根本的存在目的。一个真正的企业核心价值观必须体现在行为上，必须是被公司全体员工所接受并认同的一种观念。核心价值观要保持一定的稳定性，并随着客观环境变化不断地调整，是否被员工认同是判断公司核心价值观的重要必要标准之一。

3. 愿景

愿景是对公司未来 5 至 10 年甚至更长时间最终远景的描述，对于平衡记分卡来说，这是比使命、价值观更重要的一个步骤。愿景是在一定的使命与价值观之下的企业发展目标，经过一段时间后，公司的愿景可以随着环境的变化而调整，但是使命和价值观则在相当长的时间内不应该是变化的。愿景是公司使命和价值观在特定时期的一种折射，它应当与使命、价值观保持一致，而不应当与使命和价值观相违背。愿景应当能吸引利益相关者，愿景的力量应该在于它是可实现而又具有挑战性的。由于愿景制定出公司的期望的经营活动领域、结果及在相关利益方心目中的形象，它对于设定确认平衡记分卡的维度、目标与指标都有很大帮助。任何目标、指标都不能与愿景相违背。

（二）确定战略重点

1. 战略重点的含义

使命、价值观和愿景是未来的理想，这个伟大的理想必须转化为可触及的目标才有现实的意义。这就要求企业根据使命、价值观和愿景来进一步确定战略重点。所谓战略重点，是指能体现公司战略成功的主要方面,是连接公司使命、愿景与实际行动计划的纽带。公司的每个战略重点是互相独立并且不同的,但每个战略重点又都是切合组织实际,并可以实现的,由战略重点可以分解出战略目标,每一个战略重点都对应着一个或者更多的目标,战略重点关注并指明,对企业来讲什么是最重要的。

2. 战略重点的确定方法

(1)研讨会

可以将研讨会作为确定战略重点的方法,可以对研讨会上每个人选择的战略重点进行统计检查投票的数量,将得票最多的战略目标作为备选的战略重点。对于备选的战略重点再进行数次反复的研讨后,就可以得到连接平衡记分卡的战略重点。

(2)利益相关者分析

公司的战略与平衡记分卡要关注的是公司最关键、最重点的利益相关者,可以征求公司的利益相关者的意见并将他们的意见归纳、整理出来,同时可以将平衡记分卡维度确定下来。事实上,当明确了公司的战略重点后,就开始有了平衡记分卡最原始的一个雏形了。利益相关者需求分析表见表10.3。

表10.3 利益相关者需求分析表

利益相关者	主要需求	重点对策	可能涉及的维度
股东	主营业务收入	关注一级市场开发	
	利润	控制直接材料成本	
	产品盈利能力	加大X产品销售力度	财务类
客户	产品质量	加大质量控制力度	客户类
	产品多样化	提升产品创新能力	学习发展类
	价格优惠	服务意识与水平	内部运营类
	服务到位	控制直接材料成本	
	品牌形象	品牌宣传与建设	
员工	职业发展	企业文化建设	
	关心与认同	沟通渠道畅通	内部运营类
	薪资福利	培训与教育	学习发展类
	能力素质提升	薪酬福利体系	

(三)设定平衡记分卡的战略目标与指标的原则

战略目标是企业战略构成的一个基本内容,它所表明的是公司在履行其使命,向着愿景迈进过程中要达到的结果。使命、价值观和愿景一般没有具体的数量特征及时间限定,但是战略目标则不同,它是为公司在一段时间内所需要实现的各项行动进行数量的评价,所以战略目标可以是定性的,也可以是定量的。

1. 可行性原则

公司的战略实施和评价主要是通过公司全体员工和外部公众来共同完成的,因此战略目标首先必须能被他们理解并尽量符合他们的利益。在设定公司的战略目标时,一个好的战略目标必须首先具备可接受性,即有关利益相关者各方都能够理解并接受企业的战略目标。还需要特别强调的是,由于不同的利益相关者有着互不相同,甚至是经常冲突的目标,例如股东追求利润最大化;员工需要工资和有利的工作条件;管理人员希望拥有更多的权利和地位;顾客期望获得高质量的产品;政府则要求纳税人尽可能多的纳税;供应商要求采购商及时付款等。这些可能相互矛盾的需求是要进行权衡、处理的。

2. 可衡量原则

为了使得战略目标能对公司经营活动的结果给予准确地衡量,战略目标还必须是具体的、可检验的,即目标必须明确,具体地说明将在什么时间达到什么结果。在可以量化的条件下,尽量将目标定量化是使目标具有可检验性的最有效的方法,在无法量化的条件下,也需要使其具备可衡量性。在设定目标时可以参考 SMART 原则来进行,即具体的(Specific)、可衡量的(Measurable)、具有野心的(Ambitious)、现实的(Realistic)以及可跟踪的(Trackable)。

3. 目标适当性原则

企业战略目标应当是既可实现又具有挑战性,目标既不能脱离实际定得过高,也不可妄自菲薄把目标定得过低;过高的目标会挫伤员工的积极性、浪费企业的资源,过低的目标容易被员工所忽视、错过市场机会。当确定了总体的战略目标后,还应当尽量按照时间的阶段进行分解,把它转化为战略规划期间内各个时点上的子目标,它们将为编制年度的经营计划提供指导。

(四)确定驱动战略重点或战略目标的主要指标

表 10.4 是一些常用指标,可以参考选择。

表 10.4　一些常用的指标

财务类指标	顾客类指标	内部运营类指标	学习发展类指标
净资产收益率	市场占有率	新产品占营业收入的百分比	劳动生产率
总资产报酬率	相对市场占有率	独家产品占营业收入的百分比	员工满意度
销售(营业)利润率	各类顾客购买量占该特定产品销售量的百分比	新产品上市速度和竞争(计划)之比	员工流失率

续表 10.4

财务类指标	顾客类指标	内部运营类指标	学习发展类指标
成本费用利润率	旧顾客续约率	开发下一代产品平均间隔时间	员工留住率
总资产周转率	现有顾客业务成长率	研发周期	员工轮岗实施率
流动资产周转率	新顾客开发率	研发样品一次交验合格率	任职资格达标率
存货周转率	潜在顾客转变率	产品初次设计至投产的设计变更次数	关键职位人才培养率
应收账款周转率	顾客满意度	设计错误造成的损失占营业收入的比例	培训计划完成率
资产负债率	顾客获利率	订单需求满足率	员工文化程度提高率 培训覆盖率
流动比率	品牌知名度	采购周期	人均培训时数
速动比率	品牌美誉度	采购物料一次交验合格率	培训天数
现金流动负债率 长期资产适合率	企业形象综合指数	呆滞物料比例	个人培训参加率
销售(营业)增长率		制造周期	技术资料收集
人均销售增长率 人均利润增长率		产品检验时间	文件制订满足要求率
总资产增长率		单位里程运输时间	员工建议得到认可和激励的百分率
投资回报率		每百万个产品的不良率	
资本保值增值率		良品率	
社会贡献率		产品一次交验合格率	
总资产贡献率		废料率	
全员劳动生产率		废品率	
产品销售率		退换货率	
		故障回应速度周期	
		客诉处理一次成功率	
		流程效率	
		售后瑕疵和退货处理	

三、构建公司平衡记分卡

(一) 战略目标的转化

在设定出战略目标,总结出每个维度的主要指标后,就可以进行指标设置了。指标设置可以分为两个步骤来完成。

第一步,从战略目标中提炼出关键绩效指标见表10.5。

表 10.5 关键绩效指标

战略重点		目标设定	关键绩效指标
编号	内容		
1	增加利润	20××年实现利润×××万,20××年实现……,20××年……	利润
		20××年成本费用总额占销售收入的××%,20××年实现……,20××年……	成本费用总额
2	增加营业收入	20××年产品销售收入达到×个亿,20××年实现……,20××年……	销售收入
		20××年一级市场客户达到××家,20××年实现……,20××年……	一级市场客户数量
3	提升盈利能力	20××年实现××产品销售收入占主营业务收入的××%,20××年实现……,20××年……	××产品销售收入比重
4	关注客户满意度,提高供应链的效率	20××年能使××%关键客户客达到满意……,20××年实现……,20××年……	关键客户满意度
		20××年能满足××%订单需求得到满足……,20××年实现……,20××年……	订单需求满足率
		20××年产品因质量原因退换货率控制在×%以下……,20××年实现……,20××年……	退换货率
5	提高人才梯队能力素质,关注员工满意度	20××年实现××%关键职位员工能力素质达标……,20××年实现……,20××年……	关键职位员工任职资格达标率
		20××获得××%的员工满意……,20××年实现……,20××年……	员工满意度

第二步,将流程分析的结果与战略重点或目标相连接,找出与战略直接相关联的流程绩效指标见表10.6。

表10.6 与战略相关的流程指标

流程指标	流程级别	流程绩效指标	利润	成本费用	销售收入	市场占有率	×产品销售收入比重	关键客户满意度	……	员工满意度
研发管理流程	1级	研发周期与速度			√	√		√	√	
		研发成本		√						
		新品研发成功数量			√					
		研发样品一次交验合格率						√		
中试管理流程	1级	中试周期与速度				√		√		
		中试成本		√						
		中试样品一次交验合格率		√						
…… 客诉处理流程	……（售后）2级	……				√				√
		……								√
		……								
		客户平均响应时间						√		
		客户投诉妥善处理率						√		

经过上述两个步骤后，可以得到两种类型的指标。滞后（结果）性指标和领先（驱动）性指标。所谓的滞后（结果）性指标是指在平衡记分卡某个维度中属于结果性的指标，而领先（驱动）性指标则是驱动滞后（结果）性的绩效驱动要素，它们之间有着原因与结果的内在逻辑关系。在一般情况下，大部分财务指标都是滞后（结果）性的指标；而顾客、学习发展类既有滞后（结果）性指标，也有领先（驱动）性指标；学习发展类指标大部分为领先（驱动）性指标。

（二）平衡记分卡指标的筛选

选择出能充分体现公司战略重心并适用的最为关键性的指标,对战略的实施起着决定性的作用。一般来说,从战略目标直接推导出的指标及直接驱动其实现的流程指标是纳入公司层面平衡记分卡的指标。平衡记分卡所选择的指标必须与整体战略目标一致,该指标应具有可控制性、可实施性、可信性、可衡量性、明晰性、应符合节约成本原则。

当经过筛选确定了公司的指标后,所要做的就是在选择的指标之间寻找因果关系链条。因果关系链也是平衡记分卡区别于传统业绩考核的一个重要方面,它可以通过存在相互支持、逻辑关联的指标最直观地反映出公司的战略,所选择的指标要精简,对于不是反映公司的战略重点的指标可以分解至更低一个层次(比如部门级)的平衡记分卡上去,在公司层面的平衡记分卡上要保留的是能反映公司战略重点的重要指标。

（三）分配指标权重

分配公司层面考核指标的权重,能够帮助最终确认公司层面的考核指标。企业平衡记分卡考核指标的数量不能过多,否则将不利于权重分配并突出公司战略的重点。在进行指标权重分配时,尽量去选择那些滞后(结果)性的指标,否则就会分散被考核主体的注意力。

1. 权重分配原则

①所有关键绩效指标的权重之和为 1;

②单个指标或目标的权重最小不能小于 5%;

③各指标或目标权重比例应具有一定差异,避免出现平均分配权重比例的状况,确定权重时,对公司战略重要性高的指标或目标权重高,被评估人影响直接且影响显著的指标或目标权重高,权重分配在同级别、同类型岗位之间应具有一致性,又兼顾每个岗位的独特性。

2. 权重分配方法

指标权重的分配有很多种方法,专家判断法是一种比较常用的评价指标权重的设计方法。专家判断法可大体分为两种,一种称为专家会议法,另一种则是由美国的兰德公司发展的专家判断法,即德尔菲法。专家会议法的特点是采用召开会议的方式,将有关专家召集在一起,向他们提出要决策的问题,让他们通过讨论做出选择和判断。这种方法的优点是效率高、费用较低,一般能很快取得一定的结论。通过专家判断法可以得出各项指标对于公司的重要程度大小,将指标按照重要性原则进行排序,然后将排名在前十名或者更少的指标放在公司层面,这种方法称为主观经验法;另外一种方法是权值因子法。所谓权值因子法是运用权值因子判断表对设计的各个指标进行两两比较,并评估分值来确定权重的方法。权值因子法的实施步骤为:

(1)制定并填写权值因子判断表(表10.7),将行因子与列因子进行比较。如果采用四分值时,非常重要的指标为 4 分;比较重要的指标为 3 分,同样重要的指标为 2 分,不太重要的指标为 1 分,很不重要的指标为 0 分。

表 10.7　权值因子判断表

序号	评价指标	评价指标						评分值
		指标1	指标2	指标3	指标4	指标5	指标6	
1	指标1	×	4	4	3	3	2	16
2	指标2	0	×	3	2	4	3	12
3	指标3	0	1	×	1	2	2	6
4	指标4	1	2	3	×	3	3	12
5	指标5	1	0	2	1	×	2	6
6	指标6	2	1	2	1	2	×	8

（2）对各位人员所填权值因子判断表进行统计并将统计结果折算为权重，统计结果见表 10.8。

表 10.8　权值统计计算表

序号	评价指标	评价者								评分总计	平均评分	权值	调整后权值
		1	2	3	4	5	6	7	8				
1	指标1	15	14	16	14	16	16	15	16	122	15.25	0.254	0.25
2	指标2	16	8	10	12	12	12	11	8	89	11.25	0.185	0.20
3	指标3	8	6	5	5	6	7	9	8	54	6.75	0.112	0.10
4	指标4	8	10	10	12	12	11	12	8	83	10.37	0.173	0.20
5	指标5	5	6	7	7	6	5	5	8	49	6.12	0.102	0.10
6	指标6	8	16	12	10	8	9	8	12	83	10.37	0.172	0.15
合计		60	60	60	60	60	60	60	60	480	60	1.000	1.00

（四）确定指标值

在进行指标权重分配并最终确认了公司层面的考核指标后，就可以开始为每个目标设定指标值了。首先确定每一个指标的值要分几个级别，例如对于利润指标目前通行的做法是将指标值设计为两个：一是目标指标值，二是挑战指标值。

1. 目标指标值

目标指标值是指某项指标应达到的、最基本的完成标准。通常反映在正常市场环境中、正常经营管理水平下，绩效责任主体在某项指标上应达到的绩效表现。确定目标指标值时首先可参考过去相类似指标在相同市场环境下完成的平均水平,并根据情况的变化予以调整;其次可参照一些行业、国家及国际标准来确定;同时对于部门及员工层面的指标,还应参考上级相关指标所设定的目标值,保证下级单位对上级单位目标值的分解;最后应结合本公司战略的侧重点,服务于本公司关键经营目标的实现。

2. 挑战指标值

挑战指标值是某项指标完成效果上的最高期望值。设定挑战性目标值时,要在基本目标的基础上,对波动性较强的指标设定较高的挑战性目标;反之亦然。如某公司有A,B两家子公司,其销售收入分别为1 000万元和6 000万元,但由于两个子公司所生产的产品盈利能力不同,A、B两公司的年度利润目标分别定为100万元和400万元。但A公司的总规模小,即使绩效完成再好,最多实现150万元利润,而B公司的总规模大,市场价格稍有提升,就可能实现500万元利润。这样的情况下,只设定目标指标值对二者进行同样的考核显然不合理。而如果将A的挑战性目标值定为150万元,B公司的挑战目标值定为600万元,就可以抵消因指标波动性差异对绩效考核结果造成的不良影响。

经过前面几个步骤的实施,公司层面的平衡记分卡基本构建完成,公司层面的各项指标对整个企业的战略绩效管理起着决定性的关键作用,关系到企业的绩效管理成败和未来长远发展,但公司层面的各项指标过于宏观,企业各部门和员工缺乏对该指标的实际执行力,要使平衡记分卡实际发挥作用,就要将公司层面的指标进一步分解,使部门和员工都能明确各自的职责,使平衡记分卡成为公司全体员工的战略行动指南。

(五)构建部门平衡记分卡

在完成公司层面的平衡记分卡构建工作后,就要进行部门平衡记分卡构建。这项工作的前提是检查、改进原有组织架构设置是否存在问题,并对部门的职能进行描述(流程分析、组织架构、任职资格体系及职位分析等);随后,对公司层面的平衡计分卡指标体系进行分解,在分解的同时要注意根据各个部门的职能对分解的指标进行修正、补充,并兼顾其与部门分管上级的指标关联度;在得到部门的平衡计分卡指标体系后,同样要根据部门策略的重点选择出考核指标与分解指标,还要对部门的考核指标进行检验,剔除一些不符合实际情况的KPI指标;同时分管领导和部门经理共同确认部门的考核指标并对这些指标进行解释,最后,与公司层面设计程序相同,在公司的经营计划中找出部门目标对应的单项行动计划,这里不再赘述。

当完成上述工作后,可以得到部门层面的平衡记分卡了,它和各个部门的行动计划、部门经理的学习发展计划共同构成公司部门层面的经营绩效计划,经过公司批准后,这些部门的经营绩效计划就可以付诸于实施了。

(六)构建个人平衡记分卡

当完成部门层面平衡记分卡与绩效计划的编制后,就可以开始构建员工个人层面的平衡记分卡。和部门平衡记分卡与绩效计划编制一样,这项工作的前提是职位梳理,明晰岗位的职责并建立任职资格体系。岗位职责是设定个人的平衡计分卡指标的依据,而任职资格体系则是确定个人学习发展计划的重要前提条件。首先,将部门平衡计分卡指标体系在部门内部各岗位之间进行分解,并结合岗位职责进行补充、修正以选择考核指标;在完成对上述指标的检视后,还需要对各个指标进行解释,在获得岗位的平衡计分卡指标后,就可以组织个人平衡记分卡的填写工作,并指导各级主管与员工编制学习发展计划。员工个人平衡记分卡和学习发展计划构成了员工个人绩效计划的主要内容。

四、将行动计划纳入平衡记分卡

将公司各种行动计划与平衡记分卡上的指标相连接,是实现平衡记分卡为企业战略活动起到指导作用的关键步骤。连接指标与行动计划大致分为四个步骤:

1. 汇总现有的各项行动计划

首先通过公司的计划管理部门和财务部门收集相关的计划方面的信息资料。一般来说需要收集的有营销、研发、采购、生产、售后服务及人力资源与行政等方面的各个单项的计划文件。

2. 分析各项行动与战略目标的关系并补充行动

第一步,对收集上来的各项行动计划进行分析,寻找它们和战略目标(指标)之间的对应关系,可以把与公司战略目标直接相关的行动计划挑选出来,放入公司层面的平衡记分卡中,对于那些与战略目标非直接相关的计划,可以放在下一个层级的平衡记分卡中讨论。

第二步,根据现有的战略目标对支持的行动计划进行讨论,寻找出一些必要的但遗漏的行动计划,将其补充到平衡记分卡中。

3. 与预算相连接,调整、修正所有的行动计划

公司层面的行动计划确定后,还不是最终确定的行动计划。因为计划需要资源来保障,需要将财务预算的资金在这些计划之间进行分配。一般情况下,所能调配的资金和初步确认的各个计划所需资金之间会有很大的差距。要优先保障那些与战略直接相关的计划,有限的财务资金应当尽量向那些与战略目标直接相关的计划倾斜。可以将所有的计划按照与战略目标的相关程度的进行排序,那些排在前面的、相关程度越强的计划,是资金优先安排的对象。一般来说,公司层面平衡记分卡上的备选行动计划是首先要保证的,然后才是部门层面的计划和员工个人层面的计划。

4. 将行动计划纳入平衡记分卡

经过预算资金的分配后,最终确定了要实施的行动计划。接下来要做的就是将这些行动计划纳入到平衡记分卡中。至此就得到了完整的平衡记分卡。

本章小结

平衡记分卡作为现代战略绩效管理的有效工具,它与传统的绩效管理工具相比的最大进步在于从战略角度对业绩进行衡量与评价,因此以总体战略导向为原则是构建平衡记分卡最基本的一个原则。平衡记分卡的各个指标的设置一定要能体现公司战略的重点。

平衡计分卡绩效评价体系主要由财务、顾客、内部经营和学习与成长四个层面的绩效评价指标所组成,在选择了评价指标之后,有必要确定平衡计分卡四个方面及其绩效评价指标的权重,以使绩效评价更加科学合理。财务指标是企业最终的追求和目标,也是企业存在的根本物质保证;而要提高企业的利润水平,必须以顾客为中心,满足顾客需求,提高顾客满意度;而要满足顾客,必须加强企业内部经营过程的改善,提高企业内部的经营效率;而提高企业内部效率的前提是企业及员工的学习与发展。在这四个层面中,财务评价是企业的最终目的,顾客评价是关键,内部经营评价是基础,企业学习与发展评价是核心,它囊括了企业在发展中所需要满足的关键因素。

自测题

一、概念题

战略 绩效 绩效评价 平衡计分卡 关键性指标 驱动因素

二、简答题

1. 平衡记分卡法与传统绩效评价方法相比有哪些异同?
2. 如何根据公司的战略重点进行平衡记分卡指标的筛选?
3. 如何设置顾客层面的指标?
4. 如何进行学习与成长类指标的选择与修正?
5. 如何将公司的行动计划纳入平衡记分卡?
6. 从战略目标中提炼出关键绩效指标?
7. 如何评价平衡记分卡的优点与不足?

【案例分析】

某市邮政局应用平衡计分卡的案例

1. 某市邮政局的平衡计分卡绩效考核模式构建

某市邮政局于为三级中心局,共有邮政支局(所)116处,经营业务多元化。为实现邮政局的利润增长战略,财务目标就是提高收入,那么可从扩大收入的来源和提高经营效率两方面着手。从战略上看,这意味着该邮政局要以现有客户为基础,从中找出可为其提供更为广泛服务的客户,然后向他们提供额外的、附加的产品和服务。

该邮政局目前面临两个问题:①在突出重点的同时,需要寻找新的业务增长点,使产品向多元化方向发展,努力提高邮政局的经济效益;②需要为社会提供多元化的优质服务,满足各方面的需求,努力提高邮政局的社会效益。

长期以来,该邮政局在考核业绩时主要以内部衡量、财务评价为主。这种考核模式随着经济及企业的发展,其弊端凸现:①过分注重利用财务指标进行定量分析,很少利用非财务指标进行定性分析,使得所得的评价信息不能全面、系统地反映企业的业绩水平。②过分关注任务结果的质和量,往往忽视业绩过程及环境对企业整体业绩的影响。③因为利用一整套固定的评价指标体系贯穿于企业发展成长的始终,所以忽视了企业发展的周期性。④偏重于对会计利润的衡量,注重短期的财务成果,忽视企业的长远利益,与企业的发展目标相悖。如果仍使用原有财务评价模式,很难解决该邮政局目前所面临的问题。利用平衡计分卡,该邮政局可通过以下两方面的战略来解决问题:①制定收入增长目标,减少收入的不稳定因素;②提高服务效率,改进营业水平,把客户转移到快而便捷的低成本部门。平衡计分卡可通过客户角度、内部流程角度以及学习与成长角度测评绩效的指标,弥补传统财务指标的不足,使邮政局能在了解财务结果的同时,又能掌握自己在增强未来发展能力方面取得的进展状况。平衡计分卡不只是单纯地对邮政局经营成果进行财务测评,它还能提供产品、程序、顾客和市场开发等关键领域的信息,有助于其取得突破性发展。

该邮政局拟改进其绩效评价模式,实施平衡计分卡绩效评价方案,希望所设计实施的平衡计分卡能对其今后发展产生积极效果。其开发平衡计分卡从自身战略出发,把战略目标与现存状况相结合,既可以使邮政局的高层管理者高瞻远瞩,把战略开发与业务状况相联系,又可以通过平衡计分卡体系,方便地掌握企业内部各个部门的运作状况,发现企业中存在的各种问题,改善企业的管理水平。

2. 某市邮政局平衡计分卡评价的指标体系确定

平衡计分卡把邮政局的使命和战略转变为可衡量的目标和方法时,将这些目标和方法分为四个方面:财务、客户、内部经营过程、学习与成长。平衡计分卡不仅包括了财务指标,也包括了如客户延续率等非财务指标,这样可以加强信息交流,收集更多重要的信息资源,更全面地反映该邮政局的经营运作情况。该邮政局可使员工的日常工作与企业战略目标"增加收入,提高服务效率"建立了一种自然的联系,为战略目标的实现提供有力保证。同时平衡计分卡的开发还可以帮助邮政局及时考评战略执行的情况,根据需要每月或每季度实时调整战略、目标和考核指标。

在确定扩大收入来源的财务目标,确认客户新的价值以及增进客户对邮政局提供的咨询服务的信息之后,如果想使经营战略获得成功,综合业绩评价体系就必须对邮政局内部的经营活动作出规定:①理解客户的需求;②开发新的产品与服务;③交叉提供产品。因此,邮政局管理层在客户方面选择客户延续率和新客户的数目两个指标。在内部经营方面,分为研发流程指标、营运流程指标、售后服务流程指标三个层次，这三大类指标可以用来判断邮政局在内部经营方面是否转向适当渠道，是否使企业出现的问题降到最低，以及是否能对这些问题做出迅速反应。企业应对每一个经营过程进行调整，以适应新战略的需要。各个部门的员工积极采取行动，为客户介绍服务类型，并提供一切服务。此外，邮政局还应根据客户的情况，对重要的客户设置专门服务，并对这些重要客户提供上门服务。拟订新的销售服务流程，旨在推销"关系"，员工在这一新的销售服务流程中要更像是客户的顾问。

内部经营目标确定后自然要确定一整套更细的指标，以改进员工的工作效率并实行利润增长战略。综合业绩评价体系的学习和成长过程要求：①销售人员掌握多种技能；②掌握更多的信息（客户有关的资料）；③为新的工作表现制定一整套的鼓励措施；④从大目标出发，每个员工要制定相应的小目标。这些指标应包括员工满意程度、职位适任率、员工获得需要信息的及时性、员工作出贡献得到奖励的比率等。利用这些主要的指标可以对员工的素质进行综合改革后的结果评价，以此达到预期效果：①提高本职工作的技能，增加掌握多种技能员工的比例；②增加接触信息和数据的途径及掌握信息的员工的比例；③建立与雇员个人目标相结合的激励机制；④员工制定个人目标的比率。这些措施将为实行全新的管理过程奠定基础。以掌握多种技能为例，包括邮政局将实行的改革在内的每一项改革战略，最终都将要求选定部分员工掌握新的技能，以适应新形势的需要。提高员工素质对企业的经营战略最终获得成功具有至关重要的意义。

平衡计分卡适应政府对邮政局等国有企业管理需要，有利于促进政府和企业关系转化，主要是有利于国家正确评价企业的业绩，对企业进行诊断。

【阅读资料】

某制造企业主要从事大型机器设备的生产，在行业中处于领先地位。企业管理者发现，目前在制造企业中存在一些问题，如成本数据准确性差、计算不准确；产品质量差、稳定性差、可靠性差；元器件质量差、寿命周期短，影响整体产品质量；研发费用低；生产计划与采购计划脱节，不能准时交货；人工管理信息，造成信息分散、传递不及时、不准确，从而影响管理决策的科学性；缺乏专业技术人员等。面对整个行业中存在的问题，企业管理者采取一系列措施，使企业尽量避免出现这些问题，或者尽可能地减少由于这些问题带来的损失。这些措施包括：

（1）采用目标成本法从设计阶段即建立成本降低目标，从而致力于在产品生命周期各阶段实现成本降低。企业通过运用目标成本法，有力地指导了管理者的经营决策，降低了产品整个生命周期的成本。

（2）加大质量控制力度，提高产品质量。在采购和生产中严把质量关，为顾客提供优质的产品，避免由于质量问题影响企业声誉和形象。在原材料的采购过程中要选择信誉好的供应商，选择质量优良、成本适中的原材料，保持与供应商的合作关系，实现互利共赢。

(3) 加大研发费用支出,推动技术升级,产品更新换代,实现产品多样化。企业以市场为导向,开发高效低耗的大型成套设备和高新技术产品,开发有知识产权的产品,促进产品的专业化、系列化,提高对市场的适应能力,形成自我开发能力,打破行业、部门界限,树立全局观念,强化技术管理。

(4) 推行生产计划控制方法,包括自主生产计划、物料需求计划、车间作业计划等。

通过采用这一系列方法缩短产品生产周期、采购周期,将生产与采购紧密结合,快速响应顾客需求,最大限度地降低库存和成本,提高售后服务水平。

(5) 建立覆盖整个企业的基于计算机网络的管理信息系统,通过计算机实现信息化管理,将信息集中管理,提高信息传递的效率和准确性,运用统计分析工具,监督和提高质量水平。同时,建立以顾客为中心的动态信息反馈和监控体系,实现对每项任务从合同签订、设计、生产、采购、成本核算到成品发货、售后服务全过程的动态跟踪。

(6) 选拔并聘用具有专业技术的人员,并且对其进行培训,加大培训费用支出,形成一支专业技术团队,提升企业的技术水平和创新能力。

通过阅读以下资料,回答下列问题:

假设该企业现准备生产三种不同类型的机器,它们的预计生命期为60年,欲利用目标成本法计算确定这三种机器投产的可行性。这三种类型机器的综合性数据见表10.9,对其期间成本的具体分析见表10.10、表10.11和表10.12。

(1) 根据表10.10、表10.11和表10.12的数据计算间接成本,填入表10.13中,并计算现行条件的设计总成本;同时运用目标成本法进行可行性分析。

(2) 简要说明价值链管理的相关知识在该企业中的应用。

(3) 简要说明平衡计分卡的相关知识在该企业中的应用。

表10.9 三种类型机器的综合性数据

	机器1	机器2	机器3
预计生命周期内总产量	770 000	2 100 000	1 400 000
目标平均单位售价/元	7 800	4 500	6 000
目标平均单位利润/元	1 000	700	900
目标单位成本/元	6 800	3 800	5 100
根据现行条件的设计成本/元:			
原材料成本	2 200	1 500	2 000
外购件成本	2 000	1 100	1 000
间接成本			
合计			

表10.10　成本动因数据表

"单位"层次的间接成本

成本项目	动因	单位动因成本/元	动因单位		
			机器1	机器2	机器3
装配	装配小时	32	6	2	4
质量保证	检测小时	40	2	1	2
再加工	人工小时	30	3	1	3
原材料整理	整理小时	22	4	2	3

"批"层次的间接成本

成本项目	动因	单位动因成本/元	动因单位		
			机器1	机器2	机器3
搬运	搬运小时	45	5	4	3
准备	准备小时	235	7	3	6

表10.11　产品间接成本分配数据表

"产品"层次的间接成本

成本项目	机器1		机器2		机器3	
	总成本/元	单位成本/元	总成本/元	单位成本/元	总成本/元	单位成本/元
工程	57 750 000	75	52 500 000	25	49 000 000	35
监督	4 620 000	6	4 620 000	2.2	4 620 000	3.3

注:"产品"层次的间接成本是用为完成预计生产各产品在它们生命期内的总产量预计总成本除以该产品在该期间内的总产量而得到的单位成本。

表10.12　综合能力间接成本分配数据表

"综合能力维持"层次的间接成本

成本项目	动因	单位动因成本/元	动因单位		
			机器1	机器2	机器3
综合性管理费用	人工小时	13	10	6	8
综合性制造费用	原材料成本	0.02	2 300	1 600	2 200

注:"综合能力维持"层次的间接成本是指为完成预计生产各产品在它们生命期内的总产量预计的以成本动因表现的综合能力维持成本。

(1)对以上诸表数据进行综合,可得到表 10.12 中各产品生命期内预计的目标成本、设计成本、目标利润、预计利润的对比情况。

表 10.13 各产品生命期内成本、利润比较表

	机器 1	机器 2	机器 3
生命期内总产量	770 000	2 100 000	1 400 000
单位售价/元	7 800	4 500	6 000
材料成本/元:	4 200	2 600	3 000
原材料成本	2 200	1 500	2 000
外购件成本	2 000	1 100	1 000
"单位"层次成本:			
装配	192	64	128
质量保证	80	40	80
再加工	90	30	90
原材料整理	88	44	66
"批"层次成本:			
搬运	225	180	135
准备	1645	705	1410
"产品"层次成本:			
工程	75	25	35
监督	6	2.2	3.3
"综合能力维持"层次成本			
综合管理费用	130	78	104
综合制造费用	46	32	44
间接成本合计:	2577	1200.2	2095.3
总设计成本	6777	3800.2	5095.3
预计利润	1023	699.8	904.7
目标利润	1000	700	900
预计利润与目标利润之差	23	-0.2	4.7

由计算可知:该企业选择生产机器 1 和机器 3 均可实现目标利润,具有可行性。

（2）价值链分析方法认为企业的竞争优势来源于企业在设计、生产、营销、交货等过程及辅助过程中所进行的多种相互分离的活动，所有这些活动可以用价值链表现出来。价值可以表现为多种形式，如现金流、产品质量、服务品质、认可程度等。企业应通过对价值链中的各个环节进行管理来增加企业价值。该企业强调采购的作用，采购管理将影响外购投入的质量及生产成本、检查成本和产品质量。因此应加强采购管理，促进生产活动的顺利进行。同时注重研究开发的作用，积极开发高效低耗设备以开拓市场，满足顾客需求。企业在设计、采购、生产、交货等环节均采取了改进措施，很大程度上降低了成本，提高了企业价值。

（3）该企业把战略转化为综合业绩评价体系内的具体目标和评估手段，分别从财务、顾客、内部经营过程和学习与成长四个角度进行改善和评估。

①财务维度。针对成本数据准确性差、计算不准确的问题，采用目标成本法进行计算，确定各种方案的实施可行性。借此提供用以全面分析企业财务状况的可用数据信息，使企业管理者和外部利益相关者对企业的财务状况有清晰认识，进而推动企业可持续发展。在对财务维度进行评估时，可选择成本费用利润率、存货周转率等指标。

②顾客维度。由于产品质量差会影响顾客忠诚度和企业形象，并且会导致新顾客减少、市场份额下降，故需提高产品质量，提高顾客满意度。对顾客维度评估时可采用的指标包括市场占有率、新顾客开发率、顾客满意度等。

③内部经营过程维度。由于研发费用低、生产计划与采购计划脱节，会影响产品更新换代、顾客需求的满足程度。因此企业以市场为导向，加大研发支出，形成自我开发能力，并且将生产计划和采购计划紧密结合，以此来满足市场需求。对内部经营过程维度评估时，可选用研发周期、独家产品占营业收入的百分比、故障回应速度周期等指标。

④学习与成长维度。针对信息分散、不准确、缺乏技术人员等问题，企业通过计算机实现信息化管理，建立以顾客为中心的信息反馈体系，加强信息沟通。并且进行技术人员培训，提高技术水平和创新能力。对学习与成长维度评估时可采用的指标包括：培训覆盖率、员工满意度、信息覆盖比率等。

附 表

附表1 复利终值系数表

期数	1%	2%	3%	4%	5%	6%	7%	8%
1	1.010 0	1.020 0	1.030 0	1.040 0	1.050 0	1.060 0	1.070 0	1.080 0
2	1.020 1	1.040 4	1.060 9	1.081 6	1.102 5	1.123 6	1.144 9	1.166 4
3	1.030 3	1.061 2	1.092 7	1.124 9	1.157 6	1.191 0	1.225 0	1.259 7
4	1.040 6	1.082 4	1.125 5	1.169 9	1.215 5	1.262 5	1.310 8	1.360 5
5	1.051 0	1.104 1	1.159 3	1.216 7	1.276 3	1.338 2	1.402 6	1.469 3
6	1.061 5	1.126 2	1.194 1	1.265 3	1.340 1	1.418 5	1.500 7	1.586 9
7	1.072 1	1.148 7	1.229 9	1.315 9	1.407 1	1.503 6	1.605 8	1.713 8
8	1.082 9	1.171 7	1.266 8	1.368 6	1.477 5	1.593 8	1.718 2	1.850 9
9	1.093 7	1.195 1	1.304 8	1.423 3	1.551 3	1.689 5	1.838 5	1.999 0
10	1.104 6	1.219 0	1.343 9	1.480 2	1.628 9	1.790 8	1.967 2	2.158 9
11	1.115 7	1.243 4	1.384 2	1.539 5	1.710 3	1.898 3	2.104 9	2.331 6
12	1.126 8	1.268 2	1.425 8	1.601 0	1.795 9	2.012 2	2.252 2	2.518 2
13	1.138 1	1.293 6	1.468 5	1.665 1	1.885 6	2.132 9	2.409 8	2.719 6
14	1.149 5	1.319 5	1.512 6	1.731 7	1.979 9	2.260 9	2.578 5	2.937 2
15	1.161 0	1.345 9	1.558 0	1.800 9	2.078 9	2.396 6	2.759 0	3.172 2
16	1.172 6	1.372 8	1.604 7	1.873 0	2.182 9	2.540 4	2.952 2	3.425 9
17	1.184 3	1.400 2	1.652 8	1.947 9	2.292 0	2.692 8	3.158 8	3.700 0
18	1.196 1	1.428 2	1.702 4	2.025 8	2.406 6	2.854 3	3.379 9	3.996 0
19	1.208 1	1.456 8	1.753 5	2.106 8	2.527 0	3.025 6	3.616 5	4.315 7
20	1.220 2	1.485 9	1.806 1	2.191 1	2.653 3	3.207 1	3.869 7	4.661 0
21	1.232 4	1.515 7	1.860 3	2.278 8	2.786 0	3.399 6	4.140 6	5.033 8
22	1.244 7	1.546 0	1.916 1	2.369 9	2.925 3	3.603 5	4.430 4	5.436 5
23	1.257 2	1.576 9	1.973 6	2.464 7	3.071 5	3.819 7	4.740 5	5.871 5
24	1.269 7	1.608 4	2.032 8	2.563 3	3.225 1	4.048 9	5.072 4	6.341 2
25	1.282 4	1.640 6	2.093 8	2.665 8	3.386 4	4.291 9	5.427 4	6.848 5
26	1.295 3	1.673 4	2.156 6	2.772 5	3.555 7	4.549 4	5.807 4	7.396 4
27	1.308 2	1.706 9	2.221 3	2.883 4	3.733 5	4.822 3	6.213 9	7.988 1
28	1.321 3	1.741 0	2.287 9	2.998 7	3.920 1	5.111 7	6.648 8	8.627 1
29	1.334 5	1.775 8	2.356 6	3.118 7	4.116 1	5.418 4	7.114 3	9.317 3
30	1.347 8	1.811 4	2.427 3	3.243 4	4.321 9	5.743 5	7.612 3	10.062 7

续附表1

期数	9%	10%	11%	12%	13%	14%	15%	16%
1	1.090 0	1.100 0	1.110 0	1.120 0	1.130 0	1.140 0	1.150 0	1.160 0
2	1.188 1	1.210 0	1.232 1	1.254 4	1.276 9	1.299 6	1.322 5	1.345 6
3	1.295 0	1.331 0	1.367 6	1.404 9	1.442 9	1.481 5	1.520 9	1.560 9
4	1.411 6	1.464 1	1.518 1	1.573 5	1.630 5	1.689 0	1.749 0	1.810 6
5	1.538 6	1.610 5	1.685 1	1.762 3	1.842 4	1.925 4	2.011 4	2.100 3
6	1.677 1	1.771 6	1.870 4	1.973 8	2.082 0	2.195 0	2.313 1	2.436 4
7	1.828 0	1.948 7	2.076 2	2.210 7	2.352 6	2.502 3	2.660 0	2.826 2
8	1.992 6	2.143 6	2.304 5	2.476 0	2.658 4	2.852 6	3.059 0	3.278 4
9	2.171 9	2.357 9	2.558 0	2.773 1	3.004 0	3.251 9	3.517 9	3.803 0
10	2.367 4	2.593 7	2.839 4	3.105 8	3.394 6	3.707 2	4.045 6	4.411 4
11	2.580 4	2.853 1	3.151 8	3.478 6	3.835 9	4.226 2	4.652 4	5.117 3
12	2.812 7	3.138 4	3.498 5	3.896 0	4.334 5	4.817 9	5.350 3	5.936 0
13	3.065 8	3.452 3	3.883 3	4.363 5	4.898 0	5.492 4	6.152 8	6.885 8
14	3.341 7	3.797 5	4.310 4	4.887 1	5.534 8	6.261 3	7.075 7	7.987 5
15	3.642 5	4.177 2	4.784 6	5.473 6	6.254 3	7.137 9	8.137 1	9.265 5
16	3.970 3	4.595 0	5.310 9	6.130 4	7.067 3	8.137 2	9.357 6	10.748 0
17	4.327 6	5.054 5	5.895 1	6.866 0	7.986 1	9.276 5	10.761 3	12.467 7
18	4.717 1	5.559 9	6.543 6	7.690 0	9.024 3	10.575 2	12.375 5	14.462 5
19	5.141 7	6.115 9	7.263 3	8.612 8	10.197 4	12.055 7	14.231 8	16.776 5
20	5.604 4	6.727 5	8.062 3	9.646 3	11.523 1	13.743 5	16.366 5	19.460 8
21	6.108 8	7.400 2	8.949 2	10.803 8	13.021 1	15.667 6	18.821 5	22.574 5
22	6.658 6	8.140 3	9.933 6	12.100 3	14.713 8	17.861 0	21.644 7	26.186 4
23	7.257 9	8.954 3	11.026 3	13.552 3	16.626 6	20.361 6	24.891 5	30.376 2
24	7.911 1	9.849 7	12.239 2	15.178 6	18.788 1	23.212 2	28.625 2	35.236 4
25	8.623 1	10.834 7	13.585 5	17.000 1	21.230 5	26.461 9	32.919 0	40.874 2
26	9.399 2	11.918 2	15.079 9	19.040 1	23.990 5	30.166 6	37.856 8	47.414 1
27	10.245 1	13.110 0	16.738 7	21.324 9	27.109 3	34.389 9	43.535 3	55.000 4
28	11.167 1	14.421 0	18.579 9	23.883 9	30.633 5	39.204 5	50.065 6	63.800 4
29	12.172 2	15.863 1	20.623 7	26.749 9	34.615 8	44.693 1	57.575 5	74.008 5
30	13.267 7	17.449 4	22.892 3	29.959 9	39.115 9	50.950 2	66.211 8	85.849 9

续附表1

期数	17%	18%	19%	20%	21%	22%	23%	24%
1	1.170 0	1.180 0	1.190 0	1.200 0	1.210 0	1.220 0	1.230 0	1.240 0
2	1.368 9	1.392 4	1.416 1	1.440 0	1.464 1	1.488 4	1.512 9	1.537 6
3	1.601 6	1.643 0	1.685 2	1.728 0	1.771 6	1.815 8	1.860 9	1.906 6
4	1.873 9	1.938 8	2.005 3	2.073 6	2.143 6	2.215 3	2.288 9	2.364 2
5	2.192 4	2.287 8	2.386 4	2.488 3	2.593 7	2.702 7	2.815 3	2.931 6
6	2.565 2	2.699 6	2.839 8	2.986 0	3.138 4	3.297 3	3.462 8	3.635 2
7	3.001 2	3.185 5	3.379 3	3.583 2	3.797 5	4.022 7	4.259 3	4.507 7
8	3.511 5	3.758 9	4.021 4	4.299 8	4.595 0	4.907 7	5.238 9	5.589 5
9	4.108 4	4.435 5	4.785 4	5.159 8	5.559 9	5.987 4	6.443 9	6.931 0
10	4.806 8	5.233 8	5.694 7	6.191 7	6.727 5	7.304 6	7.925 9	8.594 4
11	5.624 0	6.175 9	6.776 7	7.430 1	8.140 3	8.911 7	9.748 9	10.657 1
12	6.580 1	7.287 6	8.064 2	8.916 1	9.849 7	10.872 2	11.991 2	13.214 8
13	7.698 7	8.599 4	9.596 4	10.699 3	11.918 2	13.264 1	14.749 1	16.386 3
14	9.007 5	10.147 2	11.419 8	12.839 2	14.421 0	16.182 2	18.141 4	20.319 1
15	10.538 7	11.973 7	13.589 5	15.407 0	17.449 4	19.742 3	22.314 0	25.195 6
16	12.330 3	14.129 0	16.171 5	18.488 4	21.113 8	24.085 6	27.446 2	31.242 6
17	14.426 5	16.672 2	19.244 1	22.186 1	25.547 7	29.384 4	33.758 8	38.740 8
18	16.879 0	19.673 3	22.900 5	26.623 3	30.912 7	35.849 0	41.523 3	48.038 6
19	19.748 4	23.214 4	27.251 6	31.948 0	37.404 3	43.735 8	51.073 7	59.567 9
20	23.105 6	27.393 0	32.429 4	38.337 6	45.259 3	53.357 6	62.820 6	73.864 1
21	27.033 6	32.323 8	38.591 0	46.005 1	54.763 7	65.096 3	77.269 4	91.591 5
22	31.629 3	38.142 1	45.923 3	55.206 1	66.264 1	79.417 5	95.041 3	113.573 5
23	37.006 2	45.007 6	54.648 7	66.247 4	80.179 5	96.889 4	116.900 8	140.831 2
24	43.297 3	53.109 0	65.032 0	79.496 8	97.017 2	118.205 0	143.788 0	174.630 6
25	50.657 8	62.668 6	77.388 1	95.396 2	117.390 9	144.210 1	176.859 3	216.542 0
26	59.269 7	73.949 0	92.091 8	114.475 5	142.042 9	175.936 4	217.536 9	268.512 1
27	69.345 5	87.259 8	109.589 3	137.370 6	171.871 9	214.642 4	267.570 4	332.955 0
28	81.134 2	102.966 6	130.411 2	164.844 7	207.965 1	261.863 7	329.111 5	412.864 2
29	94.927 1	121.500 5	155.189 3	197.813 6	251.637 7	319.473 7	404.807 2	511.951 6
30	111.064 7	143.370 6	184.675 3	237.376 3	304.481 6	389.757 9	497.912 9	634.819 9

续附表1

期数	25%	26%	27%	28%	29%	30%
1	1.250 0	1.260 0	1.270 0	1.280 0	1.290 0	1.300 0
2	1.562 5	1.587 6	1.612 9	1.638 4	1.664 1	1.690 0
3	1.953 1	2.000 4	2.048 4	2.097 2	2.146 7	2.197 0
4	2.441 4	2.520 5	2.601 4	2.684 4	2.769 2	2.856 1
5	3.051 8	3.175 8	3.303 8	3.436 0	3.572 3	3.712 9
6	3.814 7	4.001 5	4.195 9	4.398 0	4.608 3	4.826 8
7	4.768 4	5.041 9	5.328 8	5.629 5	5.944 7	6.274 9
8	5.960 5	6.352 8	6.767 5	7.205 8	7.668 6	8.157 3
9	7.450 6	8.004 5	8.594 8	9.223 4	9.892 5	10.604 5
10	9.313 2	10.085 7	10.915 3	11.805 9	12.761 4	13.785 8
11	11.641 5	12.708 0	13.862 5	15.111 6	16.462 2	17.921 6
12	14.551 9	16.012 0	17.605 3	19.342 0	21.236 2	23.298 1
13	18.189 9	20.175 2	22.358 8	24.758 8	27.394 7	30.287 5
14	22.737 4	25.420 7	28.395 7	31.691 3	35.339 1	39.373 8
15	28.421 7	32.030 1	36.062 5	40.564 8	45.587 5	51.185 9
16	35.527 1	40.357 9	45.799 4	51.923 0	58.807 9	66.541 7
17	44.408 9	50.851 0	58.165 2	66.461 4	75.862 1	86.504 2
18	55.511 2	64.072 2	73.869 8	85.070 6	97.862 2	112.455 4
19	69.388 9	80.731 0	93.814 7	108.890 4	126.242 2	146.192 0
20	86.736 2	101.721 1	119.144 6	139.379 7	162.852 4	190.049 6
21	108.420 2	128.168 5	151.313 7	178.406 0	210.079 6	247.064 5
22	135.525 3	161.492 4	192.168 3	228.359 6	271.002 7	321.183 9
23	169.406 6	203.480 4	244.053 8	292.300 3	349.593 5	417.539 1
24	211.758 2	256.385 3	309.948 3	374.144 4	450.975 6	542.800 8
25	264.697 8	323.045 4	393.634 4	478.904 9	581.758 5	705.641 0
26	330.872 2	407.037 3	499.915 7	612.998 2	750.468 5	917.333 3
27	413.590 3	512.867 0	634.892 9	784.637 7	968.104 4	1 192.533 3
28	516.987 9	646.212 4	806.314 0	1 004.336 3	1248.854 6	1 550.293 3
29	646.234 9	814.227 6	1 024.018 7	1 285.550 4	1 611.022 5	2 015.381 3
30	807.793 6	1 025.926 7	1 300.503 8	1 645.504 6	2 078.219 0	2 619.995 6

附表2 复利现值系数表

期数	1%	2%	3%	4%	5%	6%	7%	8%
1	0.990 1	0.980 4	0.970 9	0.961 5	0.952 4	0.943 4	0.934 6	0.925 9
2	0.980 3	0.961 2	0.942 6	0.924 6	0.907 0	0.890 0	0.873 4	0.857 3
3	0.970 6	0.942 3	0.915 1	0.889 0	0.863 8	0.839 6	0.816 3	0.793 8
4	0.961 0	0.923 8	0.888 5	0.854 8	0.822 7	0.792 1	0.762 9	0.735 0
5	0.951 5	0.905 7	0.862 6	0.821 9	0.783 5	0.747 3	0.713 0	0.680 6
6	0.942 0	0.888 0	0.837 5	0.790 3	0.746 2	0.705 0	0.666 3	0.630 2
7	0.932 7	0.870 6	0.813 1	0.759 9	0.710 7	0.665 1	0.622 7	0.583 5
8	0.923 5	0.853 5	0.789 4	0.730 7	0.676 8	0.627 4	0.582 0	0.540 3
9	0.914 3	0.836 8	0.766 4	0.702 6	0.644 6	0.591 9	0.543 9	0.500 2
10	0.905 3	0.820 3	0.744 1	0.675 6	0.613 9	0.558 4	0.508 3	0.463 2
11	0.896 3	0.804 3	0.722 4	0.649 6	0.584 7	0.526 8	0.475 1	0.428 9
12	0.887 4	0.788 5	0.701 4	0.624 6	0.556 8	0.497 0	0.444 0	0.397 1
13	0.878 7	0.773 0	0.681 0	0.600 6	0.530 3	0.468 8	0.415 0	0.367 7
14	0.870 0	0.757 9	0.661 1	0.577 5	0.505 1	0.442 3	0.387 8	0.340 5
15	0.861 3	0.743 0	0.641 9	0.555 3	0.481 0	0.417 3	0.362 4	0.315 2
16	0.852 8	0.728 4	0.623 2	0.533 9	0.458 1	0.393 6	0.338 7	0.291 9
17	0.844 4	0.714 2	0.605 0	0.513 4	0.436 3	0.371 4	0.316 6	0.270 3
18	0.836 0	0.700 2	0.587 4	0.493 6	0.415 5	0.350 3	0.295 9	0.250 2
19	0.827 7	0.686 4	0.570 3	0.474 6	0.395 7	0.330 5	0.276 5	0.231 7
20	0.819 5	0.673 0	0.553 7	0.456 4	0.376 9	0.311 8	0.258 4	0.214 5
21	0.811 4	0.659 8	0.537 5	0.438 8	0.358 9	0.294 2	0.241 5	0.198 7
22	0.803 4	0.646 8	0.521 9	0.422 0	0.341 8	0.277 5	0.225 7	0.183 9
23	0.795 4	0.634 2	0.506 7	0.405 7	0.325 6	0.261 8	0.210 9	0.170 3
24	0.787 6	0.621 7	0.491 9	0.390 1	0.310 1	0.247 0	0.197 1	0.157 7
25	0.779 8	0.609 5	0.477 6	0.375 1	0.295 3	0.233 0	0.184 2	0.146 0
26	0.772 0	0.597 6	0.463 7	0.360 7	0.281 2	0.219 8	0.172 2	0.135 2
27	0.764 4	0.585 9	0.450 2	0.346 8	0.267 8	0.207 4	0.160 9	0.125 2
28	0.756 8	0.574 4	0.437 1	0.333 5	0.255 1	0.195 6	0.150 4	0.115 9
29	0.749 3	0.563 1	0.424 3	0.320 7	0.242 9	0.184 6	0.140 6	0.107 3
30	0.741 9	0.552 1	0.412 0	0.308 3	0.231 4	0.174 1	0.131 4	0.099 4

续附表2

期数	9%	10%	11%	12%	13%	14%	15%	16%
1	0.917 4	0.909 1	0.900 9	0.892 9	0.885 0	0.877 2	0.869 6	0.862 1
2	0.841 7	0.826 4	0.811 6	0.797 2	0.783 1	0.769 5	0.756 1	0.743 2
3	0.772 2	0.751 3	0.731 2	0.711 8	0.693 1	0.675 0	0.657 0	0.640 7
4	0.708 4	0.683 0	0.658 7	0.635 5	0.613 3	0.592 1	0.571 8	0.552 3
5	0.649 9	0.620 9	0.593 5	0.567 4	0.542 8	0.519 4	0.497 2	0.476 1
6	0.596 3	0.564 5	0.534 6	0.506 6	0.480 3	0.455 6	0.432 3	0.410 4
7	0.547 0	0.513 2	0.481 7	0.452 3	0.425 1	0.399 6	0.375 9	0.353 8
8	0.501 9	0.466 5	0.433 9	0.403 9	0.376 2	0.350 6	0.326 9	0.305 0
9	0.460 4	0.424 1	0.390 9	0.360 6	0.332 9	0.307 5	0.284 3	0.263 0
10	0.422 4	0.385 5	0.352 2	0.322 0	0.294 6	0.269 7	0.247 2	0.226 7
11	0.387 5	0.350 5	0.317 3	0.287 5	0.260 7	0.236 6	0.214 9	0.195 4
12	0.355 5	0.318 6	0.285 8	0.256 7	0.230 7	0.207 6	0.186 9	0.168 5
13	0.326 2	0.289 7	0.257 5	0.229 2	0.204 2	0.182 1	0.162 5	0.145 2
14	0.299 2	0.263 3	0.232 0	0.204 6	0.180 7	0.159 7	0.141 3	0.125 2
15	0.274 5	0.239 4	0.209 0	0.182 7	0.159 9	0.140 1	0.122 9	0.107 9
16	0.251 9	0.217 6	0.188 3	0.163 1	0.141 5	0.122 9	0.106 9	0.093 0
17	0.231 1	0.197 8	0.169 6	0.145 6	0.125 2	0.107 8	0.092 9	0.080 2
18	0.212	0.179 9	0.152 8	0.130 0	0.110 8	0.094 6	0.080 8	0.069 1
19	0.194 5	0.163 5	0.137 7	0.116 1	0.098 1	0.082 9	0.070 3	0.059 6
20	0.178 4	0.148 6	0.124 0	0.103 7	0.086 8	0.072 8	0.061 1	0.051 4
21	0.163 7	0.135 1	0.111 7	0.092 6	0.076 8	0.063 8	0.053 1	0.044 3
22	0.150 2	0.122 8	0.100 7	0.082 6	0.068	0.056	0.046 2	0.038 2
23	0.137 8	0.111 7	0.090 7	0.073 8	0.060 1	0.049 1	0.040 2	0.032 9
24	0.126 4	0.101 5	0.081 7	0.065 9	0.053 2	0.043 1	0.034 9	0.028 4
25	0.116 0	0.092 3	0.073 6	0.058 8	0.047 1	0.037 8	0.030 4	0.024 5
26	0.106 4	0.083 9	0.066 3	0.052 5	0.041 7	0.033 1	0.026 4	0.021 1
27	0.097 6	0.076 3	0.059 7	0.046 9	0.036 9	0.029 1	0.023 0	0.018 2
28	0.089 5	0.069 3	0.053 8	0.041 9	0.032 6	0.025 5	0.020 0	0.015 7
29	0.082 2	0.063	0.048 5	0.037 4	0.028 9	0.022 4	0.017 4	0.013 5
30	0.075 4	0.057 3	0.043 7	0.033 4	0.025 6	0.019 6	0.015 1	0.011 6

续附表2

期数	17%	18%	19%	20%	21%	22%	23%	24%
1	0.854 7	0.847 5	0.840 3	0.833 3	0.826 4	0.819 7	0.813 0	0.806 5
2	0.730 5	0.718 2	0.706 2	0.694 4	0.683 0	0.671 9	0.661 0	0.650 4
3	0.624 4	0.608 6	0.593 4	0.578 7	0.564 5	0.550 7	0.537 4	0.524 5
4	0.533 7	0.515 8	0.498 7	0.482 3	0.466 5	0.451 4	0.436 9	0.423 0
5	0.456 1	0.437 1	0.419 0	0.401 9	0.385 5	0.370 0	0.355 2	0.341 1
6	0.389 8	0.370 4	0.352 1	0.334 9	0.318 6	0.303 3	0.288 8	0.275 1
7	0.333 2	0.313 9	0.295 9	0.279 1	0.263 3	0.248 6	0.234 8	0.221 8
8	0.284 8	0.266 0	0.248 7	0.232 6	0.217 6	0.203 8	0.190 9	0.178 9
9	0.243 4	0.225 5	0.209 0	0.193 8	0.179 9	0.167 0	0.155 2	0.144 3
10	0.208 0	0.191 1	0.175 6	0.161 5	0.148 6	0.136 9	0.126 2	0.116 4
11	0.177 8	0.161 9	0.147 6	0.134 6	0.122 8	0.112 2	0.102 6	0.093 8
12	0.152 0	0.137 2	0.124 0	0.112 2	0.101 5	0.092 0	0.083 4	0.075 7
13	0.129 9	0.116 3	0.104 2	0.093 5	0.083 9	0.075 4	0.067 8	0.061 0
14	0.111 0	0.098 5	0.087 6	0.077 9	0.069 3	0.061 8	0.055 1	0.049 2
15	0.094 9	0.083 5	0.073 6	0.064 9	0.057 3	0.050 7	0.044 8	0.039 7
16	0.081 1	0.070 8	0.061 8	0.054 1	0.047 4	0.041 5	0.036 4	0.032 0
17	0.069 3	0.060 0	0.052 0	0.045 1	0.039 1	0.034 0	0.029 6	0.025 8
18	0.059 2	0.050 8	0.043 7	0.037 6	0.032 3	0.027 9	0.024 1	0.020 8
19	0.050 6	0.043 1	0.036 7	0.031 3	0.026 7	0.022 9	0.019 6	0.016 8
20	0.043 3	0.036 5	0.030 8	0.026 1	0.022 1	0.018 7	0.015 9	0.013 5
21	0.037 0	0.030 9	0.025 9	0.021 7	0.018 3	0.015 4	0.012 9	0.010 9
22	0.031 6	0.026 2	0.021 8	0.018 1	0.015 1	0.012 6	0.010 5	0.008 8
23	0.027 0	0.022 2	0.018 3	0.015 1	0.012 5	0.010 3	0.008 6	0.007 1
24	0.023 1	0.018 8	0.015 4	0.012 6	0.010 3	0.008 5	0.007 0	0.005 7
25	0.019 7	0.016 0	0.012 9	0.010 5	0.008 5	0.006 9	0.005 7	0.004 6
26	0.016 9	0.013 5	0.010 9	0.008 7	0.007 0	0.005 7	0.004 6	0.003 7
27	0.014 4	0.011 5	0.009 1	0.007 3	0.005 8	0.004 7	0.003 7	0.003 0
28	0.012 3	0.009 7	0.007 7	0.006 1	0.004 8	0.003 8	0.003 0	0.002 4
29	0.010 5	0.008 2	0.006 4	0.005 1	0.004 0	0.003 1	0.002 5	0.002 0
30	0.009 0	0.007 0	0.005 4	0.004 2	0.003 3	0.002 6	0.002 0	0.001 6

续附表2

期数	25%	26%	27%	28%	29%	30%
1	0.800 0	0.793 7	0.787 4	0.781 3	0.775 2	0.769 2
2	0.640 0	0.629 9	0.620 0	0.610 4	0.600 9	0.591 7
3	0.512 0	0.499 9	0.488 2	0.476 8	0.465 8	0.455 2
4	0.409 6	0.396 8	0.384 4	0.372 5	0.361 1	0.350 1
5	0.327 7	0.314 9	0.302 7	0.291 0	0.279 9	0.269 3
6	0.262 1	0.249 9	0.238 3	0.227 4	0.217 0	0.207 2
7	0.209 7	0.198 3	0.187 7	0.177 6	0.168 2	0.159 4
8	0.167 8	0.157 4	0.147 8	0.138 8	0.130 4	0.122 6
9	0.134 2	0.124 9	0.116 4	0.108 4	0.101 1	0.094 3
10	0.107 4	0.099 2	0.091 6	0.084 7	0.078 4	0.072 5
11	0.085 9	0.078 7	0.072 1	0.066 2	0.060 7	0.055 8
12	0.068 7	0.062 5	0.056 8	0.051 7	0.047 1	0.042 9
13	0.055 0	0.049 6	0.044 7	0.040 4	0.036 5	0.033 0
14	0.044 0	0.039 3	0.035 2	0.031 6	0.028 3	0.025 4
15	0.035 2	0.031 2	0.027 7	0.024 7	0.021 9	0.019 5
16	0.028 1	0.024 8	0.021 8	0.019 3	0.017 0	0.015 0
17	0.022 5	0.019 7	0.017 2	0.015 0	0.013 2	0.011 6
18	0.018 0	0.015 6	0.013 5	0.011 8	0.010 2	0.008 9
19	0.014 4	0.012 4	0.010 7	0.009 2	0.007 9	0.006 8
20	0.011 5	0.009 8	0.008 4	0.007 2	0.006 1	0.005 3
21	0.009 2	0.007 8	0.006 6	0.005 6	0.004 8	0.004 0
22	0.007 4	0.006 2	0.005 2	0.004 4	0.003 7	0.003 1
23	0.005 9	0.004 9	0.004 1	0.003 4	0.002 9	0.002 4
24	0.004 7	0.003 9	0.003 2	0.002 7	0.002 2	0.001 8
25	0.003 8	0.003 1	0.002 5	0.002 1	0.001 7	0.001 4
26	0.003 0	0.002 5	0.002 0	0.001 6	0.001 3	0.001 1
27	0.002 4	0.001 9	0.001 6	0.001 3	0.001 0	0.000 8
28	0.001 9	0.001 5	0.001 2	0.001 0	0.000 8	0.000 6
29	0.001 5	0.001 2	0.001 0	0.000 8	0.000 6	0.000 5
30	0.001 2	0.001 0	0.000 8	0.000 6	0.000 5	0.000 4

附表3 年金终值系数表

期数	1%	2%	3%	4%	5%	6%	7%	8%
1	1.000 0	1.000 0	1.000 0	1.000 0	1.000 0	1.000 0	1.000 0	1.000 0
2	2.010 0	2.020 0	2.030 0	2.040 0	2.050 0	2.060 0	2.070 0	2.080 0
3	3.030 1	3.060 4	3.090 9	3.121 6	3.152 5	3.183 6	3.214 9	3.246 4
4	4.060 4	4.121 6	4.183 6	4.246 5	4.310 1	4.374 6	4.439 9	4.506 1
5	5.101 0	5.204 0	5.309 1	5.416 3	5.525 6	5.637 1	5.750 7	5.866 6
6	6.152 0	6.308 1	6.468 4	6.633 0	6.801 9	6.975 3	7.153 3	7.335 9
7	7.213 5	7.434 3	7.662 5	7.898 3	8.142 0	8.393 8	8.654 0	8.922 8
8	8.285 7	8.583 0	8.892 3	9.214 2	9.549 1	9.897 5	10.259 8	10.636 6
9	9.368 5	9.754 6	10.159 1	10.582 8	11.026 6	11.491 3	11.978 0	12.487 6
10	10.462 2	10.949 7	11.463 9	12.006 1	12.577 9	13.180 8	13.816 4	14.486 6
11	11.566 8	12.168 7	12.807 8	13.486 4	14.206 8	14.971 6	15.783 6	16.645 5
12	12.682 5	13.412 1	14.192 0	15.025 8	15.917 1	16.869 9	17.888 5	18.977 1
13	13.809 3	14.680 3	15.617 8	16.626 8	17.713 0	18.882 1	20.140 6	21.495 3
14	14.947 4	15.973 9	17.086 3	18.291 9	19.598 6	21.015 1	22.550 5	24.214 9
15	16.096 9	17.293 4	18.598 9	20.023 6	21.578 6	23.276 0	25.129 0	27.152 1
16	17.257 9	18.639 3	20.156 9	21.824 5	23.657 5	25.672 5	27.888 1	30.324 3
17	18.430 4	20.012 1	21.761 6	23.697 5	25.840 4	28.212 9	30.840 2	33.750 2
18	19.614 7	21.412 3	23.414 4	25.645 4	28.132 4	30.905 7	33.999 0	37.450 2
19	20.810 9	22.840 6	25.116 9	27.671 2	30.539 0	33.760 0	37.379 0	41.446 3
20	22.019 0	24.297 4	26.870 4	29.778 1	33.066 0	36.785 6	40.995 5	45.762 0
21	23.239 2	25.783 3	28.676 5	31.969 2	35.719 3	39.992 7	44.865 2	50.422 9
22	24.471 6	27.299 0	30.536 8	34.248 0	38.505 2	43.392 3	49.005 7	55.456 8
23	25.716 3	28.845 0	32.452 9	36.617 9	41.430 5	46.995 8	53.436 1	60.893 3
24	26.973 5	30.421 9	34.426 5	39.082 6	44.502 0	50.815 6	58.176 7	66.764 8
25	28.243 2	32.030 3	36.459 3	41.645 9	47.727 1	54.864 5	63.249 0	73.105 9
26	29.525 6	33.670 9	38.553 0	44.311 7	51.113 5	59.156 4	68.676 5	79.954 4
27	30.820 9	35.344 3	40.709 6	47.084 2	54.669 1	63.705 8	74.483 8	87.350 8
28	32.129 1	37.051 2	42.930 9	49.967 6	58.402 6	68.528 1	80.697 7	95.338 8
29	33.450 4	38.792 2	45.218 9	52.966 3	62.322 7	73.639 8	87.346 5	103.965 9
30	34.784 9	40.568 1	47.575 4	56.084 9	66.438 8	79.058 2	94.460 8	113.283 2

续附表3

期数	9%	10%	11%	12%	13%	14%	15%	16%
1	1.0000	1.0000	1.0000	1.0000	1.0000	1.0000	1.0000	1.0000
2	2.0900	2.1000	2.1100	2.1200	2.1300	2.1400	2.1500	2.1600
3	3.2781	3.3100	3.3421	3.3744	3.4069	3.4396	3.4725	3.5056
4	4.5731	4.6410	4.7097	4.7793	4.8498	4.9211	4.9934	5.0665
5	5.9847	6.1051	6.2278	6.3528	6.4803	6.6101	6.7424	6.8771
6	7.5233	7.7156	7.9129	8.1152	8.3227	8.5355	8.7537	8.9775
7	9.2004	9.4872	9.7833	10.0890	10.4047	10.7305	11.0668	11.4139
8	11.0285	11.4359	11.8594	12.2997	12.7573	13.2328	13.7268	14.2401
9	13.0210	13.5795	14.1640	14.7757	15.4157	16.0853	16.7858	17.5185
10	15.1929	15.9374	16.7220	17.5487	18.4197	19.3373	20.3037	21.3215
11	17.5603	18.5312	19.5614	20.6546	21.8143	23.0445	24.3493	25.7329
12	20.1407	21.3843	22.7132	24.1331	25.6502	27.2707	29.0017	30.8502
13	22.9534	24.5227	26.2116	28.0291	29.9847	32.0887	34.3519	36.7862
14	26.0192	27.9750	30.0949	32.3926	34.8827	37.5811	40.5047	43.6720
15	29.3609	31.7725	34.4054	37.2797	40.4175	43.8424	47.5804	51.6595
16	33.0034	35.9497	39.1899	42.7533	46.6717	50.9804	55.7175	60.9250
17	36.9737	40.5447	44.5008	48.8837	53.7391	59.1176	65.0751	71.6730
18	41.3013	45.5992	50.3959	55.7497	61.7251	68.3941	75.8364	84.1407
19	46.0185	51.1591	56.9395	63.4397	70.7494	78.9692	88.2118	98.6032
20	51.1601	57.2750	64.2028	72.0524	80.9468	91.0249	102.4436	115.3797
21	56.7645	64.0025	72.2651	81.6987	92.4699	104.7684	118.8101	134.8405
22	62.8733	71.4027	81.2143	92.5026	105.4910	120.4360	137.6316	157.4150
23	69.5319	79.5430	91.1479	104.6029	120.2049	138.2970	159.2764	183.6014
24	76.7898	88.4973	102.1742	118.1552	136.8315	158.6586	184.1678	213.9776
25	84.7009	98.3471	114.4133	133.3339	155.6196	181.8708	212.7930	249.2140
26	93.3240	109.1818	127.9988	150.3339	176.8501	208.3327	245.7120	290.0883
27	102.7231	121.0999	143.0786	169.3740	200.8406	238.4993	283.5688	337.5024
28	112.9682	134.2099	159.8173	190.6989	227.9499	272.8892	327.1041	392.5028
29	124.1354	148.6309	178.3972	214.5828	258.5834	312.0937	377.1697	456.3032
30	136.3075	164.4940	199.0209	241.3327	293.1992	356.7868	434.7451	530.3117

续附表3

期数	17%	18%	19%	20%	21%	22%	23%	24%
1	1.000 0	1.000 0	1.000 0	1.000 0	1.000 0	1.000 0	1.000 0	1.000 0
2	2.170 0	2.180 0	2.190 0	2.200 0	2.210 0	2.220 0	2.230 0	2.240 0
3	3.538 9	3.572 4	3.606 1	3.640 0	3.674 1	3.708 4	3.742 9	3.777 6
4	5.140 5	5.215 4	5.291 3	5.368 0	5.445 7	5.524 2	5.603 8	5.684 2
5	7.014 4	7.154 2	7.296 6	7.441 6	7.589 2	7.739 6	7.892 6	8.048 4
6	9.206 8	9.442 0	9.683 0	9.929 9	10.183 0	10.442 3	10.707 9	10.980 1
7	11.772 0	12.141 5	12.522 7	12.915 9	13.321 4	13.739 6	14.170 8	14.615 3
8	14.773 3	15.327 0	15.902 0	16.499 1	17.118 9	17.762 3	18.430 0	19.122 9
9	18.284 7	19.085 9	19.923 4	20.798 9	21.713 9	22.670 0	23.669 0	24.712 5
10	22.393 1	23.521 3	24.708 9	25.958 7	27.273 8	28.657 4	30.112 8	31.643 4
11	27.199 9	28.755 1	30.403 5	32.150 4	34.001 3	35.962 0	38.038 8	40.237 9
12	32.823 9	34.931 1	37.180 2	39.580 5	42.141 6	44.873 7	47.787 7	50.895 0
13	39.404 0	42.218 7	45.244 5	48.496 6	51.991 3	55.745 9	59.778 8	64.109 7
14	47.102 7	50.818 0	54.840 9	59.195 9	63.909 5	69.010 0	74.528 0	80.496 1
15	56.110 1	60.965 3	66.260 7	72.035 1	78.330 5	85.192 2	92.669 4	100.815 1
16	66.648 8	72.939 0	79.850 2	87.442 1	95.779 9	104.934 5	114.983 4	126.010 8
17	78.979 2	87.068 0	96.021 8	105.930 6	116.893 7	129.020 1	142.429 5	157.253 4
18	93.405 6	103.740 3	115.265 9	128.116 7	142.441 3	158.404 5	176.188 3	195.994 2
19	110.284 6	123.413 5	138.166 4	154.740 0	173.354 0	194.253 5	217.711 6	244.032 8
20	130.032 9	146.628 0	165.418 0	186.688 0	210.758 4	237.989 3	268.785 3	303.600 6
21	153.138 5	174.021 0	197.847 4	225.025 6	256.017 6	291.346 9	331.605 9	377.464 8
22	180.172 1	206.344 8	236.438 5	271.030 7	310.781 3	356.443 2	408.875 3	469.056 3
23	211.801 3	244.486 8	282.361 8	326.236 9	377.045 4	435.860 7	503.916 6	582.629 8
24	248.807 6	289.494 5	337.010 5	392.484 2	457.224 9	532.750 1	620.817 4	723.461 0
25	292.104 9	342.603 5	402.042 5	471.981 1	554.242 2	650.955 1	764.605 4	898.091 6
26	342.762 7	405.272 1	479.430 6	567.377 3	671.633 0	795.165 3	941.464 7	1 114.633 6
27	402.032 3	479.221 1	571.522 4	681.852 8	813.675 9	971.101 6	1 159.001 6	1 383.145 7
28	471.377 8	566.480 9	681.111 6	819.223 3	985.547 9	1 185.744 0	1 426.571 9	1 716.100 7
29	552.512 1	669.447 5	811.522 8	984.068 0	1 193.512 9	1 447.607 7	1 755.683 5	2 128.964 8
30	647.439 1	790.948 0	966.712 2	1 181.881 6	1 445.150 7	1 767.081 3	2 160.490 7	2 640.916 4

续附表3

期数	25%	26%	27%	28%	29%	30%
1	1.000 0	1.000 0	1.000 0	1.000 0	1.000 0	1.000 0
2	2.250 0	2.260 0	2.270 0	2.280 0	2.290 0	2.300 0
3	3.812 5	3.847 6	3.882 9	3.918 4	3.954 1	3.990 0
4	5.765 6	5.848	5.931 3	6.015 6	6.100 8	6.187 0
5	8.207 0	8.368 4	8.532 7	8.699 9	8.870 0	9.043 1
6	11.258 8	11.544 2	11.836 6	12.135 9	12.442 3	12.756 0
7	15.073 5	15.545 8	16.032 4	16.533 9	17.050 6	17.582 8
8	19.841 9	20.587 6	21.361 2	22.163 4	22.995 3	23.857 7
9	25.802 3	26.940 4	28.128 7	29.369 2	30.663 9	32.015 0
10	33.252 9	34.944 9	36.723 5	38.592 6	40.556 4	42.619 5
11	42.566 1	45.030 6	47.638 8	50.398 5	53.317 8	56.405 3
12	54.207 7	57.738 6	61.501 3	65.510 0	69.780 0	74.327 0
13	68.759 6	73.750 6	79.106 6	84.852 9	91.016 1	97.625 0
14	86.949 5	93.925 8	101.465 4	109.611 7	118.410 8	127.912 5
15	109.686 8	119.346 5	129.861 1	141.302 9	153.750 0	167.286 3
16	138.108 5	151.376 6	165.923 6	181.867 7	199.337 4	218.472 2
17	173.635 7	191.734 5	211.723 0	233.790 7	258.145 3	285.013 9
18	218.044 6	242.585 5	269.888 2	300.252 1	334.007 4	371.518 0
19	273.555 8	306.657 7	343.758 0	385.322 7	431.869 6	483.973 4
20	342.944 7	387.388 7	437.572 6	494.213 1	558.111 8	630.165 5
21	429.680 9	489.109 8	556.717 3	633.592 7	720.964 2	820.215 1
22	538.101 1	617.278 3	708.030 9	811.998 7	931.043 8	1 067.279 6
23	673.626 4	778.770 7	900.199 3	1 040.358 3	1 202.046 5	1 388.463 5
24	843.032 9	982.251 1	1 144.253 1	1 332.658 6	1 551.640 0	1 806.002 6
25	1 054.791 2	1 238.636 3	1 454.201 4	1 706.803 1	2 002.615 6	2 348.803 3
26	1 319.489 0	1 561.681 8	1 847.835 8	2 185.707 9	2 584.374 1	3 054.444 3
27	1 650.361 2	1 968.719 1	2 347.751 5	2 798.706 1	3 334.842 6	3 971.777 6
28	2 063.951 5	2 481.586 0	2 982.644 4	3 583.343 8	4 302.947 0	5 164.310 9
29	2 580.939 4	3 127.798 4	3 788.958 3	4 587.680 1	5 551.801 6	6 714.604 2
30	3 227.174 3	3 942.026 0	4 812.977 1	5 873.230 6	7 162.824 1	8 729.985 5

附表4 年金现值系数表

期数	1%	2%	3%	4%	5%	6%	7%	8%
1	0.990 1	0.980 4	0.970 9	0.961 5	0.952 4	0.943 4	0.934 6	0.925 9
2	1.970 4	1.941 6	1.913 5	1.886 1	1.859 4	1.833 4	1.808 0	1.783 3
3	2.941 0	2.883 9	2.828 6	2.775 1	2.723 2	2.673 0	2.624 3	2.577 1
4	3.902 0	3.807 7	3.717 1	3.629 9	3.546 0	3.465 1	3.387 2	3.312 1
5	4.853 4	4.713 5	4.579 7	4.451 8	4.329 5	4.212 4	4.100 2	3.992 7
6	5.795 5	5.601 4	5.417 2	5.242 1	5.075 7	4.917 3	4.766 5	4.622 9
7	6.728 2	6.472 0	6.230 3	6.002 1	5.786 4	5.582 4	5.389 3	5.206 4
8	7.651 7	7.325 5	7.019 7	6.732 7	6.463 2	6.209 8	5.971 3	5.746 6
9	8.566 0	8.162 2	7.786 1	7.435 3	7.107 8	6.801 7	6.515 2	6.246 9
10	9.471 3	8.982 6	8.530 2	8.110 9	7.721 7	7.360 1	7.023 6	6.710 1
11	10.367 6	9.786 8	9.252 6	8.760 5	8.306 4	7.886 9	7.498 7	7.139 0
12	11.255 1	10.575 3	9.954 0	9.385 1	8.863 3	8.383 8	7.942 7	7.536 1
13	12.133 7	11.348 4	10.635 0	9.985 6	9.393 6	8.852 7	8.357 7	7.903 8
14	13.003 7	12.106 2	11.296 1	10.563 1	9.898 6	9.295 0	8.745 5	8.244 2
15	13.865 1	12.849 3	11.937 9	11.118 4	10.379 7	9.712 2	9.107 9	8.559 5
16	14.717 9	13.577 7	12.561 1	11.652 3	10.837 8	10.105 9	9.446 6	8.851 4
17	15.562 3	14.291 9	13.166 1	12.165 7	11.274 1	10.477 3	9.763 2	9.121 6
18	16.398 3	14.992 0	13.753 5	12.659 3	11.689 6	10.827 6	10.059 1	9.371 9
19	17.226 0	15.678 5	14.323 8	13.133 9	12.085 3	11.158 1	10.335 6	9.603 6
20	18.045 6	16.351 4	14.877 5	13.590 3	12.462 2	11.469 9	10.594 0	9.818 1
21	18.857 0	17.011 2	15.415 0	14.029 2	12.821 2	11.764 1	10.835 5	10.016 8
22	19.660 4	17.658 0	15.936 9	14.451 1	13.163 0	12.041 6	11.061 2	10.200 7
23	20.455 8	18.292 2	16.443 6	14.856 8	13.488 6	12.303 4	11.272 2	10.371 1
24	21.243 4	18.913 9	16.935 5	15.247 0	13.798 6	12.550 4	11.469 3	10.528 8
25	22.023 2	19.523 5	17.413 1	15.622 1	14.093 9	12.783 4	11.653 6	10.674 8
26	22.795 2	20.121 0	17.876 8	15.982 8	14.375 2	13.003 2	11.825 8	10.810 0
27	23.559 6	20.706 9	18.327 0	16.329 6	14.643 0	13.210 5	11.986 7	10.935 2
28	24.316 4	21.281 3	18.764 1	16.663 1	14.898 1	13.406 2	12.137 1	11.051 1
29	25.065 8	21.844 4	19.188 5	16.983 7	15.141 1	13.590 7	12.277 7	11.158 4
30	25.807 7	22.396 5	19.600 4	17.292 0	15.372 5	13.764 8	12.409 0	11.257 8

续附表 4

期数	9%	10%	11%	12%	13%	14%	15%	16%
1	0.917 4	0.909 1	0.900 9	0.892 9	0.885 0	0.877 2	0.869 6	0.862 1
2	1.759 1	1.735 5	1.712 5	1.690 1	1.668 1	1.646 7	1.625 7	1.605 2
3	2.531 3	2.486 9	2.443 7	2.401 8	2.361 2	2.321 6	2.283 2	2.245 9
4	3.239 7	3.169 9	3.102 4	3.037 3	2.974 5	2.913 7	2.855 0	2.798 2
5	3.889 7	3.790 8	3.695 9	3.604 8	3.517 2	3.433 1	3.352 2	3.274 3
6	4.485 9	4.355 3	4.230 5	4.111 4	3.997 5	3.888 7	3.784 5	3.684 7
7	5.033 0	4.868 4	4.712 2	4.563 8	4.422 6	4.288 3	4.160 4	4.038 6
8	5.534 8	5.334 9	5.146 1	4.967 6	4.798 8	4.638 9	4.487 3	4.343 6
9	5.995 2	5.759 0	5.537 0	5.328 2	5.131 7	4.946 4	4.771 6	4.606 5
10	6.417 7	6.144 6	5.889 2	5.650 2	5.426 2	5.216 1	5.018 8	4.833 2
11	6.805 2	6.495 1	6.206 5	5.937 7	5.686 9	5.452 7	5.233 7	5.028 6
12	7.160 7	6.813 7	6.492 4	6.194 4	5.917 6	5.660 3	5.420 6	5.197 1
13	7.486 9	7.103 4	6.749 9	6.423 5	6.121 8	5.842 4	5.583 1	5.342 3
14	7.786 2	7.366 7	6.981 9	6.628 2	6.302 5	6.002 1	5.724 5	5.467 5
15	8.060 7	7.606 1	7.190 9	6.810 9	6.462 4	6.142 2	5.847 4	5.575 5
16	8.312 6	7.823 7	7.379 2	6.974 0	6.603 9	6.265 1	5.954 2	5.668 5
17	8.543 6	8.021 6	7.548 8	7.119 6	6.729 1	6.372 9	6.047 2	5.748 7
18	8.755 6	8.201 4	7.701 6	7.249 7	6.839 9	6.467 4	6.128 0	5.817 8
19	8.950 1	8.364 9	7.839 3	7.365 8	6.938 0	6.550 4	6.198 2	5.877 5
20	9.128 5	8.513 6	7.963 3	7.469 4	7.024 8	6.623 1	6.259 3	5.928 8
21	9.292 2	8.648 7	8.075 1	7.562 0	7.101 6	6.687 0	6.312 5	5.973 1
22	9.442 4	8.771 5	8.175 7	7.644 6	7.169 5	6.742 9	6.358 7	6.011 3
23	9.580 2	8.883 2	8.266 4	7.718 4	7.229 7	6.792 1	6.398 8	6.044 2
24	9.706 6	8.984 7	8.348 1	7.784 3	7.282 9	6.835 1	6.433 8	6.072 6
25	9.822 6	9.077 0	8.421 7	7.843 1	7.330 0	6.872 9	6.464 1	6.097 1
26	9.929 0	9.160 9	8.488 1	7.895 7	7.371 7	6.906 1	6.490 6	6.118 2
27	10.026 6	9.237 2	8.547 8	7.942 6	7.408 6	6.935 2	6.513 5	6.136 4
28	10.116 1	9.306 6	8.601 5	7.984 4	7.441 2	6.960 7	6.533 5	6.152 0
29	10.198 3	9.369 6	8.650 1	8.021 8	7.470 1	6.983 0	6.550 9	6.165 6
30	10.273 7	9.426 9	8.693 8	8.055 2	7.495 7	7.002 7	6.566 0	6.177 2

续附表 4

期数	17%	18%	19%	20%	21%	22%	23%	24%
1	0.854 7	0.847 5	0.840 3	0.833 3	0.826 4	0.819 7	0.813 0	0.806 5
2	1.585 2	1.565 6	1.546 5	1.527 8	1.509 5	1.491 5	1.474 0	1.456 8
3	2.209 6	2.174 3	2.139 9	2.106 5	2.073 9	2.042 2	2.011 4	1.981 3
4	2.743 2	2.690 1	2.638 6	2.588 7	2.540 4	2.493 6	2.448 3	2.404 3
5	3.199 3	3.127 2	3.057 6	2.990 6	2.926 0	2.863 6	2.803 5	2.745 4
6	3.589 2	3.497 6	3.409 8	3.325 5	3.244 6	3.166 9	3.092 3	3.020 5
7	3.922 4	3.811 5	3.705 7	3.604 6	3.507 9	3.415 5	3.327 0	3.242 3
8	4.207 2	4.077 6	3.954 4	3.837 2	3.725 6	3.619 3	3.517 9	3.421 2
9	4.450 6	4.303 0	4.163 3	4.031 0	3.905 4	3.786 3	3.673 1	3.565 5
10	4.658 6	4.494 1	4.338 9	4.192 5	4.054 1	3.923 2	3.799 3	3.681 9
11	4.836 4	4.656 0	4.486 5	4.327 1	4.176 9	4.035 4	3.901 8	3.775 7
12	4.988 4	4.793 2	4.610 5	4.439 2	4.278 4	4.127 4	3.985 2	3.851 4
13	5.118 3	4.909 5	4.714 7	4.532 7	4.362 4	4.202 8	4.053 0	3.912 4
14	5.229 3	5.008 1	4.802 3	4.610 6	4.431 7	4.264 6	4.108 2	3.961 6
15	5.324 2	5.091 6	4.875 9	4.675 5	4.489 0	4.315 2	4.153 0	4.001 3
16	5.405 3	5.162 4	4.937 7	4.729 6	4.536 4	4.356 7	4.189 4	4.033 3
17	5.474 6	5.222 3	4.989 7	4.774 6	4.575 5	4.390 8	4.219 0	4.059 1
18	5.533 9	5.273 2	5.033 3	4.812 2	4.607 9	4.418 7	4.243 1	4.079 9
19	5.584 5	5.316 2	5.070 0	4.843 5	4.634 6	4.441 5	4.262 7	4.096 7
20	5.627 8	5.352 7	5.100 9	4.869 6	4.656 7	4.460 3	4.278 6	4.110 3
21	5.664 8	5.383 7	5.126 8	4.891 3	4.675 0	4.475 6	4.291 6	4.121 2
22	5.696 4	5.409 9	5.148 6	4.909 4	4.690 0	4.488 2	4.302 1	4.130 0
23	5.723 4	5.432 1	5.166 8	4.924 5	4.702 5	4.498 5	4.310 6	4.137 1
24	5.746 5	5.450 9	5.182 2	4.937 1	4.712 8	4.507 0	4.317 6	4.142 8
25	5.766 2	5.466 9	5.195 1	4.947 6	4.721 3	4.513 9	4.323 2	4.147 4
26	5.783 1	5.480 4	5.206 0	4.956 3	4.728 4	4.519 6	4.327 8	4.151 1
27	5.797 5	5.491 9	5.215 1	4.963 6	4.734 2	4.524 3	4.331 6	4.154 2
28	5.809 9	5.501 6	5.222 8	4.969 7	4.739 0	4.528 1	4.334 6	4.156 6
29	5.820 4	5.509 8	5.229 2	4.974 7	4.743 0	4.531 2	4.337 1	4.158 5
30	5.829 4	5.516 8	5.234 7	4.978 9	4.746 3	4.533 8	4.339 1	4.160 1

续附表 4

期数	25%	26%	27%	28%	29%	30%
1	0.800 0	0.793 7	0.787 4	0.781 3	0.775 2	0.769 2
2	1.440 0	1.423 5	1.407 4	1.391 6	1.376 1	1.360 9
3	1.952 0	1.923 4	1.895 6	1.868 4	1.842 0	1.816 1
4	2.361 6	2.320 2	2.280 0	2.241 0	2.203 1	2.166 2
5	2.689 3	2.635 1	2.582 7	2.532 0	2.483 0	2.435 6
6	2.951 4	2.885 0	2.821 0	2.759 4	2.700 0	2.642 7
7	3.161 1	3.083 3	3.008 7	2.937	2.868 2	2.802 1
8	3.328 9	3.240 7	3.156 4	3.075 8	2.998 6	2.924 7
9	3.463 1	3.365 7	3.272 8	3.184 2	3.099 7	3.019 0
10	3.570 5	3.464 8	3.364 4	3.268 9	3.178 1	3.091 5
11	3.656 4	3.543 5	3.436 5	3.335 1	3.238 8	3.147 3
12	3.725 1	3.605 9	3.493 3	3.386 8	3.285 9	3.190 3
13	3.780 1	3.655 5	3.538 1	3.427 2	3.322 4	3.223 3
14	3.824 1	3.694 9	3.573 3	3.458 7	3.350 7	3.248 7
15	3.859 3	3.726 1	3.601 0	3.483 4	3.372 6	3.268 2
16	3.887 4	3.750 9	3.622 8	3.502 6	3.389 6	3.283 2
17	3.909 9	3.770 5	3.640 0	3.517 7	3.402 8	3.294 8
18	3.927 9	3.786 1	3.653 6	3.529 4	3.413 0	3.303 7
19	3.942 4	3.798 5	3.664 2	3.538 6	3.421 0	3.310 5
20	3.953 9	3.808 3	3.672 6	3.545 8	3.427 1	3.315 8
21	3.963 1	3.816 1	3.679 2	3.551 4	3.431 9	3.319 8
22	3.970 5	3.822 3	3.684 4	3.555 8	3.435 6	3.323 0
23	3.976 4	3.827 3	3.688 5	3.559 2	3.438 4	3.325 4
24	3.981 1	3.831 2	3.691 8	3.561 9	3.440 6	3.327 2
25	3.984 9	3.834 2	3.694 3	3.564 0	3.442 3	3.328 6
26	3.987 9	3.836 7	3.696 3	3.565 6	3.443 7	3.329 7
27	3.990 3	3.838 7	3.697 9	3.566 9	3.444 7	3.330 5
28	3.992 3	3.840 2	3.699 1	3.567 9	3.445 5	3.331 2
29	3.993 8	3.841 4	3.700 1	3.568 7	3.446 1	3.331 7
30	3.995 0	3.842 4	3.700 9	3.569 3	3.446 6	3.332 1

参考文献

[1] 董正健,龚凯颂. 管理会计学[M]. 广州:广东人民出版社,2002.
[2] 余恕莲. 管理会计[M]. 北京:对外经贸大学出版社,2007.
[3] 刘金生,郑美娜. 管理会计[M]. 济南:山东人民出版社,2009.
[4] 宋效中. 现代管理会计[M]. 北京:机械工业出版社,2007.
[5] 安东尼 阿特金森,拉吉夫 班克,罗伯特 卡普兰,等. 管理会计[M]. 3版. 王立彦,杨松,等,译. 北京:北京大学出版社,2004.
[6] 吴少平. 现代成本管理[M]. 北京:经济管理出版社,2007.
[7] 周航,王玉翠. 管理会计[M]. 北京:科学出版社,2007.
[8] 财政部会计资格评价中心. 中级财务管理[M]. 北京:经济科学出版社,2010.
[9] 孙茂竹,文光伟,杨万贵. 管理会计学[M]. 北京:中国人民大学出版社,2001.
[10] 孙茂竹,姚岳. 管理会计学[M]. 北京:中国人民大学出版社,2003.
[11] 中国注册会计师协会. 财务成本管理[M]. 北京:经济科学出版社,2009.
[12] 吴大军,牛彦秀,王满. 管理会计[M]. 大连:东北财经大学出版社,2007.
[13] 张巧良,成喆. 管理会计学[M]. 北京:经济科学出版社,2006.
[14] 于增彪. 管理会计研究[M]. 北京:中国金融出版社,2007.
[15] 夏宽云. 略管理会计——用数定指导战略[M]. 上海:复旦大学出版社,2007.
[16] 罗纳德 W 希尔顿. 理会计[M]. 北京:机械工业出版社,2003.

读者反馈表

尊敬的读者：

您好！感谢您多年来对哈尔滨工业大学出版社的支持与厚爱！为了更好地满足您的需要，提供更好的服务，希望您对本书提出宝贵意见，将下表填好后，寄回我社或登录我社网站（http://hitpress.hit.edu.cn）进行填写。谢谢！您可享有的权益：

☆ 免费获得我社的最新图书书目　　　☆ 可参加不定期的促销活动
☆ 解答阅读中遇到的问题　　　　　　☆ 购买此系列图书可优惠

读者信息

姓名_____　□先生　□女士　　年龄_____　学历_____

工作单位_____　职务_____

E-mail_____　邮编_____

通讯地址_____

购书名称_____　购书地点_____

---

1. 您对本书的评价

   内容质量　□很好　□较好　□一般　□较差
   封面设计　□很好　□一般　□较差
   编　　排　□利于阅读　□一般　□较差
   本书定价　□偏高　□合适　□偏低

2. 在您获取专业知识和专业信息的主要渠道中，排在前三位的是：
   ①_____　②_____　③_____
   A. 网络　B. 期刊　C. 图书　D. 报纸　E. 电视　F. 会议　G. 内部交流　H. 其他：_____

3. 您认为编写最好的专业图书（国内外）

书名	著作者	出版社	出版日期	定价

4. 您是否愿意与我们合作，参与编写、编译、翻译图书？
   _____

5. 您还需要阅读哪些图书？
   _____

网址：http://hitpress.hit.edu.cn
技术支持与课件下载：网站课件下载区
服务邮箱 wenbinzh@hit.edu.cn　duyanwell@163.com
邮购电话 0451-86281013　0451-86418760
组稿编辑及联系方式　赵文斌（0451-86281226）　杜燕（0451-86281408）
回寄地址：黑龙江省哈尔滨市南岗区复华四道街10号　哈尔滨工业大学出版社
邮编：150006　传真 0451-86414049